Eberhardt/Feldes/Grunewald/Ritz

Tipps für die betriebliche Vertretung behinderter Menschen

aktiv in der Schwerbehindertenvertretung

Eberhardt / Feldes / Grunewald / Ritz

Tipps für die betriebliche Vertretung behinderter Menschen

Aufgaben / Rechte / Kompetenzen

Bibliographische Information Der Deutschen Nationalbibliothek
Die Deutsche Nationalbibliothek verzeichnet diese Publikation in der Deutschen Nationalbibliografie; detaillierte bibliografische Daten sind im Internet über http://dnb.d-nb.de abrufbar.

© 2011 by Bund-Verlag GmbH, Frankfurt/Main
Herstellung: Madlen Richter
Umschlag: eigensein, Frankfurt/Main
Satz: Mediakonzept Widdig GmbH, Köln
Druck: Druckhaus »Thomas Müntzer«, Bad Langensalza
Printed in Germany 2011
ISBN 978-3-7663-3757-3

Alle Rechte vorbehalten,
insbesondere die des öffentlichen Vortrags,
der Rundfunksendung
und der Fernsehausstrahlung,
der fotomechanischen Wiedergabe, auch einzelner Teile.

www.bund-verlag.de

Vorwort

Die SBV: Aktiv im Einsatz für Menschenrechte

Seit März 2009 ist die UN-Behindertenrechtskonvention in Deutschland gültig. Sie ist ein Meilenstein in der Politik für Menschen mit Behinderung, da sie deren Rechte in vielen gesellschaftlichen Bereichen stärkt. Auch in der Arbeitswelt untermauert die UN-Konvention die Rechte von Menschen mit Behinderung. In Artikel 27 steht: „Die Vertragsstaaten anerkennen das gleiche Recht von Menschen mit Behinderung auf Arbeit."

Außerdem fordert die UN-Konvention eine inklusive Arbeitwelt, in der Menschen mit und ohne Behinderung die Chance auf sichere Arbeitsbedingungen haben, die nicht krank machen. Das neue Schlagwort „Inklusion" geht dabei noch über den Begriff der Integration hinaus. Inklusion heißt Einschluss und absolute Barrierefreiheit. Inklusiv ist eine Arbeitswelt zu der alle Menschen von vornherein uneingeschränkten Zugang haben.

Davon sind wir in der Praxis leider noch weit entfernt. Die Indizien, dass ein gleiches Recht auf Arbeit bisher nicht besteht, sind eindeutig. So sind Menschen mit einer schweren Behinderung nach wie vor überdurchschnittlich oft arbeitslos. Im Jahr 2009 betrug die allgemeine Arbeitslosigkeit 8,2 Prozent, bei den Menschen mit einer schweren Behinderung waren es 14,6 Prozent.

Auch was die sicheren und gesunden Arbeitsbedingungen betrifft, ist die Situation alles andere als befriedigend. Die Arbeitsbedingungen haben sich insgesamt in den letzten Jahren in der Tendenz verschlechtert. Einhergehend mit dem allgemeinen Abbau von Schutzrechten für Beschäftigte wurde der Kündigungsschutz für schwerbehinderte Beschäftigte verschlechtert und die Beschäftigungspflicht der Unternehmen abgesenkt.

Die Gewerkschaften haben die Aufgabe, Inklusion in der Arbeitswelt anzustreben und voranzutreiben. Auch die Interessenvertretungen der Beschäftigten in den Betrieben sind wichtige Akteure. Sie können vor dem Hintergrund der UN-Konvention Bestehendes hinterfragen sowie eigene Vorstellungen von Inklusion entwickeln und – mit dem entsprechenden rechtlichen Rüstzeug – umsetzen.

Letztendlich bestärkt die UN-Konvention die Interessenvertretungen in der täglichen Arbeit. Dass sich die Schwerbehindertenvertretung für die Rechte von Menschen mit Behinderung stark macht, bei Problemen beratend zur Seite steht

– diese für viele selbstverständliche Arbeit – ist ein aktiver Einsatz für Menschenrechte. Die Schwerbehindertenvertretungen sorgen dafür, dass ein Großteil der ca. 900.000 schwerbehinderten Beschäftigten in Deutschland kompetente Unterstützung bei Problemen am Arbeitsplatz bekommt bzw. dass Probleme möglichst gar nicht erst entstehen.

Ich wünsche Euch viel Kraft für diese Arbeit und viel Erfolg!

Eure Annelie Buntenbach

Inhaltsverzeichnis

Vorwort 5
Abkürzungsverzeichnis 11
Literaturverzeichnis 17

1.	**Aufgaben in der modernen Arbeitswelt** 19	
1.1	Das Teilhaberisiko behinderter Menschen im Betrieb 19	
1.2	Arbeitsbedingte Gesundheitsgefahren/Belastungen 29	
1.3	Chronische Erkrankungen und Behinderungen 32	
1.4	Psychische Belastungen und Erkrankungen 40	
1.5	Besondere Beschäftigtengruppen 43	
1.5.1	Behinderte Frauen/Teilhabe und Gender 43	
1.5.2	Psychisch kranke Menschen im Betrieb 46	
1.5.3	Suchterkrankte Beschäftigung mit Behinderung 48	
1.5.4	Langzeiterkrankte Beschäftigte 51	
1.5.5	Behinderte Leih- und Zeitarbeitnehmer/innen 53	
1.5.6	Behinderte Azubis (Schnittstelle Schule/Arbeitswelt) 54	
2.	**Einstieg ins Amt – engagiert für Inklusion** 56	
2.1	Teilhabe sichern – Beschäftigung fördern – Gesundheit schützen 56	
2.2	Betreuung und Beratung 58	
2.3	Fuß fassen, im Amt ankommen 59	
2.4	Zuständigkeitsfragen, neues Amt, neue Rolle 60	
2.5	Unterstützung organisieren 64	
2.6	Zeit und Geld – die Ressourcen 68	
2.7	Teilhabe gestalten – für wen? 70	
2.8	Kontakte pflegen, Netzwerke aufbauen 78	
2.9	Kompetenzen entwickeln, Arbeitsmethoden aneignen 81	
2.10	Ein Hundert-Tage-Programm für die Schwerbehindertenvertretung 93	
3.	**Schwerpunkte der Interessenvertretungsarbeit** 96	
3.1	Beratungs- und Betreuungsfelder 96	
3.1.1	Das Anerkennungsverfahren 99	
3.1.2	Der besondere Kündigungsschutz 105

3.1.3	Gleichstellung auf Antrag gem. § 68 Abs. 3 SGB IX	110
3.1.4	Begleitende Hilfe incl. Arbeitsassistenz (Schnittstelle Integrationsamt/Reha)	118
3.1.5	Nachteilsausgleiche	120
3.1.6	Altersrente für schwerbehinderte Menschen, Teilrente, befristete Rente, Weiterbeschäftigung	123
3.2	Beschäftigung fördern – Beschäftigungsfähigkeit erhalten	128
3.2.1	Korrektive und präventive Arbeitsgestaltung	129
3.2.2	Betriebliche Weiterbildung	135
3.2.3	Die Integrationsvereinbarung	139
3.3	Prävention zur Förderung von Gesundheit und Beschäftigung	142
3.3.1	Gefährdungsbeurteilung, Arbeits- und Gesundheitsschutz, Gesundheitsförderung	146
3.3.2	Das Präventionsverfahren nach § 84 Abs. 1 SGB IX – Gegenwehr gegen Arbeitsplatzverlust	159
3.3.3	Betriebliches Eingliederungsmanagement nach § 84 Abs. 2 SGB IX	162
3.4	Rehabilitation	173
3.5	Betriebliche Öffentlichkeit und Kommunikation	183
3.6	Inklusion in Ausbildung und Beruf	195
3.7	Transnationale Teilhabe- und Präventionspolitik	197
3.7.1	Globalisierung und Auswirkungen auf ältere und behinderte Beschäftigte	197
3.7.2	Handlungsmöglichkeiten des Europäischen Betriebsrats und der Schwerbehindertenvertretung in transnationalen Unternehmen	202
4.	**Rechtliche Handlungsgrundlagen und Unterstützungsmöglichkeiten**	**205**
4.1	Pflichten des Arbeitgebers	206
4.2	Rechte und Pflichten der Interessenvertretung	208
4.2.1	Rechtsstellung des Betriebsrats	208
4.2.2	Rechtstellung des Personalrats	215
4.2.3	Rechtsstellung der Schwerbehindertenvertretung und ihrer Stellvertretung	219
4.3	Gesetzliche Handlungsgrundlagen	230
4.4	Die Behindertenrechtskonvention der Vereinten Nationen	239
4.5	Behindertengleichstellungsgesetz (BGG) und Landesgleichstellungsgesetz (LGG)	241
4.6	Handlungsaufträge Integrationsämter/Reha-Träger	243
4.7	Behindertenbeauftragte und Verbände behinderter Menschen	245
5.	**Durchsetzungsmöglichkeiten**	**248**
5.1	Konflikte und Interessengegensätze	249

5.2	Konfliktfelder	251
5.3	Handlungsstrategien	253
5.4	Durchsetzungsmöglichkeiten im Einzelnen	254
5.4.1	Aussetzungsverfahren nach § 95 Abs. 2 SGB IX	256
5.4.2	Ordnungswidrigkeitenverfahren	257
5.4.3	Gerichtliche Verfahren	258
5.4.4	Mitbestimmungsrechte des Betriebs- bzw. Personalrats	263
5.4.5	AGG – Instrumente für Betroffene und Interessenvertretung	268
5.4.6	Vernetzung auf der Unternehmens- und Konzernebene	269
5.4.7	Betriebliche Öffentlichkeit	271
5.5	Was tun bei Konflikten mit dem Betriebs-/Personalrat?	272
6.	**Arbeitsorganisation und Zeitmanagement**	**275**
6.1	Büroorganisation und Büroausstattung	276
6.1.1	Büroräume und Sachmittel	276
6.1.2	Anforderungen an ein Ablagesystem	278
6.1.3	Behindertenkartei und Schwerbehindertenausweis	283
6.1.4	Literatur	285
6.2	Schulung und Bildung	287
6.3	Aufgaben teilen und kooperieren	290
6.4	Arbeitsbefreiung und Freistellung	291
6.5	Zeitmanagement	295

Stichwortverzeichnis 299

Anmerkungen
* ✱ Beispiel
* → Hinweis
* Ⓟ Achtung

Abkürzungsverzeichnis

Abs.	Absatz
ADAC	Allgemeiner Deutscher Automobil Club
AG	Arbeitsgemeinschaft; Aktiengesellschaft
AGG	Allgemeines Gleichbehandlungsgesetz
AktG	Aktiengesetz
AOK	Allgemeine Ortskrankenkasse
ArbGG	Arbeitsgerichtsgesetz
ArbSchG	Arbeitsschutzgesetz
Art.	Artikel
ASiG	Arbeitssicherheitsgesetz
AU	Arbeitsunfähigkeit
AÜG	Arbeitnehmerüberlassungsgesetz
Az.	Aktenzeichen
BA	Bundesagentur für Arbeit
BAG	Bundesarbeitsgericht
BAGH	Bundesarbeitsgemeinschaft Hilfe für Behinderte
BBG	Behindertengleichstellungsgsetz
BDSG	Bundesdatenschutzgesetz
BEM	Betriebliches Eingliederungsmanagement
bes.	besondere
BetrVG	Betriebsverfassungsgesetz
BFW	Berufsförderungswerk/Berufsfortbildungswerk
BGB	Bürgerliches Gesetzbuch
BGBl.	Bundesgesetzblatt
BGG	Behindertengleichstellungsgesetz
BIBB	Bundesinstitut für Berufsbildung
BIH	Bundesarbeitsgemeinschaft der Integrationsämter und Hauptfürsorgestellen
BKK	Betriebskrankenkasse
BMAS	Bundesministerium für Arbeit und Soziales
BPersVG	Bundespersonalvertretungsgesetz
BRK	Behindertenrechtskonvention

BR-Drucks.	Drucksache des Bundesrats
BSHG	Bundessozialhilfegesetz
BT-Drucks.	Drucksache des Bundestages
BVG	Bundesversorgungsgesetz
BWF	Behörde für Wissenschaft und Forschung
bzgl.	bezüglich
bzw.	beziehungsweise
CD	Compact Disc
DBR	Deutscher Behindertenrat
DDR	Deutsche Demokratische Republik
DGB	Deutscher Gewerkschaftsbund
d.h.	das heißt
div.	diverse
DMP	Disease-Management-Programme
DRV	Deutsche Rentenversicherung
EBR	Europäischer Betriebsrat
EDF	European Development Funds = Europäischer Entwicklungsfonds (EEF)
EDV	Elektronische Datenverarbeitung
EG	Europäische Gemeinschaft
EGV	Europäischer Gemeinschaftsvertrag
EMB	Europäischer Metallgewerkschaftsbund
Erl.	Erläuterung
EStG	Einkommenssteuergesetz
etc.	et cetera
ETUC	European Trade Union Confederation
EU	Europäische Union
evtl.	eventuell
EWG	Europäische Wirtschaftsgemeinschaft
ff.	folgende
GB	Gefährdungsbeurteilung
GdB	Grad der Behinderung
gem.	gemäß
GEW	Gewerkschaft Erziehung und Wissenschaft
GEZ	Gebühreneinzugszentrale
GG	Grundgesetz

Abkürzungsverzeichnis

ggf.	gegebenenfalls
GM	Gender Mainstreaming
GmbH	Gesellschaft mit beschränkter Haftung
GVG	Gerichtsverfassungsgesetz
Hrsg.	Herausgeber
IFD	Integrationsfachdienst
IG	Industriegewerkschaft
incl.	inclusive
i.V.m.	in Verbindung mit
JAV	Jugend- und Auszubildendenvertretung
Kfz	Kraftfahrzeug
KMK	Kultusministerkonferenz
KMU	Kleine und mittlere Unternehmen
KSchG	Kündigungsschutzgesetz
KVP	Kontinuierlicher Verbesserungsprozess
LAG	Landesarbeitsgericht
LGG	Landesgleichstellungsgesetz
LPersVG	Landespersonalvertretungsgesetz
lt.	laut
MAV	Mitarbeitervertretung
MAVO	Mitarbeitervertretungsordnung
MVG.EKD	Mitarbeitervertretungsgesetz der Evangelischen Kirche in Deutschland
Nr.	Nummer
Nrn.	Nummern
o.Ä.	oder Ähnlich
o.g.	oben genannt
OLG	Oberlandesgericht
OLGVertÄndG	OLG-Vertretungsänderungsgesetz
OWiG	Gesetz über Ordnungswidrigkeiten
p.a.	per annum
PC	Personal Computer

PersVG	Personalvertretungsgesetz
PR	Public Relations
PSD	Psycho-Sozialer Dienst
Rn.	Randnummer
ROM	Read Only Memory
SchwbG	Schwerbehindertengesetz
S.	Seite
SchwbAV	Schwerbehindertenausweisverordnung
SBV	Schwerbehindertenvertretung
SGB I	Erstes Buch Sozialgesetzbuch – Allgemeiner Teil
SGB II	Zweites Buch Sozialgesetzbuch – Grundsicherung für Arbeitssuchende
SGB VI	Sechstes Buch Sozialgesetzbuch – Rentenversicherung
SGB VIII	Achtes Buch Sozialgesetzbuch – Kinder- und Jugendhilfe
SGB IX	Neuntes Buch Sozialgesetzbuch – Rehabilitation und Teilhabe behinderter Menschen
SGB X	Zehntes Buch Sozialgesetzbuch – Sozialverwaltungsverfahren und Sozialdatenschutz
s.o.	siehe oben
sog.	so genannt(e)/(n)
SoVD	Sozialverband Deutschland
StGB	Strafgesetzbuch
StPO	Strafprozessordnung
s.u.	siehe unten
TB	Taschenbuch
TBS	Technologie Beratungsstelle
TKK	Techniker Krankenkasse
TzBfG	Teilzeit- und Befristungsgesetz
u.a.	unter anderem
UN	United Nations = Vereinte Nationen
UNBehRÜbk	Übereinkommen über die Rechte von Menschen mit Behinderungen der Vereinten Nationen; auch bekannt als: UN-Behindertenrechtskonvention
UNO	United Nations Organisation = Organisation der Vereinten Nationen
usw.	und so weiter
u.U.	unter Umständen

Abkürzungsverzeichnis

VdK	Verband der Kriegs- und Wehrdienstopfer
vgl.	vergleiche
VersMedV	
Vorb.	Vorbemerkung
VW	Volkswagen
VwGO	Verwaltungsgerichtsordnung
WfbM	Werkstatt für behinderte Menschen
wg.	wegen
WHO	World Health Organisation
WSI	Wirtschafts- und Sozialwissenschaftliches Institut
z.B.	zum Beispiel
Ziff.	Ziffer
ZPO	Zivilprozessordnung

Literaturverzeichnis

Badura, B., Schellschmidt, H., Vetter, C., Fehlzeiten-Report 2002. Zahlen, Fakten, Analysen aus allen Branchen der Wirtschaft. Demographischer Wandel: Herausforderung für die betriebliche Personal- und Gesundheitspolitik, Springer, 2002.

Badura, B., Vetter, C., Schröder, H., Fehlzeiten-Report 2008. Betriebliches Gesundheitsmanagement: Kosten und Nutzen, Springer, 2009.

BMAS (Hrsg.), Sicherheit und Gesundheit bei der Arbeit. Unfallverhütungsbericht Arbeit, Dortmund/ Berlin/ Dresden 2007.

Bödeker, W., Zelen, K., Frühindikatoren für Langzeit-Arbeitsunfähigkeit - Entwicklung eines Vorhersage-Instrumentariums für die betriebliche Praxis, in: Badura, B., Schellschmidt, H., Vetter, C.: Fehlzeiten-Report 2006, Chronische Krankheiten, Springer, 2006.

Dau/Düwell/Haines (Hrsg.), Sozialgesetzbuch IX, Rehabilitation und Teilhabe behinderter Menschen, Lehr- und Praxiskommentar, 2. Aufl., Nomos 2009.

Deppisch, H., Jung, R., Schleitzer, E., Tipps für neu- und wiedergewählte MAV-Mitglieder, Rechtliches Wissen und soziale Kompetenz (Evangelische Kirche und Diakonie), Bund-Verlag, 2010.

DGB (Hrsg), Handlungsleitfaden für ein Betriebliches Eingliederungsmanagement, Berlin 2007.

www.ergo-online.de ⋯⋯> Gesundheitsvorsorge ⋯⋯> Eingliederungsmanagement.

Feldes, W., Schmidt, J., Ritz, H.G., Die Praxis der Schwerbehindertenvertretung von A–Z, Das Handwörterbuch für behinderte Menschen und ihre Interessenvertretung, 5. Aufl., Bund-Verlag, 2010.

Feldes, W., Handbuch Integrationsvereinbarung, Regelungsmöglichkeiten nach dem SGB IX, Bund-Verlag, 2003.

Literaturverzeichnis

Feldes/Stevens-Bartol/Kohte (Hrsg.), SGB IX Sozialgesetzbuch IX – Kommentar für die Praxis , Bund-Verlag, 2008.

Graz, G., Klimpe-Auerbach, W., Kröll, M., Personalratspraxis von A bis Z, Das Handwörterbuch für Interessenvertretungen im öffentlichen Dienst, 2. überarbeitete und erweiterte Aufl., Bund-Verlag, 2006.

Großmann, R., Schimanski, W., Dopatka, F.–W., Spiolek, U., Steinbrück, H.J., Gemeinschaftskommentar zum Schwerbehindertengesetz, 2. Aufl., Luchterhand, 1999.

Hermes, G., Frauen in der beruflichen Rehabilitation – Anforderungen aus Sicht betroffener Frauen, Bundesorganisationsstelle behinderte Frauen, Kassel 2001.

IG Metall-Vorstand, Chancengleichheit im Betrieb, Frankfurt a.M. 2002.

IG Metall (Hrsg.), Eingliedern statt kündigen. Gesundheit und demografischer Wandel im Betrieb, Frankfurt 2005. Handlungshilfe des Projekts »Gute Arbeit«, bestellbar über: www.igmetall.de ···> Themen ···> Projekt Gute Arbeit ···> Material/Bestellungen.

IG Metall (Hrsg.), Teilhabepraxis 2 – Beschäftigung fördern und sichern, Frankfurt a.M. 2010.

Deutsche Rentenversicherung Bund (Hrsg.), Ergebnisqualität in der medizinischen Rehabilitation der Rentenversicherung, Berlin 2009. (http://www.deutsche-rentenversichrung.de/nn_15814/SharedDocs/de/Inhalt/Zielgruppen/01__sozialmedizin__forschung/02__qualitaetssicherung/dateianhaenge/E8__Weitere__qs__aktivitaeten/wei__ergebnisqualitaet__2009.html).

Redlich, A., Konfliktmoderation, Hamburg 2004.

Schoof, C., Betriebsratspraxis von A bis Z, Das Lexikon für die betriebliche Interessenvertretung, 9. überarbeitete Aufl., Bund-Verlag, 2010.

Siegrist, J., Dragano N., Rente mit 67 – Probleme und Herausforderungen aus gesundheitswissenschaftlicher Sicht, Arbeitspapier 147 der Hans–Böckler–Stiftung, Düsseldorf 2007. Download: http://www.boeckler.de/pdf/p_arb_147.pdf.

Watzlawick, P., Beavin, I.H., Jackson, D.D., Menschliche Kommunikation, Formen, Störungen Paradoxien, 11. Aufl. Huber (Bern), 2007.

1. Aufgaben in der modernen Arbeitswelt

1.1 Das Teilhaberisiko behinderter Menschen im Betrieb

Die körperliche, seelische und mentale Belastung der Beschäftigten im Betriebsalltag hat über die letzten Jahre erheblich zugenommen. Im klassischen Akkord-, Fließband- und Wechselschichtbereich der Produktion wurden und werden die Taktzeiten mit immer mehr Arbeit aufgeladen, ein Ende ist nicht in Sicht. Zeitdruck, Stress, permanente Leistung, ständige Verfügbarkeit am persönlichen Limit sind für immer mehr Beschäftigte harte Realität. Viele spüren längst eine erhebliche, intensive Verdichtung der täglichen, der stündlichen Arbeit. Dazu kommt eine stetig höhere gesundheitliche Belastung durch teils unregelmäßige, teils überlange Arbeitszeiten. Dieser Druck lastet nicht nur auf der Produktion, er ist auch längst in Werkstatt und Büro angekommen: Projektbeschleunigung, weitere Arbeitsaufgaben, immer engere Vorgaben, Rechtfertigungsstress – immer häufiger wird eingehende Firmen- und Geschäftspost bereits im Urlaub gelesen! Glanz und Elend des Angestelltendaseins liegen heute enger beisammen denn je – und kein betrieblicher Bereich bleibt mehr von steigender Belastung verschont. Die Gefahr einer »EntGrenzung« der Arbeitswelt steigt, in der vor allem Höchstleistung, Erreichbarkeit, Einsatzbereitschaft und Verfügbarkeit »rund um die Uhr« eingefordert werden – und das längst nicht nur auf der Seite des Managements, sondern von möglichst allen Beschäftigten.

Der heutige, aber auch der absehbare Arbeitsalltag zeigt deshalb in nahezu allen Branchen und Betriebsbereichen ein zunehmendes Belastungs- und Beschäftigungsrisiko. Dies gilt vor allem für den Personenkreis behinderter und dauerhaft gesundheitlich geschädigter Beschäftigter. Viele sind längst am Rande ihrer werksärztlichen Attestierung, ihrer Belastungs- und Beschäftigungsfähigkeit angekommen. Oder laufen zunehmend Gefahr, diese Grenzen zu überschreiten.

Das betrifft vor allem die steigende Zahl älterer Beschäftigter mit gesundheitlichen Einschränkungen. Die stetige Verdichtung der Arbeitszeit, das Ausfüllen auch der letzten Zehntelsekunden einer Montageoperation mit so genannter wertschöpfender Tätigkeit, eine druckvoll ansteigende Produktivität – dies stellt immer mehr Beschäftigte vor zunehmend große Belastungen. Gerade die Älteren in der Produktion sind betroffen: Es ist nicht die geforderte Qualität, weniger die Schichtarbeit, kaum die eingeforderte Flexibilität oder das Können, es ist das stetig hohe Tempo an den Fertigungsbändern und -anlagen, in den Maschinenbereichen, in der taktgebundenen Logistik, welches den Älteren am meisten zu schaffen macht. Sie sind deshalb bereits seit Jahren Stammkunden in der Schwerbehindertenvertretung – und ihre Zahl steigt.

Auch ältere Facharbeiter und Angestellte melden zunehmend Informations- und Gesprächsbedarf, gar Schutzbedarf an. Das ist kein Wunder, denn in immer mehr Betrieben und Abteilungen steigt nicht nur der Leistungsdruck in den täglichen Anforderungen – es steigt vor allem auch das Durchschnittsalter der Belegschaft. Und damit steigt auch der individuelle und betriebliche Problemdruck bei der Bewältigung der alltäglichen Arbeitsaufgaben: Immer stärkere Arbeitsbelastung für den Einzelnen, für die Gesamtbelegschaft, aber der Anteil der Jüngeren schmilzt, der Nachwuchs fehlt, die mittleren Jahrgänge werden zusehends älter. 2020 wird voraussichtlich mehr als ein Drittel der deutschen Arbeitnehmer älter als 50 Jahre sein. Welcher Betrieb, welche Branche ist darauf vorbereitet? Und wie werden die Betroffenen das erleben und empfinden?

Der Anteil der ältesten Jahrgänge an der Belegschaft steigt heute schon absehbar an, und damit auch die Anzahl der von Behinderung bedrohten oder bereits anerkannt schwerbehinderten oder behindert gleichgestellten Beschäftigten. Denn es ist ein offenes Geheimnis, dass gerade unter den ältesten Jahrgängen anteilig die meisten Beschäftigten gesundheitlich angeschlagen sind. Kaum jemand im Betrieb spürt die demografische Entwicklung eines Unternehmens deutlicher als die Schwerbehindertenvertretungen: ihr Kundenkreis wird größer, die Problemlage und -lösung im Einzelfall schwieriger. Und die Jüngern? Sie geraten immer früher unter diesen stärker steigenden Druck.

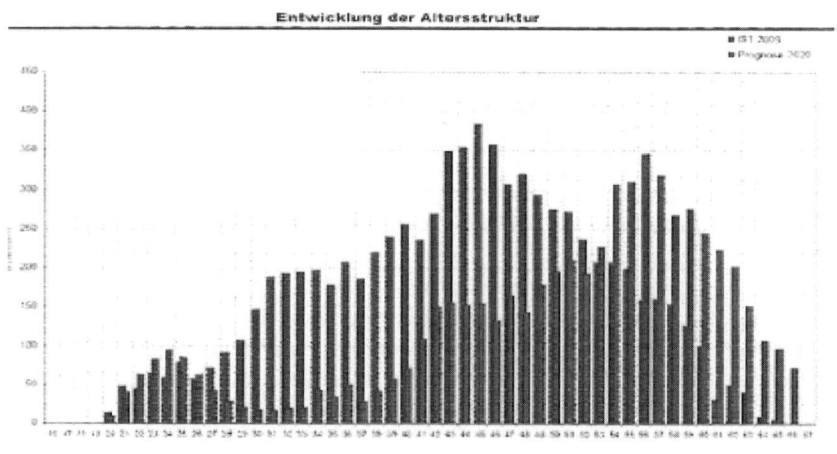

1. Aufgaben in der modernen Arbeitswelt

Noch haben nur wenige Unternehmen überhaupt angefangen, sich mit der demografischen Entwicklung ihrer Belegschaft auseinanderzusetzen. An allzu vielen Vorstandstüren klebt das falsche Leitbild der alterslos jungen und olympiareifen Belegschaft. Aber auch wenn alle Zahlen auf dem Tisch liegen und trotz allen sichtbaren Älterwerdens in den Betrieben – im Mittelpunkt des Betriebsalltags steht weiterhin ein vorrangiges Ziel des Unternehmens: Die Produktivität des Einzelnen und die der gesamten Belegschaft soll und muss jährlich weiter gesteigert werden. Und das möglichst im zweistelligen Bereich. Und dies bei geringstmöglicher Abwesenheit, versteht sich, am besten so um die 3 %. Unternehmerische Planzahlen gehen von 97 % Anwesenheit aus. Und parallel von höherer »Performance«, wie die eingeplante Leistungssteigerung pro Beschäftigtem genannt wird. Und auf diese Ziele werden auch die betrieblichen Vorgesetzten eingeschworen, um Anwesenheit und Leistungssteigerung bei den Beschäftigten einzufordern. Entstehende (Ziel)Konflikte sollen dann »unten« gelöst werden, Fragen der künftigen Belegschaftsstruktur spielen »oben« immer noch kaum eine Rolle.

Manchmal bestand die allseitige Lösung im tröstlichen Abwarten auf eine baldige Beendigung des Arbeitslebens durch Teilnahme an Altersteilzeit oder absehbaren Eintritt in die Altersrente. Dies wird sich grundlegend ändern, denn der Gesetzgeber hat beschlossen, das Instrument der gesetzlichen Altersteilzeitregelungen zu verschlechtern, indem bisherige substanzielle Zuschüsse der Arbeitsagentur künftig entfallen. Zusätzlich wurden die Altersregelgrenzen für alle Jahrgänge ab 1947 deutlich und nachhaltig angehoben, beginnend mit dem Jahre 2012. Immer mehr Beschäftigte sollen sich also darauf einstellen, länger arbeiten zu müssen. Das wurde auch von Unternehmerverbänden eingefordert und beklatscht.

Wie es jedoch gelingen soll, bis 67 oder als anerkannt Schwerbehinderter bis 65 gesund und qualifiziert am Fließband oder an der Maschine im Akkord zu arbeiten – diese Frage blieb seitens des Gesetzgebers und Unternehmerlagers bis dato unbeantwortet. Noch fühlen Belegschaften und Beschäftigte sich damit alleingelassen. Und die Sozialversicherer, vorneweg die Rentenversicherungen, die Arbeitsagenturen und Krankenkassen? Für sie bedeutet »länger arbeiten« zunächst »längere Beitragszeiten«. Ein künftiger »3-Generationen-Betrieb« mit Opa, Vater und Enkel im Fließband-Team und Oma, Tochter und Enkelin im Büro würde die Kassen füllen. Deswegen verharren sie überwiegend noch in einer eher passiven Rolle, schauen den Versicherten und den Betrieben beim Thema Älterwerden eher noch zu. Aber der Druck gerade aus den Betrieben wird steigen, diese Haltung aufzugeben.

1. Aufgaben in der modernen Arbeitswelt

Denn es soll zukünftig eben nicht nur länger, sondern vor allem auch härter gearbeitet werden. Genau das ist jedoch für viele Beschäftigte, darunter immer mehr Menschen mit Behinderungen, heute schon ein hohes Beschäftigungsrisiko. Wer nicht mehr mitkommt, gerät an den Rand der Beschäftigung im Unternehmen und kann ja, so scheint es, durch Leiharbeit oder andere Formen atypischer/prekärer Arbeitsverhältnisse ersetzt werden.

Erschwerend kommt hinzu, dass die steigende Produktivität der letzten Jahre in den Betrieben oftmals in weiteren Personalabbau umgemünzt wurde, so dass immer weniger Menschen immer mehr zu leisten haben. Diese Tendenz ist ungebrochen. Die Belastung am Band, in der Werkstatt oder im Büro wird also weiter steigen, unabhängig vom Alter des Einzelnen.

Hinzu kommt, dass bisherige Möglichkeiten in der Produktion zur Weiterbeschäftigung gesundheitlich angeschlagener und/oder älterer Beschäftigter zunehmend durch Fremdvergabe traditioneller Beschäftigungsbereiche ausgelagert wurden (siehe z.B. den Arbeitsplatz-Abbau in Vormontagebereichen mit Gelegenheiten zum Sitzen, von Sequenzierungstätigkeiten, in der Komponentenfertigung, Logistik, bei Kontrolltätigkeiten und indirekte Tätigkeiten wie in Küchen und Kantinen, Waschräumen und Reinigung, Hofkolonnen, Poststellen, Magazinen, Büromateriallagern oder leichtere Büro- oder Fahrertätigkeiten). Fahrradwärter oder Pförtnerstellen sind in den allermeisten Unternehmen sowieso schon längst Vergangenheit und gehören zur Romantik der Rentenversicherer.

Verschärfend tritt hinzu, dass betriebliche Workshops zur so genannten kontinuierlichen Verbesserung der Produktion zwar manches Fertigungs- oder Montageprob-

1. Aufgaben in der modernen Arbeitswelt

lem lösen, oftmals aber nicht das Problem der Weiterbeschäftigung der dort zumeist älteren Betroffenen. Erst werden die Menschen wegrationalisiert, dann sind sie plötzlich ein Problem! Und das Unwort vom »Low Performer«, dem sog. Leistungsschwachen, kreist ja mittlerweile auch durch alle Angestelltenbereiche.

Auf diesem Hintergrund verdichten sich insgesamt die Ängste der Betroffenen um ihre Weiterbeschäftigung, gerade bei höherem Alter und/oder längerer oder chronischer Erkrankung, Behinderung oder Erwerbsminderung. Zudem (ver)schwindet die in den Unternehmen und Belegschaften seit Jahrzehnten kollektiv verankerte Tradition, alters- und gesundheitsgerechte Tätigkeiten für jene vorzuhalten, denen die alte, bisherige Tätigkeit zu schwer geworden ist.

Und viel schneller als jemals zuvor werden Weiterbeschäftigungsmöglichkeiten und Arbeitsverhältnisse in Frage gestellt, wenn Gesundheit und Leistungsfähigkeit nachzulassen drohen. Gerade in wirtschaftsschwachen Zeiten wächst die Tendenz, die Älteren und gesundheitlich Angeschlagenen auszusortieren. Die Sorge, mitten in wirtschaftlich turbulenten Zeiten im Unternehmen »aufzufallen«, lässt deshalb viele Beschäftigte aus allen Teilen des Betriebs immer noch zögern, ihre Probleme offen anzusprechen. Diese Zurückhaltung – trotz persönlichem Leidensdruck – wird gerade in Zeiten wie diesen nachhaltig verstärkt durch die weltweiten und unmittelbaren Folgen der massiven, anhaltenden Finanz-, Wirtschafts- und Beschäftigungskrise. Diese schlägt sich ja nicht nur in der nationalen Industrie nieder, sondern im internationalen Gefüge der Wirtschaft, der Politik und der Gesellschaft nahezu rund um den ganzen Globus. Unter den der Beschäftigten wächst somit die Unruhe, wie es im eigenen Land, in der Branche, im Unternehmen und mit dem momentanen Arbeitsplatz weitergehen kann.

Die größten Sorgen machen sich dabei jene Kolleginnen und Kollegen, die zudem noch aktuelle oder chronische Gesundheitsprobleme oder Behinderungen haben. Sie kennen keine regelrechte Beschäftigungsalternative, haben auf dem Arbeitsmarkt die geringsten Chancen und sind gerade in der Krise mehr denn je auf ihren Arbeitsplatz, auf ihr Unternehmen angewiesen. Gerät ihr Unternehmen in eine Schieflage, spüren sie die Klimaveränderung im Betrieb zuallererst. Sie kennen die Gedanken mancher Vorgesetzter nur zu gut. Sie müssen fürchten, mit ihrer etwas anderen Gesundheit an den Rand der Belegschaft, an den Rand der Weiterbeschäftigung gedrückt zu werden. Ihre Hoffnungen auf Schutz, Rückendeckung und Unterstützung, gerade unter den Älteren, ruhen oftmals und zusehends auf ihrer Schwerbehindertenvertretung im Unternehmen. Viele kommen voller Angst zu uns.

Es ist auf diesem Hintergrund von besonderer Bedeutung, dass die Generalversammlung der Vereinten Nationen in New York im Dezember 2006, also noch vor

Ausbruch der globalen Finanz- und Wirtschaftskrise, erstmalig und einstimmig eine Konvention über die Rechte von Menschen mit Behinderung beschlossen hat. Diese UN-Behindertenrechtskonvention (BRK) dient dem Schutz der unveräußerlichen Menschenrechte. Sie schafft kein Sonderrecht für Menschen mit Behinderung, sondern ergänzt die allgemeinen Menschenrechte um die Perspektive von Menschen mit Behinderung. Deutschland hatte diese Konvention von Anfang an aktiv unterstützt und trat dieser UN-Konvention mit dem 26.3.2009 völkerrechtlich verbindlich bei. Seither sind die Vorgaben dieser BRK für die Politik, die Verwaltung und für die Gerichte in Deutschland verbindliches Recht, welches umgesetzt werden muss. Das ist ein wichtiger Meilenstein für alle Menschen mit Behinderung.

Die Konvention verfolgt dabei ein grundsätzlich neues Leitbild: Die Inklusion, also die vollumfängliche Einbeziehung behinderter Menschen in die Gesellschaft von Anfang an. Der Unterschied zu der gerade in Deutschland bekannten Integration ist klar: Nicht (mehr) der behinderte Mensch muss sich anpassen, damit er in der Gesellschaft dabei sein kann. Sondern die Gesellschaft muss sich mit ihren Strukturen anpassen. Sie muss künftig behinderte Menschen mit ihren Bedürfnissen von Anfang an einbeziehen und somit deren Ausgrenzung beenden. Die Individualität und Vielfalt der Menschen wird anerkannt und als Quelle der Bereicherung der Gesellschaft wertgeschätzt. Diesen Effekt kennt nahezu jede Schulklasse, in der ein Kind mit Behinderung von Anfang an dabei ist. In der betrieblichen Ausbildung und später am Arbeitsplatz ist es ähnlich: gute Begegnungen lösen Bedenken ab, Vor-Urteile lösen sich auf, gegenseitig positive Erfahrungen werden möglich und stellen eine persönliche Bereicherung dar. Das ist spätestens dann zu spüren, wenn Menschen mit Gehörlosigkeit nach 40 Jahren am Fließband oder 35 Jahren im Ingenieursberuf nach Hause gehen und die Hörenden kommen gratulieren.

1. Aufgaben in der modernen Arbeitswelt

Auch Deutschland steht damit vor großen Veränderungen. So muss nach Art. 24 BRK ein inklusives Bildungssystem geschaffen werden, bei dem behinderte Kinder nicht aus dem allgemeinen Schulsystem ausgegrenzt werden, sondern mit nicht behinderten Kindern gemeinsam lernen. In Deutschland, so ergab eine Studie im Auftrag der Behindertenbeauftragten der Bundesregierung im Jahre 2009, gehen nur 16 von 100 behinderten Kindern in eine Regelschule – 84 bleiben draußen vor. Kein Wunder, dass ihnen später der Zugang zum regulären Ausbildungs- und Arbeitsmarkt weitgehend verbaut ist.

Die in Art. 27 BRK betonte Teilnahme von Menschen mit Behinderungen (also auch von chronisch Kranken) in Arbeit und Beschäftigung ist nun erstmalig auch ein völkerrechtlich verbindliches Menschenrecht. Beim Zugang zu Arbeit und Beschäftigung haben die Betroffenen Anspruch auf gleichberechtigte Teilhabe am Arbeitsmarkt. Ihre Inklusion in Betrieb und Arbeitswelt – Ziel jeder Anstrengung aller Schwerbehindertenvertretungen seit Jahrzehnten – wird inmitten wirtschaftlich schwieriger Zeiten eine große Herausforderung und Querschnittsaufgabe für alle beteiligten Akteure, denn noch immer stehen wir vor einem hohen Sockel von Arbeitslosigkeit gerade junger Menschen mit Behinderung. Und die Arbeitslosigkeit erwachsener, vor allem älterer Menschen mit Behinderung verharrt ebenfalls auf hohem Niveau. Und sie steigt vergleichsweise jeweils schneller an bzw. sinkt jeweils langsamer als die Arbeitslosigkeit von Menschen ohne Behinderung.

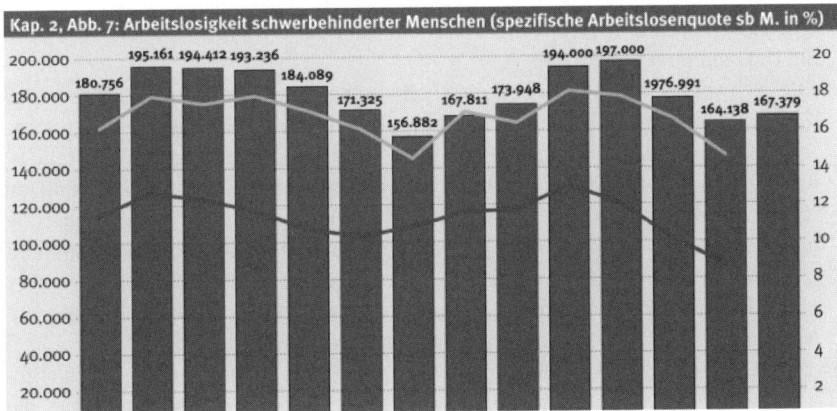

Trotz alledem gibt die BRK Rückenwind für allseitige Bemühungen, Schritt für Schritt eine inklusive Arbeitswelt zu schaffen. Bundesregierung, aber auch Länderregierungen, Verwaltungen und Justiz sind aufgefordert, gemeinsam mit den Betroffenen und allen gesellschaftlichen Gruppen der Zivilgesellschaft Aktionspläne zu entwickeln und kontrolliert umzusetzen, Schritt für Schritt. Auf der Ebene der Wirtschaft und der Betriebe werden vor allem die Gewerkschaften und betrieblichen Interessenvertretungen Motor und Hüter dieser Veränderungsprozesse sein. Damit kann zwar auf eine starke, erfahrene und gut organsierte Tradition zurückgegriffen werden, aber der Gesetzgeber muss nachziehen und sicherstellen, dass die Schutz- und Gestaltungsaufgaben gerade der Schwerbehindertenvertretungen, aber auch der Interessenvertretungen insgesamt nochmals deutlich gestärkt und ausgeweitet werden. Und er muss den Aufgabenkatalog für die Arbeitgeberseite und Sozialversicherer nachhaltig erweitern, um das Ziel inklusiver Ausbildung und Beschäftigung überhaupt erreichen zu können.

Für das Aufgabenverständnis der Schwerbehindertenvertretung lassen sich daraus mehrere Anforderungen formulieren:

- Ihre Vertretungsarbeit wird im Betrieb immer wertvoller. Neben den klassisch anerkannt schwerbehinderten oder gleichgestellt behinderten Beschäftigte rücken immer mehr Kolleginnen oder Kollegen in den Blickwinkel, die langzeiterkrankt, psychisch belastet, Reha-bedürftig, von Behinderung bedroht, gesundheitlich gehandicapt oder bereits per Attest einsatzeingeschränkt sind – vor allem die Älteren unter ihnen. Und immer mehr Betroffene aus nahezu allen Bereichen suchen jenseits von Geschlecht, Nationalität, Herkunft, Religion, Ausbildung, Betriebszugehörigkeit oder Status Rückendeckung bei der Schwerbehindertenvertretung. Die Schwerbehindertenvertretung entwickelt sich von der gefragten Interessenvertretung weiter zur anerkannt professionellen Institution im Unternehmen.
- Die Schwerbehindertenvertretung sucht immer zielorientierte Lösungen. Der Auftrag des Gesetzgebers und das Hauptaugenmerk der Schwerbehindertenvertretung gelten deshalb mehr denn je der Erhaltung, Schaffung und Gestaltung von geeigneten Arbeitsbedingungen für Menschen mit Behinderung. Initiativen der Schwerbehindertenvertretung zur Einleitung von Maßnahmen zur Sicherung und Förderung von behinderten-, alters- und gesundheitsgerechten Arbeitsplätzen kommt ebenfalls zentrale Bedeutung zu. Der Verzicht auf Fremdvergabe oder die Rückführung ausgelagerter Tätigkeiten kann jedoch oft nur im Zusammenwirken der gesamten betrieblichen Interessenvertretung gelingen.
- Die Schwerbehindertenvertretung sucht generell die Zusammenarbeit. Die ergonomische Verbesserung bestehender und künftiger Arbeitsplätze führt die Schwerbehindertenvertretung nach Maßgabe des Gesetzes regelmäßig sowohl mit den Arbeits-und Gesundheitsschützern, den betrieblichen Vorgesetzten, Personal- und Planungsabteilungen zusammen aus, als auch mit den Berufsgenossenschaften, Krankenkassen und Arbeitswissenschaftlern. Hier ist gemeinsame Weiterbildung und Netzwerkbildung angesagt, um im Sinne der Betroffenen präventiv agieren zu können. Und das ist billiger als spätere »Reparatur«!

1. Aufgaben in der modernen Arbeitswelt

- Die Schwerbehindertenvertretung ist nahe bei den Betroffenen. Die Hauptaufgabe der Schwerbehindertenvertretung besteht gerade darin, die individuelle Beschäftigungsfähigkeit der Betroffenen zu schützen und zu stärken, und somit das Beschäftigungs- und Ausgliederungsrisiko der Betroffenen präventiv zu verringern oder zu vermeiden. In gleichem Maße wird sich die Schwerbehindertenvertretung auf steigende individuelle Nachfrage der Betroffenen nach Beratungs-, Unterstützungs- und Hilfeleistungen einstellen müssen. Hier ist professionelle Fortbildung angesagt.
- Die Schwerbehindertenvertretung sucht die langfristige Beschäftigungssicherung und sie muss dazu mehr als nur die Schwerbehinderteneigenschaft der Betroffen kennen. Eine erfolgreiche Maßnahme im Einzelfall setzt genaue Kenntnis vor allem der positiven Fähigkeiten, der Interessen und individuellen Leistungsvoraussetzungen sowohl des Beschäftigten als auch der genauen betrieblichen Arbeitsanforderung am konkreten Arbeitsplatz voraus. Es gibt weder den typischen Menschen mit Behinderung noch den typischen Arbeitsplatz für Behinderte. Der Blick der Schwerbehindertenvertretung sollte bestehende Funktionsbeeinträchtigungen nicht übersehen, aber vor allem auf die positiven Fähigkeiten, Erfahrungen und Kenntnisse des Menschen gerichtet sein. Die Schwerbehindertenvertretung erinnert die Betroffenen an ihre oftmals im Betrieb bewiesene Fähigkeit, sich auf Neues im Arbeitsalltag um- und einzustellen.
- Die Schwerbehindertenvertretung überwindet Barrieren. Es ist im Einzelfall erforderlich, behinderungsbedingte Barrieren zu erkennen, zu benennen und zu überwinden oder weitestgehend abzubauen. Maßnahmen zum Aufbau und systematischen Ausbau von Qualifizierung und Weiterbildung der Menschen mit Behinderung werden in diesem Zusammenhang zunehmend wichtiger, um weitere Einsatzmöglichkeiten für die Betroffenen zu erschließen. Hier gilt es im Einzelfall, zuversichtlich Mut zu machen.
- Die Schwerbehindertenvertretung ist ein aktiver und zentraler Teamplayer. Wie in vielen der gesetzlich verankerten betrieblichen »Integrationsvereinbarungen« bereits geregelt, aktiviert die Schwerbehindertenvertretung im Einzelfall rechtzeitig und nachhaltig sowohl die Vorgesetzten, Arbeitgeberbeauftragten, Arbeitsmediziner, Planer, den Betriebsrat und die Personalabteilung als auch die Träger eventuell begleitender Hilfe wie Integrationsamt oder Integrationsfachdienst, Rentenversicherer, Arbeitsagentur, Berufsgenossenschaft oder Krankenkassen: Die Schwerbehindertenvertretung übernimmt hier eine zentrale Scharnierfunktion, klärt den Einzelfall, »erfindet« und verbessert dabei notwendige Strukturen der Zusammenarbeit.
- Die Schwerbehindertenvertretung hat den Blick nach vorn gerichtet. Sie steht oft auch im Mittelpunkt des gesetzlich vorgeschriebenen betrieblichen Eingliederungsmanagements für alle Beschäftigten, die länger als sechs Monate im Jahr krank sind: Getragen vom Vertrauen der Betroffenen, trägt die Schwerbehinder-

tenvertretung im Einzelfall entscheidend zur Aktivierung der Expertise und effektive Unterstützung der genannten betrieblichen und außerbetrieblichen Helfer bei, um Arbeitsunfähigkeit zu überwinden, erneute Arbeitsunfähigkeit künftig zu vermeiden und den Arbeitsplatz damit zu erhalten. Und sie nutzt ihre Chance nach §84 SGB IX, die Beschäftigungsfähigkeit vieler Betroffener mit eigenen Vorschlägen und der Einleitung abgestimmter individueller Maßnahmen bereits im Präventionsverfahren zu sichern, quer durch alle Alters- und Berufsgruppen.

- Die Schwerbehindertenvertretung kennt sich beim Thema »Älterwerden« bestens aus. Sie birgt einen großen Erfahrungsschatz, denn kaum jemand im Unternehmen kennt die Sorgen und Risiken, Möglichkeiten und Chancen älterer Beschäftigter besser als die Schwerbehindertenvertretung. Zum Thema »Älterwerden« kann sie auf eine Fülle an Erfahrungen aus der bisherigen Lösung vieler individueller und betrieblicher Probleme zurückgreifen und so zur Bewältigung der gegenwärtigen Anforderungen beitragen. Angesichts der absehbaren Entwicklung der Altersstruktur hilft dieses Wissen enorm bei der künftigen Ausrichtung einer demografiefesten Personal- und Beschäftigungsentwicklung. Dazu steht die Schwerbehindertenvertretung im Dialog mit Arbeitsmedizinern, Arbeitswissenschaftlern, Sozialversicherern und anderen organisierten Schwerbehindertenvertretungen sowie den verantwortlichen Politikern in der Region.
- Die Schwerbehindertenvertretung lebt den Auftrag, eine inklusive Arbeitswelt zu schaffen. Seit mittlerweile 90 Jahren, seit ihren Ursprüngen 1920, ist sie mittendrin in diesem Thema! Sie weiß: Inklusion geht über den bekannten Weg der Integration hinaus. Nicht der Ältere soll sich bis 67 noch an das Fließband anpassen, das Unternehmen soll sich insgesamt auf das Älterwerden jedes einzelnen Menschen mit Behinderung einstellen. Und es soll junge Menschen mit Behinderung aus einem inklusiven Schulsystem in Praktika, Ausbildung, Übernahme und dauerhafte Beschäftigung abholen. Alle Menschen mit Behinderung verdienen Respekt, denn sie bereichern jede/r auf ihre/seine unverwechselbare Art das gesamte Unternehmen.

So sollte die Schwerbehindertenvertretung
- *Zusammenhänge zwischen den gesundheitlich belastenden Bedingungen im Betrieb und arbeitsbedingten Ursachen von Behinderung aufzeigen;*
- *die Verbindung zwischen der Veränderung der Arbeitsbedingungen und den Folgen gerade für ältere, behinderte und gesundheitlich beeinträchtigte Beschäftigte verdeutlichen;*
- *Aufmerksamkeit für den demografischen Wandel herstellen und präventive Maßnahmen für jüngere **und** ältere Beschäftigte einfordern, darunter Qualifizierung;*

1. Aufgaben in der modernen Arbeitswelt

- an dem Bewusstseinswandel mitwirken, dass künftig zuerst nach den Fähigkeiten, Kenntnissen und Interessen der »Menschen mit etwas anderer Gesundheit« geschaut wird, statt nach deren vermeintlichen Defiziten;
- in der betrieblichen Öffentlichkeit bekannt machen, dass eine Benachteiligung, Ausgrenzung und Diskriminierung behinderter Menschen nicht zulässig ist;
- darüber aufklären, dass Menschen mit Behinderung inklusiv von Anfang an dazugehören und mit umfangreichen Rechten ausgestattet sind;
- verdeutlichen, dass alles, was heute für Menschen mit Behinderung getan wird, schon morgen jedem Beschäftigten zu Gute kommen kann! Das ist wichtig für die ganze Belegschaft – gerade angesichts der Renten- und Sozialpolitik;
- sich selbstbewusst als aktiver, zukunftsorientierter Teil der Interessenvertretung verstehen, der als Sprecher der Menschen mit etwas anderer Gesundheit auf Augenhöhe mit Management, Behörden und Sozialversicherern arbeitet.

1.2 Arbeitsbedingte Gesundheitsgefahren/Belastungen

Die weitere Verdichtung der Arbeitsleistung aller Beschäftigten pro Arbeitsjahr, pro Arbeitstag, pro Stunde, pro Minute bleibt ein zentrales Ziel der Unternehmen und Triebfeder bei der Gestaltung des Arbeitsalltags. Der Einzug modernster Informations- und Kommunikationssysteme in den Betriebsalltag soll sicherstellen, dass kostbare Arbeitszeit noch intensiver genutzt wird. Dabei werden alle Einzelglieder der sog. Wertschöpfungskette erfasst. Denn je produktiver eine Belegschaft insgesamt, je geringer die Lohnstückkosten, desto kleiner der Personalanteil an Umsatz, desto größer der Gewinn. Und durch hohe Produktivität entsteht, zunächst unabhängig vom Marktgeschehen, ein tendenzieller Personalüberhang und es werden demzufolge weitere Hände und Köpfe überflüssig, um ein Produkt zu planen, zu entwickeln, zu konstruieren, zu produzieren, zu vermarkten, zu verkaufen oder zu reparieren. Am Ende steht ein permanenter Belegschaftsabbau. Die Verbliebenen müssen dann noch mehr leisten.

Eine zunehmende Zahl der noch Beschäftigten erlebt dies als enorme Verdichtung des individuellen Arbeitsalltags, als Erhöhung ihrer Belastung und als Beschleunigung von alltäglichen Arbeitsaufgaben. Oder erfährt dies als nahezu dauerhafte Verlängerung von individueller oder kollektiver Arbeitszeit. Der Effekt ist in beiden

Fällen derselbe: Personaleinsparung. Nicht immer gelingt es, die Verdichtung und/oder Verlängerung von Arbeitszeit durch zusätzliches Personal auszugleichen. Selbst Marktzuwächse und zusätzliche Aufträge bedeuten heutzutage nicht, dass es Personalausgleich und neue Beschäftigung geben wird. Es kommt eher häufig zum Abbau von Arbeitsplätzen (z.B. durch den Nichtersatz von Altersrentnern oder Altersteilzeitbeschäftigten), wobei die anfallende Arbeit üblicherweise auf weniger Schulter aufgeteilt wird.

Oftmals werden den kleiner gewordenen Restbelegschaften dann auch noch zusätzliche Aufgaben aufgebürdet: Produktivitäts- und Qualitätsanforderungen an die Beschäftigten steigen druckvoll an. Massive Budget- und Kostenreduzierungen durch das Management verstärken diesen Alltagsdruck auf die Beschäftigtengruppen. Dazu kommen anschwellende Regelungs- und Kontrollsysteme, umfassende Datenbürokratie und zunehmend anonyme Entscheidungsprozesse für immer mehr Beschäftigte. Gleichzeitig erleben viele Beschäftigte die Entwertung ihrer persönlicher Erfahrung und den Rückbau persönlicher Beziehungen zwischen Beschäftigtem und Vorgesetztem, zwischen Management und Belegschaft. Respekt, Vertrauen und Zusammenarbeit – früher der Dreiklang für gemeinsamen Erfolg – werden zunehmend aufgelöst durch Respektlosigkeit, Gleichgültigkeit, Misstrauen und Verzicht auf Konsens und Kompromisse im Betriebsalltag. Das Ergebnis? »Was kränkt, macht krank«.

Zwischen diesen Mühlsteinen entstehen für viele Beschäftigte neuere und jüngere Gesundheitsgefahren und Belastungen. Sie berichten über Stress und Hektik im Arbeitsalltag, psychomentale Anspannung, Überforderung, aber auch Unterforderung. Dazu kommen stärkere einseitige körperliche Belastungen, Schlafstörungen, Herz- und Kreislaufprobleme, Belastungen des Familienlebens und Störung des Rhythmus zwischen Arbeiten, Teilhabe am gesellschaftlichen Leben und Erholung. Stress am Arbeitsplatz bis zur letzten Minute wird mitgenommen in den Urlaub und dadurch wird dessen Ruhe- und Erholungscharakter abgeschwächt. Und die Rückkehr lässt die gefühlte Tretmühle oftmals noch vor der ersten Stunde wieder von vorne beginnen.

Gerade in den Fertigungsbereichen ist diese Verdichtung täglich spürbar, verstärkt durch Risikofaktoren wie Schichtarbeit, monotone Belastung, stetig steigende Arbeitsanforderungen. Eine immer höhere, taktgebundene Auslastung treibt gerade die Älteren an den Rand ihres individuellen körperlichen und mentalen Leistungsvermögens und an den Rand ihrer Attestierung. Und die Jüngeren laufen zusehends Gefahr, genau in diese Tretmühle zu geraten. Der Druck wächst insgesamt auf alle, keiner kann sich dem entziehen.

1. Aufgaben in der modernen Arbeitswelt

Dazu kommen kurzfristige Arbeitszeitveränderungen in der Produktion aufgrund eines hektischeren globalen, nationalen oder regionalen Marktgeschehens. Kurzarbeit, gefolgt von Sonderschichten oder Verlängerung der Schichtzeit, um Arbeitsvolumen wieder einzufangen – auch das bedeutet zusätzlichen, anhaltenden Stress. Da neue Produkte immer schneller in den globalen Markt gehen sollen, beschleunigen sich auch Produktionsanläufe, Umrüstzeiten, Freigabeprozesse. Hinzu kommen permanente Kostenreduzierungen in der Fertigungsplanung, die mittlerweile auch den Abbau ergonomischer Errungenschaften umfassen, verächtlich »Happy Engineering« genannt. Das wird z.B. deutlich bei der Rückkehr von Überkopfarbeit, häufigen kurzzyklischen Belastungsspitzen des Finger-Hand-Arm-Systems, der verstärkten Aufbringung von Kraft im Bereich Komponenten, Logistik und Montage. Gerade in diesen Bereichen wird jedoch immer noch der Verzicht auf die Vorhaltung alters- oder attestgerechter Arbeitsplätze propagiert und organisiert. Auch dieser Mangel an Beschäftigungsalternativen führt zu steigenden Belastungen bei den unmittelbar Betroffenen. Und vieles schlägt ihnen auf den Magen, lastet auf ihrem »körperlichen, geistigen und seelischen Wohlbefinden«, wie die Weltgesundheitsorganisation WHO Gesundheit definiert.

Deutlich im Vordergrund steht hier der Anstieg psychomentaler Belastungen. Sprach die Medizin früher vom »Werkmeister-Ulcus«, war damit das Magengeschwür des firmenseitigen Meisters gemeint, der sich zwischen Belegschaft und Management bewegte und oftmals aufrieb, weil er den beidseitigen Anforderungen nicht genügen konnte. Heute geht gerade die psychische Belastung quer durch den gesamten Betrieb, mitten durch die Belegschaft, bis hin zur zeitweiligen oder dauerhaften Überforderung oder Erschöpfung des Einzelnen. Die permanente Anspannung am Rande der Überlastung und deren Grenzüberschreitung, früher als »Burn-Out-Syndrom« ein Zeichen ungesunden Management-Daseins, macht vor Teilen der Beschäftigten nicht mehr halt – ständige (Leistungs)Bereitschaft und permanente Grenzleistung machen auf Dauer krank. Aber es kommen noch weitere Belastungen hinzu:

Unser Gesundheitssystem wird für die erwerbstätigen Beitragszahler zwar immer teurer, gleichzeitig fehlen aber wesentliche Anreize des Gesetzgebers, die Arbeitswelt präventiv und gesundheitsgerecht auszugestalten oder entsprechende Unterlassungen wirksam zu sanktionieren. Das Bundesministerium für Gesundheit und das Bundesministerium für Arbeit und Soziales liegen in Berlin nicht nur räumlich auseinander.

So ist seit vielen Jahren ein modernes Präventionsgesetz überfällig, welches angesichts steigender Gesundheitsgefahren und radikal neuer Belastungen alle notwendigen Aufgaben, Maßnahmen und Verantwortlichkeiten systematisch, nachhaltig und erfolgreich bündelt. Damit werden den Beschäftigten und ihren Interessenvertretungen stärkere Möglichkeiten zur aktiven Beteiligung und Mitverantwortung, aber auch zur Kontrolle eingeräumt. Noch immer geben die gesetzlichen Krankenkassen hierzulande 3.000 Euro pro Kopf und Jahr für kurative (zur Heilung führende) Leistungen aus, hingegen nur 3 Euro für Gesundheitsförderung und Prävention. Im gesamten deutschen Gesundheitsdschungel waren 2009 insgesamt 245 Milliarden Euro unterwegs – das sind immerhin gut 86 % des Bundeshaushaltes. Und nur 9,3 Milliarden wurden für Gesundheitsvorsorge und Prävention beansprucht. Die unbestechliche demografische Entwicklung wird uns aber über kurz oder lang alle miteinander lehren, Prävention besser und nachhaltiger voranzutreiben.

Ebenso unterentwickelt ist oftmals der Kontakt niedergelassener Haus- und Fachärzte, von Kliniken und Krankenhäusern zur Arbeitswelt insgesamt. Viele Mediziner erfahren vom Betriebsalltag nur über ihre Patienten und erleben deren Arbeitswelt überwiegend aus der Distanz. Es gehört zur Ausbildung nur weniger Ärzte, sich mit der Arbeitswelt überhaupt vertraut zu machen. So schüttelt mancher Arbeitsmediziner den Kopf über die Betriebsferne seiner Arztkollegen und über deren Unverständnis für den Betriebsalltag des gemeinsamen Patienten. Erschwerend kommt hinzu, dass eine kommunikative Behandlung nicht angemessen vergütet wird. Noch wird also mehr übereinander als miteinander gesprochen, obgleich es ein »gemeinsamer« Patient ist. Oft fehlt es an einem abgestimmten Behandlungsplan für den Betroffenen, der auch dessen Belastungen am Arbeitsplatz oder dessen latenten oder akuten Rehabilitationsbedarf berücksichtigt. Hier hilft die Schwerbehindertenvertretung dabei, z.B. Informationslücken zu schließen, und ermuntert alle Beteiligten zur Zusammenarbeit.

1.3 Chronische Erkrankungen und Behinderungen

Im Gegensatz zu einer akut verlaufenden Krankheit ist eine chronische Krankheit durch einen langsamen Verlauf gekennzeichnet und in der Regel nicht heilbar. Auch die Beschwerden einer chronischen Krankheit entwickeln sich oft langsam und führen häufig sehr spät zu einer Diagnose. Fast jede akute Erkrankung kann in ein chronisches Geschehen übergehen. Zu den chronischen Erkrankungen, die häufig auftreten, gehören Herz-Kreislauf-Erkrankungen, Krebserkrankungen, Diabetes, Chronische Polyarthritis, Bronchialasthma und Leberzirrhosen.

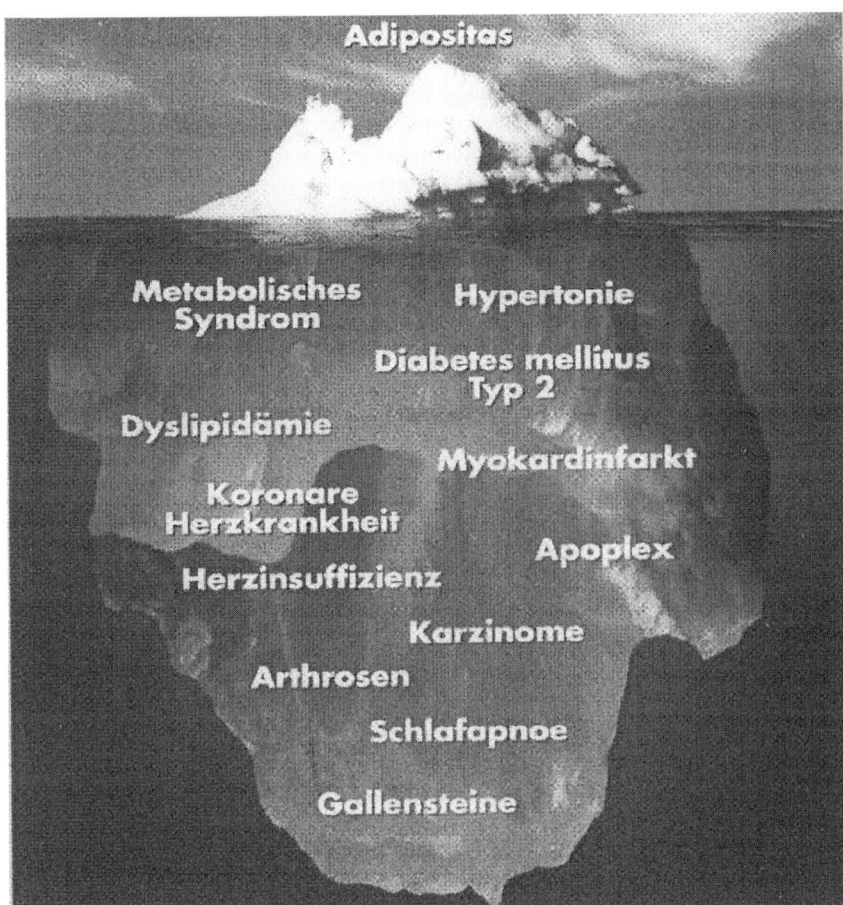

Eine chronische Gesundheitsstörung wie z.B. Adipositas (übermäßige Ansammlung von Fettgewebe im Körper) kann als Spitze eines sichtbaren Eisberges in Wechselwirkung mit weiteren Gesundheitsrisiken stehen – wie Hypertonie (Bluthochdruck), Diabetes mellitus Typ II (Stoffwechselerkrankung mit erhöhtem Blutzuckerspiegel), koronare Herzerkrankung (Durchblutungsstörung des Herzmuskels als Folge verengter Herzkranzgefäße), Herzinsuffizienz (Herzmuskelschwäche), Myokardinfarkt (Herzinfarkt), Karzinome (Krebserkrankungen), Schlafapnoe-Syndrom (Atemstillstände während des Schlafes), Gallensteine oder Dyslipidämie (Fettstoffwechselstörungen).

Um die Folgen chronischer Erkrankungen einzudämmen, sind mehr denn je präventive, rehabilitative und inkludierende Maßnahmen erforderlich. Das reicht von rechtzeitigen Arztbesuchen über regelmäßige Kontrolluntersuchungen bis hin zu präventiven, stationären Rehabilitationsmaßnahmen in einer ausgesuchten Reha-Klinik, von einem stationären Krankenhausaufenthalt über eine Anschlussheilbehandlung inklusive einer stufenweisen Wiedereingliederung bis hin zur Teilzeitbeschäftigung oder zeitweiligen Erwerbsminderungsrente mit anschließender Rückkehr in den Betrieb. Diese Maßnahmen sind gemeinsam und patientenorientiert zwischen allen beteiligten und handelnden Akteuren abzustimmen. Hierbei ist die Schwerbehindertenvertretung mit ihrer Erfahrung oft Gesprächspartner für alle Seiten und sie stärkt den Betroffenen den Rücken mit ihrer großen Handlungskompetenz.

Auch wenn jeder Fall etwas anders liegt, bereichert doch jeder Fall im gemeinsamen Handeln auch das gemeinsame Wissen der miteinander vernetzten Beteiligten. Gerade bei chronischen Gesundheitsstörungen kommt es auf eine starke Kooperation und Vernetzung von Haus- und Fachärzten, Krankenhäusern und Kliniken, Krankenkassen, Betriebsärzten, Rentenversicherern und Arbeitsagenturen zur konkreten Unterstützung im Einzelfall an. Jedoch sind nicht nur die Einzelschritte der ärztlich-sozialmedizinischen Betreuung oftmals holprig und nicht frei von Widersprüchen, auch die Begleitung durch die Sozialversicherer ist nicht immer stolperfrei. Zudem werden familiärer Hintergrund und betriebliche Situation leider in vielen Fällen ausgeblendet, obwohl sie das Bewusstsein und Befinden der Patienten und deren Behandlungserfolg wesentlich mit beeinflussen. Hinter allem müsste ein gemeinsam mit den Betroffenen verabredeter Behandlungsplan stehen, der unter Federführung des Haus- oder Facharztes Schritt für Schritt kontrolliert umgesetzt wird.

Leistungen zur Teilhabe

Leistungen zur	Unfallversicherung	Soziale Entschädigung	Krankenversicherung	Rentenversicherung	Bundesagentur für Arbeit	Sozialhilfe	Jugendhilfe
medizinischen Rehabilitation							
Teilhabe am Arbeitsleben							
Teilhabe am Leben in der Gemeinschaft							

1. Aufgaben in der modernen Arbeitswelt

Oft zeigt sich jedoch, wie schwer sich die Akteure damit tun: Arbeits- und Gesundheitsschutz, betriebliche Gesundheitsförderung, Akutversorgung, medizinische Rehabilitation, berufliche und soziale Teilhabe des chronisch Kranken oder Behinderten sind seit Bismarcks Zeiten auf verschiedene Leistungsträger in Staat und Gesellschaft verteilt. Rentenversicherung, gesetzliche Krankenkassen, Agenturen für Arbeit, gesetzliche Unfallversicherung, Integrationsämter und Sozialämter – um die wichtigsten zu nennen –, haben deshalb jeweils unterschiedliche Zuständigkeiten, Aufgabenstellungen und traditionelle Vorgehensweisen, gestützt auf eine umfassende Sozialgesetzgebung und ein ausgeprägtes Sozialrecht. *Leistungen zur medizinischen Rehabilitation* obliegen der Krankenkasse und der Rentenversicherung, nicht der Bundesagentur für Arbeit. Diese ist ausschließlich für *Leistungen zur Teilhabe am Arbeitsleben* zuständig, gemeinsam mit der Rentenversicherung. Die Krankenkasse hat auf diesem Sektor keine Verpflichtung. Alle drei sind auch nicht zuständig, wenn es um *Leistungen zur Teilhabe am Leben in der Gemeinschaft* geht – diese bleiben der sozialen Entschädigung, der Sozial- oder Jugendhilfe vorbehalten. Das alles ist zu spüren, wenn es z.B. um Langzeitkranke geht: Eine stufenweise Wiedereingliederung in den alten Arbeitsbereich nach dem Hamburger Modell ist für eine Krankenkasse so lange möglich, so lange Krankengeld bezahlt wird – nicht jedoch für die Arbeitsagentur nach der Aussteuerung aus dem Krankengeld, nicht für die Rentenkasse drei Wochen nach Ende einer stationären Reha-Maßnahme. So blickt jeder Sozialversicherer zunächst mal auf »seine« Aufgaben und »seine« Leistungen und deren Fristen und Grenzen, wodurch der Blick für die Gesamtlage der Betroffenen oftmals verstellt ist und ersehnte Leistungen »aus einer Hand« Wunschdenken bei den Betroffenen bleiben. Dazu kommt, dass die jahrelangen politischen Auseinandersetzungen um die Zukunft, Organisation, Aufgaben und Finanzausstattung z.B. der Rentenversicherung, der gesetzlichen Krankenkassen und der Bundesanstalt für Arbeit an den Beteiligten nicht spurlos vorrübergegangen sind. Massive Organisationsumstellungen, druckvolle Rationalisierung, politisch gewollte Fusionen, aber auch ein ständiges politisches Herumschrauben an den jeweiligen Leistungsgesetzen haben die Beteiligten untereinander mürbe und misstrauisch gemacht. Im Verschiebebahnhof des Bundeshaushaltes und der Sozialversicherer sind Tag und Nacht viele Rangierloks der politisch Verantwortlichen unterwegs: Aufgaben werden umgeschichtet, Mittel eingespart, um anderswo wieder aufzutauchen. Der ewige Kampf untereinander um Beiträge und Leistungen haben den Blick der Sozialversicherer eher auf die eigenen Schuhspitzen, auf die eigenen offenen Schnürsenkel gelenkt als den Blick auf Gemeinsamkeiten zwischen den Sozialversicherern zu schärfen (wie z.B. das gemeinsame Älterwerden der Kundschaft).

Die betroffenen Patienten oder Klienten, aber auch ihre Betriebe sind auf der anderen Seite oftmals damit überfordert, sich im Dschungel des Aufgaben- und Leistungsrechts der verschiedensten Träger zurechtzufinden. Diese achten untereinander mittlerweile vor allem auf ihre Gartenzäune und sprechen im Einzelfall immer noch viel zu selten an den Gartentoren miteinander, wie es im Einzelfall konkret weitergehen kann. Gehen Leistungen bei einem Sozialversicherungsträger zu Ende, wird weitergereicht zum Nächsten, der sich kümmern soll, doch jeder im System betrachtet Mensch, Sachlage und Leistung vor allem durch seine eigene Zuständigkeitsbrille. Manches fängt dann geradezu wieder von vorne an (Vorstellungen beim Amtsarzt z.B.), denn ein Austausch von Unterlagen ist eher die Ausnahme. Hier wird die Schwerbehindertenvertretung oftmals zum »Kümmerer«, der sich rechtzeitig, geduldig, kundig und dauerhaft an die Seite der Betroffen stellt und versucht, die Bismarck'schen Schrebergärtner zur Zusammenarbeit zu Gunsten des Versicherten zu bewegen. Was keine einfache Sache ist, – aber äußerst hilfreich und lehrreich für den nächsten Fall, der garantiert kommen wird. Und wer sich auf diese Art ein erstes Netzwerk bei den Sozialversicherern geschaffen hat, wer weiß, »wie es gemeinsam geht«, der sucht auch hartnäckig nach Lösungen.

Nur die deutsche gesetzliche Unfallversicherung mit ihrem besonderen Auftrag zur erweiterten Rehabilitation »mit allen geeigneten Mitteln« kennt Serviceleistungen »aus einer Hand«, oftmals durch den »Berufshelfer«, der sich um Details (auch der Behandlung und der Rückkehr zum Arbeitgeber) kümmert. Und manche Krankenkassen haben mittlerweile ein »Reha-Management«, »Case-Management« oder »Versorgungsmanagement« aufgebaut, um Patienten selbst an die Hand zu nehmen und die bestmöglichste Behandlung zu organisieren. Die Schwerbehindertenvertretung ist oftmals gut beraten, besondere Leistungen für chronisch erkrankte Beschäftigte (z.B. »Disease-Management-Programme« (DMP) zur strukturierten Behandlung chronisch Kranker) bei der Krankenkasse abzufragen und ein »Fall-Management« einzufordern, in dem nächste Schritte gemeinsam mit den Versicherten beraten und festgelegt werden. Hier kann der Betriebsarzt wertvolle Informationen geben und sich aktiv in den Ablauf einschalten.

Zudem sind 2001 vom Gesetzgeber erste Schnittstellen zwischen den Leistungsträgern geschaffen worden (»Gemeinsame Servicestellen« nach § 23 SGB IX), um im Einzelfall notwendige Leistungen und passende Trägerschaft vorab und möglichst vor Ort zu klären. Aber auch hier darf die Schwerbehindertenvertretung keine Wunderdinge erwarten. Noch gibt es scheinbar nach Jahrzehnten des Nebeneinanders mehr Trennendes als Verbindendes, doch die BRK betont in Art. 27 BRK ausdrücklich das universale Recht auf die Teilnahme von Menschen mit Behinderungen in Arbeit und Beschäftigung, also auch von chronisch Kranken. Die bisherige und künftige Zusammenarbeit der Sozialversicherer muss sich daran messen lassen, aber auch die Wirksamkeit gemeinsamer Servicestellen. Ein Blick in deren Verzeichnis klärt, wo sich die Nächste befindet.

1. Aufgaben in der modernen Arbeitswelt

Auf der betrieblichen Ebene bleibt die Schwerbehindertenvertretung wichtigster Motor und Antrieb dieser überaus erforderlichen Zusammenarbeit. Sie weiß aus vielen Einzelfällen: Weiterbeschäftigung ist auch mit chronischen Erkrankungen möglich und erstrebenswert. Ein »Ich kann (wieder) weiter arbeiten« liegt auf alle Fälle näher an einer inklusiven Arbeitswelt als ein »Ich kriege schon Rente«. Doch noch sind es nur wenige Unternehmen, die den Betroffenen eine schriftliche Wiedereinstellungszusage geben, falls eine befristete volle Erwerbsminderungsrente zwar zwischenzeitlich notwendig geworden, aber gesundheitlich wieder entbehrlich geworden ist und weitergearbeitet werden könnte. Leukämie, Krebs, Depression? Alles kann überwunden werden und wer oder was hindert die Betroffenen an einer Rückkehr ins Erwerbsleben? Auch hier bedarf es einiger Anstrengungen, bis die Beteiligten wie »aus einem Guss« handeln.

Die meisten schweren Behinderungen sind durch chronische innere Erkrankungen verursacht. Rund 80 % aller Behinderungen resultieren aus schweren Erkrankungen, die sich teils über lange Zeiträume entwickelt und sich nach und nach verschlimmert haben und schließlich chronisch geworden sind, wohingegen bei nur einem sehr kleinen Anteil die Ursache etwa in den Folgen von Unfällen und anderen, nicht vorhersehbaren Ereignissen liegt. Das bedeutet, dass vorbeugender Gesundheitsschutz in den allermeisten Fällen eben nur unzureichend stattgefunden hat oder nicht zum Erfolg führen konnte.

Umso wichtiger ist die Erkenntnis für die Schwerbehindertenvertretung, dass dieser Prozess oft zu verhindern oder aufzuhalten gewesen wäre. In manchen Fällen lässt er sich noch umkehren, lässt sich die gesundheitliche Lage stabilisieren oder gar verbessern. Das Unterlassen entsprechender Maßnahmen jedoch kann direkt zu einer weiteren Verschlechterung des Gesundheitsbildes und einem weiteren Verlust an Lebensqualität und Beschäftigungsfähigkeit führen. In diesen dynamischen Prozess kann die Schwerbehindertenvertretung jedoch kraft Amtes aktiv eingreifen und sollte dies auch gemeinsam mit dem Betroffenen anpacken.

Die Nutzung der erweiterten rechtlichen Rahmenbedingungen des SGB IX ermöglicht der Schwerbehindertenvertretung nicht nur eine individuelle Beratung und Unterstützung der Betroffenen, wenn die Sorge besteht, dass ihre Gesundheit an der Arbeitsstelle weiter geschädigt wird. Eine enge Zusammenarbeit der Schwerbehindertenvertretung mit Betriebsrat und Expert(inn)en im Arbeits- und Gesundheitsschutz ist im Betrieb rechtlich gewährleistet, wenn es um Gesundheitsrisiken und Gesundheitsförderung von Menschen mit Behinderung geht. Und nichts spricht gegen eine enge und nachhaltige Zusammenarbeit mit der zuständigen Berufsgenossenschaft, mit Arbeitswissenschaftlern und organisierten Arbeitsschützern in Verwaltungsstelle oder Bezirk.

Zusätzlich sind vor allem die präventiven gesetzlichen Regelungen nach § 84 SGB IX zu nennen, die erstmals neue Arbeitgeberpflichten, aber auch weitergehende Möglichkeiten der Interessenvertretung eingeführt haben. Im Mittelpunkt steht dabei nicht nur die neue Verantwortung des Unternehmens zur konkreten Unterstützung von anerkannt schwerbehinderten oder gleichgestellt behinderten Menschen, deren Arbeitsverhältnis z.B. durch Fehlzeiten belastet oder bedroht ist. Diese Unterstützung geschieht mit aktiver Hilfe der Interessenvertretung, der Sozialversicherer und der Träger begleitender Hilfe und soll im Kern rechtzeitig helfen, Kündigungen zu vermeiden.

Neue und größere Unternehmeraufgabe ist zudem seit 1.4.2004 die Entwicklung und das Angebot eines betrieblichen Eingliederungsmanagements (BEM) für alle Beschäftigten, die im Jahr mehr als sechs Wochen erkrankt sind. Mit dem BEM soll die Überwindung der Arbeitsunfähigkeit, deren künftige Vermeidung sowie die Erhaltung des Arbeitsverhältnisses erreicht und sichergestellt werden. Damit rückt die Wiederherstellung und Erhaltung der Beschäftigungsfähigkeit und des Arbeitsverhältnisses erstmals zu gleichen Teilen auf die Agenda der Betriebe. Diese neue komplexe Aufgabe wird die Unternehmen bewegen, sich zunächst im Einzelfall um passende Leistungen und um Hilfe aus der Mitte unseres Sozialversicherungssystems zu kümmern. Hierbei wird die Schwerbehindertenvertretung eine aktive Rolle einnehmen.

Wer aber solche notwendigen Unterstützungsleistungen nicht dem Zufall überlassen, sondern im Hause ordentlich managen will, wird um den Aufbau eigener betrieblicher Netzwerke nicht herumkommen. Dies mit dem Ziel, ein starkes, funktionierendes Netzwerk auch mit den Akteuren und Helfern außerhalb des Betriebs zu knüpfen. Dabei sind die Betriebe mitsamt ihrer Interessenvertretung nicht allein: Das SGB IX sieht in § 12 SGB IX ausdrücklich die Bildung regionaler Arbeitsgemeinschaften der Rehabilitationsträger und Ihrer Verbände vor – eine gesetzliche Aufgabe zur Zusammenarbeit, der sich die fachlich zuständigen Länderministerien bis heute entzogen haben. Die daran beteiligten Sozialversicherer und Träger begleitender Hilfe sind jedoch allesamt aufgerufen, diesem »SGB-IX-Denken« zu folgen und ihre Strukturen, Leistungen und Erfahrungen den Betrieben und Beschäftigten zur Verfügung zu stellen. Gerade angesichts des Älterwerdens von Belegschaften wird die Bedeutung dieser jungen, präventiven Regelungen zunehmen. Denn was heute für bestimmte Zielgruppen im Betrieb erreicht werden kann – jene, die länger als sechs Wochen krank sind – wird morgen von großem Nutzen für alle sein. Jedenfalls kann die Interessenvertretung die genannten neueren Präventionsinstrumente wirksam zu Gunsten der Betroffenen einsetzen. Wie, darauf wird später noch im Detail eingegangen.

1. Aufgaben in der modernen Arbeitswelt

Die Schwerbehindertenvertretung sollte es auch als eine ihrer wesentlichen Aufgaben ansehen, betrieblich-gesundheitliche Risiken für den oder die Betroffenen zu erkennen, zu benennen und auf deren Abschaffung zu beharren. Schließlich könnte auf den weiteren Verlust an Gesundheit schlussendlich der Verlust des Arbeitsverhältnisses folgen. Rechtzeitige und konsequente Prävention, die an allen verantwortlichen Stellen eingefordert gehört, erfordert wesentlich weniger Aufwand und kostet nachweislich weit weniger als die sichtbaren und unsichtbaren Folgelasten ungesunder oder gesundheitsgefährdender Arbeitsplätze. Die frühzeitige ergonomische Gestaltung der Arbeitsaufgabe, der Arbeitsumgebung und -organisation ist heute ein Schlüsselfaktor zur Erhaltung von Gesundheit und Leistung des Einzelnen im Betrieb. Ergonomie beendet nicht nur die Verschwendung von Gesundheit, sondern auch von Zeit und Geld des Betriebs. Hier ist das Wissen der Schwerbehindertenvertretung über die gesundheitsgerechte Gestaltung von Arbeitsplätzen ständig gefragt und gehört in die Diskussion, die mit allen verantwortlichen Ebenen im Unternehmen geführt werden muss.

Zum Risikomanagement der Schwerbehindertenvertretung gehört es auch, erkennbare »Karrieren« zu hinterfragen, z.B. wenn betriebsärztliche Atteste ständig wiederkehren oder immer »länger« werden – oft ein Spiegelbild, dass bestehende Leiden drohen, chronisch zu werden. Und auch hier gilt die Erfahrung: Je älter die Belegschaft und je größer deren Vorschädigungen, umso höher die anfallenden Gesundheitsrisiken und die Notwendigkeit, als gesamte Interessenvertretung dagegen einzuschreiten. Unternehmensaufgabe bleibt der Aufbau eines nachhaltigen Demografie- und Gesundheitsmanagements im Betrieb, gemeinsam mit der Interessenvertretung, den zuständigen Sozialversicherern und Trägern begleitender Hilfe.

Die Anerkennung als Behinderung geschieht zunächst ohne Bezug zur Arbeitswelt, denn »Menschen sind behindert, wenn ihre körperliche Funktion, geistige Fähigkeit oder seelische Gesundheit mit hoher Wahrscheinlichkeit länger als sechs Monate von dem für das Lebensalter typischen Zustand abweicht und daher ihre Teilhabe am Leben in der Gesellschaft beeinträchtigt ist. Sie sind von Behinderung bedroht, wenn die Beeinträchtigung zu erwarten ist« (§ 2 Abs.1 SGB IX).

Die Auswirkungen am Arbeitsplatz und im Betriebsalltag können jedoch direkte Folge der Erkrankung sein (z.B. eine vom Betriebsarzt attestierte Einsatzeinschränkung auf Zeit oder auf Dauer) oder indirekte Folge, wenn es sich um nicht sichtbare gesundheitliche Beeinträchtigungen handelt. Die betrieblichen Arbeitsanforderungen, die individuellen Leistungsvoraussetzungen und die Interessen des anerkannt schwerbehinderten, gleichgestellt behinderten oder von Behinderung bedrohten Menschen sind jeweils aufeinander abzustimmen. In jedem Fall sind individuelle Lösungen gefragt, die den betroffenen Menschen einbeziehen.

Dabei sollten die Grundgedanken der mittlerweile globalen Behindertenbewegung gelten: »Verhandeln statt behandeln« sowie »Nicht über mich ohne mich«. Beide Slogans signalisieren, dass nicht über die Köpfe der Betroffenen hinweg entschieden werden soll, auch nicht Kraft höheren Wissens, »was gut für den Erkrankten ist«. Übersetzt in den Betriebsalltag bedeutet dies, dass die eigenen Überlegungen und Ideen der Betroffenen einzuholen sind, wenn es um betriebliche Veränderungen gehen soll. Oftmals kommen in diesem Zusammenhang persönliche Wünsche oder Vorstellungen z.B. hinsichtlich einer weiteren Qualifizierung oder Weiterbildung zu kurz, weil betrieblich angenommen wird, die Behinderung stünde dem Erlernen von Neuem im Wege. Hier wird die Schwerbehindertenvertretung mit ihren gesetzlichen Rechten zu Gunsten der Betroffenen intervenieren (siehe § 81 Abs. 4 SGB IX).

Der Betriebsalltag von Menschen mit Behinderung umfasst so viele Aspekte, wie es unterschiedliche Behinderungen gibt. Wenn es gilt, Details möglichst frühzeitig berücksichtigen oder auf Veränderungen rechtzeitig reagieren zu können, dann sind grundlegende »Integrationsvereinbarungen« mit dem Unternehmen nach § 83 SGB IX als neuere gesetzliche Instrumente sehr hilfreich. Es wird wichtig, sie aktuell unter dem Aspekt der BRK auf Veränderungsbedarf hin zu überprüfen und aufzufassen. Selbstredend sollte immer wieder besprochen werden, ob sie die betriebliche Wirklichkeit genau genug abbilden oder ob neue Themen, wie das Älterwerden, die Qualifizierung, Gesundheitsprävention, Ergonomie oder Praktika und Ausbildung junger Menschen mit Behinderung zusätzlich aufgenommen werden sollten. Der grundsätzliche Mangel im § 83 SGB IX, dass Integrationsvereinbarungen oftmals erst mühsam durchgesetzt werden müssen, kann nicht im Interesse der Betroffen liegen. Hier muss der Gesetzgeber entweder eindeutig verpflichten oder den Weg hin zur Einigungsstelle öffnen.

1.4 Psychische Belastungen und Erkrankungen

Immer häufiger fehlen Beschäftigte wegen psychischer Erkrankungen am Arbeitsplatz. Diese sind auch für die längsten Fehlzeiten in der Arbeitswelt verantwortlich. Dauert eine Atemwegserkrankung im Schnitt 6,5 Tage, sind es bei einer psychischen Erkrankung fast 23 Tage, so eine Studie bei 9,7 Millionen AOK-Mitgliedern im Jahre 2009. Psychische Erkrankungen sind mittlerweile auch die häufigste Ursache für die frühzeitige Gewährung von Erwerbsminderungsrenten. Und längst gehören Störungen an der Seele zu den vier bedeutendsten Ursachen für eine Erkrankung, neben

1. Aufgaben in der modernen Arbeitswelt

Herz-Kreislauf-Erkrankungen, Krankheiten des Verdauungssystems, Muskel- und Skelett-Leiden. Diese vier Krankheitsgruppen machen heute schon mehr als die Hälfte der gesamten Krankheitskosten aus.

Und es gibt eine Wechselwirkung z.B. zwischen psychischen Belastungen einerseits und Herz-Kreislauf- oder Muskel-Skelett-Erkrankungen andererseits. Sogenannte psychosomatische Erkrankungen sind körperliche Störungen, denen seelische Ursachen zugrunde liegen. Das heißt, dass die körperliche Erkrankung im Zusammenhang mit der individuellen Lebens- und Konfliktsituation gesehen werden muss. Zu den bekanntesten Erkrankungen, die oft, aber nicht immer psychosomatische Ursachen haben, zählen Magengeschwüre, Asthma, chronische Durchfälle, Allergien, Kopfschmerzen oder Migräne. Die Schwerbehindertenvertretung kennt weitere Zusammenhänge, welche die Psyche belasten: Durch Krebserkrankungen, bei Multipler Sklerose, nach traumatischen Unfällen. Zudem nehmen in den Belegschaften die Fälle außergewöhnlicher Notlagen und sozialer Krisen zu, die sich im Berufsleben auswirken: Scheidung oder Trennung vom Partner; Überschuldung und Lohnpfändung, schwere Erkrankungen und Todesfälle in der Familie, persönliche Konflikte in Arbeitsteams, diskriminierendes Verhalten bis hin zu Mobbing – viele Gründe, wenn es einem seelisch schlecht geht, heutzutage zur Interessenvertretung zu gehen und um Unterstützung nachzufragen.

Der Wandel in der Arbeitswelt verstärkt psychische Belastungen. Wir erleben nicht nur permanente Restrukturierungsprozesse und Unsicherheit über die Dauer von Beschäftigungsverhältnissen. Steigende Mobilitätsanforderungen, instabile soziale Beziehungen wegen Berufs- oder Tätigkeitswechsel, eine unsichere berufliche Zukunft und spürbar wachsende Konkurrenz am Arbeitsplatz und am Arbeitsmarkt sind ebenfalls seelische Belastungen. Dazu kommen zunehmend komplexere Arbeitsanforderungen mit druckvoll steigender Eigenverantwortung für den gelungenen Erfolg. Dieser Trend wird verstärkt durch den Einsatz neuer Technologien, die uns »unter Strom« halten und eine zunehmende Anspannung und Verfügbarkeit begünstigen. Viele Arbeitsprozesse intensivieren, beschleunigen und verdichten sich fortlaufend. Und es wird nicht nur erwartet, dass die Beschäftigten sich auf dem neuesten Stand der Technik, der Wissens- und Informationsgesellschaft halten – sie sollen ihn auch verstärkt anwenden und beherrschen. Es kommt erschwerend hinzu, dass die Beschäftigten hierbei durch die technischen Systeme selbst stärker kontrolliert werden als jemals zuvor. Und häufige Störungen und Unterbrechungen bei der technisierten Arbeit, sind – was vielen bekannt ist – eine weitere Belastung.

Neu ist, dass die betroffenen Beschäftigten begonnen haben, über ihre Belastungen, Sorgen und Ängste zu reden. Und dass sie zunehmend professionelle Beratung und Hilfe in Anspruch nehmen, sowohl außerhalb als auch innerhalb des Betriebs.

Psychische Belastungen und Erkrankungen sind mittlerweile kein gesellschaftliches Tabu mehr, es gibt Informationen und offene Debatten hierüber. Der Blick von Ärzten und Patienten, die Wahrnehmung der Zivilgesellschaft hat sich erweitert.

Auch im Betriebsalltag ist das Thema »psychische Belastung« in aller Munde. Kein Wunder, arbeiten doch die meisten Beschäftigten weit mehr als die Hälfte ihrer Arbeitszeit unter hohem Termin- und Leistungsdruck. Und der persönliche Einfluss der Beschäftigten auf Planung, Gestaltung oder Lage ihrer Arbeitszeit schwindet zusehends. Aus starkem Zeitdruck, wegen häufiger Störungen oder unzureichender Qualifikation erwachsen angesichts immer komplexerer Anforderungen regelrechte Bewältigungsprobleme. Das gilt aber auch bei eintönigen, gleichförmigen, kurzzyklisch (unter einer Minute) wiederkehrenden Arbeitsaufgaben, bei denen nichts Neues hinzugelernt sein will – auch dies wird als belastend empfunden. Viele Beschäftigte berichten zudem, dass ihnen kaum genügend Zeit für Familie, Freundschaften und private Interessen verbleibe – Erholung, Entspannung und soziale Teilhabe kommen zu kurz. Klar ist, dass die globale Wirtschafts- und Finanzkrise belastende Ängste um die berufliche Zukunft ausgelöst hat. Und die Wahrnehmung von hohen Kurzarbeiter- und Arbeitslosenzahlen, von Schicksalen der Leiharbeiter und prekär Beschäftigter, von schwierigen betrieblichen Restrukturierungen mit unklarer Personalpolitik und die befürchtete Auszehrung von beruflichem Wissen durch neue Technologie haben ebenfalls zu einer größeren Verunsicherung und zum gefühlten oder erlebten Verlust an Sicherheit beigetragen.

Im Betrieb gilt es, psychosoziale Risiken zu erkennen, zu benennen und an gemeinsamen Lösungen zu arbeiten. Konkrete Maßnahmen zur Risikominderung sind u.a. ganzheitliche Gefährdungsbeurteilungen gemäß Arbeitsschutzgesetz, Weiterbildungsmaßnahmen, Etablierung von vertraulicher Beratung der Beschäftigten, Einrichtung von Konfliktlösungsverfahren, Veränderung der Arbeitsorganisation, Weiterbildung von Management und Vorgesetzten, Zusammenarbeit mit Experten der Krankenkassen, Zusammenarbeit und Vernetzung der Betriebsärzte mit niedergelassenen Fachärzten, ambulanten und stationären Reha-Kliniken. Eine gesunde Gestaltung der Arbeit liegt in der Verantwortung und auch im Interesse des Unternehmens.

Für die Interessenvertretung, vor allem für die Schwerbehindertenvertretung, gilt eine enge Zusammenarbeit mit den Integrationsfachdiensten (IFD) der Integrationsämter als ein Schlüsselfaktor. Früher »Psycho-Sozialer Dienst« (PSD) genannt, begleiten die geschulten Experten Beschäftigte, denen es seelisch nicht gut geht, durchs Berufs- und Arbeitsleben, klar ausgerichtet am Kontaktwunsch, Beratungs- und Unterstützungsbegehren des Klienten. Oft wird in enger Zusammenarbeit mit Betriebsärzten, betrieblicher Sozialberatung, Versorgungs- oder Fallmanagement der Krankenkasse, behandelnden Ärzten, Therapeuten und Kliniken sowie der Interessenvertretung, den Vorgesetzten und Kollegen ein stabiles, belastbares Netzwerk an Unterstützung geknüpft, um die Betroffenen situationsgerecht auffangen, sicher behandeln und erfolgreich begleiten zu können. Ein besonderes Augenmerk des IFD gilt dabei der familiären Situation mit all ihren Belastungs- und Unterstützungsmomenten. Insgesamt wurde und wird hier ein Service erbracht, den die Schwerbehindertenvertretung, realistisch betrachtet, kaum vollständig leisten kann, weil dazu eine sehr gute spezielle Fachausbildung erforderlich ist. Mit einem Menschen professionell über Jahre hinweg zu arbeiten, der von einer tiefen Depression, Psychose oder Neurose umfangen ist – diese Expertise des IFD nötigt Respekt ab! Hier erreicht die Schwerbehindertenvertretung aber auch die Grenzen ihrer zulässigen Verantwortung und niemand in der Schwerbehindertenvertretung sollte auf Unterstützung, gar Federführung durch den IFD verzichten, wenn hier ein besonderer Arbeitsschwerpunkt für die Schwerbehindertenvertretung gesehen wird. Allerdings wurden bürokratische und politische Hürden, um Leistungen des IFD in Anspruch nehmen zu können, für Betroffene und Betriebe in jüngster Zeit deutlich höher gesetzt, obgleich der IFD im Rahmen der Novellierung des SGB IX 2004 eindeutig verstärkte Aufgaben in unterstützenden Bereichen zugewiesen bekam. Es wäre z.B. konsequent, diesen unverzichtbaren Service begleitender Hilfe allen zu ermöglichen, die auch Anspruch auf ein betriebliches Eingliederungsmanagement haben, wie es zeitgleich im SGB IX verankert wurde. Die aktuell politisch gewollte Ausschreibung von Leistungen hingegen, die bis dato vom IFD wahrgenommen wurde, zeigt das sozialpolitische Desinteresse an den Betroffenen – hier geht es wohl um das Abschöpfen und nachhaltige Erschließen von zweckgebundenen Mitteln der Ausgleichsabgabe.

1.5 Besondere Beschäftigtengruppen

1.5.1 Behinderte Frauen/Teilhabe und Gender

Laut UNO-Angaben lebt jede 10. Frau mit einer körperlichen, geistigen oder seelischen Beeinträchtigung und gilt als behindert. Weltweit sind dies 250 Millionen Frauen, bundesweit rund vier Millionen. Behinderte Frauen werden doppelt diskriminiert: Sie bilden das Schlusslicht am Arbeits- und Ausbildungsmarkt überhaupt und leben deshalb häufig unter schwierigen finanziellen und sozialen Bedingungen. Und sie haben als behinderte Mütter zu wenig Unterstützung, können u.a. kaum Nachteilsausgleiche in Anspruch nehmen. Die Schere der Lebensbedingungen zwischen behinderten Männern und Frauen klafft deshalb zusehends auseinander, trotz gestiegener Erwerbsquote und höherem Ausbildungsniveau bei den Frauen mit Behinderung. Erst nachdem sich die betroffenen behinderten Frauen vor mehr als 25 Jahren zusammengeschlossen hatten und Druck auf die politisch Verantwortlichen und Akteure in den Ämtern, Behörden und Institutionen organisieren konnten, hat sich Schritt für Schritt etwas getan. Dies zeigt sich nun auch zunehmend in der jüngeren Gesetzgebung in Deutschland, begünstigt und vorangetrieben von einer immer stärker gewordenen internationalen Bewegung zu Gunsten von Mädchen und Frauen mit Behinderung!

Aber auch in den Betrieben sind nicht zuletzt aufgrund traditioneller Rollenverteilungen Frauen häufiger als Männer durch Kindererziehung, Haushalt und nicht selten auch durch Pflege von Angehörigen mehrfach belastet. Sie nehmen daher z.B. seltener als Männer an Rehabilitationsmaßnahmen teil, versuchen aber ihre Belastungen z.B. weit häufiger mit beruhigenden Mitteln gegen depressive Verstimmungen oder Ängste auszugleichen als Männer, die eher zu aufputschenden und konzentrationsfördernden Mitteln greifen – alarmierende Tendenzen, die aus der Überarbeitung, Überforderung und Überlastung vieler Frauen resultieren und eine Balance auf Dauer unmöglich machen. Viele Frauen berichten, dass sie eher dazu neigen, trotz alledem »weiterzumachen« ... bis es halt nicht mehr geht! Hier haben Betriebe eine besondere Fürsorgepflicht und Vorgesetzte gehören geschult.

Schwerbehindertenvertretung und Betriebs-/Personalrat verbindet das gemeinsame Ziel, besondere Gesundheitsrisiken behinderter oder von Behinderung bedrohter Frauen rechtzeitig zu erkennen, ihre besonderen Belastungen und Benachteiligungen abbauen zu helfen und ihre Chancengleichheit im Betriebsballtag sicherzustellen. Dies kann im Einzelfall bedeuten:

- die Gleichstellung von behinderten Mädchen und Frauen bei der Bewerbung um Praktika und Ausbildung, bei der Einstellung, Übernahme oder Entfristung, bei beruflichen Qualifizierungs- und Weiterbildungsmaßnahmen und der Laufbahnentwicklung zu fördern;
- die Förderung schwerbehinderter und behinderter Mädchen und Frauen zu einer Kernaufgabe in der betrieblichen und gesellschaftlichen Gleichstellungspolitik zu machen;
- für behinderte Frauen die Vereinbarkeit von Beruf und Familie zu erleichtern, hierbei vor allem die Situation Alleinerziehender zu berücksichtigen;
- im Zusammenwirken mit der Frauen- oder Gleichstellungsbeauftragten oder dem Diversity Management besonders die Personalentwicklung behinderter Frauen voranzutreiben;

1. Aufgaben in der modernen Arbeitswelt

- die Interessen behinderter Frauen frühzeitig in abstimmungs- und Beteiligungsprozesse mit einzubeziehen als betriebliche Expertinnen in eigener Sache;
- das Instrument der Integrationsvereinbarung in der betrieblichen Gleichstellungspolitik zu nutzen;
- die Umsetzung der BRK im Unternehmen mit den Betroffenen zu thematisieren und gemeinsame Arbeitsschritte festzulegen.

Dabei gibt es mittlerweile gute Grundlagen: Das SGB IX bleibt das erste Bundesgesetz überhaupt, welches behinderte und von Behinderung bedrohte Mädchen und Frauen ausdrücklich als eigene Zielgruppe benennt und deren besonderen Bedürfnissen Rechnung zu tragen sucht. Neben der zentralen Verankerung dieser Zielbestimmung in § 1 SGB IX regelt das neuere Teilhaberecht die frauengerechte Ausgestaltung der Rehabilitationsleistungen (§§ 9, 13, 22, 24, 33 SGB IX). Die gesetzlich geregelte Beschäftigungspflicht der Arbeitgeber verlangt zudem in § 71 SGB IX ausdrücklich die besondere Berücksichtigung schwerbehinderter Frauen. Und Integrationsvereinbarungen nach § 83 SGB IX sind vom Gesetzgeber aufgerufen, Regelungen über eine anzustrebende Beschäftigungsquote einschließlich eines angemessenen Anteils schwerbehinderter Frauen zu treffen. Allerdings belässt es der Gesetzgeber bei dieser nicht näher bestimmten Regelung.

Ausdrücklich ist den Arbeitgebern in § 81 Abs. 2 SGB IX jedoch mittlerweile gesetzlich untersagt, schwerbehinderte Beschäftigte wegen ihrer Behinderung zu benachteiligen, wobei im Einzelnen die Regelungen des § 7 AGG von August 2006 gelten. Das Allgemeine Gleichbehandlungsgesetz (AGG) selbst fußt auf insgesamt vier europäischen Richtlinien (beginnend mit der Europäischen Antirassismusrichtlinie vom Juni 2000) und setzt diese in nationales Recht zur Verwirklichung des Grundsatzes der Gleichbehandlung und Schutzes vor Diskriminierung um. Für die Beschäftigung wesentliche Eigenschaften des schwerbehinderten Menschen sind deshalb auch zu berücksichtigen, wenn es nach § 81 Abs. 4 SGB IX um Ansprüche gegenüber dem Arbeitgeber geht. Und schließlich enthält das bereits am 1.5.2002 in Kraft getretene Behindertengleichstellungsgesetz (BBG) vor allem für den öffentlichrechtlichen Bereich des Bundes allgemeine Vorschriften (§ 7 Abs. 1 BBG) und besondere Anordnungen (§ 2 Satz 1 BBG), mit denen die Benachteiligung von Frauen mit Behinderungen beseitigt werden soll und ihre besonderen Belange berücksichtigt werden sollen. Damit ist zumindest die Selbstverpflichtung des Bundes festgeschrieben, »Gender-Mainstreaming« als Querschnittsaufgabe bei allen politischen, normgebenden und verwaltenden Maßnahmen zu beachten.

Unter dem Begriff »Gender Mainstreaming« (GM) wird das auf Gleichstellung ausgerichtete Denken und Handeln in der täglichen Arbeit einer Organisation verstanden. Damit soll u.a. dem Rechtstitel nach Art. 3 Abs. 2 GG gefolgt werden, wonach Mann und Frau tatsächlich gleichberechtigt sind. Dies soll auch im Arbeits- und Betriebsalltag erreicht werden: Männer und Frauen sollen in ihrer Vielfalt gegenseitig und miteinander gleichberechtigt sein. Diesem Ziel kann dienlich sei, Arbeitsroutinen und Handlungsweisen der Organisation in Bezug auf Gleichstellung zu hinterfragen und zu optimieren. So ist die anteilige Ausbildung von (behinderten) Mädchen und Frauen möglicherweise ebenso unterdurchschnittlich wie die Teilnahme von (behinderten) Vätern an der Elternzeit. Maßnahmen zur Förderung der Gleichstellung richten sich also an beiderlei Geschlechter. Somit steigt auch die betriebliche Aufmerksamkeit gegenüber behinderungsbedingten Unterschieden im Arbeitsalltag der Geschlechter oder gar Diskriminierungen. Seit 1994 trägt das bundesdeutsche Grundgesetz den Zusatz: »Niemand darf wegen seiner Behinderung benachteiligt werden.«

In der BRK wird die mehrfache Diskriminierung von Frauen mit Behinderung in Art. 6 BRK ausdrücklich erkannt. Die Unterzeichnerstaaten verpflichten sich, bei allen Maßnahmen zur Umsetzung der BRK die Genderperspektive zu berücksichtigen. In Deutschland ist die BRK ab dem 26.3.2009 völkerrechtlich verbindliches Recht. Bund und Länder sind zur Entwicklung von Aktionsplänen verpflichtet, und zur Einrichtung einer Monitoringstelle, die nun vom Institut für Menschenrechte wahrgenommen wird. Aber auch die Interessenvertretungen sind aufgerufen, die Umsetzung dieser erstmals global gefassten Menschenrechte voranzutreiben.

1.5.2 Psychisch kranke Menschen im Betrieb

Betriebliche Interessenvertretungen werden immer häufiger mit psychischen Belastungen und Erkrankungen von Beschäftigten konfrontiert. Dies ist nicht nur aktuellen Krisenzeiten geschuldet, vieles resultiert bereits aus dem alltäglichen Belastungs-Szenario der Betroffenen: Enge Terminvorgaben, steigender Zeitdruck, Konflikte am Arbeitsplatz. Die Leistungsschrauben werden noch stärker angezogen, die Arbeitsbedingungen werden härter, während Wertschätzung und Anerkennung der Leistung am Arbeitsplatz immer geringer ausfallen. Dazu kommt der Stress oftmals ganzer Belegschaften wegen der allgemeinen Unsicherheit über die weitere Entwicklung ihres Unternehmens. Und viele schlaflose Stunden wegen der persönlichen Zukunft ihres Arbeitsplatzes, ihres künftigen Einkommens und Auskommens. Stress pur für die Seele, die das immer schlechter verarbeiten und bewältigen kann. Die Gefahr wächst, dass aus Belastungen zunächst Beschwerden, dann Behinderungen, dann schwere chronische Behinderungen entstehen. Und der Betrieb reagiert oftmals kaum darauf, Vorgesetzte fühlen sich überfordert, sind vielleicht selbst unter Druck.

1. Aufgaben in der modernen Arbeitswelt

Die Schwerbehindertenvertretung weiß, die Grenze zwischen »normalem«, akzeptiertem Verhalten und »auffälligen«, durch psychische Störungen beeinflussten Verhaltensweisen ist fließend. Meist entwickelt sich eine psychische Erkrankung langsam. Erste leichte Veränderungen des Verhaltens oder der Leistung werden häufig nicht als Krisensymptome oder Vorläufer-Erkrankungen wahrgenommen. Erst wenn Belastungssituationen und/oder Lebenskrisen nicht mehr ohne deutliche Auffälligkeiten bewältigt werden, wird dieser Zustand als »nicht mehr normal« erlebt und wahrgenommen. Dieser meist prozesshafte Verlauf der Störung bedingt ebenfalls, dass sich Zeiten, in denen Betroffene Hilfe benötigen, mit Zeiten abwechseln, in denen ein selbstständiges, zufriedenstellendes Leben geführt wird. Es ist meist schwierig, den Zeitpunkt zu bestimmen, wann professionelle Hilfe notwendig ist und – vor allem – vom Betroffenen akzeptiert werden kann. Da Wegschauen aber keine regelrechte Lösung mehr sein kann, ein weiteres Zuwarten kostbare (Behandlungs)Zeit verschwenden würde, gilt es, sich ein Herz zu fassen und zu überlegen, was Menschen in solchen Situationen besonders gut brauchen können: Kontakt, Wertschätzung, Anerkennung, Zugehörigkeit, Respekt, Hoffnung und ... ausreichend Zeit. Dazu kommt, dass niemand übergangen, entmündigt oder vor vollendete Tatsachen gestellt werden will, auch wenn es einem seelisch überhaupt nicht gut geht. Also heißt es im gemeinsamen Gespräch: Zunächst nur Vorschläge einbringen, nachhören, welche Ideen und Überlegungen der Betroffene selbst beisteuert, erste kleine Schritte gemeinsam beraten, zusammen festlegen und auf Richtigkeit und Erfolg prüfen, bevor es weitergeht.

Dabei die Empfindsamkeit und Verletzlichkeit des Gegenüber bedenken, einen Gang zurückschalten und in ruhigem, freundlichen Ton fragen und sagen, was man denkt – aber mehr denken, als sagen. Auch ein Mensch in seelischer Notlage oder Krise verträgt ein offenes Wort, wenn es nicht kränkend oder verletzend ausgesprochen wird. Es gilt, auch gemeinsam zu überlegen, was realistisch passieren kann, was weiter getan werden kann, wenn die Vorstellungen des Betroffenen nicht gehen? In vielen Fällen hilft ein Hinweis auf die mögliche Unterstützung oder die baldmögliche Einbeziehung des Integrationsfachdienstes (IFD) mit seiner vielfältigen Erfahrung, um dem Gefühl des Alleingelassenseins oder momentaner Hoffnungslosigkeit auf Seiten des Betroffenen begegnen zu können. Dies gilt aber auch, wenn sich die Schwerbehindertenvertretung selbst befangen oder überfordert sieht.

Entscheidend für das Vertrauensverhältnis zum IFD ist, dass diese sich tatsächlich und ausschließlich nach der Bereitschaft des Klienten zur Zusammenarbeit ausrichtet, die mehr oder weniger intensiv sein kann. Dies gilt auch für durchaus mögliche, aber nicht zwingend vorgesehene gemeinsame Kontakte am Arbeitsplatz: Immer entscheidet der Klient, ob, inwieweit, wie oft und wo er mit dem IFD zusammenarbeiten möchte. Wichtig ist und bleibt die Umgebung des Betroffenen, am Arbeitsplatz, in der Familie, die oftmals unsicher und befangen auf Verhaltensweisen des

Betroffenen reagiert. Auch hier kann der IFD im Bedarfsfalle unter Einverständnis des Betroffenen gewissermaßen Pionierarbeit leisten und als »Dolmetscher« zwischen der Empfindungswelt des Klienten und dessen Umfeld fungieren. Den regionalen IFD-Kontakt gibt es direkt im Internet oder über das zuständige Integrationsamt, die IFD-Liste der Bundesländer gibt es im Internet unter www.integrationsaemter.de/webcom/show_page.php/_c-527/_nr-1/_lkm-840/i.html .

Wird die psychische Belastung oder Erkrankung über erste oder häufige oder längere Fehlzeiten sichtbar, ist ein kontinuierlicher Kontakt der Schwerbehindertenvertretung zum Betroffenen wichtig. Dem steigenden Schutzbedürfnis kann mit einer umgehenden Antragsstellung beim zuständigen Amt für Versorgung und Soziales begegnet werden. Die Schwerbehindertenvertretung wird zur wichtigen betrieblichen Anlaufstation in psychischen Krisen und vermittelt den Kontakt zu professioneller Beratung und Behandlung, vor allem mit Unterstützung der Betriebsärzte und der Krankenkassen. Dazu zählt auch die Einleitung von ambulanten oder stationären Rehabilitationsmaßnahmen, der Kontakt während der Maßnahmen und die Vorbereitung auf erste Schritte zur Rückkehr wie z.B. das Führen eine rechtzeitigen Round-Table-Gesprächs vor einer stufenweisen Wiedereingliederungsmaßnahme. Geht es um die Koordination dieser Leistungen für die Betroffenen durch verschiedene Reha-Träger, wird den besonderen Bedürfnissen seelisch behinderter oder von einer solchen Behinderung bedrohter Menschen Rechnung getragen (siehe § 10 SGB IX). Im Rahmen des betrieblichen Eingliederungsmanagements gilt es auch, Vorgesetzte für diese Themen zu sensibilisieren und ein regionales »Netzwerk der Stärke« gemeinsam mit den Reha-Trägern aufzubauen, mit dessen Unterstützung rasch und möglichst unbürokratisch Hilfe im Fall einer psychischen Erkrankung geleistet werden kann. Eine ähnlich gute und erfolgreiche Zusammenarbeit, wie sie in vielen Betrieben hinsichtlich Alkohol- und Suchterkrankungen längst funktioniert. Generell bleibt es die Aufgabe der Interessenvertretung, gemeinsame Initiativen zur Prävention und Rehabilitation psychischer Belastungen und Krankheiten vom Arbeitgeber einzufordern, zu entwickeln und nachhaltig umzusetzen – gerade auch mit Hilfe der Sozialversicherer und der Träger begleitender Hilfe einschließlich der Betriebsärzte.

1.5.3 Suchterkrankte Beschäftigung mit Behinderung

Seit Jahren wandelt sich das Bild von Suchterkrankungen. Standen bis in jüngerer Zeit hauptsächlich Alkoholerkrankungen und Drogenabhängigkeiten im Vordergrund, haben sich längst Medikamentensucht, Spiel- und Wettsucht, Abhängigkeiten von PC-Spielen und IT-/TV-Staffeln hinzugesellt, begleitet von permanentem

1. Aufgaben in der modernen Arbeitswelt

Schlafmangel und extensiven Aufputschversuchen, die einen betrieblichen Alltag zur Gratwanderung oder zum Horrortrip am Rande ständiger oder chronischer Erschöpfung machen. Dazu kommen neuere Phänomene wie Work-Alkoholismus oder Burn-Out-Syndrome, die von hochgradiger beruflicher Anspannung (»kann nicht mehr abschalten, fühle mich für alles verantwortlich«) und Überlastung künden, sowie das neue Tabu »Bore-Out«, die chronische Unterforderung am Arbeitsplatz mit all ihren Frustrationen und Sehnsüchten.

In den »harten« Süchten gibt es allerdings keinerlei gesellschaftliche Entwarnung, wie die Alkoholexzesse von Kindern und Jugendlichen zeigen. Sicherlich sind viele ehemalige »Tankstellen« im Betrieb trockengelegt und die Themen enttabuisiert worden. Und mit Hilfe kluger Betriebsvereinbarungen und segensreicher Abstimmungen der betrieblichen Suchtberater mit den Sozialversicherern, Kliniken und professionellen externen Organisationen konnte eine Struktur unmittelbarer Hilfe und Unterstützung erfolgreich aufgebaut werden, die seit mehr als 20 Jahren vielen Betroffenen zur Erhaltung ihres Arbeitsplatzes, zu ihrer Beschäftigungsfähigkeit und zu einem zweiten, anderen und besseren Leben verhalf. Aber Betriebe sind keine Inseln und die gesellschaftliche Entwicklung macht vor den Werkstoren nicht halt. So wie heutzutage beinahe jede Droge an jedem Ort rund um die Uhr erhältlich ist (entsprechende Bonität vorausgesetzt), so sind gesellschaftlich akzeptierte Einstiegs-Drogen wie Alkohol oder Medikamente (oder eben ein Mix daraus) für immer breitere Bevölkerungskreise erhältlich. Und der schnelle Griff zur Pille wird sicherlich noch stärker propagiert und eingeübt, je älter und anfälliger die Bevölkerung wird und je höher das Thema »Gesundheit« pharmazeutisch gehandelt wird: von der Haut über die Verdauung bis zur Schaffenskraft, Tag und Nacht.

Gerade unter Leistungsdruck oder -verödung versprechen psychoaktive Suchtmittel vermeintliche Erleichterung und Entspannung oder das Gegenteil. Kommt es in diesem Zusammenhang am Arbeitsplatz zu Problemen, ist die Schwerbehindertenvertretung vor schwierige Aufgaben gestellt: Kommt die betroffene Person selbst, um Hilfe zu finden, gilt es vor allem, den Kontakt zu qualifizierten Stellen zu vermitteln, z.B. betriebliche Suchtberatungsstellen, Betriebsärzte, Krankenhäuser, regionale Fachkliniken, sachkundige Ärzte, professionell beratende Selbsthilfegruppen. Dies sollte von einem Antrag auf Zuerkennung einer Behinderung begleitet sein, um den Schutz des SGB IX erhalten zu können. Wichtig ist auch der möglichst kontinuierliche Kontakt während aller folgenden Phasen und eine evtl. Anbindung an die familiäre und kollegiale Umgebung. Eine besondere Bedeutung erlangt neben dem Betriebsarzt der betriebliche Vorgesetzte, der hier eindeutig zur Motivation und Stabilisierung beitragen kann, oftmals mehr als alle Familienangehörige zusammen. Seinem Besuch in der Entwöhnungsklinik wird besondere Bedeutung zuteil.

Ist es ein Vorgesetzter oder Kollege, der das Suchtverhalten eines Betroffenen bei der Schwerbehindertenvertretung zur Sprache bringt, muss die Schwerbehindertenvertretung mit dem Phänomen rechnen, das Menschen mit substanz- oder verhaltensbezogenen Störungen häufig kein Problembewusstsein haben und deshalb nicht motiviert sind, irgendwelche Hilfe anzunehmen, die über ein Gespräch mit der Schwerbehindertenvertretung hinausgeht. Hier geht es darum, Problembewusstsein und Veränderungsmotivation aufzubauen (dazu gleich mehr). So sucht z.B. in einem Fall eine betroffene Person die Schwerbehindertenvertretung lediglich mit dem Ziel auf, einen Antrag beim Amt für Versorgung und Soziales zu stellen, um dadurch mögliche arbeitsrechtliche Konsequenzen zu vermeiden bzw. Aufschub zu erreichen, ohne ihr Verhalten ändern zu wollen. Spätestens erfährt die Schwerbehindertenvertretung von der geplanten suchtbedingten Kündigungsabsicht des Arbeitgebers, z.B. über die Anhörung des Betriebsrats.

In vielen Fällen kann davon ausgegangen werden, dass es sich um mehrfach rückfällige Abhängige handelt. Diese Person ist »von Behinderung bedroht« und sollte deshalb veranlasst werden, einen entsprechenden Antrag zu stellen, damit das Integrationsamt präventiv eingeschaltet werden kann (siehe § 84 SGB IX). In vielen Fällen muss klar erkannt werden, dass die betroffene Person nach dem Konsum von Suchtmitteln zunächst positiv wahrgenommene Wirkungen erlebt hat und keinen Grund sieht, ihren Konsum zu hinterfragen. Problembewusstsein und Motivation sind dagegen Ergebnisse einer Auseinandersetzung mit dem eigenen Verhalten und einer kritischen Abwägung der Vor- und Nachteile des eigenen Verhaltens. Hier hat nun der Arbeitsplatz seine zentrale Bedeutung.

Der Substanzkonsum und die Sucht wirken sich negativ auf das Arbeitsverhalten aus. So kann der Arbeitgeber jetzt Forderungen stellen und abgestuft und angemessen Druck ausüben. Das schließt die Kündigung bei dauerhafter Nichterfüllung des Arbeitsvertrags und die Verweigerung von Hilfsangeboten mit ein. Wird konsequent auf die Einhaltung arbeitsvertraglicher Pflichten bestanden, kann ein Lernprozess entstehen, in dessen Verlauf die Betroffenen feststellen können, ob sie ein Problem haben, welches sie ohne Hilfe von außen bewältigen können, oder ob sie professionelle Hilfe benötigen. Die Einsicht, ein Problem nicht ohne Hilfe lösen zu können, erhöht die Wahrscheinlichkeit, Hilfe anzunehmen. Das konsequente Einfordern der vertraglich geschuldeten Arbeitsleistung, der -pflichten und -nebenpflichten ist nicht Aufgabe der Schwerbehindertenvertretung, sondern muss Aufgabe der Führungskräfte aller Ebenen sein. Die Schwerbehindertenvertretung ist gut beraten, sich hier nicht einzumischen. Ihre Hilfe kann darin bestehen, eine Führungskraft, die das Suchtverhalten eines Menschen mit Behinderung zur Sprache bringen will, zu beraten und zu unterstützen und die betroffene Person zu qualifizierten Stellen zu verweisen oder zu begleiten. Keinesfalls sollte sie unter dem Schutz der Schwer-

1. Aufgaben in der modernen Arbeitswelt

behinderteneigenschaft das Suchtverhalten stabilisieren helfen. Im Gegenteil: die Schwerbehindertenvertretung hat die Aufgabe, strukturelle Lösungsansätze mit den Entscheidungsträgern im Betrieb einzuführen bzw. auf deren faire Umsetzung zu achten. Hilfreich sind
- Betriebsvereinbarungen, die den Umgang mit Sucht- und Abhängigkeitsverhalten verbindlich regeln. Hier haben sich Stufenpläne bewährt, die in aufsteigender Folge Gesprächs- und Hilfsangebote, aber auch Sanktionen vorsehen, z.b. durch Auflagen, Abmahnungen etc. bis hin zur Kündigung mit Wiedereinstellungszusage;
- Schulungen aller betrieblichen Vorgesetzen im Umgang mit auffälligen Beschäftigten;
- Benennung interner und externer, professionell beratener Ansprechpartner/innen; Regelung einer Zusammenarbeit bis hin zu gemeinsamen Weiterbildungen;
- Öffentlichkeitsarbeit, die das Ziel hat, eine neue Risiko-Diskussion im Unternehmen auszulösen und das Thema Sucht aus der Tabuzone zu holen.

1.5.4 Langzeiterkrankte Beschäftigte

Mit der verstärkten Herausbildung von Arbeitsteams oder Gruppenarbeit z.B. in der Autoindustrie Anfang der 90iger Jahren wurde die Einsatzeinschränkung oder gar das Fehlen eines Teammitglieds spürbarer denn je. Gerade bei längerer Erkrankung stellten sich viele Fragen für die Gruppe, unstrittig blieb jedoch oft, dass Langzeitkranke weiterhin zum Team gehören. So gab es bereits Mitte der 90iger Jahre Betriebsvereinbarungen, die Vorgesetzten verpflichteten, sich um Langzeitkranke spätestens sechs Wochen nach deren Erkrankung zu kümmern mit dem Ziel der Unterstützung und der Rückkehr zur Arbeit, wie auch die Langzeiterkrankten aufgefordert wurden, mit dem Team Verbindung zu halten. Mehr oder weniger systematisch bekam die Schwerbehindertenvertretung nun immer öfter Kontakt zu länger erkrankten, von Behinderung bedrohten oder schwerbehinderten Beschäftigten, deren Arbeitsplatz um so mehr gefährdet war, je länger sie krankgeschrieben waren.

Damals wie heute sind es vor allem (aber nicht nur) ältere Beschäftigte, die als Folge schwerer, meist chronischer Erkrankungen lange fehlen. Damit betreten viel Beschäftigte schon die Vorstufe zur Anerkennung einer Schwerbehinderung, es wachsen aber auch die Risiken des Wegfalls von Krankengeld nach der »Aussteuerung« und der Verlust der Beschäftigungsfähigkeit. Und es droht die Frühverrentung durch (Teil)Erwerbsminderung. Für die Schwerbehindertenvertretung ist es deshalb nicht zielführend, nur Nachsorge zu organisieren, wenn der Gesundheitsschaden schon eingetreten ist. Präventionsarbeit ist mittlerweile fester Bestandteil ihre Aufgaben, aber auch gesetzlicher Auftrag an die Arbeitgeber. 1999 wurde § 14c in das

Schwerbehindertengesetz (SchwbG) eingefügt, der nun erstmalig die Arbeitgeber verpflichtete, die Schwerbehindertenvertretung möglichst früh präventiv einzuschalten, wenn Arbeitsverhältnisse z.B. durch anhaltende Fehlzeiten bedroht waren. Ziel des Gesetzgebers blieb die Vermeidung von Kündigungsverfahren angesichts hoher Arbeitslosigkeit schwerbehinderter Menschen. 2001 ist diese Präventionsverpflichtung als § 84 Abs. 1, der auch das Einschalten des Integrationsamtes vorsieht, in das neue SGB IX eingegangen, zeitgleich mit dem neuen Grundsatz des »Vorrangs der Prävention« (§ 3 SGB IX). An diesem Grundsatz wurden nicht nur die Rehabilitationsträger neu ausgerichtet – der Präventionsauftrag ging nun erstmalig auch an die Interessenvertretung. Zur bisherigen Aufgabe der Integration bereits schwerbehinderter Menschen kam nun das Aufgabengebiet der Rehabilitation chronisch kranker Beschäftigter und der Prävention erkrankungsbedingter Arbeitsplatzgefährdung hinzu. Danach greifen die Interessenvertretungen ein,
wenn wegen einer vorliegenden Gesundheitseinschränkung der Arbeitsplatz bedroht ist,
- wenn wegen einer Langzeiterkrankung eine Verschlimmerung bestehender Leiden droht,
- wenn zu befürchten ist, dass weitere Gesundheitsschäden eintreten,
- wenn die Gefahr besteht, dass Vorschäden chronisch werden.

Damit sind nicht mehr allein schwerbehinderte Beschäftigte gemeint, sondern »von Behinderung Bedrohte«, Langzeiterkrankte und dauerhaft gesundheitlich Beeinträchtigte. Angesichts älter werdender Belegschaften wird sich dieser Personenkreis sicherlich ausweiten. Dies alles erfordert den zügigen Auf- und Ausbau eines betrieblichen Gesundheitsmanagements durch das Unternehmen, unterstützt von den gemeinsamen Servicestellen der Rehabilitationsträger (§ 22 SGB IX, § 23 SGB IX), die Betriebsrat und Schwerbehindertenvertretung mit Zustimmung des Betroffenen einschalten können. Im konkreten Bedarfsfall kann die Schwerbehindertenvertretung bzw. der Betriebsrat zusätzlich – mit Zustimmung des/der Betroffenen – das Integrationsamt in die Rehabilitationsbedarfs- und Hilfeplanung einbeziehen. Die Schwerbehindertenvertretung bringt erforderliche Entscheidungsprozesse in Gang, sie kümmert sich um die Beschleunigung und um die zügige, unbürokratische Umsetzung des Verfahrens, sie achtet zudem auf die Qualität der Reha-Leistung. Der zusätzlich 2004 gesetzlich verankerte § 84 Abs. 2 SGB IX erweitert den Personenkreis, dem ein präventives betriebliches Eingliederungsmanagement angeboten werden muss, auf alle Beschäftigten, die länger als sechs Wochen im Jahr erkrankt sind. Der Gesetzgeber legt größten Wert auf die Eigenverantwortung und Selbstbestimmung der Betroffenen und deren Unterstützung durch enges Zusammenwirken aller wesentlichen Akteure innerhalb und außerhalb des Betriebs. Dies steigert die Chancen gerade auch der Schwerbehindertenvertretung, Gesundheitsprobleme früher erkennen und Langzeiterkrankungen besser vermeiden zu können, aber auch die Chancen zur langfristigen Unterstützung und der Rückkehr zur Arbeit mittels eines regulären Behandlungsplans. Hierauf wird im Text noch im Detail eingegangen (Kap 3.3).

1.5.5 Behinderte Leih- und Zeitarbeitnehmer/innen

Bis 1971 war eine Arbeitnehmerüberlassung (Leiharbeit, Personalleasing, Zeitarbeit), bei der ein Arbeitnehmer von seinem Arbeitgeber einem Dritten (Entleiher) zur Arbeitsleistung überlassen wird, schlicht verboten. Seither ist die Zahl von Leih- und Zeitarbeitnehmer/innen, die temporär bei fremden Unternehmen arbeiten, auf mittlerweile bis zu 800.000 angestiegen. Schwerpunkt ist hierbei der gewerbliche Bereich. Sie gelten, wiewohl oft hochqualifiziert, als Puffer im Arbeitsmarkt – ihre Aussichten, über eine Zeitarbeit eine feste Anstellung zu bekommen, sinken oder steigen mit der Konjunktur. Noch gibt es keine Zahlen über die anteilige Beschäftigung schwerbehinderter oder gleichgestellt behinderter Menschen in dieser Branche. Aber die größeren Zeitarbeitsunternehmen verfügen über gewählte Betriebsräte und Schwerbehindertenvertretungen mit ungeteilten Rechten. Seit der Änderung des Betriebsverfassungsgesetzes 2001 gibt es auch eine Zuständigkeit des Betriebsrats im Entleiherbetrieb z.B. in Fragen der Ordnung des Betriebs, bzgl. Mehrarbeit, Beginn und Ende der Arbeitszeit, Beschwerderecht, Arbeitsschutz, Versetzung etc., nicht jedoch bei Angelegenheiten, die mit dem Arbeitsverhältnis des/r Betroffenen mit dessen Arbeitgeber zu tun haben. Sind Leih- oder Zeitarbeitnehmer länger als drei Monate im Entleiherbetrieb eingesetzt, sind sie bei der Betriebsratswahl auch wahlberechtigt. Kommt es zur Anerkennung und Meldung einer Schwerbehinderteneigenschaft einer/s Leih- oder Zeitarbeitnehmer/in, verbleibt die Anrechnungspflicht beim Zeitarbeitsunternehmen, der eigenständige Angaben über die Erfüllung seiner Pflichtquote bei der zuständigen Agentur für Arbeit melden muss. Also sind auch regionale Integrationsämter für die Betriebe der Zeitarbeitsbranche zuständig. Auf all diese Strukturen kann jedoch zurückgegriffen werden, wenn es innerhalb der befristeten Beschäftigung zu Problemen aufgrund der Gesundheit oder Behinderung kommt. Je nach konkretem Sachverhalt kann die Schwerbehindertenvertretung des Entleiherbetriebs Kontakt zur Schwerbehindertenvertretung/zum Betriebsrat der Verleiherfirma aufnehmen, man kann sich zu Fallkonferenzen zusammensetzen, um Zuständigkeiten und Vorgehensweisen gemeinsam mit dem/r Betroffenen zu erörtern und ggf. gemeinsam mit dem zuständigen Integrationsamt / mit den zuständigen Reha-Trägern festlegen. Dem Grunde nach braucht kein Beratungsthema ausgeklammert zu werden, sofern die Sachlage und Ansprechperson noch nicht eindeutig geklärt werden konnte. Gemäß dem Grundsatz »Gleiche Arbeit – gleiches Geld – gleiche Behandlung« muss vom

Betriebsrat/von der Schwerbehindertenvertretung auch darauf geachtet werden, dass gerade auch anerkannt schwerbehinderte, behindert gleichgestellte oder von Behinderung bedrohte Leih- und Zeitarbeitnehmer/innen in sozialen und gesundheitlichen Angelegenheiten gleichberechtigt teilhaben können, bis hin zum Besuch der Schwerbehindertenversammlung analog zur Regelung zur Teilnahme an Betriebsversammlungen in § 14 Abs. 2 AÜG. Im Übrigen haben mehr Firmen die Lizenz zur Arbeitnehmerüberlassung als gemeinhin angenommen – es gilt also auch die Fallkonstellation, dass »eigene« Beschäftigte verliehen werden könnten, evtl. auch anerkannt Schwerbehinderte oder Gleichgestellte. Im Rahmen der besonderen Fürsorgepflicht muss dies der Schwerbehindertenvertretung/dem Betriebsrat rechtzeitig zur Erörterung bzw. Zustimmung vorgetragen werden.

1.5.6 Behinderte Azubis (Schnittstelle Schule/Arbeitswelt)

Es ist und bleibt ein Herzenswusch der Schwerbehindertenvertretungen und Betriebsräte, jungen interessierten Menschen mit Behinderung ein Praktikum, eine Ausbildung und möglichst eine Beschäftigung im eigenen Betrieb zu ermöglichen. Jeder gut gelungene Ausbildungsabschluss, jede Übernahme und jede erfolgreiche Berufstätigkeit bestärkt die Interessenvertretungen, diesen Weg trotz aller Widerstände, Widrigkeiten und Umstände weiter zu gehen. Ursprüngliche Skepsis in Ausbildung und Arbeitsbereich, so die Erfahrung, wandelt sich oft in Unterstützung, Zuversicht und einem »Dazugehören«, ist das Eis erst einmal gebrochen.

Bevor es allerdings dazu kommt, sind teils hohe Hürden zu nehmen: Eine vom Bundesministerium für Arbeit und Soziales geförderte Studie des Arbeitskreises der Schwerbehindertenvertretungen der Deutschen Automobilindustrie gemeinsam mit der Universität zu Köln, der IG Metall und dem Sozialverband VdK mit dem Titel »AutoMobil – Ausbildung ohne Barrieren« zeigt am Beispiel von sechs beteiligten Betrieben die typischen Barrieren für den/die Bewerber/innen, aber auch für ausbildungswillige Betriebe, zueinander zu finden. Nur 0,6 % der Azubis mit Behinderungen werden betrieblich ausgebildet. Als größter Hemmschuh beim regulären Übergang Schule/Ausbildung erweist sich zunächst eine zentrale Schwäche unseres Schulsystems: Es ist nicht auf Inklusion von Kindern mit Behinderung ausgerichtet, also auf ein Dabeisein und Dabeibleiben von Anfang an im gemeinsamen Regelunterricht mit nicht-behinderten Kindern.

Eine Studie im Auftrag der Bundesbehindertenbeauftragten zeigte 2009, dass in Deutschland nur höchstens 16 von 100 behinderten Kindern in der Regelschule bleiben, während mindestens 84 auf Förderschulen gehen. Damit gehört Deutschland

1. Aufgaben in der modernen Arbeitswelt

zu den traurigen Schlusslichtern, was inklusiven Schulunterricht betrifft – nicht nur in Europa! So aber bleiben die Kinder in ihrer jeweiligen Schulwelt, begegnen, begleiten, bewähren und bereichern sich nicht mehr auf Augenhöhe. Und Vorbehalte, Vorurteile und Unkenntnis prägen dann das Bild in jenen Betrieben, die eigentlich ausbilden und beschäftigen könnten und auch müssten. Jahrzehntelange Trennung entfremdet. Dementsprechend mühsam aber auch erfolgreich ist bis dato die Arbeit der Schwerbehindertenvertretung zur »Wiedervereinigung« in Ausbildungswerkstatt und Betrieb.

Die BRK fordert die Einlösung des inklusiven Schulsystems, in dem Kinder mit Behinderung als Bereicherung der Schulgemeinde gelten. Hier sind Bundesregierung und Bundesländer mit eigenen Aktionsplänen in der Bringschuld. Noch wird versucht, die Versäumnisse des bisherigen Systems z.B. mit Ausbildungsbonus, Investitionshilfen und Fördermitteln von Arbeitsagentur und Integrationsamt zu reparieren. Auch die bisherige Feststellung/Diagnose, inwieweit Art und Schwere der Behinderung junger Menschen »einer Integration auf dem allgemeinen Arbeitsmarkt entgegenstehen«, gehört längst auf den Prüfstand – allzu viele Betroffene finden sich in einer Werkstatt für behinderte Menschen wieder.

Bewerber/innen zu finden ist nicht immer leicht. Zwar liegt die Berufsberatung und Ausbildungsvermittlung junger Menschen mit Behinderung hauptsächlich bei der Arbeitsagentur, tatsächlich ist die Direktansprache der Belegschaft z.B. bei Betriebs-, Schwerbehinderten- oder Vertrauensleuteversammlungen aber genauso wichtig und nicht ohne Erfolg. Gleiches gilt für nachhaltige Kontakte der Schwerbehindertenvertretung zu den regionalen Integrationsämtern, Schulen und zur Gewerkschaft Erziehung und Wissenschaft (GEW) in Förderschulen und Schulämtern. Die Schwerbehindertenvertretung ermutigt potenzielle Bewerber/innen plus Eltern und Lehrer zu einer Kontaktaufnahme und Bewerbung zur Ausbildung, verankert Praktika und Ausbildung als konkretes Unternehmensziel z.B. in Integrationsvereinbarungen und im Internetauftritt des Betriebs.

Im Vorfeld von Ausbildung kümmert sich die Schwerbehindertenvertretung zunächst um Schulpraktika, um ein gegenseitiges »Beschnuppern« zu ermöglichen. Sie stärkt allen Beteiligten in der Lehrwerkstatt den Rücken, sorgt für fachkundige Begleitung und engagiert sich für die Barrierefreiheit in der Berufsschule. Vor allem berichtet sie über Erfolge, ohne Barrieren zu verschweigen. Die Schwerbehindertenvertretung lebt Inklusion im Betrieb von Anfang an.

2. Einstieg ins Amt – engagiert für Inklusion

2.1 Teilhabe sichern – Beschäftigung fördern – Gesundheit schützen

Über viele Jahre hinweg haben Unternehmen hart an ihren schlanken Strukturen gearbeitet, auch im Personal- und Sozialbereich. Mit dem Abbau von Aufgabenfeldern und Verantwortungsstrukturen, dem Altersaustritt langjähriger Profis der Personal- und Sozialabteilung, aber auch mit Fremdvergabe bewährter Aufgaben und dem Zukauf von Dienstleistung ging eine Menge eigener sozialer Verantwortung, Kenntnisse und Empathie verloren. Der verstärkte Einsatz von Informations- und Kommunikationstechniken und Juristen konnte diese persönliche Erfahrung nicht ersetzen. Die Sozialkompetenz des Unternehmens ging zunehmend auf die Interessenvertretung von Betriebsrat und Schwerbehindertenvertretung über, die für Kontinuität, Sachkunde und Verlässlichkeit stehen: Oft sind sie das betriebliche Erfahrungszentrum (»Center-Of-Expertise«).

Die Arbeit in der Schwerbehindertenvertretung erfordert eine hohe soziale Kompetenz und Verantwortung. Sie wird angesichts zusätzlicher Aufgabenfelder und erweiterter Handlungsrahmen anspruchsvoller. Gesundheitsexpertise und die Fähigkeit zum Netzwerken sind gefragt. Und sie wandelt sich derzeit vom »Einzelkämpfer« hin zum Kollektivgremium, in dem – mehr als jemals zuvor – Arbeitsteilung und Teamarbeit gefragt sind. Dies hat der Gesetzgeber bislang noch nicht gewürdigt und geregelt.

Seit Inkrafttreten und der Reform des SGB IX enthält dieses Gesetz zudem – neben Schutzrechten und Leistungsansprüchen zur Absicherung und Versorgung der behinderten Beschäftigten – universelle Ziele, die es auf betrieblicher Ebene mit Hilfe von Betriebsrat/Schwerbehindertenvertretung zu verfolgen gilt: bessere und frühzeitige Rehabilitation, gleichberechtigte Teilhabe, Vorrang für Prävention und Selbstbestimmung. Diese Aufgaben gelten zusätzlich für Langzeiterkrankte und für von Behinderung bedrohte Menschen (§ 84 SGB IX). Vor allem mit dem betrieblichen Eingliederungsmanagement zielt das SGB IX seit 2004 auf eine inklusive Personalpolitik ab.

2. Einstieg ins Amt – engagiert für Inklusion

Überhaupt wird die BRK mit ihrem historischen Auftrag bei der Schaffung und Sicherstellung einer inklusiven Arbeitswelt ein neues Denken einfordern: Inklusion heißt Dabeisein von Anfang an und Dabeibleiben bis zum Austritt aus Altersgründen. Dieser Grundsatz ist ein Impuls für eine Verstärkung betrieblicher Anstrengungen hinsichtlich der Ausbildung und Übernahme junger Menschen, der nachhaltigen ergonomischen Gestaltung der Arbeitsplätze, Arbeitsumgebung und Arbeitsorganisation, hinsichtlich des Aufbaus eines betrieblichen Eingliederungs-, Rehabilitations- und Gesundheitsmanagements, hinsichtlich der Gestaltung einer demografiefesten, alters- und gesundheitsgerechten Personalpolitik inklusive Qualifikations- und Weiterbildungsmaßnahmen, hinsichtlich der besonderen Förderung schwerbehinderter Mädchen und Frauen – und der Entdeckung der Menschen mit Behinderung als neue Kunden mit vielfältigen Interessen, Bedarfen und Wünschen.

Viele Aufgabenfelder sind ohne die Schwerbehindertenvertretung nicht mehr vorstellbar und zu bewältigen. Ihr Aktionsradius und ihre Wirkungskraft sind längst über den heutigen gesetzlichen Rahmen hinausgewachsen, ihre Rechtsstellung hinkt hinterher. Rechte und Pflichten der Schwerbehindertenvertretung, Qualitätskriterien und Erfolgsfaktoren für eine effektive Arbeit der Schwerbehindertenvertretung sind klar und verbindlich zu regeln, damit ihre Kompetenz und Durchsetzungsfähigkeit sowie gute Rahmenbedingungen unabhängig von der Betriebsgröße zum Tragen kommen.

Angesichts des demografischen Wandels, der Anhebung von Regelaltersgrenzen und stetig höherer Leistungsabforderung sind immer mehr Beschäftigte auf gute Standards einer professionellen Arbeit der Schwerbehindertenvertretung angewiesen.

Hierbei stehen, wie zuvor beschrieben, drei Aufgabenfelder für die Schwerbehindertenvertretung im Vordergrund: 1) Teilhabe sichern, 2) Beschäftigung fördern, 3) Gesundheit schützen. Sie geben die generellen Hauptziele der Vertretungsarbeit wieder, an denen die Schwerbehindertenvertretung ihr Tätigkeit ausrichtet. Zugleich werden damit indirekt die Risiken angesprochen, von denen gesundheitlich beeinträchtigte, behinderte oder anerkannt schwerbehinderte oder gleichgestellt behinderte Menschen in der Arbeitswelt in besonderem Maße betroffen sein können. Diesen Risiken zu begegnen, sie im Einzelfall oder für die gesamte Gruppe der Betroffenen zu verhindern oder zu umgehen, sie wenigstens zu mindern oder auszugleichen, darin besteht die Hauptaufgabe der Schwerbehindertenvertretung.

2.2 Betreuung und Beratung

Beratung und Betreuung sind das »A und O« im Kontakt mit den betroffenen Kolleginnen und Kollegen. Und die »Kundschaft« sieht das genauso. Behinderte Beschäftigte sollten sich jederzeit mit ihren Anliegen an »ihre« Schwerbehindertenvertretung wenden können. Diese ist verpflichtet, die vorgetragenen Anregungen und Beschwerden sorgfältig zu prüfen und ggf. entsprechende Initiativen zu ergreifen. Ein häufiger Grund, die Schwerbehindertenvertretung aufzusuchen, sind Fragen des Anerkennungs- oder Änderungsantragsverfahrens, des Widerspruchsverfahrens, des Gleichstellungsantrags, der Nachteilsausgleiche und weiterer Leistungsansprüche, aber auch Sorgen um die Erhaltung der Gesundheit und Weiterbeschäftigung und Erwartungen an die Sicherung von Beschäftigungsverhältnissen oder an die alters-, gesundheits- und behindertengerechte Gestaltung ihrer Arbeitsplätze. Noch nicht anerkannte behinderte Kollegen und Kolleginnen benötigen häufig Hilfe bei der Anerkennung der Schwerbehinderteneigenschaft. Nicht selten werden neben sachlichen Themen auch sehr persönliche Fragen und Klagen im Zusammenhang mit Gesundheitsproblemen, mit beruflichen, finanziellen und sogar familiären Problemen angesprochen. Neugewählte in der Schwerbehindertenvertretung sind oft überrascht, mit welcher Offenherzigkeit sie als Ansprechpartner/in und Ratgeber/in in Anspruch genommen werden. Hier sei nochmals an die Schweigepflicht erinnert.

Damit umzugehen, die teilweise sehr unterschiedlichen Ansichten und Interessen der Betroffenen aufzunehmen, ist häufig nicht einfach. Hier wird die soziale Kompetenz der Vertrauensperson verlangt. Das sind Fähigkeiten und Kenntnisse, die man nur langsam und in kleinen Schritten lernen kann. Wenn die Schwerbehindertenvertretung das Anliegen von Rat Suchenden ernst nimmt und dabei den persönlichen Abstand wahrt, lässt sich im Beratungsgespräch durchaus etwas bewegen. Wichtig ist ein sachlicher Umgang mit den Fragestellungen und Problemen.

Die Vertrauensperson muss herausbekommen, »worum es geht«, auch wenn die Betroffenen zunächst vielleicht noch um das eigentliche Problem »herumreden«. Um beraten zu können, braucht die Schwerbehindertenvertretung sachliche und möglichst genaue Informationen. Sie darf sich daher nicht scheuen, genau nachzufragen, auch wenn dabei bisweilen unangenehme Umstände berührt werden. Sie muss die Hintergründe und Sichtweisen der Rat Suchenden kennen lernen, sollte aber dabei einen kühlen Kopf behalten und das Gespräch ergebnisorientiert führen. Zugleich sollte die Schwerbehindertenvertretung – auch das gehört zur sozialen Kompetenz – für sich selbst herausfinden, was sie zu tun bereit ist und wann sie ihre Kräfte überfordert. Zu einer guten Beratung gehört es auch, Grenzen zu setzen und ggf. an andere, geeignetere Stellen – innerbetriebliche wie außerbetriebliche – weiter zu verweisen.

Die Schwerbehindertenvertretung muss auch nicht immer alle Schritte für den Rat Suchenden übernehmen; oft genügt es, gemeinsam eine Strategie für das Vorgehen zu entwickeln und die Beschäftigten die Umsetzung selbst in die Hand nehmen zu lassen. Zu bestimmten Anforderungen kann auch einmal »nein« gesagt werden, vor allem dann, wenn die Verantwortung für das eigene Handeln vollends auf die Schwerbehindertenvertretung übergehen soll. Zudem sollte nicht versucht werden, eine Beratung in Bereichen zu übernehmen, in denen man sich selbst noch nicht sattelfest fühlt, auch wenn »gedrängelt« wird. Damit ist niemandem geholfen und es gibt dem Grunde nach oft Verständnis dafür, wenn es auch so ausgesprochen wird. Sicherlich kann es gelingen, die »richtige« und fachlich kompetente Stelle ausfindig zu machen und den Kolleg(inn)en den Gang dorthin zu erleichtern.

Wichtig ist »am Ball« zu bleiben, wenn die Schwerbehindertenvertretung Beratung und Betreuung in einem Einzelfall übernommen hat: Sie erkundigt sich regelmäßig nach Entwicklungen, Sachständen und Fortschritten bei der Lösung des Problems, achtet auf die Einhaltung von Terminen, behält den »Fall« insgesamt im Blick und treibt ihn voran – was die Betroffenen nicht immer notwendig tun. Nach einer Beratung sollte sie es sich zur Gewohnheit machen, nach einiger Zeit bei den Betroffenen nachzufragen, ob das Problem gelöst ist und sich die Situation verbessert hat. Dies erhöht die Chance, auch beim nächsten Problem angesprochen zu werden. Insgesamt sollte sich die Schwerbehindertenvertretung bewusst machen, dass auch im Feld der Beratung und Betreuung erst Übung den Meister macht. Sie muss selbst viel Erfahrung sammeln, um dann noch besser beraten zu können. Aber sie sollte sich auch nicht scheuen, dies offen zu sagen.

2.3 Fuß fassen, im Amt ankommen

Ankommen im Amt: Die Schwerbehindertenvertretung fasst Fuß
Die Wahlen zur Schwerbehindertenvertretung (SBV) 2010 sind abgeschlossen. Die gewählten Vertrauenspersonen haben ganz unterschiedliche Wissensstände: Einige sind erfahrene Interessenvertretungen, »alte Hasen« in ihrem Aufgabengebiet; andere gehören der Schwerbehindertenvertretung zum ersten Mal an und bringen kaum Erfahrungen mit.

Für die Neuen gilt: In der Ruhe liegt die Kraft, in der Anfangsphase ist Orientierung gefragt, hinhören und sich kundig machen.

Das Zurechtfinden in einer neuen Funktion und Rolle erfordert Zeit und das Verarbeiten von Informationen: die Amtsübergabe angehen, Gespräche führen, Unterlagen sichten, mit den rechtlichen und praktischen Arbeitsgrundlagen vertraut werden. Schließlich hat die Schwerbehindertenvertretung Rechte, sie hat aber auch Amtspflichten zu erfüllen.

Die wichtigste Arbeitsbasis ist das Sozialgesetzbuch IX (SGB IX) – neben persönlichen Kompetenzen wie Übersicht und gesundem Menschenverstand. Auch wenn der Begriff »Gesetz« auf Laien abschreckend wirkt, ist das SGB IX in der Praxis gut handhabbar, übersichtlich und verständlich. Wie jedes Gesetz regelt und normiert das SGB IX, es stellt aber zugleich eine sehr gute Informationsquelle für Neueinsteiger dar:

- Das SGB IX bietet einen Überblick über die grundlegende Zielsetzung des Gesetzes (vgl. Kapitel 1, Aufgaben in der modernen Arbeitswelt)
- Es informiert über die Zielgruppe: die zu vertretenden Menschen mit Behinderungen, deren (Schutz-)Rechte und Ansprüche,
- Und es beschreibt die Tätigkeiten und die Rolle der Schwerbehindertenvertretung, ihre Kompetenzen, Kontroll- und Überwachungsaufgaben, Anregungs-, Unterrichtungs- und Mitwirkungsrechte.

2.4 Zuständigkeitsfragen, neues Amt, neue Rolle

Die Arbeit der Schwerbehindertenvertretung findet in erster Linie im Betrieb/in der Dienststelle statt, wo die Mehrzahl der Beschäftigten tätig ist. Abgesehen davon nimmt die Schwerbehindertenvertretung gelegentlich an externen Sitzungen und Veranstaltungen teil – beim Integrationsamt, dem Versorgungsamt, der Arbeitsagentur –, und sie berät Beschäftigte in Außenstellen der Dienststelle/des Betriebs.

Der Begriff »Betrieb« oder »Dienststelle« hat rechtsverbindliche Bedeutung und steckt den Zuständigkeitsbereich der Schwerbehindertenvertretung ab: Der Betrieb/die Dienststelle ist der Ort, an dem und für den eine Schwerbehindertenvertretung zu wählen ist. Die im Betrieb oder in der Dienststelle beschäftigten schwerbehinderten, behinderten und langzeiterkrankten Menschen sind der Personenkreis, den sie vertritt. Der Betrieb/die Dienststelle begründet das (Arbeits-)Verhältnis zwischen Arbeitgeber und (schwer-)behinderten Arbeitnehmern/Arbeitnehmerinnen. Dieses Rechtsverhältnis bildet die Grundlage für das Arbeitsrecht, für die Mitbestimmung des Betriebs-/Personalrats und für die Tätigkeit der Schwerbehindertenvertretung.

Die Frage, ob ein Betrieb im Sinne des Betriebsverfassungsgesetzes (BetrVG) ein Nebenbetrieb oder ein Betriebsteil ist, hat für die Entscheidung, eine Schwerbehindertenvertretung zu wählen, grundlegende Wirkung. Im Streitfall (und zur rechtlichen Klärung vorab!) ist das Integrationsamt die zuständige Instanz, die über die

2. Einstieg ins Amt – engagiert für Inklusion

Zulässigkeit der Wahl der Schwerbehindertenvertretung entscheidet. Wird dessen Votum in Zweifel gezogen, entscheidet das Arbeitsgericht durch Beschlussverfahren (vgl. Kapitel 5.4.3) Streitigkeiten vor einer Schwerbehindertenvertretungswahl.

Gesamt- und Konzernschwerbehindertenvertretung
Die Interessen der Beschäftigten in Betrieben und Dienststellen werden zunehmend von übergeordneten Einheiten/Verwaltungsstellen beeinflusst. Um darauf angemessen reagieren zu können, sieht das SGB IX die Einrichtung einer Gesamt- bzw. Konzernschwerbehindertenvertretung in der Privatwirtschaft und eine gestufte Vertretung im öffentlichen Dienst vor: die Bezirks- und Hauptschwerbehindertenvertretung.

Nicht nur das SGB IX, auch das Betriebsverfassungsgesetz (BetrVG) und die Personalvertretungsgesetze (PersVG) des Bundes und der Länder regeln die Arbeit der Interessenvertretungsorgane, die überbetriebliche Zuständigkeiten wahrnehmen und für einzelne Betriebe/Dienststellen Relevanz haben.

Vor allem in der Privatwirtschaft werden betriebliche Vorgänge und Entscheidungen vermehrt auf höheren Ebenen des Unternehmens oder Konzerns vorbereitet und gefällt. Die zunehmende Wirtschaftsverflechtung, Unternehmenskonzentration und Konzernbildung i.V.m. einer Dezentralisierung der Betriebsstrukturen (zum Teil auch durch Auslagerung) führen dazu,
- dass immer mehr kleine Betriebseinheiten entstehen, in denen die Voraussetzungen für die Wahl einer Schwerbehindertenvertretung nicht gegeben sind,
- dass die Spielräume für die Arbeit der örtlichen Interessenvertretungen enger werden,
- und dass maßgebliche wirtschaftliche und personelle Entscheidungen auf der übergeordneten Ebene getroffen werden.

Ein Resultat dieser Entwicklung ist die wachsende Bedeutung und Zuständigkeit der Gesamt- bzw. Konzernschwerbehindertenvertretung. Das SGB IX schafft für deren überbetriebliche Aufgaben einen klaren Handlungsrahmen (§ 97 SGB IX). In der überbetrieblichen Zusammenarbeit sind die Gesamt- und Konzernschwerbehindertenvertretung (Privatwirtschaft) oder die Bezirks- und Hauptschwerbehindertenvertretungen (öffentlicher Dienst) zuständig, wenn
- Angelegenheiten mehrere Betriebe/Dienststellen betreffen und von den örtlichen Schwerbehindertenvertretungen nicht geregelt werden können oder
- es um Interessen schwerbehinderter Menschen geht, die in einem Betrieb/einer Dienststelle tätig sind, für die eine Schwerbehindertenvertretung nicht gewählt werden kann (regelmäßig weniger als fünf schwerbehinderte Beschäftigte).

Beispiel:
Über die Frage der Freistellung ist zwischen Schwerbehindertenvertretung, Vorgesetzten und Personalabteilung ein Konflikt entstanden. Der

Betrieb wurde vor kurzem aus der XY GmbH ausgegliedert und einer Tochtergesellschaft des Konzerns »zugeschlagen«. Die Fronten beginnen sich zu verhärten, darunter leiden auch die Qualität der Betreuungsarbeit und die berufliche Position als Gruppensprecher. Der Schwerbehindertenvertreter bittet die Konzernschwerbehindertenvertretung um vermittelnde Unterstützung. Sie sondiert zunächst telefonisch vor. Im persönlichen Gespräch erläutert sie der Vorgesetztenseite den Sinn der in der XY GmbH praktizierten Freistellungsregelung. Am Ende ihrer Bemühungen steht ein Kompromiss, eine leicht angepasste Regelung wird – zunächst zur Probe – vereinbart.

Für die örtliche und die überörtliche Schwerbehindertenvertretung liegen in der engen Zusammenarbeit und Koordinierung der Themen und Projekte große Chancen. Damit sie von den Handlungs- und Durchsetzungsmöglichkeiten des jeweils anderen profitieren, sollten die Beteiligten zunächst ihre Kooperation auf eine solide Basis stellen. Alle beteiligten Gremien haben Vorteile von einem regelmäßigen Informationsaustausch, die schließlich den Menschen mit Behinderungen eines Unternehmens zugute kommen. Die Gesamtschwerbehindertenvertretung soll in gegenseitigem Einvernehmen an den örtlichen Versammlungen der Schwerbehindertenvertretung teilnehmen. Zudem lässt es ihr eigenes Versammlungsrecht zu, dass sich alle Schwerbehindertenvertretungen mindestens einmal jährlich zu einer Versammlung treffen. Von diesem Instrument sollte sie Gebrauch machen.

Auch der unternehmensübergreifende Informationsaustausch in enger Abstimmung mit dem Betriebs-/Gesamtbetriebsrat und dem Personal-/Gesamtpersonalrat trägt dazu bei, dass Schwerbehindertenvertretungen über den »Tellerrand« des Standorts hinausblicken können.

Freistellung fürs Amt
Die meisten Gewählten üben das betriebliche »Ehrenamt« Vertrauensperson ohne vollständige Freistellung neben ihrer beruflichen Tätigkeit aus, an ihrer vertraglichen Arbeitspflicht ändert sich zunächst nichts. Aber sie sind zur Erfüllung ihrer Aufgaben der Schwerbehindertenvertretung (nach § 96 Abs. 4 SGB IX) von ihrer beruflichen Tätigkeit freizustellen. »Nebenbei« kann das Amt nicht ausgeübt werden, das muss allen Beteiligten klar sein und ist auch gesetzlich so geregelt. Während dies für langjährige Vertrauenspersonen in der Regel ein eingespielter Rhythmus ist, Arbeit und Amt zu vereinbaren, müssen sich Neulinge in Sachen Zeitaufwand und Organisation erst zurechtfinden: Ein neues Amt verlangt Absprachen zwischen der gewählten Vertrauensperson, ihren Stellvertretern/Stellvertreterinnen, den Vorgesetzten und mit Arbeitskolleg(inn)en. Wer gleich zu Beginn der Wahlperiode die Bedürfnisse hinsichtlich der Amtsführung thematisiert und klarstellt, beugt möglichen Konflikten vor.

2. Einstieg ins Amt – engagiert für Inklusion

Vor allem mit dem Chef oder Vorgesetzten ist zu klären, wie viel Zeit die Aufgaben der Schwerbehindertenvertretung in Anspruch nehmen. Das kann sich mit der Zeit auch ändern. Absprachen können je nach Betrieb und Betriebsgröße unterschiedlich aussehen: Regelmäßig für einige Stunden pro Woche Freistellung fürs Amt – oder nach Bedarf.

Vertrauenspersonen sollten die Frage der Vereinbarkeit des Schwerbehindertenvertretungsamts mit den beruflichen Aufgaben, Anforderungen und Karrierewünschen (Anspruch auf Gehaltserhöhungen und Beförderungen!) im Übrigen nicht vernachlässigen und regelmäßig ansprechen: z.B. im Gespräch mit Vorgesetzten, dem Betriebs- oder Personalrat und anderen kompetenten Personen. Weder das Amt noch der Beruf darf zu einer Überforderung führen, Amt und Job müssen im Lot sein.

Verschleppte und unbewältigte Konflikte führen zu Unzufriedenheit und Frust. Die Arbeit der Schwerbehindertenvertretung muss sich in das übrige Spektrum der Arbeits- und Lebensbereiche einordnen lassen; den Rahmen dafür haben die Arbeitgeber zu gewähren, und zwar einvernehmlich mit der Vertrauensperson, die über ihre Amtsführung autonom entscheidet.

Neue Rolle
Für manche Vertrauenspersonen ist die neue Rolle gewöhnungsbedürftig: Sie sind fortan als Interessenvertretung gefordert, die Anliegen der Kolleginnen und Kollegen mit Behinderungen (oder der von Behinderung Bedrohten) gegenüber der Geschäftsleitung zu vertreten, und zwar nicht selten mit Nachdruck. Dabei sind einerseits Verhandlungsgeschick und Teamfähigkeit gefragt, andererseits sind Konfliktfähigkeit und ein Gespür für Strategie und Taktik eine wichtige Voraussetzung für den Erfolg.

Und zum Amt gehört das Bewusstsein: Vertrauenspersonen treten nicht als Bittsteller auf, sondern handeln weitgehend eigenverantwortlich auf klarer gesetzlicher Grundlange.

Bei der Amtsführung hat jede Schwerbehindertenvertretung Spielräume, die es auszuloten gilt. Von der (sozialen) Betriebskultur hängt es u.a. ab, wie gut der gesetzliche Rahmen ausgeschöpft wird. Das SGB IX engt den Aktionsradius der Schwerbehindertenvertretung nicht ein, die Amtsführung der Vertrauensperson ist nicht statisch festgelegt, sondern entwickelt sich in der Regel mit dem Zugewinn an Erfahrung und Kenntnissen.

Perspektivisch kann festgehalten werden: Die Schwerbehindertenvertretung hat als kompetente Kraft für die Belange der behinderten und von Behinderung bedrohten Menschen das Zeug für zusätzliche Aufgaben und soziale Belange der Belegschaft. In manchen Unternehmen redet sie mit, wenn es um die Frage der alternsgerechten Arbeit, der Gesundheitsvorsorge und um vergleichbare Fragen geht.

Besonders in Großunternehmen, die mit über 200 schwerbehinderten und gleichgestellten Arbeitskräften freigestellte Schwerbehindertenvertretungen oder

Schwerbehindertenvertretungsteams haben, entwickelt sich die Interessenvertretung der behinderten Beschäftigten zur betrieblichen Anlauf- und Kompetenzstelle in allen Fragen der Rehabilitation, des Gesundheitsmanagements, des betrieblichen Eingliederungsmanagements (BEM nach § 84 Abs. 2 SGB IX) und der beruflichen (Wieder-)Eingliederung, ob wegen Behinderung oder längerer Erkrankung.

2.5 Unterstützung organisieren

Neben der Schwerbehindertenvertretung wird immer mindestens ein/eine Stellvertreter/in gewählt (höchste Stimmenzahl im entsprechenden Wahlgang). Viele Betriebe lassen von vornherein zwei oder drei Stellvertreter/innen bestimmen, denn sollte die Schwerbehindertenvertretung oder ein/e Stellvertreter/in vorzeitig aus dem Amt scheiden, ist das Fortsetzen der Arbeit ohne Nachwahl möglich.

Reibungslos funktionieren Teamwork und eine mögliche (spätere) Amtsübergabe nur, wenn die Schwerbehindertenvertretung (die erste Vertrauensperson) mit den Stellvertretern/Stellvertreterinnen zusammenarbeitet: sie regelmäßig informiert, in die Amtsgeschäfte einbezieht oder zur Arbeit heranzieht – also Aufgaben überträgt (vgl. auch Kapitel, 4.2.3). Das kann Anlass bezogen nötig sein – bei großer Belastung mit Aufgaben der Schwerbehindertenvertretung oder wegen hoher beruflicher Beanspruchung der Schwerbehindertenvertretung. Doch auch ohne konkreten Anlass ist das Bündeln von Kräften ein Vorteil und stärkt die Schwerbehindertenvertretung als kollektive Kraft im Betrieb. Ein Team wird von der Belegschaft intensiver wahrgenommen als ein Einzelkämpfer, es strahlt mehr Potenzial aus, seine Mitglieder profitieren vom Informationsaustausch.

Art und Umfang der Zusammenarbeit sind eigenverantwortlich auszugestalten, aber ohne Initiative der ersten Vertrauensperson und deren Kooperationswillen geht es nicht. Denn rechtlich betrachtet ist die Schwerbehindertenvertretung (noch) kein Kollektivgremium, sondern besteht aus gewählten Einzelpersonen, wobei die erste Vertrauensperson als Schwerbehindertenvertretung eine herausgehobene Rolle innehat.

In diesem Zusammenhang ist auch die enge Verzahnung und Zusammenarbeit mit den Stufenvertretungen von großer Bedeutung: mit der Gesamt- und Konzernschwerbehindertenvertretung (Privatwirtschaft) sowie der Bezirks- und Hauptschwerbehindertenvertretung (öffentlicher Dienst). Es ist ratsam, eine regionale bzw. überregionale Plattform einzurichten, die regelmäßig alle Schwerbehindertenvertretungsangelegenheiten eines Unternehmens/Konzerns oder einer Verwaltungsstruktur erörtert und intensiven Informationsaustausch ermöglicht.

2. Einstieg ins Amt – engagiert für Inklusion

Unterstützung der Gewerkschaften
Schwerbehinderte Beschäftigte sind aufgrund ihrer Benachteiligung auf dem ersten Arbeitsmarkt und der relativ hohen Unsicherheit ihres Beschäftigungsverhältnisses überdurchschnittlich häufig gewerkschaftlich organisiert. Aufgrund betrieblicher Reorganisationsprozesse ergeben sich für Interessenvertretungen und die Gewerkschaften besondere Herausforderungen, die Interessen der behinderten und gesundheitlich beeinträchtigten Beschäftigten zu wahren. Die Gewerkschaften richten ihre betriebliche Präsenz und ihre Politik darauf aus, in einer sozialen und demokratischen Gesellschaft für alle Menschen mit und ohne Behinderungen Voraussetzungen für eine gleichberechtigte Teilhabe in allen Lebensbereichen zu schaffen und zu sichern.

Die Schwerbehindertenvertretungen, die zu 90 % in den Gewerkschaften organisiert sind, stellen eine wichtige Säule der gewerkschaftlichen Behindertenpolitik in den Betrieben und Dienststellen dar. Betriebs-/Personalrat und Schwerbehindertenvertretung verfolgen gleiche und gleichwertige Ziele und sind auf gegenseitige Unterstützung angewiesen. Die betriebliche und soziale Macht der Gewerkschaften stärkt die gemeinsame Gestaltungs- und Durchsetzungsfähigkeit der Interessenvertretungen. Schwerbehindertenvertretungen sollten die folgende Palette von Angeboten und Leistungen der Gewerkschaften nutzen:

- die Beratung und Betreuung durch Gewerkschaftsvertreter/innen (Betriebssekretäre/Betriebssekretärinnen),
- die Zusammenarbeit mit den gewählten gewerkschaftlichen Vertrauensleuten (Vertrauenskörper),
- die Rechtsberatungs- und Rechtsschutzleistungen der Rechtssekretäre/Rechtssekretärinnen der Gewerkschaften und des DGB-Rechtsschutzes,
- die Kompetenz und Einflussmöglichkeiten von Gewerkschaftsvertreter(inne)n bei den Arbeits- und Sozialgerichten, in den Widerspruchsausschüssen der Integrationsämter und in der Selbstverwaltung der Sozialversicherung,
- das nahezu flächendeckende Netz von Arbeitskreisen zur Behindertenpolitik zum Erfahrungsaustausch,
- die umfangreichen Qualifizierungs- und Weiterbildungsangebote, die Broschüren, Materialien und Internetangebote zur Arbeit der Schwerbehindertenvertretung.

Never walk alone: Die Schwerbehindertenvertretung als Teamplayer
Während Betriebs- und Personalräte über verbriefte Mitbestimmungsrechte auf Grundlage des Betriebsverfassungsgesetzes (BehVG) und der Personalvertretungsgesetze (PersVG) des Bundes und der Länder verfügen, ist die Rechtsstellung der Schwerbehindertenvertretung mit ihren Mitwirkungs- und Informationsrechten schwächer ausgestaltet (vgl. Kapitel 4.2). Die rechtlichen Handlungsmöglichkeiten der Schwerbehindertenvertretung sind gemessen an ihren umfassenden Aufgaben, den sozialen (Schutz-)Bedürfnissen und der oft prekären Situation behinderter

Menschen eng begrenzt und als nicht mehr zeitgemäß zu bezeichnen. Das ist auch mit Verweis auf die seit März 2009 in Deutschland gültige Behindertenrechtskonvention (BRK) der Vereinten Nationen zu betonen, die Menschen mit Behinderungen gleichberechtigte Teilhabe- und Existenzsicherungschancen im Erwerbsleben als Menschenrecht einräumt (vgl. Artikel 27 der Konvention). Ohne starke Mit- und Selbstbestimmung behinderter Menschen im Arbeitsleben, ohne starke Interessenvertretungen, Arbeitnehmer/innen- und Gewerkschaftsrechte sind Schutz vor Diskriminierung und umfassende Teilhabe in der Arbeitswelt – Recht und Gesetz – nicht durchzusetzen.

Die Schwerbehindertenvertretung ist nicht Teil des Betriebs-/Personalrats, ihre rechtliche und betriebliche Stellung weist sie als eigenständiges, unabhängiges zweites Organ zur Vertretung der Interessen der abhängig Beschäftigten aus. Sie handelt in ihrem Aktions- und Zuständigkeitsbereich neben und mit dem Betriebs-/Personalrat und ist Teil der gesamten betrieblichen Interessenvertretung, die aus unterschiedlichen Perspektiven gemeinsam die Interessen der Arbeitnehmer/innen vertreten.

Betriebs- und Personalräte entscheiden kollektiv, sie können als Kollektivgremium Aufgaben und spezielle Zuständigkeiten untereinander aufteilen, sie diskutieren zusammen aktuelle Themen und klären gemeinsam betriebliche und personalpolitische Probleme. Das gehört für sie zur selbstverständlichen Alltagsroutine – auch und gerade bei schwierigen Entscheidungen. Dass dazu Meinungen und Standpunkte mitunter kontrovers und hart ausgetauscht werden, um Beschlüsse lange gerungen wird, macht die Position des Betriebs-/Personalrats nach außen umso stärker und durchsetzungsfähiger.

Die Schwerbehindertenvertretung dagegen kann trotz hoher betrieblicher Anforderungen nicht als Kollektivorgan handeln: Sie ist kein Gremium, kann keine Mehrheitsentscheidungen und Beschlüsse herbeiführen (s.o.: Die Schwerbehindertenvertretung sortiert sich). Sie steht selbstständig da und ist zunächst auf sich allein gestellt. Während schwerbehinderte Beschäftigte in einigen Bereichen einen starken rechtlichen Schutz erhalten, hat es der Gesetzgeber vermieden, ihrer Vertretung ähnlich starke Einfluss- und Durchsetzungsmöglichkeiten zu verleihen wie dem Betriebs-/Personalrat.

Die Schwerbehindertenvertretung sollte deshalb auf die Unterstützung des Betriebs-/Personalrats bauen und sich für eine intensive Kooperation engagieren. Umgekehrt profitieren Betriebs-/Personalräte von einer zusätzlichen Kraft auf Seiten der Interessenvertretungen, die vor allem soziale und Gesundheitskompetenzen für gute Arbeit, Prävention und Arbeitsschutz einbringt. Seit dem Frühjahr 2010 neu gewählte Betriebsräte sowie amtierende Personalräte sollten deshalb darauf hinwirken, dass in allen Betrieben und Dienststellen, in denen es bisher keine Schwerbehindertenvertretung gibt und wo die Voraussetzungen gegeben sind, eine Wahl zur Schwerbehindertenvertretung stattfindet.

2. Einstieg ins Amt – engagiert für Inklusion

Die Qualität der Zusammenarbeit mit dem Betriebs-/Personalrat hat vom Start weg und bei der täglichen Arbeit erste Priorität. Was im Betrieb/in der Dienststelle an Integrationsarbeit geleistet wird, ist in ein engmaschiges Netz von Individual-, Mitwirkungs- und Mitbestimmungsrechten eingebunden. Die Initiativ- und Beteiligungsrechte der Schwerbehindertenvertretung und des Betriebs-/Personalrats bilden eine effektive Einheit, wenn es darum geht, Maßnahmen zur Gesundheitsförderung und Beschäftigungssicherung – auch präventiv! – zu initiieren und durchzusetzen.

Die Konstruktion der Schwerbehindertenvertretung als Einzelkämpfer-Amt wirft die Frage nach ihrer Einbindung in ein Netzwerk auf – oder des Aufbaus von Netzwerken. Gerade die Einstiegsphase ins Amt ist günstig, um erste Pflöcke einzuschlagen. Neben der Verzahnung mit dem Betriebs-/Personalrat ist die regelmäßige Rückkopplung mit der Zielgruppe, den Beschäftigten mit Behinderungen, unverzichtbar. Aus dem Rückhalt und der Unterstützung ihrer »Basis«, der Wählerinnen und Wähler, schöpft jede Interessenvertretung Sicherheit und Kraft. Außerdem sind Rückmeldungen über die Qualität und die Akzeptanz der Vertretungsarbeit nötig. Das gilt vor allem für vollständig freigestellte Schwerbehindertenvertretungen; sie tun gut daran, Kontakte zu den Kolleg(inn)en im ursprünglichen Arbeitsbereich und in den Betriebsteilen zu pflegen.

Neben der engagierten Amtsführung ist der Aufbau kooperativer Strukturen im Betrieb besonders wichtig: Die Schwerbehindertenvertretung kann damit Schwächen ihrer Rechtsstellung teilweise ausgleichen und gewinnt an Stärke. Vernetzung verbessert die Erfolgschancen auch durch die informelle Anbindung; das erleichtert den Erwerb von Kompetenzen, vermittelt zusätzliche Erfahrungen und sichert die Unterstützung von Partner(inn)en.

Betriebliche Entscheidungsträger/innen und mögliche Kooperationspartner/innen wurden bereits vorgestellt, es folgen weitere Informationen auf den folgenden Seiten. Die Regeln im Umgang miteinander und die Betriebsabläufe können von Unternehmen zu Unternehmen erheblich variieren, sie werden z.B. vom Arbeits- und Betriebsklima beeinflusst. Jede Schwerbehindertenvertretung muss also das Aktionsfeld »Bündnis- und Arbeitspartner/innen« – abgesehen vom Betriebs-/Personalrat und ihrer Klientel – eigenständig beackern, da gibt es keine Patentlösung:

- Mit wem kann ich mich über die Vertretungsarbeit der Schwerbehindertenvertretung (fachlich) austauschen? Gibt es jemanden im Betrieb oder muss ich externe Kontakte knüpfen?
- Wer ist für ein bestimmtes Verfahren im Unternehmen zuständig, mit wem bearbeite/bewältige ich eine konkrete Aufgabe?
- Mit wem stimme ich Einzelfälle oder mein Vorgehen ab?
- Wer kann mich in Fragen der strategischen Umsetzung und der Verhandlungstaktik beraten?
- Wer unterstützt meine Initiativen auf betrieblicher Ebene?

- Wie ist der Draht zum Betriebsrat?
- Wer ist kompetent, hat ein Gefühl für meine Arbeit: der Betriebsrat/ein Betriebsratsmitglied, die Betriebsmedizin, eine Fachkraft für Arbeitssicherheit, der/die Disability Manager/in, der Arbeitgeberbeauftragte für Angelegenheiten schwerbehinderter Menschen (nach § 98 SGB IX)?

2.6 Zeit und Geld – die Ressourcen

Zur Übernahme des Amts gehört die Aufgabenklärung: Was muss die Schwerbehindertenvertretung leisten? Was darf sie tun? Woran ist sie regelmäßig zu beteiligen? Wann ist sie zu informieren und zu Rate zu ziehen (vgl. Kapitel 3)? Am günstigsten gestaltet sich die Übergabe der Amtsgeschäfte, wenn ein/e Vorgänger/in mit Rat und Tat zur Verfügung steht. Das ist aber aufgrund von Verrentung, der beruflichen Umorientierung oder aus anderen Gründen nicht immer der Fall.

Der Betriebsrat, der Arbeitgeber oder sein Beauftragter für die Angelegenheiten schwerbehinderter Menschen sind die nächsten Ansprechpartner der Schwerbehindertenvertretung. Im Interesse einer reibungslosen Fortsetzung der Amtsgeschäfte sollten sie über den Stand der Schwerbehindertenvertretungsarbeit, über anstehende Aufgaben und betriebliche Besonderheiten (etwa Rehabilitations-Begleitung, Kooperationen mit Kliniken und Fachärzten, Gesundheitsmanagement etc.) informieren.

Aufgabenklarheit vermitteln außerdem: das für den Betrieb zuständige Integrationsamt, das SGB IX als gesetzliche Grundlage, einführende Broschüren und das vorliegende Buch. Weiter unten (ab S. 99) wird das Thema Aufgaben der Schwerbehindertenvertretung strukturiert dargestellt; eine Übersicht vermittelt außerdem der Leitfaden »Programm für die ersten 100 Tage im Amt« (ab S. 92).

Die erste Bestandsaufnahme der Aufgaben der Schwerbehindertenvertretung ist schwieriger, wenn in einem Betrieb oder einer Dienststelle zum ersten Mal eine Schwerbehindertenvertretung gewählt wurde. Ohne das Anknüpfen an bereits bestehende Arbeits- und Gesprächsstrukturen, ist der Start unter Umständen holpriger. Die Schwerbehindertenvertretung als neuer betrieblicher Akteur hat aber auch Chancen: Sie kann Arbeitsgrundlagen und Rahmenbedingungen erstmals aushandeln und dabei entscheidende Pflöcke einschlagen. Eine durchdachte Verhandlungsstrategie ist in diesen Fällen wichtig. Neben schriftlichen Informationen hilft vor allem der Austausch mit erfahrenen Praktikern/Praktikerinnen:

- Kontakt zu Amtskolleg(inn)en im Nachbarbetrieb/der Branche aufnehmen
- die Branchengewerkschaft um Unterstützung und/oder Kontaktvermittlung bitten
- beim DGB und der Gewerkschaft nach regionalen Schwerbehindertenvertretungs-Arbeitskreisen fragen
- das zuständige Integrationsamt um Starthilfe oder Arbeitskreiskontakte bitten.

2. Einstieg ins Amt – engagiert für Inklusion

Ressourcen für den Start
Der Spruch »ohne Moos nix los« gilt auch für die Arbeit der Schwerbehindertenvertretung. Der Arbeitgeber hat für die angemessene und erforderliche Ausstattung zu sorgen. Der Anspruch darauf ergibt sich im Wesentlichen aus dem SGB IX (vor allem § 96 Abs. 8 SGB IX), aber auch aus der einschlägigen Rechtsprechung: also daraus, was Gerichte im juristischen Streitfall über Ausstattungsfragen den Schwerbehindertenvertretungen zugesprochen haben.

<u>Zeit:</u> Die Schwerbehindertenvertretung benötigt Zeit zur Bewältigung ihrer Aufgaben und hat gesetzlichen Anspruch auf Freistellung, das wurde weiter oben bereits erwähnt: Zur Erfüllung der Amtspflichten ist sie (nach § 96 Abs. 4 SGB IX) von ihrer beruflichen Pflichten freizustellen, denn die Schwerbehindertenvertretungstätigkeit findet während der Arbeitszeit statt.

Wann, zu welchem Zweck und wie häufig die Schwerbehindertenvertretung freigestellt werden muss, entscheidet sie selbst: Sie ist in ihrem Amt nicht weisungsgebunden! Einfaches Abmelden beim Vorgesetzten genügt (»Ich bin jetzt in Angelegenheiten der Schwerbehindertenvertretung unterwegs«). In Betrieben/Dienststellen, in denen die Schwerbehindertenvertretung mindestens 200 schwerbehinderte Beschäftigte betreut, ist sie voll von ihrer sonstigen Berufstätigkeit freizustellen. In einigen Unternehmen stimmen Arbeitgeber bereits unter der 200er-Grenze an Mitarbeitern der vollen Freistellung zu, da das Arbeitsaufkommen sonst nicht zu bewältigen ist.

<u>Sachmittel:</u> Damit die Schwerbehindertenvertretung ihre Amtspflichten erfüllen kann, hat sie (nach § 96 Abs. 8 SGB IX) Anspruch auf sog. Sachmittel. Im SGB IX wird davon ausgegangen, dass der Geschäftsbedarf und die Räume, die dem Betriebs-/Personalrat für dessen Sitzungen, Sprechstunden und laufende Geschäftsführung zur Verfügung stehen, für die gleichen Zwecke auch von der Schwerbehindertenvertretung benutzt werden können. Gerade um Besprechungen mit schwerbehinderten Beschäftigten in vertraulicher Atmosphäre führen zu können, müssen aber entsprechende eigene Räumlichkeiten zur Verfügung stehen (s.u.).

<u>Literatur/Seminare:</u> Zum Einarbeiten, zum Erhalt und Erweitern ihrer Kompetenzen benötigt die Schwerbehindertenvertretung aktuelle Fachliteratur und ist auf den Besuch von Seminaren/Lehrgängen mit entsprechender Arbeitsbefreiung (nach § 96 Abs. 4 SGB IX) angewiesen.

<u>Aktuelle Information:</u> Um bei den Entwicklungen in Recht und Praxis auf dem Laufenden zu bleiben, sind einschlägige Fachzeitschriften unverzichtbar.

Hardware: Grundlegend sind natürlich die üblichen Arbeitsmittel wie Schreibtisch, Telefon, ein verschließbarer Aktenschrank (Datenschutz!), der PC (möglichst nicht vernetzt, mit Zugangssperre für Unbefugte) und andere Büroutensilien.

Raum: Nicht jede Schwerbehindertenvertretung muss ein eigenes Büro haben, der Bedarf ergibt sich aus der Betriebsgröße oder der Anzahl der zu betreuenden Personen. Aber jede Schwerbehindertenvertretung hat Anspruch auf Nutzung eines abgeschlossenen Raums, um ungestört Sprechstunden und vertrauliche Gespräche ohne ungebetene Mithörer/innen anbieten zu können (nach § 96 Abs. 7 SGB IX).

2.7 Teilhabe gestalten – für wen?

Über 80 % aller Schwerbehindertenvertretungen sind in kleineren und mittleren Betrieben oder Dienststellen der Verwaltung tätig. Ohne vollständige berufliche Freistellung ergibt sich früher oder später in der Amtszeit die Frage der Zeitsouveränität – wie oben bereits angesprochen.

Die Praxis lehrt, dass gesetzliche Rechtsansprüche keine »Selbstläufer« sind; auch das Recht auf Arbeitsbefreiung (§ 96 Abs. 4 SGB IX) muss in der Praxis durchgesetzt werden. Dies gilt ebenfalls für die Freiräume in der Amtsführung und Gestaltung der Arbeit der Schwerbehindertenvertretung. Grundsätzlich gilt: Die Tätigkeit als betriebliche Interessenvertretung provoziert Abgrenzungskonflikte zwischen Job und Mandat. Die Schwerbehindertenvertretung darf es nicht zulassen, zur »getriebenen« Person zu werden, sondern muss sich selbst als treibende, gestaltende Kraft im Betrieb oder in der Dienststelle etablieren. Dazu gehört untrennbar die Definition ihres Selbstverständnisses als Schwerbehindertenvertretung sowie die Klärung der Arbeitsziele:

- Wie kann ich meine Position umfassend nutzen und festigen, den Handlungsauftrag aus § 95 SGB IX (Aufgaben der Schwerbehindertenvertretung) optimal umsetzen?
- Wie kann ich die Beschäftigungsbedingungen und -chancen für Menschen mit Behinderungen verbessern?
- Welche Ziele kann ich darüber hinaus strategisch (langfristig) anpeilen: Rehabilitationsberatung, bessere Gesundheitsvorsorge oder -management, Stärkung der Prävention, eine Integrationsvereinbarung?

Die Rahmenbedingungen dafür gestalten sich zurzeit in aller Regel nicht komfortabel: Seit Jahren sinkt die Zahl der Arbeitsplätze, die für ältere, gesundheitsbeeinträchtigte und behinderte Menschen geeignet sind. Der stetig steigende Globalisierungsdruck auf Unternehmen und Beschäftigte sowie die Wirtschafts- und Finanzkrise seit Ende 2008 haben die Lage verschärft: Der Druck auf Beschäftigte

2. Einstieg ins Amt – engagiert für Inklusion

mit (attestierten) Leistungsminderungen und Behinderungen nimmt zu. Das erschwert die (Haupt-)Aufgabe der Schwerbehindertenvertretung, die berufliche Ausgliederung der Beschäftigten zu verhindern, die im Laufe ihres Erwerbslebens eine Behinderung erworben haben oder von Behinderung bedroht sind.

In dieser Ausgangslage sind die Widerstände ungleich höher, externe (schwer-)behinderte, arbeitslose Menschen wieder ins Arbeitsleben zu integrieren oder jungen Leuten mit Behinderungen zum Berufsstart im ersten Arbeitsmarkt zu verhelfen. Bis heute schafft es nur ein geringer Anteil der betroffenen jungen Leute mit Behinderungen, einen betrieblichen Ausbildungsplatz zu ergattern.

Entsprechend hat die Schwerbehindertenvertretung innerbetrieblich viel Überzeugungsarbeit zu leisten, damit sie Beschäftigung sichern und gleichzeitig als Türöffner für die Interessen behinderter Menschen insgesamt wirksam werden kann. Deshalb gehört zum Handwerk:

- Die Schwerbehindertenvertretung muss sich im Betrieb auskennen, die Arbeitsplätze begehen und Beschäftigungsmöglichkeiten ausloten, um Beschäftigungssicherung praktizieren zu können.
- Gleiche Chancen für behinderte Menschen sind im Betrieb/in der Dienststelle nur zu gestalten, wenn Arbeitsprozesse und das Arbeitsumfeld sich (möglichst barrierefrei) an deren Bedürfnissen orientieren.
- Die Schwerbehindertenvertretung muss die Organisations- und Personalentwicklung im Auge haben und beeinflussen, damit die Bedürfnisse der älteren und der behinderten Arbeitnehmer/innen von vornherein beachtet werden.
- Zur besseren Integration externer behinderter Menschen benötigt die Schwerbehindertenvertretung einen guten Überblick über den Arbeitsmarkt und über das Profil (arbeitsloser) potenzieller Bewerber/innen.
- Das lässt sich nur mittels solider Kontakte zu den regionalen Arbeitsagenturen, den Integrationsämtern und den jeweiligen Sachbearbeitern bewerkstelligen.
- Der Kontakt zu Förder- und Sonderschulen, zu Werkstätten für behinderte Menschen sowie Berufsbildungs- und Berufsförderungswerken in der Region ist eine geeignete Grundlage, auf passende Bewerber/innen aufmerksam zu werden.

Die Zielgruppe: Menschen mit Behinderungen
Die Schwerbehindertenvertretung ist die Interessenvertretung (schwer-)behinderter Menschen im Berufsleben, sie wirkt in privaten Betrieben und Dienststellen der öffentlichen Verwaltung, sobald eine Schwerbehindertenvertretung gewählt wurde. Das kann in Betrieben/Dienststellen geschehen, in denen mindestens fünf schwerbehinderte (oder ihnen gleichgestellte) Menschen beschäftigt sind. Wahlberechtigt sind alle schwerbehinderten und ihnen gleichgestellte Menschen. Wählbar ist grundsätzlich jede/r Beschäftigte ab sechs Monaten Betriebszugehörigkeit, der/die das 18. Lebensjahr vollendet hat.

Aus dieser rechtlichen Konstellation ergibt sich die enge Verbindung der Schwerbehindertenvertretung mit ihrer Zielgruppe: Sie vertritt sowohl die individuellen Interessen einzelner behinderter Beschäftigter als auch die Gruppeninteressen der behinderten Menschen eines Betriebs/einer Dienststelle insgesamt.

Ihr Mandat räumt der Schwerbehindertenvertretung die Möglichkeit ein, auf alle Angelegenheiten und Entscheidungen im Betrieb/in der Dienststelle Einfluss zu nehmen, die das Interesse behinderter Menschen berühren: In diesen Fällen muss der Arbeitgeber die Schwerbehindertenvertretung vor Entscheidungen umfassend unterrichten und anhören. Das heißt im Klartext: Sie nimmt regelmäßig auch zu personalpolitischen und wirtschaftlichen Grundsatzentscheidungen des Unternehmens/der öffentlichen Verwaltung Stellung, wenn die Interessen der gesundheitlich beeinträchtigten und behinderten Beschäftigten verletzt oder berührt werden, sich die Personalpolitik als integrationsfeindlich und diskriminierungsanfällig erweist.

Damit steht die Schwerbehindertenvertretung unter Umständen häufiger im zentralen Konfliktfeld um das (soziale) Leitbild eines Betriebs/einer Dienststelle, um die grundlegende personalpolitische Orientierung: Geht es um Integration/Inklusion und soziale Verantwortung? Oder stehen Ausgrenzung und Verantwortungslosigkeit im Vordergrund?

Hier noch einmal zusammengefasst die Hauptstränge der Arbeit der Schwerbehindertenvertretung:

- Die Schwerbehindertenvertretung nimmt übergreifende Aufgaben im Sinne der Eingliederung von Menschen mit Behinderungen in das Berufsleben wahr und zielt darauf ab, die Personalpolitik durch intensive Mitwirkung und Ausschöpfung aller rechtlichen Möglichkeiten integrativ (inklusiv) zu beeinflussen und zu gestalten.
- Sie nimmt sich der Einzelfälle an, berät behinderte Menschen und leistet individuelle Unterstützung bei der Bewältigung von Problemen und Fragen im Arbeitsleben, die im Zusammenhang mit der Behinderung auftreten. Sie klärt über Rechte und Ansprüche auf und hilft bei deren Durchsetzung (Hilfe bei Anträgen, im Umgang mit Vorgesetzten, Behörden etc.).
- Seit der Reform des SGB IX nimmt die Schwerbehindertenvertretung außerdem vorbeugende Aufgaben im Sinne des Gesundheits- und Arbeitsschutzes wahr, denn das SGB IX zielt seit 2001 auch auf die Zielgruppe der von Behinderung bedrohten Menschen ab. Die Schwerbehindertenvertretung nimmt also auch jene Beschäftigten in den Fokus, die durch Erkrankungen, arbeitsbedingten Verschleiß und/oder Alter vorgeschädigt sind und denen ohne präventive Maßnahmen Behinderungen drohen.
- Seit der Novelle des SGB IX im Jahr 2004 enthält das Gesetz die Regelung des Betrieblichen Eingliederungsmanagements (BEM, § 84 Abs. 2 SGB IX): Die Arbeitgeber müssen länger Erkrankten (in den letzten zwölf Monaten 30 Tage unterbrochen oder am Stück arbeitsunfähig) ein BEM anbieten: mit geeigneten

(Arbeitsplatz-)Maßnahmen ist erneuter Arbeitsunfähigkeit vorzubeugen und die Wiedereingliederung am Arbeitsplatz zu fördern. Das Verfahren dient dem Ziel des Arbeitsplatzerhalts, also des Vermeidens beruflicher Ausgrenzung z.B. durch krankheitsbedingte Kündigung. Auch an diesem Verfahren ist die Schwerbehindertenvertretung regelmäßig zu beteiligen, wenn länger Erkrankte (schwer-)behindert sind. In vielen Betrieben/Dienststellen wird die Schwerbehindertenvertretung grundsätzlich aufgrund ihrer Eingliederungs- und Gesundheitskompetenz hinzugezogen – oder gehört dem eigens eingesetzten Eingliederungsteam für das BEM an.

Die grundlegenden Ziele der Arbeit der Schwerbehindertenvertretung sind: Behinderte Menschen im Betrieb/in der Dienststelle dürfen nicht benachteiligt werden, sondern sind den nichtbehinderten Kolleginnen und Kollegen gleichzustellen. Dies geschieht vor allem durch:
- Erhalt und Verbesserung der Gesundheit (mit technischen Hilfen/Arbeitsplatzumrüstung, Umsetzung auf einen geeigneten Arbeitsplatz, Förderung der medizinischen/beruflichen Rehabilitation),
- Erhalt des Arbeitsplatzes und der umfassenden Teilhabe an den Qualifizierungs- und Aufstiegsmöglichkeiten, um gleichwertige soziale Chancen und gesellschaftliche Teilhabe zu erreichen.

Erwartungen an die Schwerbehindertenvertretung
Ein flapsiger Spruch aus der Praxis beschreibt das Spannungsfeld, in dem viele Schwerbehindertenvertretungen stehen: Die Schwerbehindertenvertretung denkt an alles, nur nicht an sich selbst. Oder anders ausgedrückt: Die Erwartungen und Anforderungen an die Schwerbehindertenvertretung sind hoch, die Aufgaben vielfältig, ihre soziale Kompetenz bei der Beratung und Interessenvertretung behinderter Menschen bringt ihr den Ruf des »sozialen Mädchens für alles« ein: Die Schwerbehindertenvertretung kümmert sich drum – als freundliche/r Helfer/in, sach-. kundige/r Ratgeber/in, allgegenwärtige/r Ansprechpartner/in, streitbares Sprachrohr, psychosoziale Anlaufstation, harte/r Verhandlungspartner/in.

Im Alltag wird sie auf unterschiedliche Themen, Probleme und Konflikte angesprochen. Diese Bandbreite verlangt ihr einerseits Flexibilität ab, andererseits die Fähigkeit zur Distanzierung. Denn trotz hoher sozialer Verantwortung und Aufgabentreue darf sich die Schwerbehindertenvertretung nicht als universeller Kummerkasten für alle Schwierigkeiten verstehen.

Im Gegenteil: Wenn sich bestimmte Problemlagen am Arbeitsplatz häufen, die an sie herangetragen werden, ist der Arbeitgeber gefordert, für Abhilfe zu sorgen – etwa in Form zusätzlicher Beratungsangebote. An dieser Schnittstelle sollten Schwerbehindertenvertretung und Betriebsrat/Personalrat intensiv kooperieren und die Initiative ergreifen.

Vertrauenspersonen berichten z.B. von stark zunehmenden (modernen) Konflikten, die nur speziell ausgebildete Fachkräfte bewältigen können: Konfliktberatung und Mediation bei Mobbing und Stalking, Suchtprobleme, Partner- und Scheidungskonflikte, Überschuldung und vieles mehr. Ohne Frage gibt es im Arbeitsleben heutzutage einen steigenden Bedarf, diesen Problemen zu begegnen, denn sie werden am Werkstor oder Diensteingang von den Beschäftigten nicht abgestreift, sondern wirken in der Arbeitswelt nach, beeinträchtigen die Leistungsfähigkeit und die psychische Stabilität der Beschäftigten.

Distanz wahren, nicht überfordern lassen
Neulinge im Amt stehen oft ratlos vor solchen Problemen. Wichtig sind dann Rollenklarheit (was kann ich als Schwerbehindertenvertretung ausrichten, was nicht?) sowie das Einüben einer freundlichen Distanz: Dein Problem bleibt dein Problem! Ich kann und will etwas dazu beitragen, dass Lösungen erarbeitet und erreicht werden können, mehr geht aber nicht!

Vertrauenspersonen sollten ihre emotionale Belastbarkeit niemals überschätzen und haben sensibel ihre persönlichen Grenzen im Auge zu behalten. Die Schwerbehindertenvertretung wird den spezifischen Anforderungen bei der Beratung und Betreuung ihrer Klientel auf Dauer nur gerecht, wenn sie sich auf ihr Aufgabengebiet konzentriert. Das kann zwar durchaus großes Engagement, Spaß und viel Einsatz beinhalten - aber immer lösungsorientiert und unter Wahrung einer professionellen Distanz.

Zur Einarbeitung und zum Kompetenzerhalt ist nicht nur für neue Vertrauenspersonen und Stellvertreter/innen der Besuch hochwertiger Seminarangebote erforderlich, die neben den rechtlichen Grundlagen und Praxistipps auch Kenntnisse über die Rolle und das Selbstverständnis der Schwerbehindertenvertretung kritisch vermitteln.

Gerade gerückt: Menschen mit Behinderungen
Bis heute geistern unrealistische Vorstellungen von Behinderungen durch die Arbeitswelt und die ganze Gesellschaft. Der Rollstuhl hat als Symbol das Wahrnehmungsmuster der Öffentlichkeit stark geprägt. Nur ein geringer Anteil von Menschen mit Behinderungen ist querschnittsgelähmt oder stark gehbehindert, blind, gehörlos, amputiert oder geistig behindert. Die Zielgruppe der Schwerbehindertenvertretungstätigkeit setzt sich anders zusammen: Während nur rund 5 % der Behinderungen angeboren sind, werden sie in etwa 95 % der Fälle im Laufe des (Arbeits-) Lebens erworben. Die häufigsten Ursachen sind organische (chronische) Erkrankungen und körperlicher Verschleiß, die so starke Spuren hinterlassen, dass sie zu langfristigen oder dauerhaften Beeinträchtigungen führen. Oft sind in der Folge die Bewegungsfähigkeit, die Belastbarkeit und die Leistungsfähigkeit hinsichtlich bestimmter Bereiche und Tätigkeiten (stark) gemindert. Neben körperlichen Behinderungen spielen seelische Beeinträchtigungen eine wachsende Rolle.

2. Einstieg ins Amt – engagiert für Inklusion

Zu den schwerbehinderten Menschen im Betrieb/in der Dienststelle zählen Arbeiter/innen, Angestellte und Auszubildende, Beschäftigte aller Hierarchieebenen, sie sind männlichen oder weiblichen Geschlechts, gehören unterschiedlichen Altersgruppen an, kulturell-sprachlichen Gruppen und sozialen Milieus, sie sind unterschiedlich religiös und weltanschaulich geprägt. Zur möglichen Diskriminierung aufgrund einer Behinderung gesellen sich bei vielen Betroffenen weitere Merkmale, die als Diskriminierungstatbestände wirken können.

Um diesem Phänomen gerecht zu werden, brauchen Vertrauenspersonen neben Kenntnissen über des SGB IX, das u.a. die Schutzrechte und Leistungsansprüche behinderter Menschen regelt, auch Antennen für (Mehrfach-)Diskriminierungen: also ein Gespür für extreme Benachteiligung oder Ausgrenzungsrisiken aufgrund mehrerer Merkmale. In diesem Zusammenhang sind Grundkenntnisse über das Allgemeine Gleichbehandlungsgesetz (AGG) erforderlich, das Diskriminierungen aufgrund mehrerer Merkmale (Geschlecht, Alter, Behinderung, Rasse/Herkunft, sexuelle Orientierung, Weltanschauung/Religion) u.a. im Arbeitsleben eindämmen soll.

Der erste Auftritt im Betrieb: Sprechstunde einrichten
Sprechstunden gehören zum Einmaleins der Arbeit der Schwerbehindertenvertretung: Sie sind das grundlegende Instrument der alltäglichen Kontaktpflege, der Beratungs- und Betreuungsarbeit. Menschen mit Behinderungen müssen wissen, wer für sie zuständig ist, wann und wo sie ihre Interessenvertretung erreichen.

Je nach Betriebsgröße und Bedarf können flexible Sprechzeiten nach Vereinbarung und/oder feste Sprechstunden wöchentlich oder monatlich eingerichtet werden. Es ist wichtig, darauf zu achten, dass alle Beschäftigte grundsätzlich die Chance erhalten, ihre Schwerbehindertenvertretung zu erreichen, auch wenn sie im Außendienst, in Teilzeit, Schichtarbeit oder einer Außenstelle tätig sind.

Die Ankündigung der Sprechzeiten ist ein erstes »Hallo« der neu gewählten Schwerbehindertenvertretung und sollte auf allen betriebsüblichen Kommunikationswegen kurz und bündig angekündigt werden (vgl. Kapitel 3.5, Kommunikation und Öffentlichkeitsarbeit, S. 186 ff.). Die Vorteile liegen auf der Hand:

- *Die Schwerbehindertenvertretung ist betriebsöffentlich präsent und zeigt Engagement.*
- *Neben der Mitarbeit in Ausschüssen, Gremien und dem Besuch der Betriebsratssitzung (Teilnahmerecht ohne Stimmrecht) erhält die Arbeit der Schwerbehindertenvertretung ein weiteres Gerüst.*
- *Sie kommt regelmäßig mit ihrer Klientel in Kontakt und erfährt, was im Betrieb passiert.*
- *Sie zeigt sich der Belegschaft als zuverlässige Beratungs- und Informationsstelle.*
- *Sie schafft sich einen verlässlichen Zeitrahmen zum Erledigen von Routinepflichten.*
- *Die Sprechstunde erleichtert die Arbeit als Interessenvertretung: bei zufälligen Gesprächskontakten kann sie auf die Beratung in den Sprechstunden verweisen.*

Wer ist schwerbehindert?
Trotz der beschriebenen Vielfalt unter den Menschen mit Behinderungen gibt es für die Schwerbehindertenvertretung zwei entscheidende, eindeutige Merkmale, die über die Zugehörigkeit zur betrieblichen Zielgruppe entscheiden: die Schwerbehindertenvertretung vertritt die Interessen der Menschen

- die schwerbehindert sind, bei denen ein Grad der Behinderung (GdB) von mindestens 50 festgestellt wurde (nach Feststellungsantrag und -bescheid des Versorgungsamts oder der zuständigen kommunalen Behörde),
- die mit schwerbehinderten Arbeitnehmern/Arbeitnehmerinnen gleichgestellt wurden (nach Antrag bei der Arbeitsagentur), bei denen ein GdB von mindestens 30 und weniger als 50 festgestellt wurde,
- die von Behinderung bedroht sind.

Mit Bezug auf die Beschäftigungspflicht der Arbeitgeber (siehe Kapitel 4.1, S. 208 ff.) und die Personal- und Rehabilitationsplanung der Betriebe/Dienststellen, erwähnt das Gesetz darüber hinaus als besondere Zielgruppen

- schwerbehinderte Menschen, die nach Art oder Schwere ihrer Behinderung im Arbeitsleben besonders betroffen sind (§ 72 Abs. 1 SGB IX),
- ältere schwerbehinderte Menschen über 50 Jahre (§ 72 Abs. 1 SGB IX),
- schwerbehinderte Auszubildende (§ 72 Abs. 2 SGB IX),
- die Belange schwerbehinderter Frauen (§ 71 Abs. 1 und § 83 Abs. 1 SGB IX) sowie
- langzeiterkrankte schwerbehinderte Menschen (§ 84 Abs. 2 SGB IX).

Die letzte Aufzählung und der Blick auf die krankheits- und verschleißbedingten Behinderungsursachen sowie besondere Benachteiligungen (z.B. wegen des Alters, wegen besonders schwerer Behinderung) verdeutlichen, dass Menschen mit Behinderungen insgesamt eine uneinheitliche Gruppe darstellen. Das Berücksichtigen der individuellen Situation der Betroffenen erfordert die besondere Aufmerksamkeit der Vertrauenspersonen. Das Vorliegen der Schwerbehinderteneigenschaft sagt tatsächlich nur wenig aus über den konkreten Unterstützungs- und Eingliederungsbedarf im Einzelfall.

Behinderung und Alter – Akzeptanz erkämpfen
Erschwert wird die Arbeit der Schwerbehindertenvertretung durch ein unzureichendes Verständnis für den Eingliederungs- und Unterstützungsbedarf behinderter Menschen, denn über 80 % aller Behinderungen sind nicht sichtbar. Dies widerspricht dem erwähnten gesellschaftlichen »Behinderungsbild« und weit verbreiteten Wahrnehmungsmustern. Das soziale Umfeld, der Kollegenkreis und Außenstehende reagieren nicht selten ablehnend auf das Engagement im Interesse behinderter Menschen, weil sie eine ungerechtfertigte »Bevorzugung« unterstellen. Das stark erhöhte Behinderungsrisiko »Alter« wird unterschätzt oder allzu oft in Frage gestellt, das Problembewusstsein – auch hinsichtlich einer notwendigen besseren Prävention arbeitsbedingter Erkrankungen – ist noch unterentwickelt. Der

2. Einstieg ins Amt – engagiert für Inklusion

Schwerbehindertenvertretung fällt die Aufgabe zu – im Verbund mit anderen betrieblichen und strategischen Partnern –, für das gesamte Aufgabenfeld Überzeugungsarbeit zu leisten und betriebsöffentlich zu sensibilisieren (vgl. Kapitel 3.5, Kommunikation und Öffentlichkeitsarbeit, S. 186 f.).

Bei der betrieblichen Bewältigung des demografischen Wandels kann die Arbeit der Schwerbehindertenvertretung Pionierarbeit leisten: Der Faktor Prävention (Arbeits- und Gesundheitsschutz, Gestaltung guter Arbeitsbedingungen), Vermeidung von Behinderung sowie das betriebliche Engagement für von Behinderung bedrohte Beschäftigte sind in diesem Bezugsrahmen stärker als früher zu betonen und zu gewichten. Denn immer mehr Menschen sind zu längerer Erwerbsarbeit gezwungen, weil Regelungen für den Vorruhestand entfallen sind und das sinkende Rentenniveau einen früheren Berufsausstieg aufgrund der hohen Abschläge unmöglich macht. Zudem ist eine erworbene Schwerbehinderung bereits heute für jede/n vierte/n Beschäftigten der »normale« Endpunkt des Erwerbslebens.

Solange die sozialen Schutz- und Ausgleichsmechanismen des SGB IX auf der betrieblichen Ebene greifen und berufliche Ausgrenzung verhindern, stellt Behinderung im Alter zwar eine Herausforderung für mehr Gesundheitsschutz im Arbeitsleben dar; sie wäre aber keine individuelle Katastrophe mit Existenznöten, sondern markiert eine Entwicklung, die mit sozialen Maßnahmen ausgeglichen und flankiert werden kann.

Faktisch sieht die moderne Arbeitswelt jedoch alles andere als »inklusiv« (integrativ) aus: (längere) Erkrankungen, Behinderungen und das Alter sind große Berufs- und Existenzrisiken. Der Modernisierungs- und Umstrukturierungsprozess hat das Erwerbsleben so radikal umgekrempelt, dass Alter, Behinderungen und Erkrankungen als Benachteiligungstatbestände und Ausgliederungsgründe in den Vordergrund rücken. So genannte Bagatellkündigungen (»Maultaschen-«, »Pfand-Bon-Kündigung«) haben oft ältere, langjährige Beschäftigte betroffen, es wird von Arbeitgeberseite aus nach Kündigungsgründen gezielt »gefahndet«. Auch das Kündigen unter Ausschaltung der Interessenvertretungen, das »Anbieten« von Aufhebungsverträgen mit Abfindung (mit Nötigung: unterschwellige Drohung, lieber anzunehmen) ist ein großer, noch unbearbeiteter Bereich: Ohne engagierte Interessenvertretungen und deren Aufklärung, ohne Betriebsrat und Schwerbehindertenvertretung, würden diese Risiken noch stärker als bereits heute auf dem Rücken der Betroffen ausgetragen. Die personalpolitischen Herausforderungen im demografischen Wandel und in der modernen Arbeitswelt, die sozialen und rechtlichen Untiefen, sind ein nachhaltiges Plädoyer für die Stärkung der Interessenvertretungen.

2.8 Kontakte pflegen, Netzwerke aufbauen

Als betriebliche Lobby der Menschen mit Behinderungen ist die Schwerbehindertenvertretung auf (strategische) Partnerschaften und Netzwerke angewiesen, das wurde bereits mehrfach am Beispiel erläutert. Es ist nach der Wahl nicht nur gute Gepflogenheit, sondern eine zentrale Aufgabe, die (neu) gewählte Schwerbehindertenvertretung und ihre Stellvertreter/innen im Betrieb und bei den wichtigsten externen Stellen vorzustellen.

Außerbetriebliche Partner bringen neben Unterstützung und Kompetenzgewinn vor allem auch praktische und materielle Hilfen ein. Netzwerke und vertiefte Zusammenarbeit gehören zum grundlegenden Instrumentarium der Schwerbehindertenvertretung. Die (Rück-)Meldung nach der Wahl bei Behörden und Sozialversicherungsträgern sowie der zuständigen Branchengewerkschaft und dem DGB sind äußerst nützlich. Diese Informationen sind für Partner von Interesse:
- Wer wurde als Schwerbehindertenvertretung/als Stellvertreter/in gewählt?
- Wie lauten die Kontaktdaten (Name, Adressen, Telefon und E-Mail)?
- Gibt es besondere Interessen, Informationsdefizite der neu Gewählten?
- Sind bereits neue Arbeitsschwerpunkte geplant?

Zwar ist es Arbeitgeberpflicht, die entsprechende Meldung an das zuständige Integrationsamt und die Agentur für Arbeit zu veranlassen, doch darauf sollte sich keine Schwerbehindertenvertretung verlassen, sondern selbst initiativ werden und sich bei dieser Gelegenheit bekannt machen. Die externen Partner verfügen in der Regel über Daten von Arbeitskreisen der Schwerbehindertenvertretung, vermitteln Basiswissen und bieten Schulungen und Einführungsveranstaltungen an. Bei der Teilnahme lernt die Schwerbehindertenvertretung mit der Zeit wichtige Ansprechpartner/innen kennen.

Der DGB und seine Gewerkschaften
Die Gewerkschaften haben in der Regel hauptamtliche Ansprechpartner/innen für Vertrauenspersonen, bieten Schwerbehindertenvertretungsarbeitskreise für unterschiedliche Branchen oder in den Regionen an, beraten über die Rechte und Pflichten als betriebliche Interessenvertretung, informieren und helfen bei Konflikten, bieten ein reichhaltiges Weiterbildungsangebot und Informationsmaterial an. Alle Gewerkschaftsmitglieder genießen zudem den individuellen Sozialrechtsschutz (DGB-Rechtsschutzstellen unter www.dgbrechtsschutz.de): Juristische Beratung und Vertretung bei Widersprüchen und Klagen, wenn es um die Rechte rund um den Arbeitsplatz geht. Das ist auch für behinderte Beschäftigte wichtig zu wissen und sollte im Betrieb bekannt gemacht werden.

2. Einstieg ins Amt – engagiert für Inklusion

Integrationsamt
Es bietet maßgebliche Unterstützung für Menschen mit Behinderungen und ist herausragende Partnerin der Schwerbehindertenvertretung: Es berät Vertrauenspersonen, schwerbehinderte Menschen und die Arbeitgeber, überwacht den besonderen Kündigungsschutz schwerbehinderter und gleichgestellter Beschäftigter, erbringt die begleitende Hilfe im Arbeitsleben (finanzielle und praktische/technische Eingliederungshilfe, Arbeitsplatzgestaltung) und schult das betriebliche Integrationsteam (Schwerbehindertenvertretung und Partner). Die Schwerbehindertenvertretung ist die zentrale Instanz, die das Integrationsamt veranlasst, im Betrieb oder der Dienststelle im Einzelfall oder für Gruppen tätig zu werden: Arbeitsplätze behinderungsgerecht umgestalten, ausstatten, Hilfen koordinieren. Es informiert über Sonderprogramme zur Förderung der beruflichen Teilhabe in den Bundesländern.

Integrationsfachdienst
Nach Art und Schwere besonders betroffene Menschen mit Behinderungen werden von Integrationsfachdiensten (IFD) in Arbeit und Ausbildung vermittelt und wenn nötig intensiv begleitet. Eine wichtige Rolle spielt der IFD auch bei der betrieblichen Beratung, Betreuung und Eingliederung psychischer erkrankter Menschen. Der IFD informiert über Leistungen (Zuschüsse, Hilfen), ist eng verzahnt mit dem Integrationsamt und kooperiert mit den Arbeitgebern und Industrie- und Handwerkskammern. Die Schwerbehindertenvertretung spielt für den IFD eine Schlüsselrolle: Sie kann ihm Türen in den Betrieb öffnen, wenn ein Arbeitsplatz nicht mehr geeignet oder ein Arbeitsverhältnis gefährdet ist. Außerdem soll der IFD externe behinderte Menschen in Arbeit vermitteln, die Schwerbehindertenvertretung kann ihm dabei den Weg für Gespräche ebnen und betriebsintern Überzeugungsarbeit für die Einstellung behinderter Menschen leisten.

Agentur für Arbeit
Sie gewährt Lohnkosten- oder Ausbildungszuschüsse bei Beschäftigung oder Einstellung von Menschen mit Behinderungen und ist für deren Gleichstellung mit schwerbehinderten Beschäftigten zuständig (Antrag). Um Arbeitgeber mit den Förderwegen vertraut zu machen, ist ein Informationsgespräch mit einer Fachkraft der Agentur für Arbeit, der Schwerbehindertenvertretung und dem Arbeitgeber sinnvoll. Die Agentur verfügt über Daten von Bewerbern/Bewerberinnen mit Behinderungen und ist über geplante Neueinstellungen zu informieren.

Versorgungsamt und kommunale Behörden
In den meisten Bundesländern sind die Versorgungsämter für das sog. Anerkennungsverfahren zuständig, in einigen Ländern wurden die Aufgaben kommunalisiert, also kommunalen Behörden übertragen (z.B. in Baden-Württemberg und Nordrhein-Westfalen): Sie stellen fest, ob eine Behinderung vorliegt und wie hoch

der Grad der Behinderung (GdB) ist. Ab einem GdB von 50 liegt eine Schwerbehinderung vor. Die Anerkennung einer (Schwer-)Behinderung stellt die Voraussetzung für das geltend machen von vielen Schutzrechten und Ansprüchen im Arbeitsleben dar. Die Schwerbehindertenvertretung steht den Beschäftigten im Anerkennungsverfahren mit Rat und Tat zur Seite, das gehört zu ihrem Kerngeschäft. Deshalb ist es sinnvoll, mit den zuständigen Sachbearbeitern Kontakt zu halten. Da die Ämter in einigen Bundesländern und Regionen überlastet sind und die Feststellung einer Behinderung sich (zu) lange hinziehen kann, sollte auch darüber (Fristen, Verfahrensdauer) gesprochen werden.

Weitere Sozialleistungsträger
Nach und nach (oder auf den Einzelfall bezogen) werden Kontakte zu den Trägern der gesetzlichen Krankenversicherung oder der Betriebskrankenkasse, der Rentenversicherung sowie der zuständigen Berufsgenossenschaft/en aufgenommen. Auch sie erbringen Leistungen für behinderte Menschen im Arbeitsleben, zur beruflichen und medizinischen Rehabilitation, sie unterstützen die Prävention, den Gesundheitsschutz und die Wiedereingliederung in das Arbeitsleben nach längerer Erkrankung oder einem (Arbeits-)Unfall.

Wichtige Informationen für die Schwerbehindertenvertretung im Internet:
- www.bmas.de
- www.dgb.de
- www.igmetall.de
- www.verdi.de
- www.igbce.de
- www.igbau.de
- www.gew.de
- www.ngg.net
- www.gdp.de
- www.transnet.org
- www.integrationsaemter.de
- www.arbeitsagentur.de
- www.dguv.de
- www.bundesarbeitsgericht.de
- www.bundessozialgericht.de

Einzelfall: Netzwerkarbeit für den Erfolg
Was ist zu tun, wenn eine Behinderung eintritt oder sich verschlimmert, wenn sie lange Arbeitsunfähigkeitszeiten verursacht und der Arbeitsplatz in Gefahr gerät?

Die Rolle der Schwerbehindertenvertretung entwickelt sich in dieser Situation zur »Spinne im Netz«, zum Netzwerkknoten. Nur wer über die entsprechenden Kenntnisse und Kontakte verfügt, kann planvoll und effektiv im Interesse der behinderten Beschäftigten handeln.

Mit umsichtiger Umgestaltung des Arbeitsplatzes und der Arbeitsorganisation, mit rechtlichen Verfahren des SGB IX (z.B. nach § 84 Abs. 1 SGB IX, Präventionsverfahren, oder § 84 Abs. 2 SGB IX, BEM), mit technischen Hilfen und Barrierefreiheit sind Behinderungen und Leistungsminderungen in den meisten Fällen auszugleichen, so dass einer weiteren Erwerbsarbeit nichts im Wege steht. Unter Umständen ist die Versetzung an einen geeigneten Alternativarbeitsplatz oder eine Umschulung (berufliche Rehabilitation) notwendig.

Wichtig ist: Die Schwerbehindertenvertretung steht bei der Bewältigung von Beschäftigungsproblemen und der Erarbeitung von Lösungen nicht allein da. Sie greift auf ein innerbetriebliches und externes Beratungsnetzwerk zu, dessen Akteure sie mit der Zeit kennen lernt, und das sie im Bedarfsfall aktivieren und nutzen kann:

- Der Schwerbehindertenvertretung stehen betriebsintern die Arbeits-/Betriebsmedizin, Fachkräfte für Arbeitssicherheit, der Betriebs-/Personalrat, der Arbeitgeberbeauftragte für die Belange schwerbehinderter Menschen, die Personalabteilung und der betroffene Vorgesetzte zur Seite. Auch ein Integrationsteam, das für das BEM oder (schwer-)behinderte Menschen zuständig ist, tritt in Aktion.
- Wichtig ist die Beteiligung der externen Sozialleistungsträger und Verwaltungen, die den Arbeitsplatzumbau oder den Erhalt des Arbeitsverhältnisses finanziell fördern können, wenn sie unmittelbar zuständig sind. Als Unterstützer kommen in Betracht: die Integrationsämter oder Integrationsfachdienste (Einzelfallbegleitung), die Reha-Berater/innen der Rentenversicherung, der Krankenversicherung oder der Berufsgenossenschaft und die örtliche Arbeitsagentur. Ideal ist es, wenn Vertrauenspersonen in externen, regionalen Arbeitskreisen der Schwerbehindertenvertretung mitwirken, in denen die beschriebene Unterstützungsinfrastruktur der Sozialversicherungsträger ebenfalls beteiligt ist, oder sie Kontakt zur »Gemeinsamen Servicestelle« der Träger pflegen. Die regionalen Arbeitskreise fördern durch den Austausch über Betriebsbeispiele zudem die Eingliederungs- und Fachkompetenz der Vertrauenspersonen.

2.9 Kompetenzen entwickeln, Arbeitsmethoden aneignen

Klappern gehört zum Handwerk: Die Schwerbehindertenvertretung muss wie jede betriebliche Interessenvertretung öffentlich präsent sein. Erfolg im Amt hängt davon ab, ob die Belegschaft die Schwerbehindertenvertretung als Interessenvertretung der behinderten Menschen wahrnehmen kann. Natürlich sprechen konkrete Taten für sich: Es gibt nichts Gutes, außer man tut es. Doch geschehen diese Taten in aller Stille, dann können sie nicht wirken und das Betriebsklima nachhaltig verändern. Initiativen und Erfolge brauchen Öffentlichkeit, es muss darüber gesprochen werden. Bescheidenheit ist also unangebracht, auch wenn die Rolle der »öffentlichen Person« im Betrieb, das Auftreten als Mandatsträger/in, noch ungewohnt ist und eingeübt werden muss.

Öffentlichkeitsarbeit als ein Erfolgsfaktor wird im Kapitel »Öffentlichkeitsarbeit und Kommunikation« (s. Kapitel 3.5) noch ausführlicher behandelt. Aber grundsätzlich ist immer zu bedenken: Transparenz bei der Arbeit, sich von anderen in die Karten schauen lassen, kann mobilisierend wirken und der Schwerbehindertenvertretung den Rücken stärken. Vor allem bei konfliktreichen Themen kommt es darauf an, die Aufmerksamkeit der Beschäftigten zu gewinnen, die Ziele der Interessenvertretungspolitik darzustellen, die Belegschaft zu überzeugen und die Öffentlichkeit als Forum der Auseinandersetzung mit dem Arbeitgeber zu nutzen. Aktivitäten und eine gute Informationspolitik sind Pfunde, mit der die Schwerbehindertenvertretung wuchern kann. Dieser Zusammenhang ist auch bei Routineaufgaben wie Sprechstunden, der Versammlung schwerbehinderter Menschen und bei anderen Gelegenheiten zu beachten, bei denen die Schwerbehindertenvertretung auftritt und das Wort ergreift.

Vertrauenssache: Gut vorbereitet in die Sprechstunde
Informieren, Rat geben, Konflikte lösen, neue Perspektiven aufzeigen: Die persönliche Beratungs- und Betreuungsarbeit der Schwerbehindertenvertretung ist ein wichtiges Aufgabengebiet und zugleich Vertrauenssache, die mitmenschliches Gespür und Sachkompetenz erfordert. Nur wer sich auf Gesprächspartner/innen einlässt und gut informiert ist, kann Boden gewinnen. Dabei steht die Schwerbehindertenvertretung in jedem Gespräch und Einzelfall vor anderen Anforderungen: die einfache Auskunft, Informationsgespräche, intensive arbeits- und sozialrechtliche Beratungen und Unterstützung in Konflikten mit Vorgesetzten oder im Kollegenkreis sind gefragt (vgl. S. 75, Sprechstunde).

Gut ist, vorab zu klären, was in der Sprechstunde ansteht. Dann kann die notwendige Zeit besser geplant werden, ohne unter Termindruck zu geraten. Und die Vertrauensperson hat die Chance, sich inhaltlich vorzubereiten, Rechtsgrundlagen zu klären, evtl. Informationen und Adressen zu beschaffen. Gute Vorbereitung signalisiert, dass die Schwerbehindertenvertretung ihre Klientel mit ihrem Anliegen ernst nimmt.

Das Gesprächsklima: Eine herzlichen Begrüßung bricht das Eis; ein vertrauliches Gesprächsklima ohne Störungen (Telefon etc.) ist so wichtig wie die ungeteilte Aufmerksamkeit für die/den Beschäftigte/n. Auch für die Gefühlslage des Gegenübers sollte man Antennen haben: Ist die Person unsicher und aufgeregt? Dann lieber erst über ein unverfängliches Thema wie das Wetter oder den Urlaub sprechen. In jedem Gespräch hat übrigens die Körpersprache große Bedeutung: Nur wenn das Gesagte zur Mimik, Gestik und Haltung passt, wirkt man kompetent, glaubwürdig und kommt authentisch rüber.

Formales klären: Wenn sich die Gesprächspartner/innen bisher nicht kennen, sollte sich die Vertrauensperson Zeit für eine kurze Vorstellung nehmen (Person, Art und Umfang der Aufgaben der Schwerbehindertenvertretung, Hinweis auf die Schweigepflicht). Auch der Gesprächsablauf wird geklärt: Zum Beispiel ist eine Übereinkunft über eine notwendige Mitschrift zu treffen, um das Gespräch zu dokumentieren. Sich gegenseitig ausreden zu lassen, versteht sich von selbst. Mit Fragen zum Sachverhalt werden alle Fakten ermittelt. Danach sind Widersprüche, Ziele und strategische Fragen zu klären und das weitere Vorgehen abzustimmen: Wird jemand informiert und hinzugezogen? Ist weitere Beratung einzuholen? Welche Maßnahmen sind nötig?

Gut beraten: Viele behinderte Beschäftigte sind verunsichert, wenn sie in die Sprechstunde kommen: Es geht nicht selten um ihren Job und die nackte Existenz, um eine Perspektive, wie es weitergeht. Deshalb ist eine angstfreie Gesprächssituation wichtig, die sich aus Neutralität und Wertschätzung für das Gegenüber speist. Die Vertrauensperson muss sich möglichst vorbehaltlos auf die Sachlage einlassen, persönliche Erfahrungen und Vorurteile ausblenden und auf bewertende Bemerkungen verzichten. Ratsuchende fühlen sich verstanden, wenn sie ihren subjektiven Standpunkt darlegen dürfen. Eine gelungene Beratung deckt Interessen auf, liefert Orientierung und leistet einen Beitrag, Konflikte mit neutralen Kriterien zu entflechten.

Versammlung der schwerbehinderten Menschen
Bei der Versammlung der schwerbehinderten Menschen im Betrieb/in der Dienststelle besteht mindestens einmal im Jahr die Möglichkeit, die Belegschaft über die Arbeitsbilanz der Schwerbehindertenvertretung, über aktuelle Entwicklungen und Auseinandersetzungen mit der Geschäftsleitung zu informieren. Stehen im Unternehmen/der Verwaltung bedeutende Veränderungen an oder treten einschneidende Gesetzesänderungen in Kraft, die Menschen mit Behinderungen besonders betreffen, kann eine außerordentliche Versammlung der schwerbehinderten Menschen im Betrieb einberufen werden.

Die Versammlung ist ein Instrument, die eigene Verhandlungsposition zu stärken, wenn sie dem Arbeitgeber ein Bild über die Stimmung im Betrieb/in der Dienststelle und über die Bereitschaft der Belegschaft zur Auseinandersetzung vermittelt. In den Versammlungen besteht die Möglichkeit, politische Themen zu behandeln und gewerkschaftliche Positionen und Strategien zu verdeutlichen, etwa zur Bewältigung betrieblicher Krisen, zur Beschäftigungssicherung und zur Stärkung des solidarischen Zusammenhalts der Belegschaft, der betrieblichen Interessenvertretungen und der Gewerkschaft.

Die Versammlung findet während der normalen Arbeitszeit statt; Versammlungs- und Wegstreckenzeit sind bezahlte Arbeitszeit. Die Sitzungsleitung hat die Schwerbehindertenvertretung (im Verhinderungsfall der/die Stellvertreter/in): Sie legt die Tagesordnung fest, plant den Ablauf und die Redebeiträge (Dauer). Auf ihren Tätigkeitsbericht folgen weitere Redner/innen, wie Vertreter/innen des Personal-/Betriebsrats, des Arbeitgebers, der Gewerkschaften. Nicht nur die Bilanz der Schwerbehindertenvertretung wird lebendiger, wenn zum Vortrag wichtige Daten und Fakten optisch aufgearbeitet präsentiert werden.

Für aktuelle (sozialrechtliche) Themen können Referent(inn)en des Integrations- und/oder Versorgungsamts, der Agentur für Arbeit, der Kranken-, Renten- und Unfallversicherung, der Arbeits- und Sozialgerichtsbarkeit, der Gewerkschaften und Fachverbände eingeladen werden. Mit Neuigkeiten aus der Behinderten- und Sozialpolitik oder dem Sozialrecht wird die Versammlung rund.

Der Termin ist vor allem in großen Betrieben (Raumreservierung, Technik) frühzeitig mit dem Arbeitgeber abzustimmen, z.B. wenn der Transport von Beschäftigten anderer Standorte zum Versammlungsort zu regeln ist. Die Barrierefreiheit des Versammlungsraums und der Wegstrecke sind zu beachten.

Recht und Praxis der Schwerbehindertenversammlung:
- Die Schwerbehindertenvertretung hat nach SGB IX (§ 95 Abs. 6 SGB IX) das Recht, mindestens einmal jährlich die Versammlung schwerbehinderter Menschen im Betrieb/in der Dienststelle einzuberufen; falls erforderlich sind weitere Versammlungen möglich.
- Im Mittelpunkt steht der Bericht der Schwerbehindertenvertretung, zu dem eine Aussprache stattfinden soll (Aktivitäten, Sprechstunden, Mitwirkung in Gremien, Arbeitsplatzbegehungen, Prävention). Die schwerbehinderten Beschäftigten haben das Recht, umfassend informiert zu werden. Die Schwerbehindertenvertretung erleichtert sich die Berichtspflicht, indem sie alle Aktivitäten über das Jahr (in einem Kalender) notiert.
- Neues aus dem Sozialrecht und statistische Daten (Zahl schwerbehinderter/ gleichgestellter Menschen, Auszubildende, Entwicklung der Beschäftigungsquote etc.) sollten nicht fehlen; diese können auch vom Arbeitgeber angefordert oder mit Arbeitgeberdaten ergänzt werden.
- Die Perspektive auf künftige Vorhaben sollte nicht fehlen: Initiativen, geplante und anlaufende Projekte zur besseren Teilhabe und andere Aktivitäten.
- Der Arbeitgeber/der Beauftragte ist verpflichtet (§ 83 Abs. 3 SGB IX), bei der Versammlung über den Stand und alle Angelegenheiten im Zusammenhang mit der Eingliederung schwerbehinderter Menschen zu berichten.

2. Einstieg ins Amt – engagiert für Inklusion

- Die Einladung mit Tagesordnung soll vier bis sechs Wochen vor der Versammlung verschickt werden. Einzuladen sind: schwerbehinderte und gleichgestellte Beschäftigte des Betriebes/der Dienststelle, der Arbeitgeber, der Beauftragte des Arbeitgebers, Vertreter/innen des Betriebs- oder Personalrats, die Frauenbeauftragte, Vertreter/innen der Gewerkschaften, außerbetriebliche Partner wie das Integrationsamt, die Agentur für Arbeit und Reha-Träger etc.
- Laut Betriebsverfassungsgesetz (§ 42 Abs. 1 BetrVG) und Bundespersonalvertretungsgesetz (§ 48 Abs. 1 BPersVG) ist die Sitzung nicht öffentlich. Erörtert werden können alle Fragen, die zum Aufgabengebiet der Schwerbehindertenvertretung gehören und das Verhältnis zwischen Arbeitgeber und Arbeitnehmer betreffen.
- Wünschen mindestens ein Viertel der wahlberechtigten schwerbehinderten Beschäftigten oder der Arbeitgeber eine Versammlung zu einem bestimmten Thema, ist die Schwerbehindertenvertretung zur Einberufung mit dem beantragten Beratungsgegenstand verpflichtet (nach § 43 Abs. 3 BetrVG oder § 49 Abs. 2 BPersVG).

Checkliste: Versammlung schwerbehinderter Menschen
1. Sechs Monate vorher: Mit dem/der Stellvertreter/in den Termin abstimmen, Personal-/Betriebsrat, Arbeitgeber (Beauftragten) informieren, Raum reservieren.
2. Vier Monate vorher: Material/Zitate für den Tätigkeitsbericht sammeln, Versammlung inhaltlich planen, (Schwerpunkt-)Themen planen und Referent(inn)en einladen.
3. Zwei Monate vorher: Inhaltliche/zeitliche Planung abschließen, Tagesordnung festlegen. Veranstaltungstechnik mit Akteur/innen abstimmen und bestellen (Beamer, Laptop, Lautsprecheranlage, Rednerpult, Podium).
4. Sechs Wochen vorher: Mit dem Tätigkeitsbericht anfangen, Einladung verfassen und versenden, aushängen, ins Intranet stellen etc., Infomaterial bestellen.
5. Vier Wochen vorher: Entwurf des Tätigkeitsberichts mit der/dem Stellvertreter/in abstimmen.
6. Eine Woche vorher: Tätigkeitsbericht beenden, Raum und Technik bestätigen, Erinnerung an Akteur/innen, Material sichten.

Selbstmanagement: Persönliche Kompetenzen entwickeln
Zur öffentlichen Präsentation gehören neben schriftlichen und medialen Darstellungsformen natürlich die soziale und die persönliche Kompetenz der Vertrauensperson. Jeder Auftritt hinterlässt eine Wirkung, das sollte so positiv wie möglich genutzt werden. Im Betriebsalltag bieten sich viele Gelegenheiten, als Mandatsträger aufzutreten, bei denen ganz unterschiedliche persönliche Ressourcen der Persönlichkeit einer Vertrauensperson gefragt sind:

- Die Schwerbehindertenvertretung meldet sich in Sitzungen und bei Veranstaltungen spontan zu Wort
- sie spricht anlässlich der Betriebs- und Personalversammlung, bereitet eine Wortmeldung/ein Grußwort vor
- sie spricht auf der Versammlung der schwerbehinderten Menschen im Betrieb/in der Dienststelle und hält eine Rede
- sie stellt einen Rechenschaftsbericht oder Arbeitsbilanzen zusammen
- sie hat in bestimmten Gremien die Sitzungsleitung
- sie muss ein Gespräch moderieren
- sie hat Verhandlungen mit dem Arbeitgeber zu führen
- sie bereitet ein größeres Projekt oder eine Kampagne vor und benötigt Unterstützung.

All diese Anlässe bieten der Schwerbehindertenvertretung »eine Bühne«, ihr Amt, das Aufgabengebiet und die eigene Persönlichkeit in die Waagschale zu werfen. Es gibt eine Reihe praktischer Tipps, die dabei helfen, jeden Auftritt wirkungsvoll zu nutzen. Aber niemand soll sich verbiegen lassen und eine unglaubwürdige Rolle spielen, das wird in der Regel durchschaut und ist nicht von Erfolg gekrönt.

Frei reden: Die Schwerbehindertenvertretung hat das Wort
Keine Angst vorm freien Reden! Niemand kommt als großer Redner auf die Welt. Vor vielen Leuten das Wort zu ergreifen, kostet meistens Überwindung, das fällt nicht nur neu gewählten Vertrauenspersonen schwer; auch Profis haben oft Magendrücken und weiche Knie. Ein bisschen Aufregung schadet nicht, sie stärkt die Konzentration. Wer glaubt, die anderen seien Profi-Rhetoriker, irrt sich: Glänzende Redner/innen sind selbst in der Politik rar. Mit Fremdwörtern gespicktes Gelehrtendeutsch oder weitschweifiges Geschwafel sind keine Indizien für Könner. Wer sich treu bleibt, authentisch und bildhaft spricht, wie ihm oder ihr der Schnabel gewachsen ist, macht sich am Rednerpult gut. Wichtig ist, die Sache, für die man eintritt, engagiert und ehrlich zu vertreten.

Und beim Reden gilt: In der Kürze liegt die Würze! Das betrifft sowohl die Satzlänge, die kurz und nicht verschachtelt sein sollte. Der gesamte Vortrag darf eine »angemessene« Länge nicht überschreiten; je nach Anlass sind zwei, fünf oder zehn Minuten die Obergrenze, beim Sachreferat reichen in der Regel 20 Minuten; es sollte Zeit bleiben für Diskussionen und Nachfragen.

Mit einer Rede will man überzeugen, um Vertrauen werben, zum Nachdenken anregen, Problemlösungen vorschlagen oder Widerspruch zu anderen Positionen formulieren. Deshalb ist es wichtig, die Botschaft logisch und klar zu gliedern.

2. Einstieg ins Amt – engagiert für Inklusion

> **Erste Hilfe für eine Kurzrede bietet das 3-Schritt-System:**
> 1. Zwecksatz formulieren: Was will ich? Zum Beispiel: »Wir müssen mehr behinderte Jugendliche ausbilden.« Dieser Satz ist später die Schlussbotschaft der Rede, aber die Initialzündung zum Nachdenken und zum Sammeln von Material.
> 2. Brainstorming: Erst einmal ungeordnet die stichhaltigen Fakten und Argumente sammeln, die den Zwecksatz stützen. Karteikarten oder den PC dafür nutzen. Erst später werden die Argumente als Kette in eine sinnvolle Reihenfolge geordnet.
> 3. Kurz vor der Rede – oder im Versammlungsraum – ist ein (flotter) Texteinstieg zu finden, der die Situation oder der Stimmung im Saal aufgreift: Vielleicht eine rhetorische Frage stellen, den Praxisbezug zum aktuellen betrieblichen Geschehen herstellen oder eine provozierende Behauptung aufstellen.

Am besten wird die Rede mithilfe von Stichpunkten frei vorgetragen. Ein vorformulierter Redetext verführt Ungeübte zum Herunterleiern ohne Pausen. Die Notizen können auf Blättern oder Karteikarten notiert werden, aber leserlich! Groß und deutlich schreiben, den Hauptpunkt links, rechts die Unterpunkte. Füllwörter wie »eigentlich« und »irgendwie« stehen auf der Giftliste. Zwischendurch gönnt man sich und dem Publikum Redepausen und sucht während des Vortrags den Blickkontakt mit dem Publikum. Der Stand ist stabil, die Gestik locker, die Augen wandern ruhig und suchen Fixpunkte im ganzen Saal. Der Aufbau kann sich an diesem Schema orientieren:
- Lage: Was ist, was war?
- Folgen: Wozu führt dies?
- Ziel: Was sollte sein?
- Weg: Wie ist das zu erreichen?

Am Ende einer Rede holt man das Publikum ins Boot: der Zwecksatz (s.o.) soll als Appell oder Botschaft ankommen. Gut geeignet sind konkrete Vorschläge, Anträge oder griffige Zusammenfassungen. Der Schluss muss kein Paukenschlag sein, doch er soll das Thema abrunden. Auch Zitate – kurz und knackig – sind ein schöner Schlusspunkt.

Gute Redner/innen stellen sich auf die soziale Zusammensetzung des Publikums und den Anlass ein. Die Einleitung führt zum Thema hin, stellt eine Beziehung zwischen Publikum und dem Thema her.

Anders sieht es aus beim Sachreferat: es will informieren, belehren, zum Mitdenken anregen, ist faktenreich und sachorientiert. Je nach Thema ist der Aufbau z.B.
- chronologisch, orientiert am Zeitablauf,
- kausal, Zusammenstellung nach Ursachen, Gründen
- oder es werden W-Fragen beantwortet: Wer, was, wann, warum, wozu?

In der Betriebsversammlung auftreten und eine Meinungsrede halten, damit will man überzeugen und andere aktivieren. Sie zielt strategisch darauf ab, Menschen auf die eigene Seite zu ziehen. Das geschieht auch mit Taktik: Emotionen, Psychologie, gute Fakten, aktuelle Bezüge und Argumente! Aber aufgepasst: Wer übertreibt, erreicht das Gegenteil.

Die Gelegenheitsrede in einer Sitzung oder Versammlung ergibt sich spontan, sie ist gesellig, persönlich und kurz. Ein launiger Einstieg ist immer gut, dem Kerngedanken folgt ein Abschluss-Lacher oder ein passendes Schlusswort.

Strategie und Taktik: Erfolg am Verhandlungstisch

Die Strategie ist der große Plan, das langfristige Anstreben einer vorteilhaften Lage, das Verwirklichen eines wichtigen Projekts. Was kann ich für behinderte Menschen im Betrieb erreichen, wie kann ich Entscheidungen in meinem Sinne beeinflussen, wie setze ich eine Integrationsvereinbarung oder – gemeinsam mit dem Betriebsrat – eine gute Betriebsvereinbarung um? Ohne Plan, wie ein Ziel zu erreichen ist, liefert sich die Schwerbehindertenvertretung dem Zufall oder der Laune anderer aus. Die Vertrauensperson weiß, dass ihre Arbeit rechtlich abgesichert ist. Mit einer guten Strategie kann sie über den gesetzlichen Rahmen hinaus Dinge bewegen. Dazu muss sie Mitstreiter/innen gewinnen und Personen in verantwortlicher Position überzeugen.

Bei der Taktik geht es eher um kurzfristige Ziele, um die Frage, wie ich in die nächste Runde gehe: das bevorstehende Gespräch vorbereite, den nächsten Schritt plane oder ein Etappenziel erreiche. Stimme ich mich erst mit anderen ab, welches Argument ist stichhaltig, konfrontiere ich jemanden mit dem Gesetz, mit Zahlen und Fakten? Auch Psychologie gehört dazu: Wer überzeugen und jemanden für sich einnehmen will, muss an den Interessen seines/ihres Gegenübers anknüpfen. Auch die andere Seite muss bei einem Vorhaben gut wegkommen oder davon profitieren. Wer die andere anklagt und ihr Defizite vorwirft, schadet sich langfristig. Es ist gut, wenn die andere Seite einen Teil des Lobs für sich verbuchen kann!

Langfristig denken: Wer andere überrumpelt und über den Tisch zieht, wird als Interessenvertretung auf Dauer nicht erfolgreich sein oder zumindest auf Widerstände stoßen. Das gilt umgekehrt auch für die beliebte Arbeitgeberstrategie, die Interessenvertretungen kurzfristig unter Druck zu setzen, etwa nach dem bekannten Muster: Die Entscheidung muss jetzt gefällt werden, für Aufschub haben wir keine Zeit! Dem sollte die Schwerbehindertenvertretung nicht nachgeben. Steht eine Sachentscheidung an oder hat sich eine neue Situation ergeben, ist auf angemessene Zeit zur Einarbeitung und Befassung zu pochen. Erst sachkundig machen, dann verhandeln, lautet die Regel. Dabei setzen Vertrauenspersonen auf ihre Netzwerke verlässlicher, kompetenter Kolleginnen und Kollegen.

2. Einstieg ins Amt – engagiert für Inklusion

Bei Entscheidungen mit Tragweite halten Interessenvertretungen nach möglichen Bündnispartner(inne)n Ausschau, besprechen Probleme, formulieren gemeinsame Ziele und planen deren Durchsetzung. Grundsätzlich gehört es bei wichtigen Verhandlungen zur Gesamtstrategie, in Vorverhandlungen starke Partner/innen ins Boot zu holen. Allein gegen den Widerstand starker Gruppen ein Ziel zu verfolgen, ist aussichtslos! Betriebs- oder Personalrat sind die wichtigsten internen Verbündeten, auf deren Unterstützung die Schwerbehindertenvertretung setzen sollte.

Stehen Verhandlungsgespräche an, ist ein aussichtsreiches Verhandlungsteam auf die Beine zu stellen, das unterschiedliche Typen und beide Geschlechter vereinen sollte. Versierte Fachleute, Diplomaten und kämpferischen Personen, die Ziele ohne Konfliktscheue hartnäckig vortragen, gehören dazu. Und die Beteiligten müssen sich in ihren Stärken gegenseitig respektieren und stützen. Man kann Rollen aufteilen: Wer stellt rechtliche Aspekte dar, wer bringt Sachargumente ein, wer macht praktische Vorschläge? Auch ein guter Protokollant ist wichtig, der den Stand der Verhandlungen und die Ergebnisse zutreffend festhält.

Psychologie spielt trotz Sachorientierung eine große Rolle. Wer in einer Verhandlung von vornherein glaubt, in der schwächeren Position zu sein, der schwächt sich selbst. Wer sich motiviert, an seine Aufgabe glaubt und von deren Bedeutung überzeugt ist, wertet sich auf und gewinnt an Stärke. Auch das klappt am besten mit Partner(inne)n und Netzwerken sowie in der Überzeugung: Das Gesetz ist auf meiner Seite, es stützt mein Amt und schützt Menschen mit Behinderungen. Die Schwerbehindertenvertretung ist in Verhandlungen nicht der/die abhängige Beschäftigte, sondern nimmt qua Wahl eine gesetzlich normierte Funktion als Mandatsträger/in ein.

Öffentlichkeitsarbeit ist für Erfolgsstrategien eine nicht zu unterschätzende Begleitmusik: Interessenvertretungen können viele Möglichkeiten nutzen, ihre Ziele und Aufgaben in (betriebsinternen) Medien, Arbeitskreisen, Gremien und bei anderen Gelegenheiten darzustellen. In der Betriebsversammlung kann die Schwerbehindertenvertretung ihre Themen großen Teilen der Belegschaft schmackhaft und sich als Person bekannt machen. Sie schärft ihr Profil und erwirbt auf lange Sicht mehr Zustimmung.

Erfolg beinhaltet übrigens auch ein Geben und ein Nehmen – ein Teil des Erfolgs gehört immer der anderen Seite. Die Schwerbehindertenvertretung setzt sich z.B. für Integration, für den Erhalt von Arbeitsverhältnissen, für Prävention und gesunde Arbeitsbedingungen ein. Die Arbeitgeberseite will, salopp gesagt, dass der Laden läuft und die Kosten gering bleiben. Beide Interessen sind legitim. Doch man muss darüber streiten, wie ein Interessenausgleich erreicht wird. Konsens um jeden Preis ist nicht sachgerecht. Das gemeinsame Ziel, dass der Laden gut läuft, ist hin und wieder neu zu justieren. Wichtig ist, dass man nach Streit wieder zur Tagesordnung zurückkehren kann.

Moderation: Mit den Zügeln in der Hand
Schwerbehindertenvertretungen sind in der Regel in ein Geflecht von Gremien eingebunden. Ihr Amt sowie die Beteiligung am betrieblichen Eingliederungs- oder Gesundheitsmanagement bringen ihnen neue Gesprächskreise und Aufgaben ein. Damit ist beispielsweise das Übernehmen von Sitzungsleitungen und Moderationen verbunden.

Beispiel Eingliederungsgespräch: Unter Umständen kommen der/die behinderte Beschäftigte, ein/e Vorgesetzte/r, die Betriebsmedizin, ein Betriebsrat, jemand von der Personalabteilung und andere Beteiligte zusammen. Bei der Gesprächsleitung durch die Vertrauensperson ist vor allem Moderation gefragt: Alle kommen zu Wort und suchen gemeinsam nach der besten Lösung.

Schon der Treffpunkt beeinflusst die Atmosphäre oder den Ausgang eines Gesprächs: Das Büro der Schwerbehindertenvertretung oder ein neutraler Sitzungsraum sind besser geeignet als das Besprechungszimmer der Personalabteilung. Es geht darum, für die betroffenen behinderten Menschen eine vertrauensvolle Umgebung zu finden.

Auch Rollenklarheit der Moderatorin/des Moderators ist zentral: Sie übernehmen Verantwortung dafür, dass die Gruppe methodisch und ergebnisorientiert arbeitet. Die Moderation muss hierfür die erforderliche Unterstützung leisten, das Gespräch strukturieren, den Informations-, Meinungsbildungs- sowie den Entscheidungsprozess fördern. Dabei hält sie die Zügel straff in der Hand,
- damit das Thema nicht verloren geht,
- die Arbeitsschritte sich nicht vermischen,
- Klarheit über den jeweiligen Ergebnisstand besteht,
- notwendige Maßnahmen geplant
- und die Entscheidungen dokumentiert werden.

Moderator(inn)en tragen die Verantwortung dafür, dass sich alle Beteiligte in den Informationsfluss einbringen können, sie bremsen Vielredner aus und sorgen dafür, dass die Stilleren zu Wort kommen. Sie halten sich mit Bewertungen zurück, sammeln Ideen und Informationen, formulieren Oberbegriffe und Zwischenergebnisse und schlagen weitere Arbeitsschritte zur Lösungsfindung vor. Praktische Unterstützung bietet ein Flipchart, dann haben die Beteiligten die wichtigsten Stichpunkte und den Stand der Dinge im Blick. Visualisierte Informationen können zudem besser aufgenommen werden.

Bei der Vorbereitung eines Gesprächs/einer Sitzung ist der Zeitfaktor zu beachten: Wie lange stehen die Beteiligten zur Verfügung, wie viel Zeit ist mindestens erforderlich? Inhaltlich müssen die Moderator(inn)en keine Expert(inn)en sein, doch

2. Einstieg ins Amt – engagiert für Inklusion

sie sollten mit dem Thema oder dem konkreten Fall vertraut sein. Schließlich müssen sie dafür sorgen, dass die Beteiligten ihre Kompetenzen einbringen können.

Was ist Moderation, was Sitzungsleitung?
Der Begriff »moderatio« kommt aus dem Lateinischen und bedeutet das »rechte Maß«, Moderation heißt »Mäßigung«. Im Bereich der Gruppentherapie bedeutet Moderation, den Teilnehmerinnen und Teilnehmern durch Fragen zu helfen, das Ziel zu erreichen. Allerdings kann sich die Schwerbehindertenvertretung als Interessenvertretung auch in der Rolle des/der Moderator/in nicht völlig neutral verhalten, sondern wird – je nach Anlass – für die Seite der betroffenen behinderten Menschen und der Beschäftigten eintreten und deren Bedürfnis stärker zur Geltung bringen. In der Praxis verschwimmen die Grenzen zwischen Moderation und Sitzungsleitung.

Position und Haltung Moderator/in	Position und Haltung Sitzungsleitung
Inhaltlich unabhängig, neutral, Aussagen werden gleichwertig betrachtet.	Inhaltlich und formal am Thema beteiligt, Diskussionsbeiträge werden bewertet.
Schwerpunkt liegt auf der Anwendung von Methoden und Verfahren.	Weniger an inhaltlichen und formalen Vorgängen orientiert als am Thema.
Die Willensbildung und der Arbeitsprozess der Gruppe sollen unterstützt werden.	Vermittelt Prioritäten, will Vorstellungen durchsetzen, die Mehrheit mobilisieren.
Verantwortung, dass die Gruppe zum gemeinsamen Ziel findet.	Steht oft in der Hierarchie höher, gibt selbst Ziele und Orientierungen vor.

Projektmanagement: Mit Übersicht und Zeit

Neben dem Alltagsgeschäft wie Beratung und Vertretung behinderter Beschäftigter verfolgt jede Schwerbehindertenvertretung auch größere Arbeits- und Etappenziele. Tipps zum Projektmanagement helfen dabei, die Pflicht und die Kür der Schwerbehindertenvertretungsarbeit besser zu meistern. Oft geht es darum, mit dem Arbeitgeber eine wegweisende Integrationsvereinbarung zu verhandeln oder mit dem Betriebs-/Personalrat eine Betriebs-/Dienstvereinbarung auf den Weg zu bringen: zur Gefährdungsbeurteilung der Arbeitsplätze (nach § 5 ArbSchG) oder zum betrieblichen Eingliederungsmanagement (nach § 84 Abs. 2 SGB IX).

Solche Vorhaben gehören nicht zu den Routineaufgaben, sie werden nicht nebenbei erledigt, sondern erfordern eine Zielstrategie, sorgfältige Planung, gute Ideen, viele Gespräche, große Geduld und einen vernünftigen Zeitplan. Jedes Projekt gliedert sich in mindestens fünf Phasen:

Phase 1 – Ideensammlung: Die Schwerbehindertenvertretung führt eine nach Themen gegliederte Ideendatenbank. Sie archiviert Informationsmaterial für besondere Projekte, die nach und nach umgesetzt werden können. Dazu gehört Hintergrundmaterial aller Art mit den Fundstellen und Ansprechpartnern/Ansprechpartnerinnen. Auch Argumente werden gesammelt: Welche positiven Wirkungen kann ein Projekt erzeugen, wer profitiert? Geht das Projekt in eine konkrete Planungsphase, steht eine intensive Materialrecherche (Internet, Literatur, Betriebsbeispiele) an, es werden u.U. (externe) Personen mit Projekterfahrung und Fachleute befragt, Rechtsauskünfte eingeholt. Ein Projektteam ist zu benennen.

Phase 2 – Zeitplanung: Die Projektverantwortlichen und das Team stellen einen Zeitplan auf, der alle notwendigen Schritte und Zwischenschritte enthält: Teambesprechungen (im Wochen- oder Monatstakt), Hintergrundgespräche (Recherche) und strategische Gespräche zum Argumentieren und Überzeugen der Verhandlungspartner/innen. Das Anfertigen der Projektbeschreibung (Arbeitsverteilung, Redaktionstermine, Endredaktion) wird geplant, Aufgaben und Verantwortlichkeiten verteilt.

Phase 3 – Konzeption: Die Projektbeteiligten treffen sich regelmäßig zur Ziel- und Konzeptdiskussion: Wie ist der Projektstand (Fortschritte, Ergebnisse), wie lauten die Projektziele, passt der Projektstand zu den angesteuerten Zielen, wie sind die Rahmenbedingungen? Die Projektleitung überwacht die Zeitplanung und die Konzeption. Je nach Ergebnisstand werden weitere Akteure beteiligt und externer Sachverstand einbezogen (Integrationsamt, Gewerkschaft, andere Schwerbehindertenvertretungen).

Phase 4 – Kommunikation: Überzeugungsarbeit gehört zum Projektmanagement, das gilt nicht nur für das Gegenüber, die andere Verhandlungsseite. Die Phasen drei (Konzeption) und vier (Kommunikation) überschneiden sich. Über ein Projekt, seine Ziele und das Konzept muss informiert werden, mangelhafte Transparenz gefährdet den Erfolg ebenso wie fehlende Motivation der Beteiligten und anderer Akteure. Die Rückkopplung mit der Belegschaft oder den behinderten Beschäftigten als hauptsächlich betroffene Zielgruppe ist mit (Betriebs-)Versammlungen von vornherein einzuplanen.

Phase 5 – Verabschiedung: Das Projektteam ist über den Berg, es folgt die Feinabstimmung oder der Projektabschluss. Das Team trifft sich zur Endredaktion oder zur abschließenden Bewertung, Verabschiedung und Unterzeichnung. Eine sechste Phase schließt sich an, wenn ein Projekt, wie z.B. ein Weiterbildungsangebot, fortlaufend begleitet und in seiner Wirkung bewertet wird (Evaluation).

Je nach Ziel und Ausgangslage sind die Phasen unterschiedlich lang. Im ungünstigsten Fall fängt die Schwerbehindertenvertretung bei Null an: Sie kann auf keinerlei Vorarbeit zurückgreifen. Alles dauert länger, wenn ein Projekt auf starke Widerstände stößt oder unter den beteiligten Parteien Konflikte ausbrechen.

2.10 Ein Hundert-Tage-Programm für die Schwerbehindertenvertretung

Für manche Schwerbehindertenvertretung ist die erste intensive Lektüre des SGB IX buchstäblich ein Aha-Erlebnis. Während sich die einen aufgrund der Fülle von Rechten und Möglichkeiten in ihrer Kandidatur bestätigt fühlen, denken andere mit Sorge an die eng begrenzten Möglichkeiten im Unternehmen/in der Dienststelle, diese Rechte auszuschöpfen.

Fest steht: Man kann nicht alles auf einmal (an-)packen. Die Arbeit der Schwerbehindertenvertretung steht vor allem am Anfang unter der Devise, die anstehenden Aufgaben systematisch anzugehen, zu planen und Prioritäten zu setzen.

Nicht immer kann es sich die Schwerbehindertenvertretung allerdings aussuchen, womit sie anfängt und im Amt loslegt, denn meistens liegt schon ein akutes Problem auf dem Tisch: So hat beispielsweise die Geschäftsleitung Umstrukturierungen im Betrieb angekündigt. Die Folge sind Sorgen und Ängste in der Belegschaft, was dies für die behinderten Beschäftigten bedeuten kann.

Die Schwerbehindertenvertretung muss in einer solchen Situation zunächst Fakten sammeln: in Erfahrung bringen, welche Pläne bestehen und mit welchen Auswirkungen auf (schwer-)behinderte Beschäftigte zu rechnen ist. Am besten richtet sie eine verbindliche, schriftliche Anfrage an die Geschäftsleitung, nimmt parallel Kontakt zum/zur Arbeitgeberbeauftragten und dem Betriebs-/Personalrat auf.

Eventuell empfiehlt es sich, projektbezogen zu handeln, wenn ein Problem nicht kurzfristig erledigt sein wird, eine Angelegenheit über Wochen oder Monate verfolgt und aktiv daran gearbeitet werden muss: die Zusammenarbeit im Betrieb organisieren, Fragen klären, Gespräche planen und führen, Gegenvorschläge/Konzepte erarbeiten und unterbreiten.

Wer beim Start ins Amt nicht gleich mit aktuellen Problemen überhäuft wird, kann sich auf das Knüpfen von Kontakten und das Einholen von Informationen konzentrieren: Gesprächspartner/innen kennen lernen, sich die Arbeitsgrundlagen und die Ausstattung beschaffen. Wir nennen dies das Hundert-Tage-Programm, weil jede neue Schwerbehindertenvertretung Zeit benötigt, sich mit den Anforderungen, den Abläufen und der alltäglichen Routine vertraut zu machen. Wir schlagen für das Hundert-Tage-Programm der Schwerbehindertenvertretung folgende Punkte vor:

Am Start: Programm der ersten hundert Tage

Kontakt zur Klientel herstellen

- Vom Arbeitgeber das Verzeichnis (nach § 80 Abs. 2 SGB IX) aller schwerbehinderten und gleichgestellten Beschäftigten anfordern.
- Kartei der schwerbehinderten/gleichgestellten Menschen anlegen (vgl. Kapitel 6.1.3).
- Ein Gespräch mit den gewählten Stellvertreterinnen und Stellvertretern ansetzen.
- Aushang am Schwarzen Brett, Info im Intranet: Die neue Schwerbehindertenvertretung ist im Amt, Personen, Kontaktdaten und Aufgaben nennen.
- In einem Begrüßungsanschreiben an die behinderten Kolleg(inn)en oder alle Mitarbeiter/innen (per E-Mail) über den Wahlausgang informieren, über die Kontaktdaten der Schwerbehindertenvertretung, über Sprechstunden, Aufgaben und besondere Ziele.
- Begrüßungsschreiben an die internen und externen Netzwerke (s.u.) vorbereiten und versenden.
- Notiz für die Betriebs-/Dienststellenzeitung vorbereiten/veranlassen.
- Einen Rundgang zu den Arbeitsplätzen der behinderten Beschäftigten vorbereiten.
- Bei der Fachkraft für Arbeitssicherheit den Zeitpunkt der nächsten Arbeitsplatzbegehung (§ 6 ASiG) erfragen und die Teilnahme der Schwerbehindertenvertretung anmelden.

Arbeitsstruktur entwickeln
- Sprechstunde festsetzen.
- Sitzungsteilnahme: Wann tagen der Betriebs-/Personalrat, wann findet das Monatsgespräch mit dem Arbeitgeber statt, wann tagen das Eingliederungsteam und andere wichtige Gremien/Ausschüsse?
- Wann habe ich Ruhe für die Schreibtischarbeit? Zur Vor- und Nachbearbeitung von Terminen, Aktenbearbeitung, zum Lesen?

Ansprechpartner/innen im betrieblichen und außerbetrieblichen Netzwerk klären
- Einen Gesprächstermin mit der/dem Betriebs-/Personalratsvorsitzenden vereinbaren.
- Wer ist die/der Beauftragte des Arbeitgebers für die Angelegenheiten schwerbehinderter Menschen? Termin vereinbaren.
- Sonstige Kooperationspartner/innen: Wer ist Betriebsarzt/-ärztin, Fachkraft für Arbeitssicherheit, wer leitet den Ausbildungsbereich, wer ist für die betriebliche Sozialberatung zuständig, welche Vertreter/innen der Personalabteilung sind für mich wichtig?
- Erste externe Kontakte knüpfen: Integrationsamt und Arbeitsagentur über die Neuwahl informieren, falls noch nicht geschehen: die Niederschrift des Wahlergebnisses an die Arbeitsagentur und das Integrationsamt senden (§ 80 Abs. 8 SGB IX).

Arbeitsgrundlagen sichern
- Arbeitsmittel, die für die Tätigkeit der Schwerbehindertenvertretung erforderlich sind, beschaffen: SGB IX mit Kommentar, Betriebsverfassungsgesetz/Personalvertretungsgesetz mit Kommentar, Gesetzessammlung im Arbeits- und Sozialrecht, Fachzeitschriften, Handbücher, Ratgeber und Informationsmaterial.
- Geschäftsbedarf für die Büroarbeit, die Aktenführung und Verwaltungsarbeit (gem. § 96 SGB IX Abs. 8 und 9).
- Verwaltungs- und Schreibkraft zur Erledigung der Korrespondenz und sonstiger Schreibaufträge.
- Klären, in welchem Raum ungestört Gespräche mit behinderten Beschäftigten geführt werden können.

2. Einstieg ins Amt – engagiert für Inklusion

Arbeitsbefreiung bzw. Freistellung klären
- Mit der/dem Vorgesetzten und der Personalabteilung die Modalitäten der Arbeitsbefreiung/Freistellung bei Erledigung von Aufgaben der Schwerbehindertenvertretung im Betrieb/in der Dienststelle und bei Abwesenheit wegen Erledigungen auf den Ämtern besprechen.

Beteiligung in der Integrationspolitik vereinbaren
- Von der/dem Arbeitgeberbeauftragten erläutern lassen, wie die Verfahrensabläufe bei Stellenbesetzungen, Versetzungen etc. sind, und die Beteiligung festlegen.
- In Erfahrung bringen, ob es bereits eine Integrationsvereinbarung und ein betriebliches Integrationsteam gibt.
- und, wenn dies nicht der Fall ist, Schritte zu deren Entwicklung einleiten.

Schulungen und Seminare besuchen
- Die Seminarangebote der zuständigen Gewerkschaft und des Integrationsamts erfragen. Die Seminarpläne anderer Bildungsträger (Arbeit und Leben, DGB-Bildungswerke, Bildungskooperationen) besorgen.
- Einen Bildungsplan für das laufende Jahr erstellen, sich baldmöglichst für ein Grundlagenseminar anmelden.

Betriebs-/Personalversammlung zur Vorstellung nutzen
- Einen kurzen Beitrag für die nächste Betriebs-/Personalversammlung vorbereiten und sich dort vorstellen.
- Gegebenenfalls Informationsmaterial bei der Betriebs-/Personalversammlung auslegen.

Versammlung schwerbehinderter Menschen planen
- Die Versammlung schwerbehinderter Menschen im Betrieb/in der Dienststelle langfristig vorbereiten (vgl. S. 83-85 mit Checkliste).
- Mit den Stellvertretern/Stellvertreterinnen eine Besprechung zu diesem Thema führen und gemeinsam einen Termin festlegen.

Dokumentation der Arbeit beginnen
- Ein Arbeitsbuch anlegen, die Tätigkeiten und Einsatzzeiten der Schwerbehindertenvertretung regelmäßig eintragen.

3. Schwerpunkte der Interessenvertretungsarbeit

3.1 Beratungs- und Betreuungsfelder

Die individuelle Beratung und Betreuung behinderter Beschäftigter – ihrer Klientel – zählt zum Kernbereich der Arbeit der Schwerbehindertenvertretung (SBV). Neben fundiertem Wissen ist hier vor allem Sozialkompetenz gefragt. Im Beratungsgespräch lässt sich etwas bewegen, wenn die Schwerbehindertenvertretung das Anliegen von Rat Suchenden ernst nimmt und dabei den persönlichen Abstand wahrt.

> **Damit Beratung und Betreuung sich entfalten können, ist folgendes notwendig:**
> - **Bekanntheit schaffen:** Die Schwerbehindertenvertretung muss ihr Angebot im Betrieb/in der Dienststelle bekannt machen, damit es im Bedarfsfall auch wahrgenommen wird. Ein ständiger Aushang am Informationsbrett sollte die Termine der Sprechstunden aufführen, allgemeine Rundschreiben sollten sowohl die Sprechstunden als auch die Telefonnummern der Schwerbehindertenvertretung und deren Stellvertretung bekannt geben. Es sollten jeweils spezifische Möglichkeiten der betrieblichen Information wiederholt und vielleicht auch kreativ genutzt werden.
> - **Informieren:** Die Schwerbehindertenvertretung soll Betroffene informieren, d.h., die behinderten Beschäftigten über Möglichkeiten, Probleme und Aussichten aufklären, damit sie eine Entscheidungsgrundlage haben. Auch dies muss oft wiederholt werden – z.B. in jährlichen Abständen.
> - **Beraten:** Die Schwerbehindertenvertretung soll Betroffene beraten, d.h., ihnen zu einer Entscheidung verhelfen, die zum einen sachlich in Ordnung ist, zum anderen von den Betroffenen akzeptiert wird, so dass konkrete Maßnahmen eingeleitet werden können.
> - **Kontakt pflegen:** Die Schwerbehindertenvertretung muss die Beziehung zu ihren Klient(inn)en aktiv pflegen.
> - **Unterstützen:** Die Schwerbehindertenvertretung soll ihre Klient(/inn)en gegenüber Dritten unterstützen und ihnen vor allem in Situationen beistehen, die eine emotionale Belastung darstellen, damit die schwerbehinderten Menschen ihre Rechte geltend machen und wahren können.
> - **Grenzen wahren:** Die Schwerbehindertenvertretung sollte dabei gegenüber ihren Klient(inn)en auch die eigenen Grenzen offen legen, damit diese erkennen, inwieweit sie sich selbst helfen müssen oder inwieweit es nötig ist, andere Stellen zur Betreuung hinzuzuziehen.

3. Schwerpunkte der Interessenvertretungsarbeit

Schwerbehindertenvertretungen, Betriebs- und Personalräte haben im SGB IX und Personalvertretungsrecht vielfältige Möglichkeiten zur Interessenvertretung der schwerbehinderten Menschen in ihren Betrieben. Dies gilt auch für mehrere wichtige Antragsverfahren nach dem SGB IX und für die Inanspruchnahme diverser Nachteilsausgleiche nach anderen Gesetzen.

In der nachstehenden Übersicht werden diese Beratungs- und Betreuungsfelder mit den Rechtsgrundlagen des Beratungs- und Betreuungsfeldes (Spalte 2) genannt. In Spalte 3 wird die Rechtsgrundlage für das Tätigwerden der Schwerbehindertenvertretung genannt. Teilweise ist die Handlungsmöglichkeit der Schwerbehindertenvertretung auf Beratung beschränkt, in den Bereichen besonderer Kündigungsschutz (§§ 85 ff. SGB IX) und Gleichstellung (§ 68 Abs. 3 i.V.m. § 2 Abs. 3 SGB IX) sind allerdings förmliche Stellungnahmen der Schwerbehindertenvertretung und des Betriebs-/ Personalrats gesetzlich vorgesehen (Spalte 4). Auch wenn die Bescheid erteilende Stelle sich bei weitem nicht immer an diesen Stellungnahmen orientiert, kann der Schwerbehindertenvertretung/dem Betriebsrat/dem Personalrat nur dringend ans Herz gelegt werden, diese Aufgabe engagiert und sorgfältig vorzunehmen. Zur wirksamen Stellungnahme gehört auch eine genaue Kenntnis der Verfahrensregeln, leider ist dies gerade im Gleichstellungsverfahren durchaus ein bisschen schwieriger als es auf den ersten Blick erscheint. Im entsprechenden Teil unten wird versucht, auch hierfür ein paar einfache Regeln zu benennen. Teils formlose, teils schriftliche Beteiligung erfolgt im Rahmen der begleitenden Hilfe.

In Spalte 5 der Übersicht werden als Hilfsmittel einschlägige Internetseiten genannt. Zu Fragen der Rentenversicherung wird zusätzlich das Servicetelefon genannt, das bei individuellen Fragen unmittelbare Rechtsauskünfte gibt.

Übersicht: Beratungs- und Betreuungsfelder				
Beratungs- und Betreuungsfelder	Rechtsgrundlage des Themas	Rechtsgrundlage der Beratung für die SBV	Stellungnahme der SBV gegenüber ...	Hilfsmittel
1	2	3	4	5
Anerkennungsverfahren	§ 69 SGB IX, SchwbAV VersMedV	§ 95 Abs. 1 Satz 3 SGB IX	nein	www.versorgungsaemter.de www.anhaltspunkte.de

besonderer Kündigungsschutz	§§ 85 – 92 SGB IX	§ 95 Abs. 1 Satz 1 SGB IX	Integrationsamt nach § 87 Abs. 2 SGB IX	www.integrationsaemter.de
Gleichstellung	§ 68 Abs. 3 i.V.m. § 2 Abs.3 SGB IX	§ 95 Abs. 1 Satz 3 SGB IX	Agentur für Arbeit auf Basis interner Regelungen der BA	www.arbeitsagentur.de Suchwort: Gleichstellung http://www.schwbv.de/gleichstellung1.html
Begleitende Hilfe incl. Arbeitsassistenz	§ 102 SGB IX	§ 95 Abs. 1 Satz 2 Nr. 2 SGB IX	§ 95 Abs. 1 Satz 3 SGB IX gegenüber Integrationsamt und Reha-Trägern	www.integrationsaemter.de
Nachteilsausgleiche	Div. Rechtsgrundlagen – auch außerhalb des SGB IX	§ 95 Abs. 1 S 1	nein	www.integrationsaemter.de http://www.zbfs.bayern.de/schwbg/wegweiser/wegrechte.html www.betanet.de/download/tab3-gdb-nachteilsausgl4.pdf
Teilrente, befristete Rente, Weiterbeschäftigung	Div. Regelungen des SGB VI, insbesondere §§ 37,42 SGB VI	§ 95 Abs. 1 Satz 1 SGB IX	nein	www.deutsche-rentenversicherung-bund.de Servicetelefon 0800 10 00 480 70

Die Rolle der Schwerbehindertenvertretung ist in den aufgezählten Beratungs- und Betreuungsfeldern unterschiedlich. Die Beteiligung besteht teilweise nur in einer durch die Norm des § 95 SGB IX (Rechte und Pflichten der Schwerbehindertenvertretungen) geregelte bzw. gesetzlich ermöglichte oder verlangte Beratungstätigkeit – typischerweise bei den diversen Nachteilsausgleichen.

3. Schwerpunkte der Interessenvertretungsarbeit

3.1.1 Das Anerkennungsverfahren

Das Versorgungsamt oder die nach Landesrecht zuständige Stelle für die Feststellung der Schwerbehinderung

Das Versorgungsamt oder eine vom Land benannte Stelle für die Feststellung der Schwerbehinderteneigenschaft hat folgende Aufgaben:

- die Feststellung einer Behinderung und des Grades bzw. Gesamt-Grades der Behinderung (GdB),
- die Anerkennung weiterer gesundheitlicher Merkmale (siehe Kasten Merkzeichen),
- die Ausstellung eines Schwerbehindertenausweises für die Inanspruchnahme von Rechten und Nachteilsausgleichen, die schwerbehinderten Menschen nach dem Schwerbehindertengesetz oder anderen Vorschriften zustehen,
- die Ausstellung einer Bescheinigung für einen behinderten Menschen mit einem GdB von 30 bis 40 zur Vorlage beim Finanzamt (zwecks Eintragung eines Pauschbetrags auf der Lohnsteuerkarte) oder bei der Agentur für Arbeit (bei einem Antrag auf Gleichstellung).

Zuständige Stellen für Anträge auf Feststellung der Schwerbehinderteneigenschaft (nach Bundesländern):
http://www.versorgungsaemter.de/Antraege_index.htm

Bundesland	Zuständige Stelle	Hinweis auf Webseite (alle zuständigen Stellen in allen Ländern sind auch über www.versorgungsaemter.de zu finden)
Baden-Württemberg	zuständiges Landratsamt	
Bayern	Versorgungsamt	https://www.schwerbehindertenantrag.bayern.de/onlineantrag/default.aspx
Berlin	Landesamt für Gesundheit und Soziales Versorgungsamt	
Brandenburg	Landesamt für Soziales und Versorgung - Versorgungsamt	

Bremen	Versorgungsamt	
Hamburg	Versorgungsamt	
Hessen	Versorgungsamt	
Mecklenburg-Vorpommern	Versorgungsamt	
Niedersachsen	Versorgungsamt	
Nordrhein-Westfalen	Landkreise oder kommunale Versorgungsämter (siehe Suchhilfe in nebenstehender Website)	https://services.nordrheinwestfalendirekt.de/versorgung/ListOffice2.php
Rheinland-Pfalz	Amt für Soziale Angelegenheiten	
Saarland	Landesamt für Jugend, Soziales und Versorgung Saarbrücken	
Sachsen	wenn wohnhaft in Chemnitz, Dresden oder Leipzig: die Stadtverwaltung wenn wohnhaft in einer anderen Stadt oder Gemeinde: das Landratsamt	
Sachsen-Anhalt	Versorgungsverwaltung (mit lokalen Außensprechtagen, siehe nebenstehende Webseite)	http://www.sachsen-anhalt.de/LPSA/index.php?id=13967
Schleswig-Holstein	Landesamt für Soziale Dienste Schleswig-Holstein (mit lokalen Außenstellen, siehe nebenstehende Webseite)	http://www.versorgungsaemter.de/Versorgungsaemter_Schleswig_Holstein.htm
Thüringen	Kommunalisierung der Versorgungsverwaltung bei den Landkreise (siehe nebenstehende Webseite)	http://www.versorgungsaemter.de/Versorgungsaemter_Thueringen.htm

Zur Feststellung der Behinderung, des GdB, der Anerkennung gesundheitlicher Merkmale und der Ausstellung eines Ausweises ist es erforderlich, einen Antrag beim Versorgungsamt zu stellen; die Schwerbehindertenvertretung darf hierbei unterstützen.

3. Schwerpunkte der Interessenvertretungsarbeit

> **§ 95 Abs. 1 Satz 3 SGB IX:**
> Die Schwerbehindertenvertretung unterstützt Beschäftigte auch bei Anträgen an die nach § 69 Abs. 1 SGB IX zuständigen Behörden auf Feststellung einer Behinderung, ihres Grades und einer Schwerbehinderung sowie bei Anträgen auf Gleichstellung an die Agentur für Arbeit.

Der Antrag ist grundsätzlich bei dem für den Wohnsitz zuständigen Versorgungsamt bzw. der landesspezifischen Stelle zu stellen. Der Antrag ist persönlich bzw. durch einen Bevollmächtigten zu stellen, wobei die Schwerbehindertenvertretung berechtigt ist, bei der Antragstellung behilflich zu sein. Aufgrund des Antrags wird das Versorgungsamt einen Bescheid erstellen, wenn mindestens ein GdB von 20 festgestellt wird.

Bevor ein Antrag beim Versorgungsamt gestellt wird, ist anzuraten, mit den Ärzten zu sprechen, die man im Antrag als behandelnden Arzt oder Facharzt angibt.

Mit der Unterschrift auf dem Antrag ist eine Einverständniserklärung verbunden, dass das Versorgungsamt die erforderlichen Auskünfte einholen darf und dass die Ärzte von ihrer Schweigepflicht entbunden sind. Soll eine bestimmte Behinderung bei der Feststellung der Behinderung nicht berücksichtigt werden, ist die Einverständniserklärung insofern einzuschränken, d.h., dass die beteiligten Ärzte von der Schweigepflicht mit Ausnahme des betroffenen Leidens entbunden sind.

Unterlagen im Besitz des Antragstellers, die als Nachweis über das Vorliegen von Behinderungen und deren Art und Ausmaß gelten können, sollten dem Antrag beigegeben werden. Das beschleunigt in der Regel die Bearbeitung.

Für erwerbstätige Antragsteller sind mehrwöchige (in der Regel drei bis sieben Wochen) Bearbeitungsfristen einzuhalten, im Gegenzug sind die Antragsteller aber ausdrücklich zur Mitwirkung verpflichtet. Das heißt vor allem, dass angeforderte Auskünfte und Unterlagen zeitnah beizubringen sind, die Antragsformulare sind vollständig auszufüllen. Bei fehlender Mitwirkung kann dies zum vollständigen Wegfall des besonderen Kündigungsschutzes nach dem SGB IX in der Phase der Antragstellung und vor Erteilung des Bescheids führen. Der besondere Kündigungsschutz greift nach der Rechtsprechung des Bundesarbeitsgerichts erst drei Wochen nach Antragstellung.

Das Versorgungsamt ist auch zuständig für die Ausstellung des Schwerbehindertenausweises auf Antrag. Nur wenn ein GdB von wenigstens 50 festgestellt wird, erhält der Antragsteller vom Versorgungsamt einen Ausweis. Der Ausweis wird erstmalig in der Regel längstens für fünf Jahre ausgestellt. Unbefristete Ausweise sind möglich. Hierfür müssen jedoch entsprechende behinderungsseitige Voraussetzungen erfüllt sein.

Der Ausweis dient dem Nachweis der Schwerbehinderteneigenschaft, des GdB und der Merkzeichen, der Verwirklichung der Rechte nach dem SGB IX oder nach anderen Vorschriften, z.B. bei der Antragstellung auf Rente als schwerbehinderter Mensch mit 60 bzw. 63 Jahren.
Der Ausweis dient u.a. als Nachweis gegenüber:
- Arbeitgeber, Integrationsamt und Bundesagentur für Arbeit,
- Finanzamt, Straßenverkehrsbehörde, Sozialamt, Post/Fernmeldeamt, Deutscher Bahn, Haftpflichtversicherung,
- Rentenversicherung.

Bei Rechtsstreitigkeiten ist der Rechtsweg zu den Sozialgerichten gegeben. Vor Erhebung der Klage muss zunächst das **Widerspruchsverfahren** gegen die Entscheidung des zuständigen Versorgungsamts durchgeführt werden.

Bedeutung der Merkzeichen auf dem Ausweis und ihre gesundheitlichen Voraussetzungen
Als Merkzeichen können auf dem Ausweis die folgenden Buchstaben eingetragen sein: »G, aG, B, Bl, Gl, H, RF, 1. Kl«. Welche gesundheitlichen Voraussetzungen hierzu notwendig sind, zeigt die nachstehende Übersicht:

\multicolumn{2}{l}{*Übersicht: ausgewählte* Merkzeichen nach Schwerbehindertenausweisverordnung (SchwbAV)}	
G	**Bedeutung:** Erhebliche Beeinträchtigung der Bewegungsfähigkeit im Straßenverkehr/erhebliche Gehbehinderung/Geh- und Stehbehinderung. Das Merkzeichen hat u.a. Bedeutung für die unentgeltliche Beförderung im öffentlichen Personenverkehr und für Nachteilsausgleiche bei der Steuer. **Gesundheitliche Voraussetzungen:** In seiner Bewegungsfähigkeit im Straßenverkehr erheblich beeinträchtigt (inhaltsgleich mit erheblicher Gehbehinderung, Geh- und Stehbehinderung) ist, wer infolge einer Einschränkung des Gehvermögens (auch durch innere Leiden) oder infolge von Anfällen oder von Störungen der Orientierungsfähigkeit nicht ohne erhebliche Schwierigkeiten oder nicht ohne Gefahren für sich oder andere Wegstrecken im Ortsverkehr zurückzulegen vermag, die üblicherweise noch zu Fuß zurückgelegt werden.
aG	**Bedeutung:** außergewöhnlich gehbehindert. Das Merkzeichen erhält, wer sich wegen der Schwere seines Leidens dauernd nur mit fremder Hilfe oder nur mit großer Anstrengung außerhalb seines Kraftfahrzeugs bewegen kann. **Gesundheitliche Voraussetzungen:** z.B. querschnittsgelähmte Menschen, doppel-beinamputierte Menschen.

3. Schwerpunkte der Interessenvertretungsarbeit

Gl	**Bedeutung:** gehörlos **Gesundheitliche Voraussetzungen:** Gehörlos ist ein Mensch mit Taubheit beiderseits oder mit einer an Taubheit grenzenden Schwerhörigkeit beiderseits, wenn daneben schwere Sprachstörungen vorliegen.
H	**Bedeutung:** Hilflosigkeit. Das Merkzeichen hat vor allem Bedeutung für die unentgeltliche Beförderung im öffentlichen Personenverkehr und für Nachteilsausgleiche bei der Steuer. **Gesundheitliche Voraussetzungen:** Hilflos ist der Schwerbehinderte, der infolge der Behinderung nicht nur vorübergehend für die gewöhnlichen und regelmäßig wiederkehrenden Verrichtungen im Ablauf des täglichen Lebens in erheblichem Umfang fremder Hilfe dauernd bedarf. Bei bestimmten Behinderungen (z.B. Querschnittslähmung, Verlust mehrerer Gliedmaßen, schwere Hirnschäden mit einem GdB von 100 usw.) wird die Hilflosigkeit stets oder in der Regel unterstellt.
RF	**Bedeutung:** Vorliegen der gesundheitlichen Voraussetzungen für die Befreiung von der Rundfunk-Fernsehgebührenpflicht/Gebührenermäßigung für den Fernsprechhauptanschluss. **Gesundheitliche Voraussetzungen:** Die Voraussetzungen erfüllen u.a. – Sonderfürsorgeberechtigte nach § 27e BVG, – Blinde oder nicht nur vorübergehend wesentlich Sehbehinderte mit einem Behinderungsgrad ab 60 allein wegen der Sehbehinderung, – Hörgeschädigte, die gehörlos sind oder denen eine ausreichende Verständigung über das Gehör auch mit Hörhilfen nicht möglich ist, – Behinderte ab einem Behinderungsgrad von mindestens 80, die wegen ihres Leidens an öffentlichen Veranstaltungen ständig nicht teilnehmen können (weder im Freien noch in geschlossenen Räumen), auch nicht mit Hilfsmitteln (z.B. Rollstuhl) oder mit Begleitperson.

Antrag auf Anerkennung der Schwerbehinderteneigenschaft

1. **Gespräch mit der/dem Antragsteller/in**
   - Sämtliche (!) Leiden zusammentragen.
   - Namen und Anschriften der behandelnden Haus-, Fach- und Betriebsärzte angeben.
   - Die Facharztbefunde dem/der Hausarzt/-ärztin zugänglich machen (der/die Betroffene wird aktiv!).
   - Krankenhausaufenthalte, -zeiten, -anschriften vermerken.

- Kurbehandlungsaufenthalte, -zeiten, Kostenträger festhalten.
- Ärzte bzw. Ärztinnen auf Antragstellung hinweisen und um Unterstützung bitten.

2. Unterlagen zusammenstellen
- Atteste und Befundunterlagen der behandelnden Ärzte bzw. Ärztinnen.
- Anerkennungsbescheide der Berufsgenossenschaft.
- Es kommt zum Teil darauf an, dass Berichte zum richtigen Zeitpunkt erstellt sind; unzutreffende optimistische Prognosen kurz nach der Behandlung oder Kur erfüllen in der Regel dieses Kriterium nicht.

3. Auswirkungen der Behinderung in einem Beiblatt zum Antrag beschreiben
- Folgende Leitfragen systematisch durchgehen:
  - Welche Schädigungen liegen vor (Stellen, Organe)?
  - Wann bin ich dadurch beeinträchtigt (Zeitpunkt/-raum)?
  - Wie stark bin ich beeinträchtigt (Intensität, Art, Dauer)? In welcher Weise und welchem Umfang ist meine Teilhabe am Leben und an der Arbeit beeinträchtigt? Wie wirken sich die Schäden aus (Folgen, Konsequenzen)?
  - Woher kommen die Schäden (Ursache)?
  - Bei Hauterkrankungen o.Ä. ein Foto mit einreichen.
  - Es hat sich in der Praxis auch bewährt, mit dem Antragsteller die Listen der Versorgungsmedizinischen Grundsätze (siehe anderen Kasten) an den einschlägigen Stellen systematisch durchzusehen.

4. Antrag stellen
- Die Antragsstellung erfolgt durch den/die Betroffene/n selbst oder eine/n Bevollmächtigte/n beim zuständigen Versorgungsamt bzw. bei der zuständigen Stelle je nach Land.
- Persönliche Daten mittels beigelegter Kopie von Personalausweis oder Pass nachweisen.
- Ausländische Arbeitnehmer/innen müssen eine Aufenthalts- bzw. Arbeitsbescheinigung vorlegen.
- Dem Antrag sollten beigefügt werden:
  - bereits vorliegende Bescheide anderer Stellen zu Behinderungen und GdB;
  - eine Beschreibung der Behinderungen und ihre Auswirkungen (Beiblatt, s.o.);
  - die Angabe der behandelnden Krankenhäuser, Kurkliniken, Fach- und Hausärzte bzw. -innen;
  - ein Passbild ist ab einem GdB von 50 zur Ausstellung eines Ausweises erforderlich, kann aber auch nachgereicht werden.
- Beantragung stets ab 1.1. des aktuellen Jahres, um für Steuerermäßigung und Zusatzurlaub eine rückwirkende Anerkennung zu erreichen; dies gilt nicht bei

3. Schwerpunkte der Interessenvertretungsarbeit

Eintritt der Schwerbehinderteneigenschaft innerhalb des Jahres (zum Beispiel nach Herzinfarkt, Unfall, Operation usw.).
- Unterschrift des Antragstellers/der Antragstellerin nicht vergessen. Mit dieser Unterschrift werden im Übrigen auch die behandelnden Ärzte bzw. Ärztinnen von der Schweigepflicht entbunden.

5. **Dokumentieren**
    - Vom Antrag und sämtlichen eingesandten Unterlagen Kopien anfertigen.
    - Die Kopien werden auf folgende Ablagen verteilt:
        - Akte der Schwerbehindertenvertretung,
        - Akte des Antragstellers/der Antragstellerin.

6. **Zusatzurlaub beantragen**

Versorgungsmedizinische Grundsätze statt Anhaltspunkte
Seit dem 1.1.2009 gilt die Versorgungsmedizin-Verordnung mit den Versorgungsmedizinischen Grundsätzen. In den Versorgungsmedizinischen Grundsätzen sind die Bewertungen der einzelnen Behinderungen gelistet (früher oft »Knochentaxe« genannt). Die Versorgungsmedizinischen Grundsätze haben die früheren Anhaltspunkte für die ärztliche Begutachtung abgelöst. Das Buch kann für 8,- EUR zzgl. Versandkosten bestellt werden bzw. es kann ein kostenloser Download (siehe unten) genutzt werden. Änderungen der Verordnung stehen als kostenloser Download zur Verfügung.
http://www.bmas.de/portal/30626/versorgungsmedizinische__grundsaetzen.html

---

3.1.2 Der besondere Kündigungsschutz

Der Kündigungsschutz nach dem Schwerbehindertengesetz (§ 85 SGB IX und folgende) besteht kurz gefasst darin, dass schwerbehinderte Menschen nur mit vorheriger Zustimmung des zuständigen Integrationsamts gekündigt werden können. Erst nachdem dieses zugestimmt hat, darf der Arbeitgeber die Kündigung erklären; eine ohne vorherige Zustimmung des Integrationsamts ausgesprochene Kündigung ist unwirksam. Diese Unwirksamkeit muss aber vom Arbeitsgericht auf Antrag festgestellt werden.

> **Dieser besondere Kündigungsschutz gilt für alle Arbeitnehmer/innen, die**
> - schwerbehindert und im Besitz eines Schwerbehindertenausweises sind,
> - diesen gleichgestellt sind (vgl. Abschnitt 2.3) oder
> - die mindestens drei Wochen vor dem Zeitpunkt der Kündigung bereits einen Antrag auf Anerkennung als schwerbehinderte Menschen beim Versorgungsamt bzw. der nach Landesrecht zuständigen Stelle – meist dem Landkreis – oder einen Antrag auf Gleichstellung bei der Agentur für Arbeit gestellt haben (und später eine Anerkennung bzw. Gleichstellung erhalten).

Grundsätzlich sind alle Arten von Kündigung zustimmungspflichtig, d.h.
ordentliche/fristgemäße Kündigungen,
- außerordentliche/fristlose Kündigungen,
- Änderungskündigungen,
- Kündigungen aufgrund einer Betriebsstilllegung oder Betriebseinschränkung. Auch die Beendigung eines Arbeitsverhältnisses im Falle einer (vollen oder teilweisen) Erwerbsminderung sowie bei Berufsunfähigkeit bedarf einer Zustimmung des Integrationsamts (§ 92 SGB IX).

Die Schwerbehindertenvertretung hat die Aufgabe, die betroffenen Beschäftigten während des Verfahrens zu betreuen und zu beraten. Dazu muss sie zunächst zusammen mit den Betroffenen die Sachlage klären.

Im Anschluss daran ist es wichtig, die Betroffenen über den Ablauf und die eigenen Möglichkeiten gründlich zu informieren – vielfach kennen sie ihre eigenen Rechte nur ungenügend.

Daneben sollten weitere Gespräche etwa mit der/dem unmittelbaren Vorgesetzten, der Abteilungsleitung und dem/der Betriebsarzt/-ärztin geführt werden. In den meisten Fällen liegt die entscheidende Chance, eine Kündigung abzuwenden, bei den Beteiligten im Betrieb/in der Dienststelle. Sie sollten zunächst versuchen, eine Lösung zu finden, die ein Kündigungsverfahren vermeiden hilft und die am besten die Ausgliederung ganz verhindert.

3. Schwerpunkte der Interessenvertretungsarbeit

Ausgliederung durch Aufhebungsvertrag im Vorfeld vermeiden
Vielfach wird versucht, Arbeitnehmer/innen statt per Kündigung mittels eines Aufhebungsvertrags auf »kalten Weg« auszugliedern. Auch hier müssen die Einflussmöglichkeiten auf die Weiterbeschäftigung der Betroffenen genutzt werden. Das umfasst folgende Schritte:

- Im Gespräch mit Beschäftigten, Vorgesetzten und Personalabteilung darauf drängen, das Arbeitsverhältnis bestehen zu lassen; die Betroffenen zum Personalgespräch begleiten.
- Die Unterstützung des Integrationsamts anfordern – dieses beauftragt eventuell zur Unterstützung betrieblicher Lösungen einen Integrationsfachdienst (IFD), vor allem in den Fällen einer psychischen Behinderung.
- Regelungen der bestehenden tariflichen Alterssicherung prüfen (Beginn, Höhe der Leistungen, Verfallbarkeit).
- Die Beschäftigten des Betriebs/der Dienststelle öffentlich über die Folgen und Nachteile eines solchen Vertrags aufklären; sie auffordern, zuerst mit der Interessenvertretung zu sprechen, wenn sich ein Aufhebungsvertrag abzeichnet.

Hinweis:
Wenn ein Aufhebungsvertrag als unumgehbar erscheint, sollte man die Bedingungen (Beendigung vor Ablauf der Kündigungsfrist, Abfindung) abklären, damit durch Arbeitslosigkeit so wenige Nachteile wie möglich entstehen. Vor allem ist auch zu prüfen, wie weit Steuern und Sozialversicherungsbeiträge für die (Brutto-) Abfindungssumme anfallen. Das hängt zum Teil auch von der professionellen Gestaltung des Abfindungsvertrags ab – Rechtschutz beteiligen oder andere Fachleute der Gewerkschaften vor Abschluss des Aufhebungsvertrags einbeziehen.

Anhörungsrechte ausschöpfen
Vor der Kündigung eines/einer schwerbehinderten Beschäftigten ist die Anhörung des Betriebs-/Personalrats zwingend erforderlich (§ 102 Abs. 1 BetrVG). Daneben muss die Schwerbehindertenvertretung gesondert gehört werden (§ 95 Abs. 2 SGB IX). Betriebs-/Personalrat und Schwerbehindertenvertretung müssen vom Arbeitgeber verlangen, dass er ihnen die Gründe für die Kündigung im Einzelnen und eingehend darlegt. Die Schwerbehindertenvertretung sollte die Argumente des Arbeitgebers mit protokollieren und unmissverständlich deutlich machen, dass er nicht mit ihrer Zustimmung rechnen kann.

3. Schwerpunkte der Interessenvertretungsarbeit

Kündigungsschutzverfahren	
Das Kündigungsschutzverfahren bei ordentlichen, fristlosen und Änderungskündigungen im Überblick:	
Der Arbeitgeber	• informiert die Schwerbehindertenvertretung, • Informiert den Betriebs-/Personalrat, • beantragt Zustimmung zur Kündigung beim Integrationsamt.
Das Integrationsamt stellt den Sachverhalt fest und hört dazu	• die betroffene Person, • die Schwerbehindertenvertretung, • den Betriebs-/Personalrat, • die Agentur für Arbeit.
Das Integrationsamt führt bei Bedarf mit den Beteiligten eine mündliche Kündigungsverhandlung durch, um	• eine gütliche Einigung zu erreichen, • den Arbeitsplatz zu erhalten, • den Besitzstand des schwerbehinderten Menschen zu wahren, • den Sachverhalt zur Vorbereitung einer sachgerechten Entscheidung des Integrationsamts aufzuklären.
Das Integrationsamt schaltet, falls erforderlich, Fachleute ein, beispielsweise	• den Technischen Dienst, • den psycho-sozialen Fachdienst bzw. den Integrationsfachdienst (IFD).
Sofern eine gütliche Einigung nicht zustande kommt, entscheidet das Integrationsamt in den Grenzen des ihm zustehenden Ermessens unter Abwägung der Interessen ... ... des behinderten Menschen an der Erhaltung des Arbeitsverhältnisses, ... des Arbeitgebers an der wirtschaftlichen Ausnutzung des Arbeitsplatzes über die Zustimmung oder Ablehnung zum Kündigungsantrag. Gegen die Entscheidung können beide Seiten Widerspruch und Klage erheben.	

Der Kündigung widersprechen

Der schriftliche Widerspruch muss sich fristgerecht auf die in § 102 BetrVG genannten Gründe beziehen. Damit ist gewährleistet, dass Betroffene bei einer Kündigungsschutzklage vorläufig weiter zu beschäftigen sind. Elemente eines solchen Widerspruchs sind:

- Argumente dafür nennen, dass der Arbeitgeber versäumt hat, ausreichend präventive Maßnahmen (§ 84 SGB IX) zu ergreifen.
- Aufzeigen, dass die Entlassung aus persönlichen oder aus Gründen der Arbeitsmarktlage zu einer unverhältnismäßigen sozialen Härte führt.

3. Schwerpunkte der Interessenvertretungsarbeit

- Möglichkeiten für wirtschaftlich vertretbare Anpassungsmaßnahmen vorschlagen, die die Arbeit wieder ausführbar machen.
- Versetzung und Weiterbeschäftigung auf einem gleichwertigen, behinderungsgerechten Arbeitsplatz vorschlagen.
- Umschulungs- und Fortbildungsmaßnahmen berücksichtigen; dabei auf Unterstützungsangebote des Integrations- und Arbeitsamts hinweisen.

Ist keine Anpassung, Versetzung oder Qualifizierung möglich, sollte man mit den Betroffenen besprechen, ob sie mit einer Änderungskündigung einverstanden sind.

Eine aussagefähige Stellungnahme formulieren
Je genauer die Kündigungsgründe unter die Lupe genommen werden und je mehr geeignete Argumente man findet, desto größeres Gewicht hat die Stellungnahme für die Entscheidung des Integrationsamts.

- Ursachen von Fehlzeiten und Leistungsproblemen können beispielsweise auch in falschem Arbeitseinsatz und mangelnder Arbeitsgestaltung liegen. Häufigkeit und Dauer von Fehlzeiten können mit denjenigen in der Gesamtbelegschaft verglichen werden.
- Häufig gibt es nach einer Änderung des Arbeitsplatzes oder -ablaufs, nach einer Umsetzung oder Qualifizierung Möglichkeiten der Weiterbeschäftigung.
- Erforderlichenfalls sollte das Einschalten von Fachpersonal (technische/r Berater/in, Arbeitsmediziner/in, Psychologe/Psychologin) gefordert werden.
- Die Stellungnahme sollte auch soziale und berufliche Gesichtspunkte betonen (Dauer der Betriebszugehörigkeit, wirtschaftliche, persönliche und familiäre Situation, Lage auf dem Arbeitsmarkt).
- Die Bemühungen des Arbeitgebers zur Beschäftigungssicherung und die wirtschaftliche Lage des Betriebs sollten ebenso angesprochen und möglichst objektiv dargestellt werden wie die Fragen, inwieweit die Pflichtquote erfüllt wird oder eine Integrationsvereinbarung abgeschlossen wurde.

Die Weiterbeschäftigung auf dem Gerichtsweg absichern
Auch wenn das Integrationsamt der Kündigung zunächst zustimmt, können juristische Mittel die Weiterbeschäftigung sichern. Die Betroffenen brauchen besonders in dieser Lage die Unterstützung ihrer Interessenvertretung, damit sie nicht resignieren, zumal sie in Rechtsangelegenheiten oft nicht kundig sind. Die Schwerbehindertenvertretung sollte die neue Situation mit den Betroffenen erörtern und sie auffordern, einen Antrag auf Gewährung von Rechtsschutz bei der Gewerkschaft zu stellen. Es sollten weitere Argumente gesammelt und Widerspruch gegen die Zustimmung des Integrationsamts eingelegt werden. Gegebenenfalls kann im nächsten Schritt Klage vor dem Verwaltungsgericht erhoben werden. In Kündi-

gungsfällen, in denen der Arbeitgeber die Zustimmung des Integrationsamts nicht eingeholt hat, ist es wichtig, die Betroffenen zur Kündigungsschutzklage anzuhalten, um die vorläufige Weiterbeschäftigung abzusichern.

Die kurzen Fristen zur Einlegung solcher Rechtsmittel sind unbedingt zu beachten – teilweise betragen sie nur drei Wochen.

3.1.3 Gleichstellung auf Antrag gem. § 68 Abs. 3 SGB IX

Personen mit einem GdB von weniger als 50, aber wenigstens 30 können bei der für ihren Wohnort zuständigen **Agentur für Arbeit** einen Antrag auf Gleichstellung stellen (§ 68 Abs.3 SGB IX). Der Antrag ist vom Behinderten selbst zu stellen, es sei denn, dass er einen Dritten bevollmächtigt.
Voraussetzungen für die Antragstellung sind, dass
1. ein Feststellungsbescheid über einen GdB von 30 bis unter 50 bereits vorliegt – in Ausnahmefällen auch bereits bei noch nicht entschiedenem Antrag auf Feststellung,
2. der Antragsteller bzw. die Antragstellerin infolge der Behinderung ohne die Gleichstellung einen geeigneten Arbeitsplatz im Sinne des § 73 SGB IX »nicht erlangen oder nicht behalten« werden kann.

Mit Ausnahme des Zusatzurlaubs und der unentgeltliche Beförderung schwerbehinderter Menschen im öffentlichen Personenverkehr gelten alle übrigen Regelungen des SGB IX auch für Gleichgestellte nach § 68 Abs. 3 SGB IX.

Die Gleichstellung wird mit dem Tag des Antragseingangs bei der Agentur für Arbeit wirksam. Für den Schutz durch den besonderen Kündigungsschutz muss entsprechend der Rechtsprechung des Bundesarbeitsgerichts allerdings eine Wartezeit von drei Wochen nach Antrag erfüllt sein. Lehnt die Agentur für Arbeit die Gleichstellung ab, kann der Antragssteller oder sein Bevollmächtigter gegen die Entscheidung innerhalb eines Monats Widerspruch einlegen. Wird dem Widerspruch nicht stattgegeben, kann der Behinderte Klage beim Sozialgericht erheben. Die Gewerkschaften und die großen **Behindertenverbände** gewähren ihren Mitgliedern Rechtsschutz im Widerspruchs- und Klageverfahren. Der Arbeitgeber hat nach der Rechtsprechung des Bundessozialgerichts kein Widerspruchsrecht gegen den Gleichstellungsbescheid.

3. Schwerpunkte der Interessenvertretungsarbeit

Grundsätze im Gleichstellungsverfahren
- Der Antrag bei der Agentur für Arbeit muss durch die/den behinderte/n Beschäftigte/n selbst gestellt werden.
- Besonderer Kündigungsschutz besteht ab drei Wochen nach der Antragsstellung, wenn das Arbeitsverhältnis seit mindestens sechs Monaten besteht.
- Es muss ein für die (Weiter-)Beschäftigung geeigneter Arbeitsplatz vorhanden sein bzw. infolge der Gleichstellung hergestellt werden können.
- Der jetzige Arbeitsplatz muss konkret gefährdet sein. Die Gefährdung muss auf die Behinderung zurückgehen.

Antrag auf Gleichstellung

1. **Gespräch mit der/dem Antragsteller/in**
   - Voraussetzungen der Antragsstellung prüfen:
     - Feststellungsbescheid mit GdB 30–40
     - Liegt eine Gefährdung des Arbeitsplatzes wegen der Behinderung vor? Für einen erfolgreichen Antrag müssen die Gefährdungen des Arbeitsplatzes ausschließlich oder ganz überwiegend von der Behinderung herrühren. Weitere Gefährdungsgründe dürfen nicht wesentlich sein.
   - Antragsziel klären: Antrag auf Erhalt oder Erlangung eines geeigneten Arbeitsplatzes?
   - Antragsformular findet sich auch im Internet (www.arbeitsagentur.de).

2. **Antrag ausfüllen**
   - Antragsbegründung abgeben.
   - Kopie des Feststellungsbescheids beilegen.
   - Beweiskräftige Unterlage beifügen, z.B. Kopien von Schreiben des Arbeitgebers über die Höhe der Fehlzeiten, Personalgespräche, Krankenrückkehrgespräche usw.

3. **Stellungnahme der Schwerbehindertenvertretung**
   - Beschreibung der Tätigkeit und des Arbeitsplatzes des/der Beschäftigten.
   - Beschreibung der Behinderung und deren Auswirkungen auf die Tätigkeit.
   - Liegt eine Einschränkung des Leistungsvermögens infolge der Behinderung vor? Wenn ja, ist der/die Betroffene in der Ausübung der derzeitigen beruflichen Tätigkeit gegenüber vergleichbaren, voll leistungsfähigen Arbeitnehmern/Arbeitnehmerinnen noch wettbewerbsfähig?

3. Schwerpunkte der Interessenvertretungsarbeit

- Ist der Arbeitsplatz wegen der Behinderung zum gegenwärtigen Zeitpunkt gefährdet? Lassen sich diese Gefährdungen durch geeignete Maßnahmen (Arbeitsplatzgestaltung, organisatorische Änderungen, Qualifizierungsmaßnahmen, Leistungen des Integrationsamts oder der Reha-Träger) abwenden?
- Ist der Arbeitsplatz hinsichtlich der Behinderung grundsätzlich – ggf. auch nach geeigneten Änderungen und Maßnahmen – geeignet, d.h. wird durch die weitere Ausübung der Tätigkeit keine Verschlimmerung der Behinderung herbeigeführt?
- Welche Ausfallzeiten sind durch behinderungsbedingte Krankheiten (einschließlich Kuren) aufgetreten? Erwächst daraus eine Arbeitsplatzgefährdung?
- Ist der/die Betroffene den Arbeitsplatzanforderungen gewachsen oder müssen diesbezügliche Leistungsminderungen infolge der Behinderung hingenommen werden?
- Welcher Kündigungsschutz besteht? Liegt Unkündbarkeit vor? Aufgrund welcher gesetzlichen oder tariflichen Bestimmungen?
- Ist der derzeitige Arbeitsplatz behinderungsgerecht? Gegebenenfalls Hinweis, dass der Arbeitsplatz als Ergebnis der Gleichstellung umgestaltet oder mit geeigneten technischen Hilfsmitteln ausgerüstet werden soll.
- Ist eine innerbetriebliche Umsetzung auf einen behinderungsgerechten Arbeitsplatz erforderlich bzw. möglich?
- Sind vorhandene behinderungsgerechte Arbeitsplätze schwerbehinderten und gleichgestellten Beschäftigten vorbehalten?
- Liegt eine Integrationsvereinbarung im Betrieb/in der Dienststelle vor?

4. Stellungnahme des Betriebs-/Personalrats
- Inhaltliche Übereinstimmung mit der Stellungnahme der Schwerbehindertenvertretung, kann ggf. gemeinsam unterschrieben werden.

5. Unterlagen dokumentieren
Von Antrag und beigefügten Unterlagen drei Kopien anfertigen zur Ablage in:
- Akten der Schwerbehindertenvertretung,
- Akten des Antragstellers/der Antragstellerin,
- Akten des Betriebs-/Personalrats.

Voraussetzung der Gleichstellung: Behinderte Menschen mit einem GdB von 30 oder 40 können die besonderen Hilfen zur Teilhabe am Arbeitsleben nach SGB IX Teil 2 nur erhalten, wenn sie im Rahmen einer konkreten Betrachtung der beruflichen

3. Schwerpunkte der Interessenvertretungsarbeit

Teilhabebeschränkungen **wegen ihrer individuellen Behinderung** besonders schutzwürdig und deshalb schwerbehinderten Menschen gleichzustellen sind, d.h. »wenn sie infolge ihrer Behinderung ohne die Gleichstellung einen geeigneten Arbeitsplatz im Sinne des § 73 nicht erlangen oder nicht behalten können" (§ 2 Abs. 3 SGB IX).

Die Agenturen für Arbeit haben eine doppelte Prüfungspflicht. Wenn der bisherige Arbeitsplatz nicht mehr geeignet ist, muss die Gleichstellung zur Erlangung eines geeigneten Arbeitsplatzes beim gleichen oder einem anderen Arbeitgeber geprüft werden. Entscheidendes Kriterium ist die mangelnde Konkurrenzfähigkeit des Behinderten wegen seiner Behinderung auf dem Arbeitsmarkt, und zwar auf dem Arbeitsmarkt insgesamt, nicht etwa nur bezogen auf einen bestimmten Arbeitsplatz. Bei arbeitslosen behinderten Menschen soll die Wettbewerbsfähigkeit in der Konkurrenz um freie Arbeitsplätze verbessert werden. Die Gleichstellung kann hier als Vermittlungshilfe dienen. Durch die Gleichstellung werden besondere Förderleistungen im Rahmen der begleitenden Hilfe im Arbeitsleben eröffnet. Bei beschäftigten behinderten Menschen soll das Beschäftigungsverhältnis erhalten bleiben. Hierzu gehört in erster Line, dass das bestehende Arbeitsverhältnis gesichert und gefestigt wird. Falls dies nicht möglich ist, soll durch eine Umsetzung ein neuer Arbeitsplatz beim gleichen Arbeitgeber erlangt werden.

Für die Prognose über das Behalten können des Arbeitsplatzes oder die Erlangung eines Arbeitsplatzes ist keine absolute Sicherheit erforderlich.

Betriebliches Eingliederungsmanagement und Gleichstellung

Mit dem Gesetz zur Förderung der Ausbildung und Beschäftigung schwerbehinderter Menschen wurde das betriebliche Eingliederungsmanagement (§ 84 Abs.2 SGB IX) im Sinne von »Rehabilitation statt Entlassung" ausgebaut. Im Rahmen des zum 1.5.2004 gesetzlich eingeführten **betrieblichen Eingliederungsmanagements** nach § 84 Abs. 2 und 4 SGB IX kann so die Gleichstellung einen zusätzlichen neuen Anwendungsbereich finden. Praktisch wird diese Möglichkeit bisher jedoch nur sehr selten genutzt. Es wäre aber vor allem die Aufgabe des Betriebsrats/Personalrats im betrieblichen Eingliederungsmanagements nach § 84 Abs. 2 SGB IX bei aus gesundheitlichen Gründen gefährdeten Arbeitsplätzen die Gleichstellung vorzuschlagen. Hierzu ist es allerdings notwendig, dass die Gefährdung des Arbeitsplatzes praktisch ausschließlich aus behinderungsbedingten Gründen eingetreten ist. Wenn der wegen der Behinderung gefährdete, grundsätzlich aber geeignete Arbeitsplatz erhalten werden soll, ist darzulegen, welche Rechte und Hilfen für gleichgestellte Menschen in diesem konkreten Fall zum Erhalt des Arbeitsplatzes beitragen können. Soll durch das

> betriebliche Eingliederungsmanagement ein innerbetrieblicher Arbeitsplatzwechsel auf einen anderen geeigneten Arbeitsplatz vorgeschlagen werden, ist im Gleichstellungsverfahren darzustellen, welche konkreten betrieblichen oder gesetzlichen Regelungen dem behinderten Menschen zu einem konkret geeigneten Arbeitsplatz verhelfen können (siehe Beispiel 2). Der Begriff des geeigneten Arbeitsplatzes, der in § 2 Abs. 3 SGB IX als Gleichstellungsvoraussetzung genannt wird, ist bei allen Stellungnahmen mit in die Überlegungen und Stellungnahmen einzubeziehen.

Die Schwierigkeiten zur Erlangung oder Erhaltung eines geeigneten Arbeitsplatzes müssen bei wertender Betrachtung in der Behinderung, also gerade in ihrer Art und Schwere liegen. Umstände, die nicht kausal auf die Behinderung zurückzuführen sind, können eine Gleichstellung nicht begründen. Nicht zu berücksichtigen sind deshalb betriebsbedingte Umstände wie Produktionsänderungen, Teilstilllegungen, Betriebseinstellungen, Rationalisierungsmaßnahmen oder Auftragsmangel oder persönliche Umstände wie höheres Alter, Defizite im Sozialverhalten, fehlende Qualifikation oder eine allgemein schwierige und ungünstige Arbeitsmarktlage.

Wenn die Konkurrenzfähigkeit am Arbeitsmarkt auch aus anderen Gründen gefährdet ist, müssen die behinderungsbedingten Gründe wesentlich Ursache sein. Eine Gleichstellung kommt nur in Bezug auf einen geeigneten Arbeitsplatz im Sinne des § 73 Abs. 1 SGB IX in Betracht. Mit dem Verweis auf diese Regelung werden auch nur die Teilzeitplätze erreicht, auf denen der behinderte Mensch mindestens 18 Stunden tätig ist. Geeignet ist ein Arbeitsplatz nur, wenn der behinderte Mensch unter Berücksichtigung von Art und Schwere seiner Behinderung die Tätigkeit auf diesem Arbeitsplatz auf Dauer ausüben kann. Geringfügigere behinderungsbedingte Beeinträchtigungen/Einschränkungen der Aktionsfähigkeit am Arbeitsplatz schließen die **Eignung des Arbeitsplatzes** nicht aus. Nicht geeignet ist ein Arbeitsplatz immer dann, wenn bei einer Beschäftigung oder Weiterbeschäftigung die Behinderung sich wegen der Belastungen an diesem Arbeitsplatz zu verschlechtern droht. Beispielhaft kann hierfür der Busfahrer mit Rückleiden genannt werden; der Verbleib auf einen Fahrerarbeitsplatz wird regelmäßig nicht behinderungsgerecht herzustellen sein, somit wird in der Regel die Eignung des Arbeitsplatzes verneint und die Gleichstellung zum Erhalt nicht ausgesprochen. Die Darlegung der Notwendigkeit der Gleichstellung zur Erlangung eines geeigneten Arbeitsplatzes beim gleichen Arbeitgeber würde dann eine Chance auf Gleichstellung eröffnen. Eine solche ähnlich gelagerte Entscheidung wird gelegentlich getroffen: Beispielsweise wurde im Widerspruchsverfahren ein Schlosser und Produktionsmitarbeiter mit einem GdB nach einer Herzoperation gleichgestellt, um im Beschäftigungsunternehmen –

3. Schwerpunkte der Interessenvertretungsarbeit

einem größeren Baustoffhändler – einen geeigneten Arbeitsplatz zu erlangen, den er benannte, dem ihm der Arbeitgeber aber ohne Gleichstellung nicht zuweisen wollte.

Bei arbeitslosen behinderten Menschen muss die Agentur für Arbeit prüfen, ob die Gleichstellung zur Erlangung eines geeigneten Arbeitsplatzes notwendig ist. Bei behinderten Menschen, die eine Ausbildungsstelle suchen, gelten gleiche Maßstäbe, sofern nicht die gesetzliche Regelung des § 68 Abs. 4 ausreicht. Bei einem arbeitslosen behinderten Menschen ist für eine Gleichstellung nach der Rechtsprechung des Bundessozialgerichts ein konkretes Arbeitsplatzangebot nicht erforderlich.

Gleichzeitige andere Arbeitsplatzgefährdungsgründe als Ablehnungsgrund der Gleichstellung. Sobald der Gleichstellungsantrag mit weiteren Gründen – z.B. Abwehr von wirtschaftlich begründeten Gefährdungen des Arbeitsplatzes oder bessere Lebensqualität wegen eines kürzeren Arbeitswegs zu einem bestimmten Arbeitsplatz usw. – »gestützt" wird aus dem Vortrag des Antragstellers, sinken die Chancen der Gleichstellung. In der Verwaltungspraxis wird sehr strikt auf die Begrenzung der Gleichstellung auf praktisch ausschließlich behinderungsbedingte Gefährdungs- und Benachteiligungslagen abgestellt. Allein das Vorhandensein weiterer Gefährdungsumstände kann in der Entscheidungspraxis der Agentur für Arbeit und der Widerspruchsausschüsse (§ 120) zur Ablehnung beitragen, weil dann oftmals angenommen wird, dass die Rolle der Behinderung für die Gefährdung des Arbeitsverhältnisses nachrangig sei.

> **Zusammenfassung: Stellungnahme der Interessenvertretung**
>
> Die Stellungnahme nutzt dem Ziel der Gleichstellung in der Regel nur, wenn sie die behinderungsbedingte Gefährdung eines geeigneten Arbeitsplatzes beschreibt oder zeigt, dass die Gleichstellung zur Erlangung eines anderen geeigneten Arbeitsplatzes notwendig ist (siehe Beispiel unten).
>
> Zur Begründung der behinderungsbedingten Gefährdung des Arbeitsplatzes reichen lediglich allgemeine Ausführungen nicht aus. Die Erwähnung von weiteren Gefährdungsursachen ist in der Regel dem Erfolg des Antrags eher abträglich. Oft ist allein die Erwähnung weiterer Gefährdungsgründe schädlich, weil dann vermutet wird, die wesentliche Gefährdung entstehe nicht durch die Auswirkungen der Behinderung. Diese behinderungsbedingten Gründe müssen die alleinigen oder ganz deutlich wesentlichen Gefährdungsursache sein. Beispielhaft für nicht ausreichende Darlegungen sind zu nennen:

3. Schwerpunkte der Interessenvertretungsarbeit

- Gleichstellung als Ausgleich von Wettbewerbsnachteilen gegenüber Nichtbehinderten,
- Produktionsänderungen, Rationalisierungsmaßnahmen, Teilstilllegungen, Betriebseinstellungen sowie ähnliche Maßnahmen, von denen behinderte und nichtbehinderte Menschen in gleicher Weise betroffen sind,
- geplante Umstrukturierungen,
- befürchtete Verschlimmerungen des Leidens,
- allgemeine Erleichterungen für die Integration in das Arbeitsleben bzw. im bestehenden Beschäftigungsverhältnis.

Anhaltspunkte für Arbeitsplatzgefährdung. Als Anhaltspunkte für eine behinderungsbedingte Gefährdung sieht die Arbeitsverwaltung vor allem
- wiederholte bzw. häufige behinderungsbedingte Fehlzeiten,
- verminderte Arbeitsleistung, auch bei behinderungsbedingt ausgestattetem Arbeitsplatz,
- dauernde verminderte Belastbarkeit,
- Abmahnungen oder Abfindungsangebote im Zusammenhang mit behinderungsbedingt verminderter Leistungsfähigkeit,
- auf Dauer notwendige Hilfeleistungen anderer Mitarbeiter und
- eingeschränkte berufliche und/oder regionale Mobilität aufgrund der Behinderung.

Im Antrag sollten derartige Sachverhalte – sofern sie im Einzelfall vorliegen – nachvollziehbar vorgetragen werden.

Wichtig ist auch, dass der Antrag auf Gleichstellung darlegt, dass der vorhandene oder konkret angestrebte Arbeitsplatz hinsichtlich der gesundheitlichen Anforderungen für den Antragsteller unter Bezug auf seine Behinderung geeignet ist.

Einer besonderen Prüfung bedarf es bei Personengruppen mit einem »sicheren Arbeitsplatz". Hierzu gehören vor allem **Beamte und Richter auf Lebenszeit** sowie Arbeitnehmer mit besonderem Kündigungsschutz aufgrund von Gesetz, Tarifvertrag oder einzelvertraglicher Regelung. Bei Beamten bezieht sich die Gleichstellung allerdings nicht auf den Arbeitsplatz, sondern auf das Dienstverhältnis und die Wahrung von Rahmenbedingungen wie der Erfüllung der Fürsorgepflicht und den Anspruch auf adäquate Beschäftigung. Beispielhaft könne folgende Konstellationen genannt werden, die eine Gleichstellung begründen können:
- Die drohende Versetzung eines Beamten bei Auflösung seiner Dienststelle in ein anders Amt derselben oder einer gleichwertigen Laufbahn mit geringerem Endgrundgehalt, wenn dadurch der bisherige Status erhalten werden kann.

3. Schwerpunkte der Interessenvertretungsarbeit

- Die drohende Versetzung aus behinderungsbedingten Gründen auf einen anderen nicht gleichwertigen oder der Behinderung entsprechenden Arbeitsplatz.
- Die drohende außerordentliche Kündigung aufgrund wiederholter bzw. häufiger Fehlzeiten.
- Die drohende Kündigung aus behinderungsbedingten Gründen bei unkündbaren Angestellten zum Zweck der Herabgruppierung.

Gerade im Bereich des öffentlichen Dienstes und in Großbetrieben mit entwickeltem internem Regelwerk (Integrationsvereinbarung nach § 83 SGB IX, Betriebsvereinbarungen, Dienstanweisungen o.Ä.) eröffnet die Gleichstellung oft deutlich verbesserte Möglichkeiten zur Erlangung und zum Erhalt eines geeigneten Arbeitsplatzes. Damit diese jeweils betriebs- oder dienststellenspezifischen Möglichkeiten im Gleichstellungsverfahren angemessen wirken können, müssen sie vom Antragsteller und/oder in den Stellungnahmen des Personalrats/Betriebsrats/der Schwerbehindertenvertretung vorgetragen werden.

Bevor die Bundesagentur für Arbeit die Gleichstellung ausspricht und einen Gleichstellungsbescheid erteilt, wird sie den **Arbeitgeber** zur Stellungnahme auffordern. Darüber hinaus wird sie zur Findung eines objektiven Meinungsbildes auch den **Betriebsrat/Personalrat** und die Schwerbehindertenvertretung um Stellungnahme bitten. Deshalb ist es für den behinderten Arbeitnehmer wichtig, vor seiner Antragstellung diese in Kenntnis zu setzen und ihren Rat zu berücksichtigen.

Ein Antrag auf Gleichstellung kann auch in Betracht kommen, wenn ein Arbeitgeber durch Änderungskündigung konkret beabsichtigt, einen behinderten Arbeitnehmer **wegen dessen Behinderung** auf einem schlechter bezahlten Platz einzusetzen. Die Gleichstellung wird nur ausgesprochen, wenn die Ursache der Arbeitsplatzgefährdung die Behinderung und nicht z.B. die wirtschaftliche Lage des Betriebs ist.

> **Beispiel:** Ein Beamter der Bundespolizei kann seine bisherige Dienstaufgabe im Streifendienst behinderungsbedingt nicht mehr ausüben. Es droht die – durch den Dienstherrn veranlasste – Überprüfung der Polizeidiensttauglichkeit, was bei negativem Ergebnis zur Versetzung in den vorzeitigen Ruhestand führen kann. Ein geeigneter Innendienstposten wird zeitgleich frei und soll nachbesetzt werden. Dieser geeignete Arbeitsplatz ist aufgrund der klar geregelten Verfahren hinsichtlich der vorrangigen Berücksichtigung von schwerbehinderten und gleichgestellten Bewerbern mit Hilfe einer Gleichstellung zu erreichen. Durch entsprechende Stellungnahme der Schwerbehindertenvertretung kann im Widerspruchsverfahren der Nachweis geführt werden, dass auch für den behinderten Beamten auf Lebenszeit zur Erlangung eines geeigneten Arbeitsplatzes die Gleichstellung notwendig ist. Nur so kann der behinderte Beamte sich im Lichte des bundespolizeiinternen Regelwerks und mit Unterstützung der Schwer-

behindertenvertretung bei der Stellenbesetzung durchsetzen. Damit wird die zwangsweise Versetzung in den vorzeitigen Ruhestand, die mit erheblichen Einkommenseinbußen verbunden wäre, abgewehrt und ein neuer, geeigneter Arbeitsplatz erlangt.

3.1.4 Begleitende Hilfe incl. Arbeitsassistenz (Schnittstelle Integrationsamt/Reha)

Die begleitende Hilfe ist in § 102 Abs. 2 SGB IX als Aufgabe des **Integrationsamts** festgeschrieben. Hierunter sind alle Maßnahmen zu verstehen, die dem Ziel dienen,
- schwerbehinderte Menschen in ihrer sozialen Stellung nicht absinken zu lassen,
- auf Arbeitsplätzen zu beschäftigen, auf denen sie ihre Fähigkeiten und Kenntnisse voll verwerten und weiterentwickeln können sowie
- durch Leistungen der Rehabilitationsträger und Maßnahmen der **Arbeitgeber** zu befähigen, sich am Arbeitsplatz und im Wettbewerb mit nichtbehinderten Menschen zu behaupten.

Die begleitende Hilfe ist als eine vorbeugende Maßnahme zum **Kündigungsschutz** zu sehen. Mit ihrer Hilfe sollen die Arbeitsplätze der schwerbehinderten Arbeitnehmerinnen und Arbeitnehmer möglichst dauerhaft gesichert und ihre Ausgliederung verhindert werden. Ob dies gelingt, hängt entscheidend davon ab, dass die begleitende Hilfe bereits dann eingeleitet wird, wenn bei der Beschäftigung erste Schwierigkeiten erkennbar werden. Da schwerbehinderte Beschäftigte häufig lange zögern, bevor sie sich mit ihren Schwierigkeiten am Arbeitsplatz an die Interessenvertretung oder an ihre Vorgesetzten wenden, ist der ständige Kontakt mit den Kolleginnen und Kollegen an ihren Arbeitsplätzen erforderlich.

Die **Integrationsämter** können im Rahmen ihrer Zuständigkeit für die begleitende Hilfe im Arbeits- und Berufsleben folgende Leistungen erbringen (siehe ausführlich: www.integrationsaemter.de):

- Beratung und finanzielle Hilfen an schwerbehinderte Beschäftigte,
- Beratung und finanzielle Hilfen an Arbeitgeber.

Für welche Zwecke diese persönlichen und finanziellen Hilfen gewährt werden, ist in § 102 Abs. 3 SGB IX und in §§ 17–27 SchwbAV festgelegt.

3. Schwerpunkte der Interessenvertretungsarbeit

Danach können an schwerbehinderte und gleichgestellte Menschen Leistungen u.a. ergehen für:
- Technische Arbeitshilfen,
- Hilfen zum Erreichen des Arbeitsplatzes,
- Hilfen zur Beschaffung und Erhaltung einer behindertengerechten Wohnung,
- Hilfen zur Teilnahme an Maßnahmen zur Erhaltung und Erweiterung beruflicher Kenntnisse und Fertigkeiten,
- Hilfen in besonderen behinderungsbedingten Lebenslagen.

Arbeitgeber können Leistungen erhalten als
- Hilfen zur behinderungsgerechten Einrichtung von Arbeits- und Ausbildungsplätzen,
- Leistungen bei außergewöhnlichen Belastungen (worunter befristete Minderleistungsausgleiche, Kosten für Hilfskräfte/Betreuungskräfte fallen).

Zusätzlich können von behinderten Menschen selbst auf Rechtsgrundlage des § 102 Abs. 4 SGB IX die Kosten für eine notwendige Arbeitsassistenz beantragt werden.

Unter notwendiger Arbeitsassistenz sind alle Formen der Unterstützung am Arbeitsplatz zu verstehen, die erforderlich sind, damit ein wirtschaftlich produktiver Einsatz der behinderten Person möglich ist. Arbeitsassistenz ist die über gelegentliche Handreichungen hinausgehende Unterstützung bei der Arbeitsausführung. Eine Arbeitsassistenz erbringt also Hilfstätigkeiten, damit der schwerbehinderte Beschäftigte wiederum seine arbeitsvertraglich/dienstrechtlich geschuldete Arbeitsaufgabe erbringen kann. Der persönliche Arbeitsassistent darf aber nicht Arbeiten erledigen, die zu den vertraglich vereinbarten Aufgaben des behinderten Arbeitnehmers gehören (siehe Einzelheiten z.B. bei www.bag-ub.de). Relativ häufig werden gehörlose oder blinde Menschen arbeitsplatznah von Arbeitsassistenten – Gebärdendolmetschern oder Vorlesekräften – unterstützt. Darüber hinaus kann auch für mobilitätsbeeinträchtigte, geistig bzw. erheblich lernbehinderten Menschen ein Bedarf nach einer persönlichen Arbeitsassistenz gegeben sein.

Die Organisation der Arbeitsassistenz liegt vor allem in der Form der »selbstorganisierten Arbeitsassistenz« nach § 102 Abs. 4 SGB IX weitestgehend in der Hand der schwerbehinderten Person selbst. Der schwerbehinderte Arbeitnehmer tritt dabei selbst als Arbeitgeber der Arbeitsassistenz auf und leitet persönlich die Arbeitsplatzassistenz bei der Erbringung der Hilfstätigkeiten an. Die Assistenznehmer treten damit auch als Arbeitgeber gegenüber dem Assistenzgeber auf und übernehmen damit auch Verpflichtungen hinsichtlich Finanzamt, Sozialversicherung und Berufsgenossenschaft. Der Rechtsanspruch auf Arbeitsassistenz schafft somit Voraussetzungen dafür, dass der Assistenznehmer in allen Bereichen der Organisations-, Anleitungs- und Finanzkompetenz ein Höchstmaß an Selbstbestimmung erreicht.

Die Einführung eines Rechtsanspruchs auf Arbeitsassistenz ist Teil einer Behindertenpolitik zur Umsetzung des Art. 3 GG. Arbeitsassistenz soll zur gesellschaftlichen Teilhabe und Selbstbestimmung behinderter Menschen im täglichen Leben beitragen.

3.1.5 Nachteilsausgleiche

Nachteilsausgleiche für behinderte Menschen finden sich in einer beachtlichen Zahl von Rechtsvorschriften (neben dem SGB IX und den Rechtsverordnungen zum SGB IX vor allem in Bereichen des Steuerrechts oder des Straßenverkehrsrechts). Die Nachteilsausgleiche werden sowohl von staatlichen wie teilweise von nichtstaatlichen Stellen eingeräumt. Beispiel: Einige Verbände – z.B. auch der ADAC – geben schwerbehinderten Menschen auf bestimmte Leistungen oder den Mitgliedsbeitrag einen Nachlass. Auch in Schwimmbädern oder Kultureinrichtungen liegen solche Rabatte oft vor.

Besonderheiten des Behinderungsbegriffs im Bereich der Nachteilsausgleiche
Der Behinderungsbegriff im Bereich der Nachteilsausgleiche ist nicht zwingend identisch mit dem Begriff des schwerbehinderten Menschen im Sinne des § 2 Abs. 2 SGB IX, sondern er kann in Abhängigkeit von dem konkreten jeweiligen Nachteilsausgleich bezüglich des GdB wie auch bezüglich der territorialen Voraussetzungen des § 2 Abs. 2 SGB IX abweichen. Teilweise beziehen sich Nachteilsausgleiche auch auf das Merkzeichen im Ausweis.

Die Liste der Nachteilsausgleiche ist relativ lang und über eine Vielzahl von Rechtsgebieten und Lebensbereiche gestreut. Es wird nachfolgend nur eine Auswahl wichtiger Nachteilsausgleiche mit Rechtsquellen benannt. Nur zum Bereich des Einkommensteuerrechts und der Altersrente wegen Schwerbehinderung werden auch einige knappe weitergehende Erläuterungen angefügt. Es wird auf die Broschüre der Integrationsämter verwiesen:

Einkommensteuerrecht
Im Einkommensteuerrecht sind verschiedene Nachteilsausgleiche vorgesehen. Nach § 33b EStG stehen schwerbehinderten Menschen in Abhängigkeit vom GdB jährliche Pauschbeträge zu. Für behinderte Menschen ab GdB 25 bis unter 50 wird dieser nur gewährt, wenn das Versorgungsamt eine dauerhafte Einbuße der körperlichen Beweglichkeit (z.B. auch als Folge einer inneren Erkrankung oder einer Sinnesschädigung) bescheinigt oder die Behinderung Folge einer Berufskrankheit ist oder wenn die Behinderung zu einer Rente berechtigt.

3. Schwerpunkte der Interessenvertretungsarbeit

Übersicht über GdB-abhängige Nachteilsausgleiche
Für blinde Menschen (Ausweismerkzeichen Bl) und hilflose Menschen (Ausweismerkzeichen H) sowie für behinderte Menschen in der Pflegestufe III erhöht sich der Pauschbetrag auf 3.700 Euro, unabhängig davon, ob eine Pflegekraft beschäftigt wird. Gehbehinderte (Ausweismerkzeichen G) oder Menschen mit einem GdB von wenigstens 80 können in angemessenem Umfang auch die Kraftfahrzeugkosten für Privatfahrten geltend machen. Weitere Regelungen für den Gebrauch von Kraftfahrzeugen bestehen.
Die Pauschbeträge sind nach dem GdB gestaffelt, beginnend bei GdB bis 30 und 310 Euro p.a. bis zum GdB 100 und 1.420 Euro p.a.

Kraftfahrzeugsteuer
Schwerbehinderte Menschen mit dem Merkzeichen G (gehbehindert) und gehörlose Menschen mit dem Merkzeichen Gl (gehörlos) mit dem orangefarbigen Flächenaufdruck im Ausweis erhalten Ermäßigung von 50 % auf die Kfz- Steuer. Dieser Personenkreis muss allerdings zwischen dieser Ermäßigung der Kfz-Steuer und der unentgeltlichen Beförderung im öffentlichen Personennahverkehr wählen. Schwerbehinderte Menschen mit den Merkzeichen H (hilflos), Bl (blind) oder aG (außergewöhnliche Gehbehinderung) sowie Kriegsbeschädigte (VB, EB) können von der Kfz-Steuer befreit werden. Diese Befreiung kann neben der unentgeltlichen Beförderung beansprucht werden.

Rollstühle mit einer Geschwindigkeit bis ca. 6 km/h können bei einigen Versicherern prämienfrei in die Privathaftpflichtversicherung eingeschlossen werden.

Parken: Außergewöhnlich gehbehinderte Menschen (Ausweismerkzeichen aG) und blinde Menschen (Ausweismerkzeichen Bl) und einige weitere kleine Gruppen können vom Straßenverkehrsamt einen Parkausweis erhalten. Mit diesem Parkausweis hinter der Windschutzscheibe dürfen sie bestimmte Sonderparkrechte in Anspruch nehmen.

Wohngeld: Hier gelten Sonderregelungen für schwerbehinderte Menschen (GdB 100 oder unter bestimmten Umständen auch für schwerbehinderte Menschen mit einem geringeren GdB, wenn häusliche Pflegebedürftigkeit besteht). Auskünfte erteilen die Wohngeldstellen der Gemeinden.

Sozialer Wohnungsbau: Zu Sonderregelungen für schwerbehinderte Menschen im Sozialen Wohnungsbau informieren die Ämter für Wohnungswesen der Kreis- und Stadtverwaltungen. In diesem Bereich sind bei den Gerichtskosten und Notariatsgebühren Nachlässe möglich.

Rundfunk- und Fernsehgebühren: Mit dem Schwerbehindertenausweis (Ausweismerkzeichen RF) können schwerbehinderte Menschen bei der Gebühreneinzugszentrale (GEZ) Befreiung von der Rundfunk- und Fernsehgebührenpflicht beantragen.

Telefonkosten: Blinde, gehörlose, sprachbehinderte Menschen mit einem GdB von mindestens 90 und schwerbehinderte Menschen mit Ausweismerkzeichen RF im Schwerbehindertenausweis können Telefonanschlüsse zu einem reduzierten Grundpreis (Sozialanschlüsse) beantragen.

Prüfungsmodifikationen: Nach Empfehlung des Bundesinstituts für Berufsbildung (BIBB) sind von den Kammern bei der Durchführung von Abschluss- bzw. Gesellenprüfungen die besonderen Belange der körperlich, geistig und seelisch behinderten Menschen bei der Prüfung zu berücksichtigen.
In den allgemeinen Bestimmungen der Magister- und Diplomprüfungsordnungen sind Regelungen aufgenommen, die einen Ausgleich behinderungsbedingter Nachteile in den Prüfungen vorsehen (beispielsweise gesonderte mündliche Prüfungen).

Wehrdienst: Schwerbehinderte Menschen sind von der Musterungspflicht und von der Ableistung des Wehrdienstes befreit.

Öffentliche Verkehrsmittel: Wesentliche Rechtsgrundlagen für Nachteilsausgleiche bei öffentlichen Verkehrsmitteln sind §§ 145 ff. SGB IX. Diese Regelungen stellen für drei Gruppen von schwerbehinderten Menschen auf Antrag unentgeltliche Beförderung im öffentlichen Personennahverkehr bereit (§ 145 Abs. 1 Satz 1 SGB IX, § 146 Abs. 1 SGB IX),
- die infolge ihrer Behinderung in ihrer Bewegungsfähigkeit im Straßenverkehr im Sinne des § 146 Abs. 1 SGB IX erheblich beeinträchtigt sind,
- die gehörlos sind sowie
- den infolge ihrer Behinderung Hilflosen.

Zusätzlich werden neben dem persönlichen Transport des schwerbehinderten Menschen noch weitere Leistungen in das System der unentgeltlichen Beförderung eingebunden (§ 145 Abs. 2 SGB IX).

Außergewöhnlich Gehbehinderte, Hilflose, Blinde, Versorgungs- bzw. Entschädigungsberechtigte sind von der Kfz-Steuer befreit. Dieser Nachteilsausgleich schließt nicht ihren gleichzeitigen Anspruch auf unentgeltliche Beförderung im öffentlichen Personennahverkehr aus.

Die Inanspruchnahme der Leistungen setzt grundsätzlich seit 1986 auch eine Eigenbeteiligung in Form des Erwerbs einer sog. Wertmarke voraus. Wirklich unentgeltlich – also ohne Eigenbeteiligung – befördert werden nur diejenigen berechtigten behinderten Menschen,

3. Schwerpunkte der Interessenvertretungsarbeit

- die blind oder hilflos im Sinne einschlägiger Vorschriften sind oder
- die Arbeitslosenhilfe oder Hilfe zum Lebensunterhalt nach dem Bundessozialhilfegesetz (BSHG), dem SGB VIII oder dem Bundesversorgungsgesetz (BVG) beziehen oder
- die bereits am 1.10.1979 als Kriegs- und Wehrdienstbeschädigte und Verfolgte anerkannt waren bzw. einen Anspruch auf Versorgung nach dem Bundesversorgungsgesetz allein infolge ihres Wohnsitzes in der damaligen DDR nicht hatten.

An diese Personenkreise wird auf Antrag von den zuständigen Stellen nach § 69 Abs. 1 SGB IX die sog. Wertmarke kostenlos ausgegeben. Diese Wertmarke ist in den Ausweis einzufügen. Alle sonstigen berechtigten schwerbehinderten Menschen müssen jährlich oder halbjährlich Wertmarken bei der zuständigen Stelle zum Preis von 120 bzw. 60 Euro kaufen. Die zuständigen Stellen sind entweder die Dienststellen der Versorgungsverwaltung oder andere nach Landesrecht bestimmte Stellen wie z.B. in Baden-Württemberg und Sachsen die Landkreise bzw. kreisfreien Städte.

Auf Grundlage von nicht rechtlich normierten Regelungen bieten z.B. auch Fluggesellschaften teilweise Rabatte für behinderte Menschen an.

Mietrecht und Wohnungswesen
Im Bereich des Wohngeldes bestehen eng gefasste Sonderregelungen (Wohngeldgesetz), ebenso im Bereich der Wohnungsbauförderung. In letzterem Bereich bestehen landesspezifische Regelungen. In den neu gefassten §§ 556a, 564b BGB finden sich Regelungen zur Wohnungskündigung und zum behinderungsgerechten Umbau einer gemieteten Wohnung.

Rentenrechtlicher Nachteilsausgleich (siehe 3.1.6)
Im Rentenrecht bestehen Nachteilsausgleiche für schwerbehinderte Menschen, die an das Vorliegen einer Schwerbehinderung, an versicherungsrechtliche und an altersmäßige Voraussetzungen gebunden sind (vgl. Anlage 22 SGB VI, §§ 37 und 236a SGB VI).

3.1.6 Altersrente für schwerbehinderte Menschen, Teilrente, befristete Rente, Weiterbeschäftigung

Altersrente für schwerbehinderte Menschen
In den vergangenen Jahren sind die Altersgrenzen für Altersrenten schrittweise angehoben worden. Für schwerbehinderte Menschen bestehen hinsichtlich des Eintrittsalters in Altersrente auch nach all den seit 1992 in mehreren Stufen durchgeführten Rentenreformen besondere Regelungen.

Versicherte können grundsätzlich weiterhin bestimmte Altersrenten vor dem Erreichen der regulären Altersgrenze in Anspruch zu nehmen. Wer die Rente früher beziehen will, muss in der Regel Abschläge in Kauf nehmen. Die Deutsche Rentenversicherung stellt auf ihrer Website einen »Rentenbeginnrechner« zur Verfügung (www.deutsche-rentenversicherung-bund.de). Über diesen Rentenbeginnrechner kann der frühestmögliche und der reguläre Rentenbeginn der Altersrente ermittelt werden. Hierzu ist lediglich die Angabe des Geburtsdatums erforderlich. Falls es bei der jeweiligen Rentenart Vertrauensschutzregeln gibt, werden diese ebenfalls berücksichtigt. Gleichzeitig wird der prozentuale Abschlag, mit dem bei der vorzeitigen Inanspruchnahme der Altersrente gerechnet werden muss, angezeigt. Das System kann als individuelle Hilfe bei der Rentenplanung neben den Beratungsangeboten genutzt werden.

Ab wann kann eine Altersrente für schwerbehinderte Menschen in Anspruch genommen werden?
Die Altersgrenze für eine abschlagsfreie Altersrente für schwerbehinderte Menschen wird beginnend mit dem Geburtsjahrgang 1952 stufenweise von 63 auf 65 Jahre angehoben. Gleichzeitig wird die Altersgrenze für die vorzeitige Inanspruchnahme dieser Rente von 60 auf 62 Jahre angehoben. Damit verbleibt es bei einem maximalen Abschlag in Höhe von 10,8 % bei der frühestmöglichen Inanspruchnahme.
Versicherte, die ab 1952 geboren sind, haben Anspruch auf die Altersrente für schwerbehinderte Menschen, wenn sie

- das 63. Lebensjahr vollendet haben und
- bei Beginn der Altersrente als schwerbehinderter Mensch anerkannt sind (GdB mindestens 50) und
- die Wartezeit von 35 Jahren erfüllt haben.

Der vorzeitige Rentenbezug ab 60 Jahre ist grundsätzlich weiterhin möglich, für nach dem 16.11.1950 Geborene fallen – von bestimmten Ausnahmen abgesehen – aber versicherungsmathematische Abschläge an.

Vor dem 1.1.1950 geborene Versicherte können die Altersrente ab 60 beziehen, wenn sie bei Rentenbeginn berufs- oder erwerbsunfähig nach dem bis Ende 2000 geltenden Recht sind. Nicht nur das für schwerbehinderte Menschen einschlägige Rentenrecht hat in den letzten Jahren erhebliche Veränderungen erfahren. Durch die rentenrechtliche Reformgesetzgebung wurden weitere allgemeine Veränderungen des SGB VI (Gesetzliche Rentenversicherung) vorgenommen. Insgesamt haben sich in den letzten Jahren wichtige Verschiebungen im Rentenrecht insgesamt ergeben.

Erwerbsminderungsrente – grundsätzliche Gewährung als Zeitrente
Mit dem Gesetz zur Reform der Renten wegen verminderter Erwerbsfähigkeit aus dem Jahr 2000 wurde die vorherige Aufteilung der Renten wegen verminderter

Erwerbsfähigkeit in Berufs- und Erwerbsunfähigkeitsrenten durch eine zweistufige Erwerbsminderungsrente ersetzt:
- Eine volle Erwerbsminderungsrente erhält derjenige, der weniger als drei Stunden auf dem allgemeinen Arbeitsmarkt tätig sein kann,
- eine halbe Erwerbsminderungsrente erhält, wer zwischen drei und weniger als sechs Stunden arbeiten kann.

Grundsätzliche werden alle Renten wegen verminderter Erwerbsfähigkeit als Zeitrente gewährt.

Die arbeitsmarktbedingten Erwerbsminderungsrenten, die nach den Regelungen des Rentenreformgesetzes 1999 wegfallen sollten, wurden wegen der ungünstigen Arbeitsmarktsituation beibehalten. Versicherte, die noch mindestens drei, aber nicht mehr als sechs Stunden täglich arbeiten können, das verbliebene Restleistungsvermögen wegen Arbeitslosigkeit aber nicht in Erwerbseinkommen umsetzen können, erhalten eine volle Erwerbsminderungsrente. Versicherte, die bei In-Kraft-Treten der Reform am 1.1.2001 das 40. Lebensjahr vollendet hatten, haben weiterhin einen Anspruch auf Teilrente wegen Berufsunfähigkeit. Sie erhalten eine halbe Erwerbsminderungsrente auch dann, wenn sie in ihrem bisherigen oder einem zumutbaren anderen Beruf nicht mehr als sechs Stunden täglich arbeiten können.

Abschläge bei den Renten wegen verminderter Erwerbsfähigkeit in Höhe von maximal 10,8 % wurden beibehalten. Ihre Wirkung wird jedoch dadurch abgemildert, dass die Zeit zwischen dem vollendeten 55. und 60. Lebensjahr voll als Zurechnungszeit angerechnet wird, statt wie im vorher geltenden Recht zu einem Drittel. Der Versicherte wird damit so gestellt, als ob er bis zum 60. Lebensjahr weitergearbeitet hätte.

Die Reform trat zum 1.1.2001 in Kraft. Die Regelungen zur Reform der Renten wegen verminderter Erwerbsfähigkeit kommen nur zur Anwendung, wenn ein Rentenanspruch nach dem In-Kraft-Treten der Reform entstanden ist. Für Versicherte, die am 31.12.2000 bereits eine Rente wegen verminderter Erwerbsfähigkeit bezogen, wird das damals geltende Recht beibehalten.

Besonderheiten der Altersrente für schwerbehinderte Menschen
Insgesamt ist durch die letzten Rentenreformen das Rentenrecht komplizierter geworden. Strukturell unverändert müssen für die Inanspruchnahme der Altersrente für schwerbehinderte Menschen allerdings folgende Bedingungen erfüllt sein: Versicherte haben aktuell Anspruch auf Altersrente für schwerbehinderte Menschen, wenn sie
1. das 63. Lebensjahr vollendet haben,
2. bei Beginn der Altersrente als schwerbehinderte Menschen (§ 2 Abs. 2 SGB IX) anerkannt sind und
3. die Wartezeit von 35 Jahren erfüllt haben.

Auf die Voraussetzung unter Ziff. 2 – das Vorliegen der Schwerbehinderteneigenschaft zu Beginn der Altersrente für schwerbehinderte Menschen – muss nachdrücklich hingewiesen werden. Dies setzt auch voraus, dass der Wohn- oder Arbeitsort zu diesem Zeitpunkt im Geltungsbereich des SGB IX liegt. Wer sich außerhalb dieses territorialen Geltungsbereichs des Gesetzes zum Zeitpunkt des Rentenantrages aufhält, erfüllt eine notwendige Voraussetzung für die Schwerbehinderteneigenschaft nur in speziellen arbeitsvertraglichen Lagen. Es liegt allerdings inzwischen Rechtsprechung vor, die den territorialen Bezug des Anerkennungsverfahrens lockert:

Die versicherungsrechtliche Wartezeit von 35 Jahren ist ebenfalls notwendige Rentenvoraussetzung. Auf die Wartezeit von 35 Jahren werden angerechnet: Pflichtbeiträge, freiwillige Beiträge, Kindererziehungszeiten, Ersatzzeiten, Anrechnungszeiten, Berücksichtigungszeiten und Zeiten aus dem Versorgungsausgleich. Über deren Erfüllung gibt der kontoführende Rentenversicherungsträger Auskunft.

Die vorzeitige Inanspruchnahme einer solchen Altersrente für schwerbehinderte Menschen nach Vollendung des 60. Lebensjahres ist auch weiterhin möglich, allerdings nur mit Abschlägen, sofern der betroffene Mensch nicht unter die oben genannte Übergangsregelung fällt. Die Abschläge können durch **Teilrentenmodelle** gemindert werden.

Minderung der Wirkung der Rentenabschläge durch zeitweiligen Teilrentenbezug nach § 42 SGB VI

Bei Inanspruchnahme einer Teilrente (1/3, 1/2 oder 2/3) nach § 42 SGB VI wird der Abschlag nur auf diesen Rentenanteil fällig. Der spätere Aufstockungsteil der Rente wird mit geringerem oder ohne Abschlag – je nach Eintrittszeitpunkt – fällig. Eine parallele Teilzeitbeschäftigung (durch Absenkung der regelmäßigen Arbeitszeit im bestehenden Arbeitsverhältnis) zum Teilrentenbezug ist renten-, arbeits- und schwerbehindertenrechtlich auf unterschiedlicher Rechtsgrundlage möglich. **Rentenrechtlich** besteht in § 42 Abs. 3 SGB VI folgende Regelung: »*Versicherte, die wegen der beabsichtigten Inanspruchnahme einer Teilrente ihre Arbeitsleistung einschränken wollen, können von ihrem Arbeitgeber verlangen, dass er mit ihnen die Möglichkeiten einer solchen Einschränkung erläutert. Macht der Versicherte hierzu für seinen Arbeitsbereich Vorschläge, hat der Arbeitgeber zu diesen Vorschlägen Stellung zu nehmen.*« Auch das Teilzeit- und Befristungsgesetz (TzBfG) enthält in § 8 TzBfG eine einschlägige Regelung.

Beide Rechtsgrundlagen kommen für alle Arbeitnehmer in Frage, so auch für schwerbehinderte Menschen. Schwerbehinderten Menschen steht aber zusätzlich noch in § 81 Abs. 5 SGB IX ein **eigenständiger schwerbehindertenrechtlicher Teilzeitanspruch** zur Verfügung, sofern dies wegen der Behinderung notwendig ist. An eventuelle entgegenstehende betriebliche Gründe gegen die Reduktion der Arbeits-

3. Schwerpunkte der Interessenvertretungsarbeit

zeit werden im Verhältnis zu § 8 TzBfG höhere Ansprüche gestellt. Ein Anspruch auf behinderungsbedingt notwendige Teilzeitarbeit besteht nicht, soweit seine Erfüllung für den Arbeitgeber nicht zumutbar oder mit unverhältnismäßigen Aufwendungen verbunden wäre oder soweit die staatlichen oder berufsgenossenschaftlichen Arbeitsschutzvorschriften oder beamtenrechtlichen Regelungen entgegenstehen. § 81 Abs. 5 SGB IX lautet:»Die Arbeitgeber fördern die Einrichtung von Teilzeitarbeitsplätzen. Sie werden dabei von den Integrationsämtern unterstützt. Schwerbehinderte Menschen haben einen Anspruch auf Teilzeitbeschäftigung, wenn die kürzere Arbeitszeit wegen Art oder Schwere der Behinderung notwendig ist ...«.

Teilrente, Gesundheitsschutz und verlängerte Lebensarbeitszeit
Die Altersrente für schwerbehinderte Menschen i.V.m. zeitweiligem Teilrentenbezug ermöglicht einen gesundheitszuträglichen Ausstieg aus dem Erwerbsleben bei gleichzeitiger Milderung der Abschlagseffekte. Hingewiesen wird auf diese bisher eher wenig beachtete Möglichkeit, jede Form der Altersrente auch zum frühest möglichen Zeitpunkt als Teilrente zu beziehen und parallel in Teilzeit weiter zu arbeiten. Möglicherweise lassen sich auf dieser Basis neue, sozialpolitisch erwünschte und finanzierbare Formen der gesellschaftlichen und beruflichen Teilhabe älterer schwerbehinderter Menschen (60 +) entwickeln. Die bisherigen Modelle der Frührente werden dagegen zunehmend weniger erreichbar bzw. mit erheblichen persönlichen Einkommensverlusten im Rentenbezug »bestraft«. Mit dem Wegfall der Altersteilzeit wächst unter Umständen die Bedeutung von individuellen Teilrentenanwendungen.

Die schwerbehinderten Menschen werden sich vor allem auch bei wirtschaftlichen Problemen des Betriebs sicherlich mit Fragen und Beratungswünschen an die betrieblichen Interessenvertretungen wenden. Die Rentenversicherungsträger und teilweise auch die Integrationsämter bieten zu diesem Themenkreis regelmäßige Fortbildungen an. Angesichts der relativen Schwierigkeit der Materie und der großen Bedeutung der Entscheidungen für die wirtschaftliche Lage der einzelnen Menschen sollte die Schwerbehindertenvertretung eher ihre Beratungen als Hinweise auf gesetzliche Möglichkeiten mit Verweis auf die Rentenprofis gestalten. Aber auch mit diesen Hinweisen wird sicherlich dem/der einen oder anderen Kollegen/Kollegin geholfen werden können, den besten eigenen Weg vom Arbeitsleben in den Ruhestand zu finden.

> **Literaturtipps**
>
> **Bihr/Fuchs/Krauskopf/Ritz,** SGB IX, Kommentar und Praxishandbuch, (www.sgb-9-kommentar.de), Sankt Augustin 2006, mit CD-Rom (Kommentartext und zusätzlicher Anhang)
>
> **Cramer/Fuchs/Hirsch/Ritz,** SGB IX – Kommentar zum Recht schwerbehinderter Menschen und Erläuterungen zum AGG und BGG, 6. Aufl., Vahlen München 2010
>
> **Feldes/Kohte/Stevens-Bartol (Hrsg.),** SGB IX – Sozialgesetzbuch Neuntes Buch, Kommentar, Frankfurt a.M., 2009
>
> **Internetadressen**
> www.deutsche-rentenversicherung-bund.de Mit diversen Funktionalitäten wie einem Rentenbeginnrechner, einem Lexikon der wichtigen rentenrechtlichen Begriffe usw.

3.2 Beschäftigung fördern – Beschäftigungsfähigkeit erhalten

Immer mehr, immer schneller mit immer weniger Arbeitnehmern/innen für immer weniger Geld und geringere Sicherheit ist eine Entwicklung, die heutzutage für viele Beschäftigte zur Alltagserfahrung gehört. Vor diesem Hintergrund sind in den letzten 30 Jahren die Erwerbsquoten älterer Arbeitnehmer/innen zurückgegangen. Über 40% der Unternehmen beschäftigen niemanden mehr, der älter als 50 ist. Trotz wachsendem Fachkräftemangel halten Unternehmen hartnäckig an ihren Vorbehalten gegenüber der Einstellung behinderter Menschen fest. Pauschale Vorurteile zum Leistungsvermögen behinderter Menschen (»Wer behindert ist, wird häufiger krank sein«, »Behinderte können doch nicht die volle Leistung bringen«) prägen nach wie vor die Personalentscheidungen.

Daran wird deutlich: Was und wie behinderte Menschen sind oder zu sein haben, ist letztlich Produkt stereotyper und klischeehafter Vorstellungen von Nichtbehinderten über behinderte Menschen. Es ist das Resultat fehlender Beziehungserfahrungen mit behinderten Menschen und hat Ursachen in streng getrennten Lebens- und Erfahrungswelten. Die Einordnung der »Performance« behinderter Menschen erfolgt entlang herrschender Leistungs-, Schönheits- und Normalitätsmaßstäbe,

3. Schwerpunkte der Interessenvertretungsarbeit

auf die behinderte Menschen und ihre Organisationen erst allmählich Einfluss gewinnen.

Für bereits beschäftigte behinderte Arbeitnehmer/innen sind es vor allem die unnachgiebigen Leistungs- und Anforderungsstandards in Industrie und Dienstleistung, die für sie zum Ausgliederungsrisiko werden. Behinderte, gesundheitlich eingeschränkte und ältere Beschäftigte gelten – aufgrund des ungebrochenen »Jugendkults« in den Unternehmen – tendenziell als »überflüssig« oder gar als »Belastung«. Dies gilt umso mehr in Zeiten von Personalabbau und massiven Umstrukturierungen der Betriebe/Dienststellen, wenn darüber entschieden wird, wer nicht mehr zur Belegschaft zählt und wem zugetraut wird, Veränderungsprozesse mitzutragen. Behinderte und für den Einsatz eingeschränkte Beschäftigte haben hierbei zunächst einmal die »schlechteren Karten«.

Dabei sind die zugrunde liegende Probleme »hausgemacht«. Wenn behinderte Beschäftigte weniger leistungsfähig sind, gesundheitliche Probleme bei ihrer Arbeit haben oder ihre Qualifikation nicht auf dem geforderten Stand ist, dann ist in der Regel über längere Zeiträume ihrer Beschäftigung etwas »schief gelaufen«. Vielfach bleiben Beschäftigungsprobleme unbeachtet, solange sie keine massiven Beeinträchtigungen bei der Arbeit verursachen. Treten nun wirkliche Einschränkungen auf oder wird erwartet, dass künftig eine eingeschränkte Leistungsfähigkeit oder gehäufte Fehlzeiten auftreten werden, werden trotz anders lautender gesetzlicher Verpflichtungen Beschäftigungssicherungsmaßnahmen ungeprüft als aussichtslos erklärt.

3.2.1 Korrektive und präventive Arbeitsgestaltung

Nicht die Behinderung oder das Alter sind deshalb das Problem. Um Betroffene vor den skizzierten Entwicklungen zu schützen, ist es erforderlich, den Ursachen frühzeitig entgegenzutreten. Es geht hierbei vor allem darum, die Beschäftigungsfähigkeit von behinderten Arbeitnehmern/Arbeitnehmerinnen zu erhalten und zu fördern. Die Entwicklung der Beschäftigungsfähigkeit hängt eng mit den Arbeits- und Qualifikationsbedingungen zusammen. Um die Arbeits- und Leistungsfähigkeit der Beschäftigten zu erhalten und nötigenfalls nachhaltig zu verbessern, rückt die Gestaltung der Arbeits- und Beschäftigungsfähigkeit (Arbeitsprozess, Arbeitsorganisation, Arbeitseinsatz) in den Vordergrund. Mit alterns- und behinderungsgerechter Arbeitsgestaltung ist es möglich, Beschäftigung für die Dauer des Erwerbslebens zu sichern und die Gesundheit bis ins Rentenalter zu erhalten. Sie verhindert den vorzeitigen Verschleiß für alle Beschäftigten, ob jünger oder älter, ob behindert oder nicht behindert.

- Mit altersgerechter Arbeitsgestaltung ist gemeint, den besonderen Wandel der physischen und psychischen Leistungsvoraussetzungen bei älteren Arbeitnehmern/Arbeitnehmerinnen zu berücksichtigen. Ältere sind in der Regel nicht weniger, sondern anders leistungsfähig als Jüngere. Alternsgerecht bedeutet, die physische und psychische Leistungsfähigkeit der Arbeitnehmer/innen während des gesamten Arbeitslebens zu fördern.
- Behinderungsgerechte Arbeitsgestaltung stellt darauf ab, dass Arbeitsplatz, Arbeitsumgebung und Art der Tätigkeit den individuellen gesundheitlichen Einschränkungen des behinderten Arbeitnehmers entsprechen. Je nach Behinderungs- und Beeinträchtigungsart bedeutet das:
    - Korrektive Arbeitsgestaltung durch Ausgleich der funktionellen Einschränkung oder
    - Präventive Arbeitsgestaltung durch Entlastung von bestimmten Anforderungen oder Belastungen

Zum Erhalt der Leistungsfähigkeit von behinderten Beschäftigten und zur Förderung ihrer Beschäftigungsfähigkeit sollte die Interessenvertretung darauf achten, dass die Bedingungen an den Arbeitsplätzen sowie die Qualifikationsmöglichkeiten zur Sicherung und ggf. Verbesserung ihrer betrieblichen Lage beitragen. Für den Betriebsrat und die Schwerbehindertenvertretung (SBV) bedeutet das, rechtzeitig Anzeichen für gesundheitliche oder auch qualifikations- und arbeitseinsatzbezogene Schwierigkeiten Betroffener zu erkennen und auf Abhilfe zu dringen.

Arbeitsgestaltung ist gesundheitsförderlich und behinderungsgerecht, wenn:
- sie technisch sicher ist und dem Stand der Technik entspricht,
- sie ergonomisch gestaltet ist,
- sie lernförderlich ist und persönliche Entwicklungsperspektive bietet,
- ihre Zusammenhänge im Betriebsablauf transparent sind und der Beitrag zu Produktgestaltung und Wertschöpfung deutlich wird,
- Entscheidungs- und Gestaltungsspielräume gegeben sind,
- Routine, Kreativität und Motorik angemessen gefordert werden,
- materielle und immaterielle Anreize vorhersehbar und beeinflussbar sind und als gerecht empfunden werden,
- sie in einem Klima der gegenseitigen Unterstützung und des Vertrauens vermittelt werden kann.

Betriebsrat und Schwerbehindertenvertretungen müssen dazu eine grundsätzlich integrative bzw. inklusive Haltung der Unternehmensleitung einfordern: Nicht alle Belegschaftsmitglieder bleiben, noch dazu über das gesamte Berufsleben hinweg, in gleichem Maße fit und leistungsfähig. Zur betrieblichen Wirklichkeit gehört es,

3. Schwerpunkte der Interessenvertretungsarbeit

dass Rücksichtnahme nötig ist und gewährt werden muss. Wer dauerhaft gesundheitlich beeinträchtigt ist oder wessen Fähigkeitsspektrum nicht ständige Höchstleistung ermöglicht, kann trotzdem in den allermeisten Fällen die geforderte Arbeitsleistung erbringen. Zum Ausgleich einer verringerten Leistungsfähigkeit werden öffentliche Mittel bereitgestellt, um es den Unternehmen zu erleichtern, Arbeitnehmer/innen auch in diesen Fällen zu beschäftigen (Leistungen der Integrationsämter bei außergewöhnlichen Belastungen bzw. zur Beschäftigung einer Arbeitsassistenz nach § 102 SGB IX). Dazu bedarf es allerdings der Bereitschaft, sich um integrative Lösungen zu bemühen, statt auf Ausgliederung zu setzen.

Gesetzliche Gestaltungsmöglichkeiten im Handlungsfeld »Arbeits- und Arbeitszeitgestaltung«

§ 5 ArbSchG Gefährdungsbeurteilung
87 Abs. 1 Ziff. 7 BetrVG Alterns- und gesundheitsrechte Arbeitsgestaltung
87 Abs. 1 Ziff. 8 BetrVG Sozialeinrichtung
87 Abs. 1 Ziff. 13 BetrVG Altersgerechte Gruppenarbeit
§§ 90, 91 BetrVG Arbeitsgestaltung
§§ 3 und 9 Abs. 3 ASIG Tätigkeit des Betriebsarztes
§ 81 Abs. 5 SGB IX Behinderungsgerechte Arbeitsgestaltung
§ 87 Abs. 1 Ziff. 2 BetrVG Lage und Verteilung der Arbeitszeit
§ 81 Abs. 5 SGB IX Förderung von Teilzeit für schwerbehinderte Beschäftigte

---

Ebenso müssen aber auch die behinderten Beschäftigten selbst aufmerksam sein für veränderte Anforderungen am Arbeitsplatz, für Über- oder Unterforderungen aus der Tätigkeit. Sie müssen sich aktiv daran beteiligen, ihre Gesundheit und Arbeitsfähigkeit zu erhalten, Präventions- und Entwicklungsangebote fordern und die angebotenen Möglichkeiten nutzen, um einer Verschlechterung ihrer betrieblichen Situation vorzubeugen.

Arbeit teilhabegerecht gestalten: Gestaltungstipps

Arbeitsbedingungen und Belastungsfaktoren	Teilhabekritische Wirkungen	Arbeitsgestaltung
Vielseitigkeit der Tätigkeit • verschiedene Kenntnisse, Fertigkeiten und Fähigkeiten nutzen können • durch die Arbeit Neues lernen	Folgen abwechslungsarmer und körperlich einseitiger Tätigkeiten • Fehlbelastung durch Monotonie • Erhöhtes Frühverschleißrisiko durch einseitige (Dauer-)Belastung	• Tätigkeitswechsel mit unterschiedlichen körperlichen und geistigen Anforderungen • Erhaltung der intellektuellen Flexibilität

Ganzheitlichkeit der Arbeitsaufgabe • den Anteil der geleisteten Arbeit am Gesamtprodukt erkennen können • die Qualität des Arbeitsergebnisses beurteilen können	Folgen mangelnder Ganzheitlichkeit • Monotonie (Überforderung der Aufmerksamkeit, Ermüdung) • Überdruss und Abneigung gegenüber der Tätigkeit • Demotivation und ineffizientes Handeln	• Reduzierung des mit dem Alter und der Behinderung zunehmenden Stresserlebens • Einsatz von Erfahrung beim Organisieren von Aufgaben und beim Umgang mit komplexen ganzheitlichen Sachverhalten
Handlungsspielraum • eigene Entscheidungen in Bezug auf Arbeitsverfahren, Verwendung von Arbeitsmitteln und die zeitliche Organisation der Arbeit treffen können	Folgen geringen Handlungsspielraums • schlechtere Stresskompensation bei Zeitdruck und hohen Anforderungen • psychische Ermüdung und geringere Effektivität • Demotivation • »Verlernen« von Planen und Zielsetzungen	• freie Zeiteinteilung begünstigt eine gleichmäßige Belastung, hohe Leistungserbringung, Arbeitsmotivation • Steigerung der Belastbarkeit, Zufriedenheit und des Selbstwerts • Förderung der Identifikation mit der Arbeit und der Organisation/dem Unternehmen
Regulationsbedingungen • eine Arbeitstätigkeit reibungslos, ohne Zeitdruck und Unterbrechungen ausführen können • zur Erledigung der Arbeitsaufgabe sind die benötigte Technik und die benötigten Informationen vorhanden • andere Personen müssen die Ausführung ihrer Arbeitstätigkeit nicht unterbrechen	• steigende Beanspruchung bei Arbeit unter Zeitdruck • Zeitdruck beeinträchtigt die Geschwindigkeit der Informationsaufnahme und Handlungsausführung und reduziert das Leistungs- und Entscheidungstempo • Behinderte/ältere Beschäftige werden eher durch Störungen abgelenkt • Abkürzungen, Fehler und erhöhter Zeitaufwand in der Aufgabenausführung	• flexibleres und anforderungsgerechteres Arbeiten • schnellere Wirksamkeit betrieblicher Planungen • Reduzierung unnötiger Wartezeiten • höhere Qualität der Arbeitsergebnisse

3. Schwerpunkte der Interessenvertretungsarbeit

Aufmerksamkeit • die für die Aufgabenerledigung notwendigen Informationen herausfiltern können • einen Prozess dauerhaft aufmerksam beobachten können • Notwendige Handlungen vorhersehen können	• Behinderungs- und altersbedingt verschlechtert sich oft die Fähigkeit, die Aufmerksamkeit aufrechtzuerhalten • Daueraufmerksamkeit führt schneller zur Ermüdung	• Verringerung von Fehlern und Fehlhandlungen • Aufrechterhaltung der Leistungsfähigkeit • geringere Ermüdung • erhöhte Leistungsbereitschaft (spontanes Reagieren auf unerwartete Ereignisse möglich)
Wissen und Lernen • Vorhandenes Wissen für die Arbeitsaufgabe anwenden und Neues dazulernen können • die Tätigkeit dauerhaft anforderungsgerecht erfüllen können • Angebote zur Weiterbildung nutzen können	Folgen mangelnder Lernförderung • vorhandenes Wissen der Beschäftigten wird nicht genutzt • Leistungseinbußen und Erhöhung von Stress • Arbeitsunzufriedenheit • Erhöhung von Fluktuation	• Lernmöglichkeiten reduzieren Stress, stärken die Fähigkeiten zur Bewältigung sich wandelnder Arbeitsanforderungen und fördern die intellektuelle Fähigkeit zum Weiterlernen
Informationen und Mitsprache • Über die erforderlichen Informationen zur Auftragsausführung verfügen können • Geschäftsleitung und Vorgesetzte informieren ausreichend • Ideen und Vorschläge der Beschäftigten werden bei der Gestaltung von Arbeitsablauf und Arbeitsorganisation berücksichtigt	Folgen mangelnder Information und Mitsprache • Erhöhung von Angst, Unsicherheit und Hilflosigkeit • Zweifel an dem Sinn der Tätigkeit • Widerstand bei Veränderungen • Arbeitsunzufriedenheit	• Erfahrungs- und Expertenwissen langjährig Beschäftigter können im Unternehmen intensiv genutzt werden • Verbesserung der Qualität von Entscheidungen • schnelleres Wirksamwerden von betrieblichen Planungen • Erhöhung der Motivation und des Vertrauens von Mitarbeitern/Mitarbeiterinnen

Zusammenarbeit • mit anderen Beschäftigten im Unternehmen rechtzeitig kommunizieren und ausreichend kooperieren können • Kommunikationsmöglichkeiten über dienstliche und private Dinge nutzen können • Eine angemessene, zeitnahe und detaillierte Rückmeldung über die Güte der Arbeit erhalten können	• die Angst vor Versagen oder fehlerhaftem Arbeiten nimmt mit dem Alter zu Folgen mangelhafter Zusammenarbeit/fehlender Rückmeldung • Zunahme von Fehlern, Fehlschlüssen und Unsicherheit • ineffiziente Arbeitsabläufe • unterdurchschnittliche Leistung und geringere Effektivität und Produktivität	• Behinderte Beschäftigte entwickeln für Teams hilfreiche Kompetenzen (Toleranz, Empathie, Verständnis, Beratung) • Korrektur der Fehler in Echtzeit • Stolz über eigene Leistungen • Zunahme des Selbstwertgefühls • Verbesserung des Betriebsklimas
Soziale Unterstützung • sich bei Schwierigkeiten auf Kolleginnen und Kollegen und auf Vorgesetzte verlassen und um Rat fragen können • Verhalten untereinander, das nicht ausgegrenzt und ein »Wir-Gefühl« entwickelt	• der Mangel an Respekt, Wertschätzung und Anerkennung ist einer der schwerwiegendsten Gründe für den Verlust der Arbeitsfähigkeit Folgen geringer sozialer Unterstützung • Demotivierung • Erhöhung von Beanspruchung • Stress und sinkende Produktivität • Arbeitsunzufriedenheit	• soziale Unterstützung hilft bei der Bewältigung anderer Belastungen am Arbeitsplatz • Erhaltung der Leistungsfähigkeit und der Motivation • Verringerung von Gereiztheit, arbeitsbezogener Angst und Burnoutrisiko • Verringerung von Fluktuation
Arbeitszeit • eine Arbeitsorganisation, die individuelle Wahlmöglichkeiten bzgl. Arbeitszeitgestaltung bietet • den Bedarf an individuellen Erholzeiten (Lage, Dauer und Häufigkeit) beeinflussen können	Folgen von Arbeitszeitbelastungen aus Schicht- und Nachtarbeit, Überstunden und unregelmäßigen Arbeitszeiten • Die extensive Arbeitszeitausdehnung ist generell als Gesundheitsrisiko zu bewerten • Bei gleicher Arbeitszeitbelastung sind behinderte Beschäftigte in ihrer Erholungsfähigkeit und ihrem psychosozialen Wohlbefinden stärker beeinträchtigt	• Je nach Art und Ausmaß der Behinderung steigt der Bedarf an kürzeren Arbeitszeiten und Erholzeiten • Das physische und psychische Leistungspotential bleibt bei entsprechender Zeitautonomie und Gestaltungsspielräumen erhalten • Altersflexible Arbeitszeitwünsche (Arbeitszeitreduzierung, flexible Ausstiegsmöglichkeiten) erhöhen die Arbeitszufriedenheit

Mehr Gestaltungstipps finden sich auf: www.ergo-online.de, www.inqa.de, www.gutearbeit-online.de, www.dlr.de, www.baua.de

3.2.2 Betriebliche Weiterbildung

Der beschleunigte technologische Wandel und die daraus folgenden beruflichen Anforderungen führen zu einem deutlich höheren Stellenwert von Wissen und Kompetenzen. Sowohl in technisch-fachlicher wie auch in prozessorientierter Hinsicht. Gleiches gilt auch für die sozialen Fähigkeiten, die für die Zusammenarbeit im Team, für die Kommunikation und Konfliktbewältigung gebraucht werden. Beides prägt zunehmend die Wissensinhalte für die Beschäftigten und die Wissensbasis der Unternehmen. Wie gut, wie qualifiziert und wie rechtzeitig Fachkräfte aus- und weitergebildet sind, ist also eine zentrale Frage der betrieblichen Wettbewerbsfähigkeit, gleichzeitig sind Bildung und Qualifikation ein Schlüssel für die Integration in das Beschäftigungssystem.

Viel zu wenige Unternehmen betrachten berufsbegleitende Weiterbildungsangebote allerdings als unternehmerische Kernkompetenz und Daueraufgabe. Überwiegend ist in den Unternehmen eine deutliche Zurückhaltung auf dem Feld von Weiterbildung und Personalentwicklung festzustellen. Selbst die sehr weitgehend von der Bundesagentur für Arbeit geförderten Maßnahmen »Qualifizierung statt Kurzarbeit« wurden während der Strukturkrise 2008-2010 nur von 13 % der Betriebe genutzt. Die Bereitschaft der Unternehmen, Angebote zur beruflichen Weiterbildung zu machen, hat nicht zugenommen, sondern eher nachgelassen. Von Beschäftigten wird gefordert, dass sie sich weiterbilden, ihre Einsatzmöglichkeiten erweitern und sich dadurch den beruflichen Anschluss erhalten. Tatsächlich werden aber die Gruppen, die Weiterbildung am notwendigsten hätten, am wenigsten angesprochen. Die berufliche Position und das vorhandene Qualifikationsniveau entscheiden hauptsächlich über die Chancen für die Teilhabe an Weiterqualifizierung. Die Lernchancen von gering Qualifizierten, Frauen, Migrant(inn)en und auch Älteren werden wenig beachtet. Es sind vor allen Beschäftigte aus diesen Gruppen, die nach Jahrzehnten verschleißintensiver Arbeit und bei oft verengter Qualifikation gesundheitsbedingt das Beschäftigungssystem verlassen müssen. Qualifikationsstillstand und Dequalifizierung bedeuten vorzeitiges Altern und zusätzliche Risiken am Arbeitsmarkt.

Damit zählen eine gute berufliche Qualifizierung und kontinuierliche Weiterbildung zu den wichtigsten Voraussetzungen für den längerfristigen Verbleib auf dem Arbeitsmarkt. Wenn Benachteiligungen bei der Arbeits- und Beschäftigungsfähigkeit durch Zugang zu beruflicher Weiterentwicklung abgebaut werden sollen, um auch den Leistungswandel im Erwerbsverlauf produktiv nutzen zu können, müssen jedoch betrieblich und überbetrieblich Voraussetzungen für Lernmöglichkeiten und -zugänge geschaffen werden. Die Weiterbildungsbeteiligung muss unabhängig vom vorhandenen Qualifikationsniveau werden.

Qualifizierte Personalentwicklung verfolgt dabei zum einen die Absicht, die Einsatzbreite und Einsatzflexibilität zu verbessern, damit ein Wechsel in andere/neue Tätigkeitsfelder, berufliche Aufstiegsmöglichkeiten oder ein Übergang in Berufe mit geringeren Belastungen im Erwerbsverlauf möglich werden. Zum anderen geht es darum, in Unternehmen eine systematische und berufsbegleitende Qualifizierungs- und Personalentwicklung herzustellen: vom Einstellungsverfahren über den planvollen Wechsel im Verlauf des Arbeitslebens bis hin zur Eröffnung alters- und behinderungsgerechter Berufswege.

Berufsbegleitende Qualifizierung
Für Erhalt und Sicherung der Beschäftigung behinderter Arbeitnehmer/innen kommt es entscheidend darauf an, ihre Leistungsfähigkeit dauerhaft zu erhalten und dazu auch ihre Qualifikationen auf den jeweils aktuellen Stand zu bringen. Die Interessenvertretung sollte sich daher dafür einsetzen, behinderte Beschäftigte in wenigstens gleichem Maße, wenn erforderlich auch bevorzugt, an Weiterbildungen und Qualifizierungsmaßnahmen zu beteiligen (siehe dazu § 81 Abs. 4 SGB IX).

Gesetzliche Gestaltungsmöglichkeiten im Handlungsfeld »Betriebliche Weiterbildung«

§ 96 Abs. 2 Satz 2 BetrVG Teilnahme an betrieblichen und außerbetrieblichen Maßnahmen der Berufsbildung/Förderung der Berufsbildung
§ 97 Abs. 2 BetrVG Anpassungs- und Umqualifizierung
§ 81 Abs. 4 SGB IX Förderung von Bildungsmaßnahmen

Den Qualifikationsbedarf in drei Schritten ermitteln
Zunächst werden die auszuführenden Tätigkeiten am Arbeitsplatz aufgelistet, sei es für einzelne Beschäftigte, sei es für ein ganzes Team. Wichtig ist eine Erfassung aller Tätigkeitselemente, um ein vollständiges Abbild der mit der Tätigkeit verbundenen Anforderungen zu erhalten. Das heißt, neben den direkten fertigungsbezogenen Arbeitsaufgaben (fachliche Kompetenz) sind auch andere Anforderungen, die für die Erfüllung des Arbeitsauftrags erforderlich sind zu erfassen, wie die Fähigkeit zur Kommunikation (Sozialkompetenz) und planende sowie Qualität sichernde Elemente (Methodenkompetenz).

3. Schwerpunkte der Interessenvertretungsarbeit

Als nächstes geht es um das Qualifikations- und Kompetenzprofil des Beschäftigten. Es ist zu ermitteln, welche Aufgaben ausgeführt werden können und welche zusätzlichen Qualifikationen vorhanden sind, die bisher nicht abgefragt wurden. Dieses erstellte Qualifikations- bzw. Kompetenzprofil ist sinnvollerweise in persönlichen Gesprächen zwischen Führungskraft, Personalabteilung und den Beschäftigten abzugleichen, um Einigkeit über das Profil zu erhalten, aber auch, um mögliche, bei den Beschäftigten vorhandene, weitere Kompetenzen zu erkennen. Wichtig ist, dass den Beschäftigten aus den Ergebnissen des Vergleichs keine Nachteile entstehen. Deshalb sind Betriebsrat und Schwerbehindertenvertretung frühzeitig einzubeziehen und zu beteiligen.

Abschließend erfolgt eine Abschätzung der Zukunftsentwicklung. Dazu ist es notwendig die geplanten betrieblichen Veränderungen in den Geschäftsfeldern und auf den Bereichs-/Abteilungsebenen zu kennen. Dadurch lässt sich beurteilen, welches Wissen heute und zukünftig benötigt wird. Zu klären ist auch, wie die Wissenssicherung so rechtzeitig eingeleitet werden kann, dass mit dem Ausscheiden von älteren Beschäftigten kein wichtiges Erfahrungswissen für den Betrieb verloren geht und in einem Qualifizierungsplan das Erfahrungswissen der ausscheidenden Beschäftigten für das Unternehmen gesichert werden kann.

Tätigkeitswechsel und Personalentwicklung
Nachhaltig beschäftigungs- und gesundheitssichernd wirken solche Qualifizierungsansätze, die Lernförderung, Kompetenzentwicklung und Arbeitsplatzgestaltung miteinander in Verbindung bringen. Dazu sollten die Lernmöglichkeiten am Arbeitsplatz untersucht und gemeinsam mit den Beschäftigten und Vorgesetzten abteilungsbezogene Maßnahmen der Weiterbildung entwickelt werden.

Vor allem bereits langjährig beschäftigten behinderten Arbeitnehmern/Arbeitnehmerinnen sollte ein Arbeitsplatzwechsel ermöglicht werden, um sie mit neuen Techniken und Verfahren vertraut zu machen. Damit sind sie leichter an zukunftsfähigen Arbeitsplätzen einsetzbar. Häufig sind gerade sie noch in Arbeitsbereichen verblieben, die von der Entwicklung abgekoppelt und von Abbau bedroht sind (teils sogar noch verbunden mit besonders schweren Arbeitsbedingungen).

Weitere Ansatzpunkte und Instrumente zeigen die folgenden Zusammenfassungen:

Betriebliche Fort- und Weiterbildungsmaßnahmen
- Entwicklung von Personalentwicklungsinstrumenten: Personalfragebogen, Qualifikationsstruktur, Tätigkeits- und Qualifikationsprofil, Stellenbeschreibungen, Qualifikationsmatrix, Konzept für Personalentwicklungsgespräch

- Weiterbildungscoaching: Betriebsinterne Weiterbildungsberatung und Schulungsangebote unabhängig vom Alter
- Abschätzung des Qualifizierungsbedarfs wegen technologischer, methodischer und organisatorischer Veränderungen: Betriebliche Qualifizierungspläne für alle Altersgruppen
- Individueller Entwicklungs- und Qualifizierungsplan: Qualifizierungsinhalt, -form und -zeitraum gemeinsam mit Beschäftigten festlegen
- Gezielte interne und externe Fort- und Weiterbildung (ggf. in altershomogenen Gruppen) zur Eignung auf reservierten (vorgehaltenen), altersstabilen Arbeitsplätzen
- Gezielte Fort- und Weiterbildung, Anpassungs- und Erhaltungsqualifizierung und Arbeitserprobungen zur Eignung älterer Beschäftigter an neuen Anlagen, Arbeitsplätzen, in der Fertigung neuer Produkte
- Berufsbegleitende Umschulung/Qualifizierung nach langjähriger Berufstätigkeit (zehn Jahre) in zukunftsbezogene Berufe/Tätigkeitsbereiche oder von Un- und Angelernten zum Facharbeiter
- Umschulung und beruflicher Neuanfang durch Nutzung betriebsinterner Stellenbörse
- KMU: Beteiligung außerbetrieblicher Weiterbildungsträger (z.B. BFW) bei der Entwicklung von betrieblichen Qualifizierungsplänen und bei der Durchführung von Weiterbildungsmaßnahmen
- Verstärkte Nutzung von Branchenfonds, Bildung von regionalen Netzwerken zur systematischen Personalentwicklung

Tätigkeitswechsel und Personalentwicklungswege
- Bei langfristig nicht beeinträchtigungsadäquaten Arbeitsplätzen die Verweildauer an einem Arbeitsplatz reduzieren - systematischen Arbeitsplatz- und Belastungswechsel organisieren
- Arbeitseinsatzsteuerung: Geringere Verweildauer durch präventive Um- und Versetzung
- Konzepte zur Rotation und zum Stellenwechsel durch unterschiedliche Fertigungs- und Dienstleistungsbereiche zur Kompetenzerweiterung
- Zeitweise Qualifizierung und befristeter Einsatz in anderen Arbeitsbereichen für Beschäftigte: Lerninsel, geplanter Einsatz in Projekten, Hospitationen, Praktika
- Alternative Karrierewege für »Mittelalte« (Leitung von Gremien, Beratung, Auftragsakquise ...)
- Personalentwicklungsgespräche: Mitarbeiter- und Beratungsgespräche zur persönlichen Entwicklungsplanung
- Qualifizierungsverträge und Gespräche im Verlauf des Qualifizierungsprozesses

3. Schwerpunkte der Interessenvertretungsarbeit

Wissenstransfer
- Übertragung von Erfahrungswissen in altersgemischten Teams auf Dauer oder auf Zeit
- Zusammenarbeit von jüngeren und älteren Beschäftigten und Sicherung des Erfahrungswissens in Tandemteams, in Patenschaften
- Förderung des Lerntransfers durch kollegiale Beratung, Coaching-Angebote und Schulung in Gruppen

3.2.3 Die Integrationsvereinbarung

Mit einer Integrationsvereinbarung, zu der die Arbeitgeber nach § 83 SGB IX verpflichtet sind, eröffnen sich für die Interessenvertretung - über den Einzelfall hinaus - Einflussmöglichkeiten auf die Personalpolitik, auf die Gestaltung der Beschäftigungsverhältnisse behinderter Arbeitnehmer/innen und auf deren konkrete Arbeitsplatzsituation. Die Vorschrift nennt verschiedene, nicht abschließende Regelungsinhalte einer solchen Vereinbarung: Personalplanung, Gestaltung von Arbeitsumfeld, Arbeitsorganisation und Arbeitszeit, Teilzeitarbeit, Gesundheitsförderung, ebenso die Durchführung ist im Betrieb zu regeln.

In diesem Sinne ist die Integrationsvereinbarung umfassendes Regelungs- und Gestaltungsinstrument und Handlungsgrundlage für eine integrative Unternehmenspolitik. Dabei steht die Steuerung dieser Entwicklung über Zielvereinbarungen im Mittelpunkt. Damit entstehen angesichts der demografischen Entwicklung für die Betriebe viele Vorteile. Die wichtigsten Vorzüge von Integrationsvereinbarungen sind nämlich Planungssicherheit, Nachhaltigkeit und Wirtschaftlichkeit. Die Unternehmen können ihre Integrationsaufgaben für eine zunehmende Zahl behinderter Beschäftigter in Abstimmung mit den Betriebszielen bringen. Eine gut funktionierende Integrationsvereinbarung ist eine wichtige Ressource für eine vorausschauende Personalplanung und wirkt obendrein Kosten senkend.

Die Integrationsvereinbarung als Zielvereinbarung
Mit der Integrationsvereinbarung sollen verbindliche Maßnahmenpläne für die Integration schwerbehinderter Menschen, für die Rehabilitation behinderter und von Behinderung bedrohter Menschen sowie für die Prävention geschaffen werden. Mit einer Integrationsvereinbarung legen sich die betriebliche Organisation und ihre Entscheidungsträger/innen auf klar verständliche und messbar formulierte Ziele und auf einzelne Schritte zu ihrer Umsetzung fest.

Im Mittelpunkt der Vereinbarung stehen Handlungsziele, die der verbesserten Integration behinderter Menschen im Unternehmen dienen und die im Unternehmen auch tatsächlich umgesetzt werden können. Es geht vorwiegend
- um die Verbesserung der Arbeits- und Beschäftigungsbedingungen
- um eine integrative Beschäftigungs- und Personalpolitik und
- um eine gezielte Personalentwicklung für das behinderte Personal.

Anders als Maßnahmen zur Unterstützung in Einzelfällen sollen die Vereinbarungsregelungen
- sich auf eine größere Zahl oder die Gesamtgruppe schwerbehinderter Beschäftigter beziehen
- systematische Vorgehensweisen und Abläufe unterstützen und
- möglichst präventiv ausgerichtet sein.

Inwieweit die Einführung einer solchen zielorientierten betrieblichen Integrationsplanung aber entscheidend zur Lösung der Beschäftigungsprobleme schwerbehinderter, behinderter und rehabilitationsbedürftiger Beschäftigter beitragen kann, hängt von drei Bedingungen ab:
- von der Akzeptanz und der konkreten betrieblichen Umsetzung der Integrationsvereinbarung
- von der Bereitschaft der Arbeitgeber, die Beschäftigung behinderter Arbeitnehmer/innen zu fördern und zusätzliche behinderungsgerechte Arbeitsplätze zu schaffen
- schließlich davon, ob die Integrationsziele in der Integrationsvereinbarung selbst ausreichend klar, eindeutig und kontrollierbar formuliert sind.

Rechtliche Stellung der Integrationsvereinbarung
Betriebsrat und Schwerbehindertenvertretung können auf die Vereinbarung Einfluss nehmen. Ihnen stehen Initiativrechte zur Aufnahme der Verhandlungen zu. Der Wortlaut des § 83 Abs. 1 Satz 1 SGB IX »Die Arbeitgeber treffen (...) eine verbindliche Integrationsvereinbarung« verpflichtet die Arbeitgeber, auf Antrag der Schwerbehindertenvertretung (ersatzweise des Betriebsrats) eine Vereinbarung zu treffen. Die Pflicht zum Abschluss einer Integrationsvereinbarung kann, sollte es erforderlich sein, auch im arbeitsgerichtlichen Beschlussverfahren gem. § 2a Abs. 1 Nr. 3a ArbGG durchgesetzt werden. Vor Gericht geht es um den Abschluss einer Integrationsvereinbarung überhaupt; ein Vereinbarungsabschluss mit einem bestimmten Inhalt ist – bei der gegenwärtigen Rechtslage – nicht erzwingbar.

Darüber hinaus können einige Regelungsinhalte der Integrationsvereinbarung von vornherein der Mitbestimmung des Betriebsrats/Personenrats unterliegen – so z.B. die Regelung des betrieblichen Eingliederungsmanagements gem. § 87 Abs. 1 Nr. 7 BetrVG / § 75 Abs. 3 Nr. 11. Das gilt auch für einen Großteil der in § 83 Abs. 2 SGB IX

3. Schwerpunkte der Interessenvertretungsarbeit

aufgeführten Inhalte wie die der Arbeitszeit, Arbeitsorganisation und Arbeitsplatzgestaltung; sie gehören grundsätzlich zu den mitbestimmungspflichtigen Angelegenheiten des Betriebsrats. Ein geeigneter Weg die genannte Durchsetzungslücken zu schließen, ist die Kombination mitbestimmungsfreier mit mitbestimmungspflichtigen Regelungsinhalte und deren Umsetzung in sog. teilmitbestimmten Betriebs-/Dienstvereinbarungen. Integrationsvereinbarungen sind also in Form dieser (freiwilligen) Betriebsvereinbarung/Dienstvereinbarung umsetzbar.

Regelungsgegenstände einer Integrationsvereinbarung

- Beschäftigung schwerbehinderter Menschen – vor allem schwerbehinderter Frauen (§ 71 Abs. 1 SGB IX)
- Beschäftigung besonders betroffener schwerbehinderter Menschen (§ 72 SGB IX)
- Ausbildung schwerbehinderter Jugendlicher (§ 72 Abs. 2 SGB IX)
- Besetzung freier Arbeitsplätze mit schwerbehinderten Menschen (§ 81 Abs. 1 SGB IX)
- Verhinderung von Benachteiligungen aufgrund der Behinderung (§ 81 Abs. 2 SGB IX)
- Einhalten der Beschäftigungsquote (§ 81 Abs. 3 SGB IX)
- Beschäftigungsförderung durch Qualifikation (§ 81 Abs. 4 Nr. 2 und 3 SGB IX)
- Behinderungsgerechte Arbeitsgestaltung (§ 81 Abs. 4 Nr. 4 und 5 SGB IX)
- Einrichtung von Teilzeitarbeitsplätzen (§ 81 Abs. 5)
- Maßnahmen der betrieblichen Gesundheitsförderung (§ 83 Abs. 2a SGB IX)
- Maßnahmen der Prävention (§ 84 SGB IX).

Wie vorgehen? Ziele ermitteln, Vereinbarung planen
Zur Formulierung ihrer Zielsetzungen sollte sich die Schwerbehindertenvertretung deshalb ausreichend Zeit nehmen und sich vor allem mit dem Betriebsrat abstimmen, der im Allgemeinen Erfahrungen in der Ausgestaltung von Betriebs-/Dienstvereinbarungen besitzt. Vor der Formulierung von Zielen ist zunächst die betriebliche Ausgangssituation – Stand und Qualität der Behinderungsgerechtigkeit – zu analysieren.

3. Schwerpunkte der Interessenvertretungsarbeit

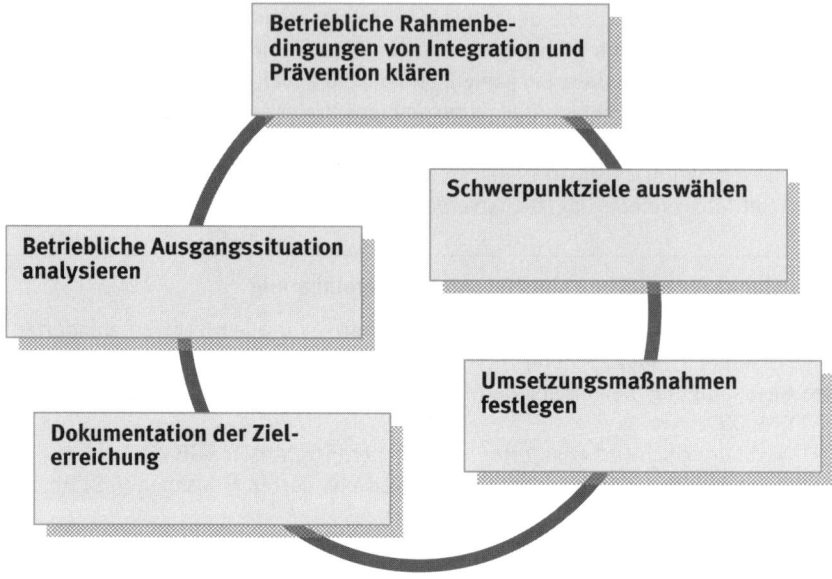

Es ist auch sinnvoll, eine Einschätzung der Rahmenbedingungen vorzunehmen, Klarheit über die Personalpolitik zu haben, wie mit behinderten Beschäftigten im Unternehmen umgegangen wird. Daraus werden die erforderlichen und durchsetzbaren Ziele erkennbar. Bei den Zielen gilt es Schwerpunkte zu setzen, und zwar so, dass zum jeweiligen Ziel auch ein Umsetzungsprozess und ein Maßnahmenplan vereinbart werden. Schließlich gehören zur Planung auch erste Überlegungen, wie die Umsetzung der Ziele dokumentiert und kontrolliert werden sollen.

> **Vertiefte Hinweise und Werkzeuge zur Vorbereitung und Gestaltung einer Integrationsvereinbarung enthält das Handbuch Integrationsvereinbarung – Regelungsmöglichkeiten nach dem SGB IX, Frankfurt 2003, Bund-Verlag.**

3.3 Prävention zur Förderung von Gesundheit und Beschäftigung

Eine Reihe arbeitsrechtlicher Bestimmungen und Verordnungen (SGB IX, Arbeitsschutzgesetz, Arbeitssicherheitsgesetz, Betriebsverfassungsgesetz, Verordnung

Heben und Tragen etc.) machen die Gesundheitsprävention zu einem zentralen Handlungsprinzip der betrieblichen Vertretung behinderter Menschen. Allgemein werden unter Prävention alle medizinischen und sozialen Maßnahmen verstanden, welche die Arbeits- und Beschäftigungsfähigkeit von Arbeitnehmern/Arbeitnehmerinnen erhalten und fördern, Krankheiten in einem frühen Stadium erkennen, das Fortschreiten einer chronischen Erkrankung und Behinderung vermeiden helfen und dadurch krankheitsbedingten Kündigungen vorbeugen.

Aufgrund der Mitbestimmung und Mitwirkung beim Schutz der Gesundheit von behinderten Beschäftigten eröffnet sich für die Interessenvertretung ein Tätigkeitsbereich, der
- den Zusammenhängen zwischen bestimmten Belastungen am Arbeitsplatz und auftretenden Krankheiten nachgeht,
- die Bearbeitung individueller rehabilitativer und arbeitsgestalterischer Problemstellungen umfasst und
- in hohem Maße institutionalisierte Aufgabenfelder im betrieblichen Arbeits- und Gesundheitsschutz berührt.

Arbeitsbedingte Gesundheitsgefahren
Mit der Aufgabenstellung »Prävention« rückt das Wissen um arbeitsbedingte Gesundheitsgefahren in den Mittelpunkt der Interessenvertretungsarbeit. Nicht nur die alltäglichen Erfahrungen vieler Beschäftigter, auch zahlreiche Studien zeigen den krankmachenden Einfluss bestimmter Arbeits- und Leistungsbedingungen. Weit verbreitete Volkskrankheiten wie Herz-Kreislauf-Erkrankungen und Schädigungen des Stütz- und Bewegungsapparates haben auch arbeitsbedingte Ursachen. Prävention und Gesundheitsschutz müssen hier ansetzen. Vielfach lassen sich krankmachende Faktoren und schädigende Einflüsse in der Arbeit konkret identifizieren. Häufig müssen aber auch nähere Informationen von den Beschäftigten eingeholt werden (z.B. durch Belegschaftsbefragungen) oder es ist eine umfängliche betriebliche Untersuchung unter Mitwirkung von Expert(inn)en erforderlich, um Gefährdungen zu erfassen.

In der mangelnden Qualität der Arbeits- und Leistungsbedingungen liegt auch eine bedeutsame Ursache für die meisten Behinderungen. Mehr als 80% aller Behinderungen resultieren aus schweren Erkrankungen, die sich über lange Zeiträume herausbilden, nach und nach verschlimmern und schließlich chronifizieren. Insofern hat es heute die Mehrzahl der behinderten Menschen im Erwerbsalter mit Schädigungen zu tun, die nicht einmal und plötzlich eingetreten sind und dann unverändert bleiben, sondern die einen dynamischen Charakter aufweisen.

Dieser Verlauf hin zu einer chronisch-degenerativen Krankheit ist oft zu verhindern oder aufzuhalten, in manchen Fällen lässt sich diese Entwicklung noch umkehren, gelegentlich lässt sich die gesundheitliche Lage sogar verbessern. Zumindest aber kann der Gesundheitszustand bei vielen Betroffenen langfristig stabil gehalten werden und braucht einer selbstbestimmten aktiven Lebensführung nicht im Wege zu stehen. Andererseits kann ohne entsprechende Maßnahmen des vorbeugenden Gesundheitsschutzes der Prozess chronischer Erkrankung zu einer weiteren Verschlechterung des Gesundheitszustandes führen. Zusätzliche gesundheitliche Schädigungen und Mehrfachbehinderung können die Folge sein, mit weitreichenden Konsequenzen für die Lebensqualität.

Belastungsentwicklung in den Unternehmen

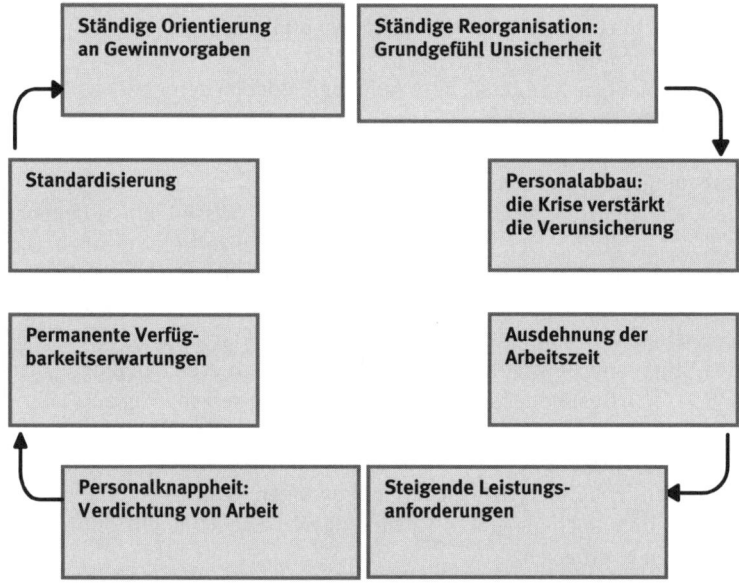

In diesem Tätigkeitsfeld der betrieblichen Interessenvertretung geht es also auch um eine unmittelbare Gefahren- und Risikoabwehr. Das Risiko zusätzlicher Gesundheitsschädigungen, eines weiteren körperlichen Verschleißes, neu hinzutretender Erkrankungen und Beeinträchtigungen ist gerade bei einem vorgeschädigten Gesundheitszustand besonders groß. Jede weitere gesundheitliche Schädigung kann das Beschäftigungsrisiko Betroffener erhöhen. Deshalb sind Maßnahmen des Gesundheitsschutzes und der Prävention gerade für die behinderten Arbeitnehmer/innen von besonderer Bedeutung.

3. Schwerpunkte der Interessenvertretungsarbeit

Ansatzpunkte für Prävention

Prävention setzt zunächst und zuerst bei der Reduzierung der arbeitsbedingten Belastungen an. An diesem Einstiegspunkt zu gesundheitsförderlichen Bedingungen innerhalb des Unternehmens und bei den Beschäftigten sollten die Schwerbehindertenvertretung, der Betriebs-/Personalrat und die Expert(inn)en im Arbeits- und Gesundheitsschutz konstruktiv zusammenwirken. Erhebliche Unterschiede wird es dabei zwischen den Bedingungen in größeren und kleineren Betrieben/ Dienststellen geben. Während die Schwerbehindertenvertretung in Großbetrieben ein professionalisiertes und arbeitsteilig betriebenes Arbeitsschutzsystem für die Interessen der behinderten Beschäftigten nutzen kann, fehlen diese ausgeprägten Rahmenbedingungen in kleineren Betrieben. Gleichwohl kann sie dort neue oder erste Anstöße für die Beschäftigung mit Fragen des Gesundheitsschutzes geben. In beiden Situationen sollte sie darauf hinwirken, dass das Thema Gesundheitsschutz am Arbeitsplatz eine angemessene Aufmerksamkeit erhält.

Präventionsstrategien

Präventiver Arbeits- und Gesundheitsschutz		
Primärprävention • Befindlichkeitsstörungen registrieren • Abbau von Belastungen • Senkung Erkrankungsrisiko	**Sekundärprävention** • Krankheit im Frühstadium erkennen • Beschwerden und Beeinträchtigungen ernst nehmen	**Tertiärprävention** • Reha-Maßnahmen • Verschlimmerung vermeiden
Betriebliches Eingliederungsmanagement		

Zugleich ergeben sich mit dem Recht behinderter Menschen wichtige Ansätze, bei denen Schwerbehindertenvertretung und Betriebs-/Personalrat gemeinsam für die Interessen langzeiterkrankter Beschäftigter tätig werden müssen. Unter der Überschrift »Prävention« legt § 84 SGB IX fest, dass die Interessenvertretung durch den Arbeitgeber einzuschalten ist, wenn Beschäftigungsprobleme zu erkennen sind oder wenn Beschäftigte länger als sechs Wochen arbeitsunfähig erkrankt sind. Auf der Grundlage dieser Bestimmung sollte die Interessenvertretung ein betriebliches Beschäftigungserhaltungs- und Eingliederungsmanagement einfordern, das regelmäßig und frühzeitig die Hinweise aus dem Erkrankungsgeschehen aufnimmt und Maßnahmen zum Schutz der Betroffenen und zur Sicherung ihrer Arbeitsplätze in die Wege leitet.

3.3.1 Gefährdungsbeurteilung, Arbeits- und Gesundheitsschutz, Gesundheitsförderung

Die Arbeitswelt hat sich in den letzten zwei Jahrzehnten dramatisch verändert. Immer schnellere Innovationszyklen, der Einsatz moderner Technik sowie ständig neue Anwendungen und Verfahren, Arbeitsverdichtung nach Personalabbau und durch extremen Aufgabenzuwachs auf Effizienz getrimmte Steuerungs- und Organisationsformen breiten sich überall aus. Vielfach gehören Führungskräfte und das mittlere Management zum Heer der Getriebenen, die wiederum durch unzumutbare Leistungsvorgaben von den Beschäftigten Höchstleistungen einfordern.

Neben den nach wie vor hohen körperlichen Belastungen in weiten Bereichen der Industrie und der gewerblichen Wirtschaft nehmen in allen Berufen und Branchen die psychischen Belastungen zu. Spitzenreiter sind u.a. Arbeitsplätze im Dienstleistungssektor und den Sozial- und Erziehungsberufen. Aber auch in der Produktion, am Band mit engen Taktzeiten, bei Schichtarbeit und hohen Arbeitsvorgaben steigt der psychische Druck.

Das fortschrittliche Arbeitsschutzgesetz (ArbSchG) verlangt seit 1996 von den Arbeitgebern verbindlich die Beurteilung der ergonomischen und körperlichen sowie der psychischen (Fehl-)Belastungen an jedem einzelnen Arbeitsplatz (§ 5 ArbSchG). Längst belegen wissenschaftliche Studien einen Zusammenhang zwischen seelischen Strapazen und klassischen arbeitsbedingten Erkrankungen wie Herz-Kreislaufstörungen oder Krankheiten des Muskel- und Skelettapparats. Die psychosomatischen Erkrankungen sowie die psychischen Störungen sind ebenfalls deutlich auf dem Vormarsch, das legt die deutsche Gesundheitsberichterstattung der Gesetzlichen Krankenversicherungen und der Bundesregierung nahe: Kopfschmerzen und Migräne, Schlafstörungen, Bluthochdruck, Verdauungsbeschwerden, Schweißausbrüche, Angstzustände sowie Burn-out und Depressionen treten u.a. häufiger auf, wenn die Anspannung und Belastung überhand nehmen.

Während die Arbeitsunfähigkeitstage bei unterschiedlichen Krankheitsarten gesunken sind oder seit Jahren stagnieren, steigen die Krankheitstage aufgrund psychischer Störungen und Erkrankungen deutlich an, und das kassenübergreifend. Nicht nur der BKK-Report (siehe Abbildung) weißt dies nach, auch andere gesetzliche Kassen wie die AOK und die TKK bestätigen den Trend.

Die folgende Tabelle stellt alltägliche Arbeitsbelastungen dar, die auch kerngesunde Menschen aus dem Lot der körperlichen und seelischen Balance bringen können. Das ist präventiv nur mit Entlastung zu verhindern. Liegt dann noch eine Behinderung vor – Diabetes oder eine schwere Herzerkrankung -, wird der Bogen von vornherein überspannt: Die Belastung passt nicht zum Leistungsvermögen, der Arbeitsplatz ist umzugestalten, umzuorganisieren oder eine Versetzung (oder Umschulung) steht an. Der moderne Arbeits- und Gesundheitsschutz sowie alterns-

3. Schwerpunkte der Interessenvertretungsarbeit

gerechte Arbeit verlangen mehr Flexibilität und Qualifizierung, wenn es um den individuellen Arbeitseinsatz der Beschäftigten geht. Darauf müssen sich Arbeitgeber, Sozialleistungsträger und Interessenvertretungen einstellen.

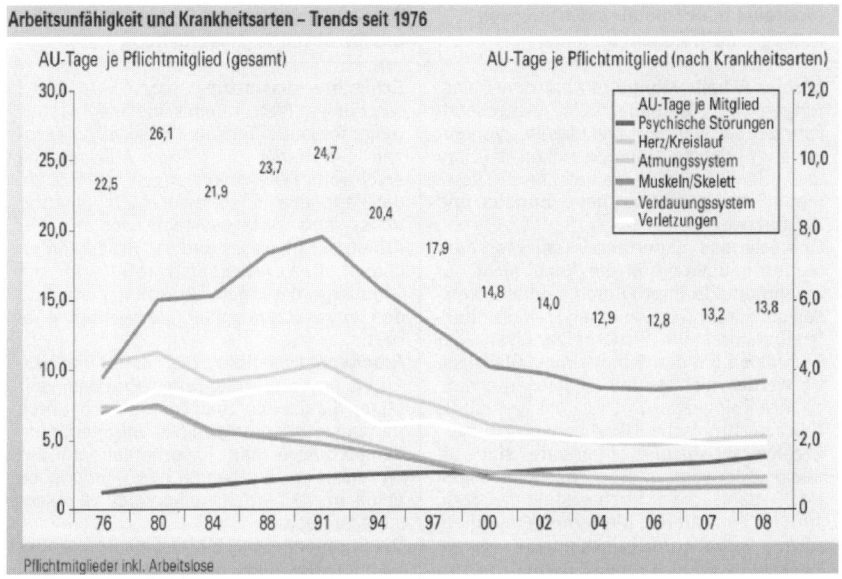

BKK-Gesundheitsreport 2009

Die Tabelle unterstreicht, warum die Gefährdungsbeurteilung des einzelnen Arbeitsplatzes und entlastende Maßnahmen so wichtig sind: Sorgsam, fachgerecht und in regelmäßigen Abständen ausgeführt ergibt sie ein vollständiges Bild vom geforderten Leistungsprofil. Das erleichtert qualifikationsgerechten Personaleinsatz ohne Über- und Unterforderung oder deckt Qualifikationsbedarfe auf, die Entlastung bringen können.

Außerdem wird klar, was zur adäquaten Ausstattung (Platz, Beratung, Technik) und den Grundbedürfnissen eines Arbeitsplatzes gehört, welche ergonomischen Mängel abzustellen sind: Zu viel Überkopfarbeit, Anschaffung von Hebe- und Transporthilfen, höhenverstellbare Arbeitstische, Sitzgelegenheiten, eine Klimaanlage, Sonnenschutz oder Sichtschutz zur räumlichen Trennung eines Arbeitsplatzes. Daneben ergeben sich Hinweise auf entlastende Maßnahmen bei der Arbeitsorganisation und im sozialen Umfeld wie Neuzuschnitt von Aufgaben und Zuständigkeiten, Personalaufstockung, Schaffung von Vertretungsregeln, Eindämmung von Störungen, Teamanbindung oder Einzelarbeitsplatz, Sensibilisierung der Vorgesetzten und systematische Verbesserung des Führungsverhaltens durch Schulung und Coaching.

Was krank machen kann:
Typische körperliche und psychische Belastungen sowie Fehlbelastungen in zwei Berufen. Ein zentraler Stressfaktor ist Zeitdruck!

Monteure in der mobilen Wartung von Aufzug- und Transportsystemen	Büroarbeitsplätze und Projektarbeit in der qualifizierten Sachbearbeitung
Mobile Arbeit: Monteure sind den Belastungen im Straßenverkehr ausgesetzt: Fahrtzeiten sind zu kalkulieren, Verkehr verlangt höchste Aufmerksamkeit, im Stau droht der Terminplan ins Rutschen zu kommen. Ständig gibt es neue Kunden und Anfahrtswege. **Umfassendes Expertenwissen:** Monteure warten heutzutage in der Regel nicht nur Eigenprodukte ihrer Firmen, sondern müssen als Allrounder Service an Fremdprodukte ausführen. Die Sicherheitsrelevanz der Technik erhöht den Arbeitsdruck. Gleichzeitig werden nicht selten Qualifizierungsangebote eingespart. Das Missverhältnis führt zu chronischer Überbeanspruchung. **Eigenverantwortung:** Monteure sind oft allein unterwegs, müssen alle Wartungen und Reparaturen auf sich gestellt meistern, sind für ihr Material, die Termine und ihren Wagen verantwortlich, schleppen schwere Werkzeuge und Ersatzteile zum Einsatzort. Der bürokratische Aufwand (Rechnungen, Wartungsaufträge, Checklisten, PC-Kompetenz) ist hoch. **Ständig Neues:** Die Monteure wissen nie, was auf sie zukommt. Ist der Ansprechpartner da? Komme ich ins Haus? Ist die Anlage zugänglich? An wen kann ich mich wenden, wenn etwas nicht klappt? In schwierigen Situationen kommt nicht nur der Monteur ins Schwitzen, sondern auch die koordinierende Arbeitskraft in der Zentrale. **Kundenorientierung, Zeitdruck:** Das Verhandeln mit Kunden gestaltet sich immer schwieriger, die Auseinandersetzung um Preise und Leistungen hat an Schärfe gewonnen. Die Kompetenz von Monteuren im Umgang mit Menschen wird in der Regel nicht anerkannt und nicht geschult. **Hygienische Mängel:** Monteure sind starker Verschmutzung ausgesetzt, z.B. durch Öle und Schmierstoffe. Bei vielen Kunden (Wohnhäusern, Apartmentanlagen) gibt es keinen Waschraum oder eine Toilette. Die Arbeit muss unterbrochen werden, um eine öffentliche Toilette zu finden.	**Schlechte Ausstattung:** Arbeit wird durch zu geringen Platz, durch schlechte Ausstattung, fehlende Technik, Besprechungszonen und durch zu geringe Ablagefläche erschwert: EDV-Anwendungen stürzen ab, das Headset zum Telefonieren, Dokumentations- und Ablagesysteme fehlen. Die Arbeit, der Überblick und das Arbeitstempo leiden. Das Arbeitsplatzprofil und die Grundanforderungen am Arbeitsplatz sind den Vorgesetzten unklar oder werden ignoriert. **Arbeitsorganisation:** Die kontinuierliche Arbeit an unterschiedlichen Projekten mit festen Laufzeiten und Fristen wird durch permanente Störungen, Mailanfragen, Kundengespräche und unvorhersehbare Zusatzaufträge erschwert oder unmöglich gemacht. Das Arbeitsaufkommen ist insgesamt zu hoch. **Die Ergonomie:** Das Licht ist zu dunkel oder blendet, der Bildschirm, die Tastatur und der Stuhl (Arbeitshöhe) sind nicht aufeinander abgestimmt oder für sich mangelhaft. Der Lärm (Verkehrslärm, Sprachgewirr im Großraumbüro) ist groß, an Lärmprävention mit schallschluckenden Materialien und Wänden wurde nicht gedacht. Übrigens: Zur Beurteilung des Belastungsschemas und der Qualität des Arbeitsplatzes reicht die physikalische Messung nicht aus. Beim ganzheitlichen Blick ist auch die Bewertung des einzelnen Arbeitnehmers unerlässlich. **Arbeitszeit, Mehrarbeit:** Überlange, gesundheitsgefährdende Arbeitszeiten sind weit verbreitet; wer das Projekt in der gesetzten Frist nicht packt, arbeitet abends und am Wochenende weiter, auch aus Angst vor Arbeitsplatzverlust. **Schlechte Führung:** Delegation von Aufgaben ohne solide Einarbeitung, neue Technik ohne Fortbildung, kaum überschaubare Arbeitsgebiete, keine Anerkennung und kein Lob, dafür massenweise Kritik und Fehlermeldungen. Das Fehlverhalten der Vorgesetzten verursacht Angst und Schrecken: Was kränkt macht krank!

3. Schwerpunkte der Interessenvertretungsarbeit

Die Gefährdungsbeurteilung als Frühwarnsystem für effektive Erstprävention

Körper und Geist am Arbeitsplatz im Einklang, so lautet das idealtypische Ziel der Erstprävention und der Gefährdungsbeurteilung. Sie stellt ein Frühwarnsystem erster Güte dar, um am Arbeitsplatz individuelle und kollektive Gesundheitsbelastungen aufzuspüren, sie zu bekämpfen und die sozialen und organisatorischen Ressourcen im Interesse der Beschäftigten zu stärken: Gesundheitsrisiken minimieren, Arbeitsbedingungen verbessern, zur Humanisierung der Arbeitswelt beitragen. Für die Gefährdungsbeurteilung wurden bereits eine Reihe qualitätsgesicherter Instrumente entwickelt und in der Praxis erprobt, um das Verfahren handhabbar zu machen:

- Die körperlichen und seelischen Belastungen am einzelnen Arbeitsplatz messen, beschreiben und bewerten,
- aus den Erhebungsergebnissen entlastende Maßnahmen ableiten,
- die Maßnahmen am Arbeitsplatz im Einklang mit den Beschäftigten umsetzen,
- nach drei bis sechs Monaten deren Wirksamkeit überprüfen (evaluieren),
- den Prozess mit regelmäßigem Controlling und der nächsten Gefährdungsbeurteilung nach zwei bis drei Jahren wiederholen (oder bei Bedarf früher).

Einen verbindlichen Wiederholungsrhythmus empfehlen Expertinnen und Experten. Der Prozesscharakter des Verfahrens – einmal im Unternehmen verankert – bewirkt eine kontinuierliche Verbesserung der Arbeitsbedingungen. Doch die systematische und ganzheitliche (physische und psychische) Gefährdungsbeurteilung aller Arbeitsplätze, praktiziert als ständiger innerbetrieblicher Prozess, ist bisher in der Arbeitswelt unzureichend verbreitet. Sie lässt weiter auf sich warten, nicht zuletzt, weil der Gesetzgeber auf wirksame Sanktionen und Hebel verzichtet hat, dem Arbeitsschutzgesetz in allen Arbeitsstätten und Betrieben Geltung zu verschaffen. Deshalb sind engagierte Schwerbehindertenvertretungen und Betriebsräte als Motoren für Prävention, Arbeits- und Gesundheitsschutz unverzichtbar.

Wichtig zu wissen: Der Einwand vieler Arbeitgeber und Kritiker, psychische Belastungen seien ein individuelles Problem der subjektiven Wahrnehmung, Belastungsfähigkeit und Konstitution, geht fehl und ist offiziell vom Tisch. Psychische Arbeitsbelastungen wurden zur praktischen Handhabung im Arbeitsschutz anerkannt und normiert (siehe Kasten S. 150).

In einer Befragung der Arbeitnehmer/innen für den **DGB Index »Gute Arbeit«** gaben rund 70 % der Beschäftigten an, von einer Gefährdungsbeurteilung noch nichts gehört zu haben. Laut eine Betriebsrätebefragung (PARGEMA, WSI 2008/2009) gab es zwar in gut 50 % der Betriebe bereits Gefährdungsbeurteilungen, aber längst nicht an allen Arbeitsplätzen und nur in einem verschwindend geringen Umfang ganzheitlich – inklusive der psychischen Belastungen. Der Aufwand und das Unwissen stößt in der betrieblichen Praxis auf Vorbehalte und Widerstände; auch unter den Interessenvertretungen ist die Skepsis teilweise größer als der Wille, etwas zu verändern. Immer scheint es im Unternehmen etwas Wichtigeres zu geben: Umorganisation/Restrukturierung, eine Wirtschaftskrise mit Kurzarbeit, neue Sparvorgaben und Personaleinsparungen.

> **Ergonomie der psychischen Arbeitsbelastung – die Normenreihe DIN EN ISO 10075**
>
> Die Norm wurde aus dem industriellen Bereich heraus entwickelt und orientiert auf Fragen der Verhältnisprävention, also der Arbeitsgestaltung. Für Tätigkeiten im Bereich der personenbezogenen Dienstleistungen (z.B. Lehrer, Therapeuten, Ärzte, Altenpfleger, Krankenschwestern, Verkäufer) spielt psychische Belastung durch mitmenschlichen Kontakt eine große Rolle. Dafür sind Maßnahmen auf dem Gebiet des »Umgangs mit dem Menschen« erforderlich. Das betrifft jedoch den Bereich der Verhaltensprävention, der nicht Gegenstand dieser dreiteiligen Norm ist.
>
> - DIN EN ISO 10075-1: Ergonomische Grundlagen bezüglich psychischer Arbeitsbelastung - Allgemeines und Begriffe.
> - DIN EN ISO 10075-2: Ergonomische Grundlagen bezüglich psychischer Arbeitsbelastung – Gestaltungsgrundsätze, Richtlinien zur Arbeitsgestaltung.
> - DIN EN ISO 10075-3: Ergonomische Grundlagen bezüglich psychischer Arbeitsbelastung – Grundsätze und Anforderungen an Verfahren zur Messung und Erfassung psychischer Arbeitsbelastung.
>
> Zum Weiterlesen der Überblick über die Normenreihe DIN EN ISO 10075 unter www.baua.de/de/Themen-von-A-Z/Psychische-Fehlbelastung-Stress/ ISO10075/FAQ/02/FAQ-02.html?__nnn=true.

Doch angesichts der Verschlechterung der Arbeitsbedingungen – vor allem der Psychostress kommt in der modernen Arbeitswelt mit komplexen Abhängigkeiten als Belastungssteigerung oben drauf – können sich Interessenvertretungen dem Thema »gute Arbeit« und menschengerechte Arbeitsgestaltung nicht entziehen, erst recht nicht, wenn es um Beschäftigte mit Behinderungen geht. Die Probleme mit zu hohen Belastungen fallen ihnen spätestens mit neuen Behinderungen, Verschlimmerungen und attestierten Leistungseinschränkungen vor die Füße. Dann ist es für Prävention zu spät und die heutzutage schwierige Suche nach entlastenden Arbeitsplätzen beginnt, wenn die Kündigung verhindert werden soll.

Gefährdungsbeurteilung behinderungsgerechter Arbeitsplätze

Analyse: Welche Arbeitsplätze und Tätigkeiten im Unternehmen sind für Menschen mit unterschiedlichen Behinderungen geeignet? Diese Arbeitsplätze sind auf Grundlage der Gefährdungsbeurteilung systematisch zu ermitteln, um ein Arbeitsplatz-Kataster (eine Datenbank, s.u. Praxis bei Daimler, Mannheim) mit Einsatzmöglichkeiten anhand von Tätigkeitsmerkmalen zu erhalten, die den behinderungs- und qualifikationsgerechten Einsatz von Beschäftigten erlauben.
Einsatzplanung: Es ist sorgfältig zu beachten, welche Behinderungsarten mit den Anforderungen eines Arbeitsplatzes vereinbar sind, damit (schwer-)behinderte Beschäftigte nicht höheren Gesundheitsrisiken als andere Beschäftigte ausgesetzt sind. Das Verfahren kommt allen Beschäftigten zugute, da es leistungs-, qualifikations- und alternsgerechten Arbeitseinsatz fördert.
Arbeitsumgebung: Sie soll generell barrierefrei sein und über technische Ausstattungsmerkmale verfügen, die mobilitätsbehinderten, hörgeschädigten und sehbehinderten Menschen ideale Voraussetzungen bietet: Lifte, Rampen, Kontraststreifen an Stufen und Treppen, helle Beleuchtung, auffällige Beschriftung, erreichbare Lichtschalter und Bedienknöpfe, optische und akustische (Warn-)Signale, Behinderten-WCs, automatische Öffner an schweren Türen und vieles mehr. Die Einhaltung barrierefreier Standards erlaubt flexible Personaleinsätze ohne Nachrüstungen und erleichtert Besuchern von Arbeitsstätten den Aufenthalt und die Orientierung.
Kommunikation: Auch die technische Ausstattung mit barrierefreien Kommunikationsmitteln gehört zum Arbeitsleben: Hard- und Software mit Spracheingabe, Braille-Keyboards, Headsets zum Telefonieren, Text-Telefone und vieles mehr.
Verbesserungen: Bei jedem Umbau, Neubau oder bei der Sanierung von Arbeitsstätten ist die barrierefreie Ausstattung der Arbeitsumwelt anzustreben.
Arbeitsorganisation: Nicht nur die barrierefreie Umwelt am Arbeitsplatz ist zu gestalten. Auch die Arbeitsorganisation und Arbeitszeiten sind so zu handhaben, dass Menschen mit Behinderungen vollzeitig in den ersten Arbeitsmarkt integriert werden können. Einige sind z.B. nicht für die Schichtarbeit und/oder den Einsatz am Band mit vorgegebenen Taktzeiten geeignet oder brauchen flexible Pausen für Therapien und Behandlungen. Psychische Belastungen am Arbeitsplatz und aufgrund einer vorliegenden Behinderung sind ebenso zu beachten wie mögliche Diskriminierung, Ausgrenzung und Mobbing im Kollegenkreis.
Ressourcen: Im Mittelpunkt der Bewertung menschlicher Arbeitskraft müssen individuelle Fähigkeiten und Ressourcen stehen, nicht Behinderungen oder Leistungseinschränkungen. Gerade Menschen mit Behinderungen verfügen nicht selten über besondere Stärken, die in der Arbeitswelt zur Entfaltung kommen können.

Beteiligung: Menschen mit Behinderungen sind Spezialist(inn)en in eigener Sache, deren Erfahrungen und Wünsche in den Prozess der Arbeitsgestaltung mit einzubeziehen sind. Auch Belegschafts- und Gesundheitsbefragungen sind wichtige Instrumente, um die Arbeitsumwelt kontinuierlich zu verbessern.

Vernetzung: Humanisierung und Gestaltung einer inklusiven Arbeitswelt beruht auf der Kooperation von Fachkräften. Alle betrieblichen und externen Akteure gehören bei Bedarf mit an einen Tisch: Interessenvertretungen, Gesundheits- und Arbeitsschützer, Fachkräfte für Arbeitssicherheit, Vertreter/innen der Fachverbände, Rehabilitationsberatung der Sozialversicherungsträger, Gesundheitsförderung der Krankenkassen, Disability Manager und Schwerbehindertenvertretungen.

Gute Praxis: Gefährdungsbeurteilung bei der Daimler AG Mannheim

Ein Kollege arbeitet am Fließband mit kurzer Taktung. Die Tätigkeit stellt hohe Anforderungen, denn im Fließtakt sind Qualitätsmängel zu beachten und ggf. zu beseitigen. Die Arbeitssituation beinhaltet eine extreme psychische Belastung, denn die hohen Arbeitsanforderungen lassen gleichzeitig kaum Handlungsspielraum zu.

Ein derartiger Arbeitsplatz kommt bei der Daimler AG Mannheim von vornherein für behinderte oder chronisch kranke Beschäftigte nicht in Frage. Zusätzlich zur Gefährdungsbeurteilung gibt es am Standort unterschiedliche Schutzsysteme, die Fehlbesetzungen verhindern und psychische Belastungen sowie die Art einer Behinderung oder Krankheit berücksichtigen.

Zum Beispiel werden Diabetiker von der Schichtarbeit befreit, stressige Tätigkeiten scheiden dann ebenfalls aus. Weniger Druck für den Einzelnen bei gleichzeitig hohem Handlungsspielraum erreicht man bei Daimler z.B. an bestimmten Gruppenarbeitsplätzen.

Der werksärztliche Dienst dokumentiert Einsatzbeschränkungen leistungsgewandelter Mitarbeiterinnen und Mitarbeiter und ermittelt daraus Kennziffern, die wiederum mit der Kennziffer passender Arbeitsplätze oder Tätigkeiten korrespondieren. Trotzdem verlässt man sich nicht technokratisch auf Schlüsselcodes. Wer krank oder behindert ist, kann probeweise an einem Arbeitsplatz eingesetzt werden. Nach Gesprächen wird passend gemacht, was nicht passt – oder die Suche nach einem geeigneten Arbeitsplatz wird neu gestartet. Wichtig ist dabei auch der Erhalt des sozialen Umfelds. Niemand wird wahllos versetzt und aus seinem vertrauten Umfeld herausgerissen, denn die Versetzung in eine neue Abteilung mit fremden Kollegen und neuen Aufgaben setzt Betroffene zusätzlich unter Stress. Die alte Strategie der Problemverlagerung würde neue Probleme verursachen.

Handlungsspielraum und Arbeitsanforderungen sind zwei Schlüsselbegriffe des Daimler-Modells: Der Grad der Belastung einer Tätigkeit ergibt sich nicht zuletzt aus dem Verhältnis, in dem diese Faktoren zueinander stehen. Hohe Arbeits- und

3. Schwerpunkte der Interessenvertretungsarbeit

Qualitätsanforderungen allein verursachen keinen negativen Stress, solange Arbeitskräfte über ausreichend Handlungsspielraum verfügen. Weitere Stressindikatoren sind: Komplexität der Aufgaben, Komplexität der Kommunikationsstrukturen, Zeitregime (frei oder eng, abhängig von anderen?), Variabilität der Arbeitsabläufe (Reihenfolge autonom gestaltbar?), Umfang der Verantwortung, Rate der Arbeitsunterbrechungen, Konzentrations- und Kooperationserfordernisse.

Die Daimler-Interessenvertretungen wollen mit diesem System – Arbeitsplatz-Kataster sowie der Gefährdungsbeurteilung inklusive der psychischen Belastungen – die Arbeitsorganisation nachhaltig verbessern, mehr abwechslungsreiche Tätigkeiten und Raum für Regeneration schaffen. Gesündere und altersgerechte Arbeitsbedingungen sollen entstehen. Präventiv wird etwas gegen chronische Erkrankungen oder drohende Behinderungen unternommen. Das Analyseteam (Gefährdungsbeurteilung) beschäftigt sich seit November 2007 mit der systematischen Erfassung der Belastungen und der Ableitung von Maßnahmen zur Arbeitsumgestaltung. Aber der Prozess braucht Geduld und Zeit.

Gefährdungsbeurteilung durchsetzen, darauf kommt es an
Angesichts des Leidensdrucks auf Seiten der Beschäftigten ist das Arbeitsschutzgesetz ohne Wenn und Aber durchzusetzen. Die Interessenvertretungen sollten dabei an einem Strang ziehen. Ohnehin ist der Betriebs-/Personalrat federführend im Boot, da er über die entsprechenden Mitbestimmungsrechte verfügt, die ganzheitliche Gefährdungsbeurteilung zu initiieren und durchzusetzen: Dreh und Angelpunkt ist § 87 Absatz 1 Nr. 7 BetrVG bzw. § 75 BPersVG (und Regelungen der Landespersonalvertretungsgesetze).

- Der Betriebs-/Personalrat hat ein Initiativrecht bei der Umsetzung und dem Umfang der Gefährdungsbeurteilung. Lehnt der Arbeitgeber die ganzheitliche Gefährdungsbeurteilung – inklusive psychischer Belastungen – ab, ist er über die Einigungsstelle oder das arbeitsgerichtliche Beschlussverfahren dazu zu zwingen.
- Die Rollenverteilung ist klar: Nach dem Arbeitsschutzgesetz stellt die Gefährdungsbeurteilung eine Verpflichtung des Arbeitgebers dar, nicht der Interessenvertretungen! Die agieren nicht als Feuerwehr, um Unzulänglichkeiten des Arbeitgebers ausgleichen, sondern überwachen die Einhaltung gesetzlicher Regelungen und entwickeln als gestaltende Kraft das Prozedere der Gefährdungsbeurteilung mit, z.B. die Auswahl der Instrumente und die Qualität des Verfahrens.
- Da das Arbeitsschutzgesetz nicht im Einzelnen ein Verfahren festlegt, nach dem die Gefährdungsbeurteilung vorzunehmen ist, kommt den Mitbestimmungsrechten der Interessenvertretung eine Schlüsselrolle zu.

- Der Betriebs-/Personalrat wacht darüber, dass die Belegschaft über das Verfahren informiert wird, auf dem Laufenden bleibt und in Sachen Arbeitsschutzgesetz unterwiesen wird (§ 12 ArbSchG).
- Die Aufgaben, die Verantwortung und die intensive Beteiligung der Interessenvertretungen bei der Gefährdungsbeurteilung verlangen, dass sie sich vom Thema selbst ein Bild machen können. Deshalb haben sie Anspruch auf den Besuch geeigneter Fortbildungen, die ihr Know-how fördern, und auf die Beschaffung von Informationsmaterialien (Fachbücher, Zeitschriften).
- Der Arbeitgeber kann seine Verpflichtung an fachkundige Personen delegieren. In einigen Bundesländern wirken die gesetzlichen Unfallkassen, in einigen Betrieben die Berufsgenossenschaften an der Gefährdungsbeurteilung mit; es gibt freie und gewerkschaftliche Beratungsstellen (TBS, die Technologie Beratungsstellen des DGB), die Unterstützung leisten, oder die wissenschaftliche Begleitung durch Hochschulen. Dann gilt: Delegiert der Arbeitgeber die Gefährdungsbeurteilung an fachkundige externe oder interne Personen, muss er dies schriftlich (nachvollziehbar) erledigen, die Gesamtverantwortung liegt bei ihm (§ 13 ArbSchG).

Die Zeiten sind vorbei, als Unternehmen und ihre Verbände die Umsetzung der Gefährdungsbeurteilung blockieren konnten, indem sie Betriebsräten ihr Mitbestimmungsrecht bestritten. Mittlerweile sind alle Zweifelsfragen durch höchstrichterliche Rechtsprechung entschieden – und zwar zugunsten der Mitbestimmung des Betriebsrats/Personalrats bei allen Schritten der Gefährdungsbeurteilung einschließlich der Erfassung psychischer Belastungen und der Ableitung von Gegenmaßnahmen. Soll die Gefährdungsbeurteilung als Prozess innerbetrieblich umgesetzt werden, ist aus der Erfahrung der Interessenvertretungen aus vielen Unternehmen und Dienststellen eine Regelung in einer Betriebsvereinbarung unerlässlich, die mit dem Arbeitgeber rechtlich-verbindlich abgeschlossen wird.

Gibt es in einem Unternehmen keinen Betriebsrat/Personalrats, kann die Schwerbehindertenvertretung bei der Branchengewerkschaft Rat einholen. Auch die Berufsgenossenschaften (Arbeitsschutzinstanz der Sozialpartner, der Arbeitgeber und Gewerkschaften) und die Gewerbeaufsichtsämter oder Landesämter für Arbeitsschutz (staatliche Arbeitsschutzinstanzen) beraten auf Anfrage.

Ein Verfahren vor dem Bundesarbeitsgericht (BAG), in dem über den Einzelanspruch von Beschäftigten auf eine Gefährdungsbeurteilung entschieden wurde, ging im Interesse der Arbeitnehmerseite aus: Die Gefährdungsbeurteilung kann individuell eingeklagt werden, z.B. weil die schlechten Arbeitsbedingungen gesundheitlichen Schaden verursacht haben oder ein Gesundheitsschaden droht. Aber: Ohne Betriebsrat können einzelne Beschäftigte keinen Einfluss auf das Instrument nehmen, mit dem die Gefährdungen erhoben werden, so das Bundesarbeitsgericht. Die Gewerkschaften leisten seit geraumer Zeit mit Projekten, Aktionen und dem Entwickeln qualitätsgesicherter Verfahren zur ganzheitlichen Gefährdungsbeurteilung

3. Schwerpunkte der Interessenvertretungsarbeit

Beratungs- und Aufklärungsarbeit. Schwerbehindertenvertretungen und Betriebsräte/Personalräte erhalten bei ihrer Branchengewerkschaft »Erste Hilfe«. Zudem bieten die Gewerkschaften Seminare und Fortbildungsveranstaltungen zum Thema – für Einsteiger ebenso wie für Fortgeschrittene.

Vorbildlich ist u.a. das Beispiel »Tatort Betrieb« im IG-Metall-Bezirk Baden-Württemberg (www.tatort-betrieb.de). Die Projekte und Aktionen waren und sind eng mit den Betrieben verzahnt, die Ergebnisse haben hohe Praxisrelevanz. Es gibt mittlerweile – unter anderem von der IG Metall und aus ihrem Umfeld - zu allen Schritten der Gefährdungsbeurteilung Handlungshilfen. Zu nennen sind das Projekt »Gute Arbeit« und die erwähnte Aktion »Tatort Betrieb«. Daraus entstanden ist unter anderem das START-Verfahren zur Erfassung psychischer Belastungen. Die Handlungshilfen enthalten praktische Tipps zum Ablauf der Arbeitsschritte.

Die Zeitschrift »Gute Arbeit.« (Bund-Verlag, www.gutearbeit-online.de) informiert regelmäßig über den Arbeits- und Gesundheitsschutz, über praktische Präventionsansätze, die Verbreitung der Gefährdungsbeurteilung, Umsetzungsbeispiele, das betriebliche Eingliederungsmanagement (s. Kap. 3.3.3 ab S. 165) und enthält die Rubrik »Prävention und Teilhabe« für Schwerbehindertenvertretungen. Hier finden alle wertvolle Anregungen und Informationen, die sich mit den Handlungsmöglichkeiten zur Erstprävention am Arbeitsplatz vertraut machen wollen.

Psychische Gefährdungen erheben, aber wie?
Bei der Analyse der psychischen Belastungsfaktoren werden auch sensible persönliche Daten und Angaben erhoben. Es ist deshalb inzwischen gängiges Verfahren, mit anonymen, qualitätsgesicherten Fragebogen zu arbeiten. Datenschutz und Freiwilligkeit erhöhen die Bereitschaft der Beschäftigten, sich zu beteiligen und sich offen zu äußern – ohne Rücksicht auf Vorgesetzte.

In einem zweiten Ermittlungsschritt schließen sich in der Regel Vor-Ort-Erhebungen an ausgewählten Arbeitsplätzen an, um die konkreten Arbeitsbedingungen in Augenschein zu nehmen. Wenn 70% der Befragten angeben, unter Zeitdruck und Überforderung zu leiden, ist am Arbeitsplatz zu ermitteln, welche Rahmenbedingungen zu diesen Fehlbelastungen führen. Es wird beobachtet, Einzelgespräche werden mit auskunftsbereiten Beschäftigten geführt oder es finden Gesprächsrunden in einem geschützten Rahmen statt: ohne Vorgesetzte, ggf. unter Beteiligung von Interessenvertretungen.

Über abzuleitende (Entlastungs-)Maßnahmen ist anschließend mit dem Arbeitgeber zu verhandeln. In der Regel kommt es zu harten Auseinandersetzungen, denn Maßnahmen der Umgestaltung von Arbeitsplätzen und der Arbeitsorganisation greifen in den Kernbereich unternehmerischer Entscheidungen ein. Biss und Hartnäckigkeit sind erforderlich, denn Verschleppungs- und Verhinderungsstrategien des Arbeitgebers sind nicht akzeptabel. Zu gegebener Zeit werden rechtliche Schritte unumgänglich, um dem Arbeitgeber (Einigungsstelle, Arbeitsgericht) Grenzen zu setzen. Betriebs-/Personalrat und die Interessenvertretungen insgesamt haben ein originäres Interesse daran, dass den Worten auch Taten folgen. Denn es geht – neben der gesetzlich geforderten Gefährdungsbeurteilung – auch um deren Glaubwürdigkeit.

Die Praxis zeigt: Fast immer fangen im Arbeits- und Gesundheitsschutz die Probleme nach der Ermittlung von Belastungen und Gesundheitsrisiken erst richtig an. Deshalb sind geregelte Abläufe wichtig, z.B. das verbindliche Ansiedeln der Zuständigkeit für die Gefährdungsbeurteilung bei einer betrieblichen/dienstlichen Instanz, dem Arbeitsschutzausschuss oder der Betriebsmedizin. Ein verlässliches Finanzbudget für die Kosten ist unbedingt nötig – für externe Unterstützung, für die Qualifizierung der beteiligten Akteure und für die Sachmittel.

Wichtig ist auch ein pragmatisches Vorgehen. In einem Betrieb mit rund 500 Beschäftigten erhalten Interessenvertretungen eine Vielzahl von Ergebnissen, unterschiedliche Maßnahmen sind abzuleiten. Es ist wichtig, nicht gleichzeitig an mehreren Baustellen anzufangen. Für den Einstieg bieten sich handhabbare Umsetzungsbereiche an, die schnelle Erfolge bringen. Aber die Interessenvertretung darf nicht zulassen, dass Problembereiche auf lange Sicht ausgeklammert oder die Wirkungskontrollen verschleppt werden. Die Impulse zur stetigen Verbesserung der Arbeitsbedingungen dürfen nicht verschenkt werden, demografiefeste und gesund erhaltende Arbeitsplätze gibt es nicht zum Nulltarif.

Regelkreis Gefährdungsbeurteilung (GB)

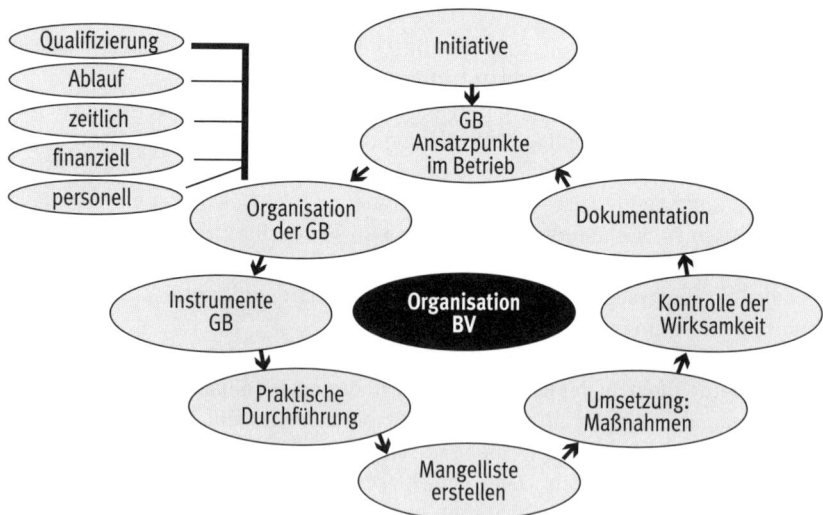

3. Schwerpunkte der Interessenvertretungsarbeit

Handlungsleitfaden: Mit der Gefährdungsbeurteilung – auf dem richtigen Weg

Eine Orientierung für Einsteiger und Fortgeschrittene:

- Mithilfe des Regelkreises (siehe Abbildung S. 157) stellt die Interessenvertretung fest: Hier steht der Betrieb/die Dienststelle zurzeit – z.B. in der Initiativ- und Orientierungsphase oder bereits in der Organisationsphase, bei der Erhebung von Gefährdungen (Durchführung), in der Auswertung, beim Ableiten von Maßnahmen, bei der Wirksamkeitskontrolle. Davon ausgehend sind weitere Schritte zu planen.
- Initiativ werden: Anfrage zum Stand der (ganzheitlichen) Gefährdungsbeurteilung beim Arbeitgeber abgeben oder diese anmahnen, ihn zu Gesprächen auffordern – am besten schriftlich.
- Wenn es von vorne losgeht: Die Belegschaft für das Thema sensibilisieren, über alle Schritte auf dem Laufenden halten, aber keine Wunder versprechen.
- Ansatzpunkte im Betrieb finden: Gesundheitsdaten beim Arbeitgeber anfordern, z.B. Unfallberichte, (anonyme) Arbeitsunfähigkeitsstatistiken, Jahresbericht des Betriebsarztes, Befragungen und bisherige Dokumentierungen von Gefährdungsbeurteilungen – soweit vorhanden.
- Der Betriebs- oder Personalrat verteilt Zuständigkeiten, benennt Verantwortliche in den eigenen Reihen und stellt interne und externe Kooperationspartner zusammen, die einbezogen werden: Schwerbehindertenvertretung, Frauen-/Gleichstellungsbeauftragte, Fachkraft für Arbeitssicherheit, Betriebsmedizin, die Branchengewerkschaft vor Ort, die bundesweit vertretenen TBS-Beratungsstellen des DGB (www.tbs-netz.de), sonstige Expert(inn)en.
- Qualitätsgesicherte Instrumente (Fragebogen) zur Erhebung der psychischen Belastungen sind in Hülle und Fülle vorhanden (siehe »Weitere Informationen«): Ein möglichst einfach zu handhabendes Verfahren wählen, das den Start nicht erschwert und leicht auszuwerten ist. Auswertung lieber nicht von der Personalabteilung vornehmen lassen (Datenschutz), sondern ggf. extern vergeben.
- Passt der gewünschte Fragebogen nicht zur spezifischen Arbeitsplatzsituation, kann er (am besten mit externer, fachkundiger Beratung!) ergänzt werden. Wichtig ist, dass sich neue Fragen am wissenschaftlichen Ansatz des geprüften, anerkannten Fragebogens orientieren, damit der Arbeitgeber die Ergebnisse nicht anzweifeln kann und nicht endlose Diskussionen über die Berechtigung der Fragen entstehen. Im Einzelfall sind Kooperationen (Forschungsprojekte) mit (technischen) Universitäten/Fachhochschulen möglich.

- Auf keinen Fall Fragebogen »Marke Eigenbau« entwickeln. Nicht qualitätsgesicherte Ergebnisse können angefochten werden. Mehrere Betriebs- und Personalratsgremien haben damit Schiffbruch erlitten.
- Regelmäßige Berichtspflichten des Arbeitgebers schriftlich vereinbaren, alle Schritte dokumentieren lassen: Erhebung, Verfahren, Zuständigkeiten, Auswertung, abgeleitete Maßnahmen, Wirkungskontrollen, Erhebungszeiträume und Durchführungszeiträume.
- Nach der Erhebung Maßnahmen und deren Umsetzung planen, die Gefährdungsbeurteilung muss zu sichtbaren Konsequenzen führen.
- Welche Schritte sind als nächstes sinnvoll und notwendig, was sollte der Arbeitgeber unternehmen? Wie viel Zeit ist ihm dafür realistisch einzuräumen?
- Wenn der Prozess stockt: Wo ist Sand im Getriebe? Wie können Hindernisse mit Lösungsvorschlägen beseitigt werden? Den Gesprächsfaden nicht abreißen lassen.
- Bei anderen Betriebs-/Personalräten Rat suchen und mit der Branchengewerkschaft abstimmen: Ab wann sind arbeitsrechtliche Schritte unausweichlich?

Weitere Informationen

Ein Projekt der Bundesanstalt für Arbeitsschutz und Arbeitsmedizin beschäftigt sich mit den Erfahrungen bei der Umsetzung von Gefährdungsbeurteilungen psychischer Belastungen: www.pargema.de.

Umfassende Informationen liefert eine Plattform der Bundesanstalt für Arbeitsschutz und Arbeitsmedizin: www.gefaehrdungsbeurteilung-forschung.de.

Zeitschrift: »Gefährdungsbeurteilung – und dann?«, Thema des Monats in Gute Arbeit., Heft 3/2010, (S. 13-30) mit Hintergrund und mehreren Praxisbeispielen, Info unter: www.gutearbeit-online.de.

Buchtipps

Das START-Verfahren zur Gefährdungsbeurteilung von Arbeitsbelastungen. Handbuch mit Ergebnissen des Forschungsprojekts der Hans-Böckler-Stiftung: Psychische Belastungen im Arbeitsleben; IG Metall Baden-Württemberg, Info unter: www.bw.igm.de und www.tatort-betrieb.de.

Rolf Satzer, gewerkschaftsnaher freier Berater, hilft beim Implementieren der Gefährdungsbeurteilung in Unternehmen: www.rolf-satzer-fbu.net.

Drei Publikationen aus der Schriftenreihe der Bundesanstalt für Arbeitsschutz und Arbeitsmedizin: »Psychische Belastungen am Arbeitsplatz« (Bestellnummer Tb 135), »Psychosoziale Faktoren und betriebliche Tätigkeit« (Bestellnummer Tb 1005), »Gesundheitliche Auswirkungen flexibler Arbeitsformen« (Bestellnummer Tb 986), Kontakt: www.baua.de.

Noch mehr aus dem Internet: www.buero-fuer-arbeitsschutz.de, www.igmetall.de/gesundheit.

3.3.2 Das Präventionsverfahren nach § 84 Abs. 1 SGB IX – Gegenwehr gegen Arbeitsplatzverlust

Die rechtzeitige Vorkehrung vor Gesundheitsverschleiß, Leistungs- und Einsatzproblemen und Arbeitsplatzverlust ist die beste Beschäftigungssicherung - nicht nur in der Krise. Dazu hat nach § 84 Abs. 1 SGB IX jeder Arbeitgeber ein obligatorisches Präventionsverfahren anzuwenden. Das Ziel dieses Präventionsverfahrens liegt vor allem in der Kündigungsprävention schwerbehinderter und ihnen gleichgestellter Beschäftigter. Die Verpflichtung des Arbeitgebers frühzeitig gegen erkennbare Gefährdungen einzuschreiten, verlangt, dass Schwierigkeiten bereits im Ansatz behoben werden, um eine Kündigung erfolgreich zu vermeiden. Damit muss der Arbeitgeber die Beschäftigungsverhältnisse schwerbehinderter Arbeitnehmer/innen dauerhaft sichern.

Die Gründe für die Gefährdung des Beschäftigungsverhältnisses können vielfältig sein. Deshalb müssen Arbeitgeber bei personen-, verhaltens- und betriebsbedingten Schwierigkeiten, die zur Gefährdung des Arbeits- oder Beschäftigungsverhältnisses führen können, frühzeitig handeln. Das Präventions- bzw. Prüfverfahren nach § 84 Abs. 1 SGB IX ist zugleich ein Beteiligungsverfahren. Die Arbeitgeber müssen möglichst frühzeitig zusammen mit der Schwerbehindertenvertretung, dem Betriebsrat und dem Integrationsamt klären, ob es Möglichkeiten, Hilfen und finanzielle Leistungen gibt, mit denen die Schwierigkeiten beseitigt werden können.

Gründe für die Gefährdung des Beschäftigungsverhältnisses

Verhaltensbedingte Gründe	Personenbedingte Gründe	Betriebsbedingte Gründe
Die Person verhält sich vertragswidrig, z.B. aufgrund mangelhafter Arbeit, unentschuldigten Fehlens, strafbarer Handlungen, fehlender AU-Meldung	Die Person ist nicht mehr oder nur noch eingeschränkt in der Lage, die Arbeitsleistung zu erbringen, z.B. aufgrund mangelnder Eignung, unzureichender Kenntnisse, Abnahme der Leistungsfähigkeit	Die Gründe haben unternehmerische, betriebliche und wirtschaftliche Ursachen, z.B. Stilllegung des Betriebs, Outsourcing, organisatorische oder technische Rationalisierungsmaßnahmen

Wird eine solche Präventionsplanung frühzeitig eingeleitet (z.B. gleich am Anfang einer Kurzarbeitsperiode), ist ausreichend Zeit, geeignete Maßnahmen umzusetzen. Schwerbehindertenvertretung und Betriebsrat sind gehalten, gemeinsam mit den schwerbehinderten/gleichgestellten Beschäftigten nach der besten Lösung für die Beschäftigungssicherung zu suchen und die Vorschläge zu diskutieren. Wenn der Arbeitgeber nicht aktiv wird, müssen die Interessenvertretungen ihn zum Handeln auffordern und selbst das Integrationsamt einschalten (§ 95 Abs. 1 SGB IX).

Fragebogen zur Risikoeinschätzung und Problemlösung

Welche konkreten personen-, verhaltens- oder betriebsbedingten Probleme liegen zurzeit vor?
Welche Auswirkungen sind damit für den/die Beschäftigte/n verbunden?
Wann und von wem wurden die Schwierigkeiten erstmals festgestellt?
Wie schätzt der/die direkt betroffene Person die Gefährdung ein?
Wie ist die Sichtweise des direkten Vorgesetzten?
Wie verhält sich die Personalabteilung in der gegenwärtigen Situation?
Was hat die betroffene Person bereits zur Problemlösung unternommen/beigetragen?
Welche beschäftigungssichernden Maßnahmen hält die betriebliche Interessenvertretung für aussichtsreich? Wie wurde in vergleichbaren Fällen vorgegangen?
Welche externen Partner müssen beratend hinzugezogen werden (Agentur für Arbeit, Integrationsfachdienst etc.)?
Sind die Vorschläge des Integrationsamts oder anderer externer Vertreter zielführend?
Sind Lösungsansätze erkennbar oder müssen noch neue/zusätzliche Fragen geklärt werden?
Welche Hilfen und Leistungen kommen für den Betrieb in Frage und welche Kosten sind damit verbunden? Gibt es finanzielle Fördermöglichkeiten?
Liegt eine Integrationsvereinbarung vor, die genutzt werden kann?
Gibt es andere Vereinbarungen oder Regelungen, die zur Beschäftigungssicherung hilfreich sind?

Als Problemlösungen, die ein Kündigungsverfahren unnötig machen, kommen vor allem folgende Maßnahmen in Frage:
- Beschäftigung/Versetzung an einen gesundheitsgerechten Arbeitsplatz (§ 81 Abs. 3 SGB IX)
- inner- und außerbetriebliche Maßnahmen der beruflichen Bildung (§ 81 Abs. 4 Ziff. 2 und 3 SGB IX)
- behinderungsgerechte Gestaltung der Arbeit und der Arbeitsstätte (§ 81 Abs. 4 Ziff. 4 SGB IX)

3. Schwerpunkte der Interessenvertretungsarbeit

- Ausstattung mit technischen Arbeitshilfen (§ 81 Abs. 4 Ziff. 5 SGB IX)
- Einrichtung von Teilzeitarbeitsplätzen (§ 81 Abs. 5 SGB IX)
- medizinische und berufliche Rehabilitationsmaßnahmen (§§ 26 ff., 33 ff. SGB IX)
- psychosoziale Betreuung (§ 110 SGB IX) und Jobcoaching durch die Integrationsfachdienste (IFD)
- stufenweise Wiedereingliederung (§ 28 SGB IX) nach längerer Arbeitsunfähigkeit
- finanzielle Leistungen für Einarbeitungszuschüsse, Lohnkostenzuschüsse, Betreuungsaufwendungen, Arbeitsplatzeinrichtung, Kfz-Hilfe, Arbeitsassistenz etc. durch die Integrationsämter (§ 102 SGB IX) und Rehabilitationsträger (z.B. § 16 SGB VI; §§ 33 bis 38 SGB IX).

Hält sich der Arbeitgeber nicht an seine Pflicht, das Präventionsverfahren durchzuführen und betreibt eine Kündigung, führt dieser Rechtsverstoß nicht schon zur Unwirksamkeit der Kündigung des schwerbehinderten Beschäftigten. Er geht jedoch das Risiko ein, dass seinem Zustimmungsantrag vom Integrationsamt nicht entsprochen wird oder das Arbeitsgericht die Kündigung für unwirksam erklärt. Gleiches gilt, wenn er vorschriftswidrig die betriebliche Interessenvertretung oder das Integrationsamt nicht eingeschaltet und/oder arbeitsplatzerhaltende Maßnahmen nicht vorgenommen hat. Eine ohne Einhaltung des Präventionsverfahrens ausgesprochene Kündigung kann sich also nach § 1 Abs. 2 KSchG als sozial ungerechtfertigt erweisen. Die Erfüllung der Präventionspflicht ist der zentrale Beurteilungsmaßstab nicht nur für das Arbeitsgericht, sondern bereits für das Zustimmungs- oder Ablehnungsverhalten des Integrationsamts. Der Arbeitgeber ist zur Mitteilung aufzufordern, wie er seinen Präventionsverpflichtungen nachgekommen ist. Kann das Präventionsverfahren im Arbeitsverhältnis des schwerbehinderten Beschäftigten auftretende Schwierigkeiten beseitigen, kann die Unterlassung des Verfahrens zu Lasten des Arbeitgebers bei der Bewertung des Kündigungsgrundes Berücksichtigung finden (BAG – 7. 12.2006 – 2 AZR 182/06).

Informations- und Beteiligungsrechte der Schwerbehindertenvertretung im Präventionsverfahren nach § 84 Abs. 1 SGB IX

Erörterungsrecht nach § 84 Abs. 1 SGB IX
Das Erörterungsrecht der Schwerbehindertenvertretung geht über das Informations- und Anhörungsrecht hinaus. Es fordert eine rechtzeitige und umfassende Vorabinformation über die festgestellten Beschäftigungsprobleme einschließlich von Vorschlägen zur Beseitigung der Schwierigkeiten. Der Arbeitgeber muss der Schwerbehindertenvertretung eine Möglichkeit der Stellungnahme einräumen, bei der sie ihre Vorschläge in den Problemlösungsprozess einbringen kann.

Informations- und Anhörungsrechte nach § 95 Abs. 2 SGB IX
Danach ist der Arbeitgeber verpflichtet, die betriebliche Interessenvertretung in allen Angelegenheiten, die einen einzelnen schwerbehinderten Beschäftigten oder die schwerbehinderten Beschäftigten als Gruppe betreffen, unverzüglich und umfassend zu unterrichten (Informationsrecht) und vor einer Entscheidung anzuhören (Anhörungsrecht).

Hier gilt ebenfalls: In einem auf die Information folgenden Erörterungsgespräch muss die Schwerbehindertenvertretung Gelegenheit erhalten, konkrete und überzeugende Lösungsvorschläge aufzuzeigen. Die Lösungsvorschläge sind für den Arbeitgeber allerdings nicht bindend; er muss sich nicht darauf einlassen. Dies zeigt die begrenzte Reichweite eines Mitwirkungsrechts gegenüber einem Mitbestimmungsrecht.

Weiterführende Informationen
Feldes/Stevens-Bartol/Kohte (Hrsg.), SGB IX Sozialgesetzbuch IX – Kommentar für die Praxis, Gesetze, Verordnungen, Empfehlungen auf CD-ROM, Frankfurt 2008.
Dau/Düwell/Haines (Hrsg.), Sozialgesetzbuch IX, Rehabilitation und Teilhabe behinderter Menschen, Lehr- und Praxiskommentar Baden-Baden 2009.

3.3.3 Betriebliches Eingliederungsmanagement nach § 84 Abs. 2 SGB IX

Zielt das Präventionsverfahren nach § 84 Abs. 1 SGB IX auf Kündigungsprävention, ist das Ziel des betrieblichen Eingliederungsmanagements die nachhaltige Prävention von Gesundheit, Leistungsvermögen und Beschäftigungsfähigkeit. Der Adressatenkreis für präventive Maßnahmen, Hilfen und Leistungen beschränkt sich dabei nicht mehr nur auf schwerbehinderte Beschäftigte, sondern erweitert sich in Richtung gesundheitsbeeinträchtigter und von Behinderung bedrohter Menschen.

Klärungspflicht
Der Arbeitgeber leitet das Betriebliche Eingliederungsmanagement (»BEM«) ein, sobald ein Beschäftigter innerhalb der vergangenen zwölf Monate länger als sechs Wochen ununterbrochen oder wiederholt arbeitsunfähig war. Zu dem betroffenen Personenkreis zählen:
- langzeiterkrankte Arbeitnehmer/innen (deren Arbeitsunfähigkeit länger als 42 Tage im Jahr andauert)
- wiederholt bzw. mehrfach erkrankte Arbeitnehmer/innen, (die in der Summe mehr als sechs Wochen in einem Jahr krank sind).

3. Schwerpunkte der Interessenvertretungsarbeit

Die Vorschrift verpflichtet den Arbeitgeber zu einem betrieblichen Präventionsverfahren. Die Regelung nimmt damit Bezug auf die wachsende Zahl von Langzeiterkrankungen und leistungsbeeinträchtigenden Gesundheitsstörungen, die häufig eine Gefährdungslage für das Arbeitsverhältnis erzeugen. Bei den 50-59-Jährigen befinden sich 8 % der Beschäftigten in Langzeiterkrankung (vgl. Bödeker 2007).

Der Anteil Langzeiterkrankter an allen arbeitsunfähigen Beschäftigten ist zwar gering (4,2 %), jedoch liegt der Anteil der AU-Zeiten über 42 Tage bei fast 40 % (vgl. Badura 2009). In dem Maße, wie solche Gesundheitsstörungen zu dauerhaften Einschränkungen der Einsatzflexibilität führen und die betriebliche Organisation nicht genügend einschränkungsgerechte Arbeitsplätze bereit hält, stellen sie ein besonderes Beschäftigungsrisiko dar. Jeder Zeitverlust bei der vertretbaren Gestaltung des Arbeitsplatzes und der Arbeitsorganisation und bei der Umsetzung von Personalentwicklungsmaßnahmen erhöht das Teilhaberisiko. Lange Zeiten von Arbeitsunfähigkeit erfordern daher in jedem Fall Vorsorge.

Zur Abklärung der Möglichkeiten, wie die gesetzlichen Vorsorgeziele erreicht und gesichert werden, schaltet der Arbeitgeber den Betriebs-/Personalrat und bei betroffenen schwerbehinderten Beschäftigten auch die Schwerbehindertenvertretung ein. Die am Zustandekommen des Eingliederungsmanagements beteiligten Akteure organisieren in der anschließenden Klärungsphase einen systematischen Suchprozess, um sich im Einvernehmen mit dem Betroffenen einen Überblick über seine Gesundheitslage und sein Teilhaberisiko zu verschaffen. Dazu analysieren und beurteilen sie auch die Ursachen der lang anhaltenden Arbeitsunfähigkeit. Aus dieser Gefährdungsbeurteilung ergibt sich bereits eine Reihe von Hinweisen auf mögliche Gestaltungsmaßnahmen, die eine erfolgreiche Wiedereingliederung unterstützen.

Es ist das Ziel der Klärungsphase, dass sich die Betriebsparteien gemeinsam mit dem betroffenen Beschäftigten darauf verständigen, einen Eingliederungsplan zu entwickeln. Dazu müssen sie auch schrittweise eruieren, mit welchen geeignete Hilfen, Leistungen und Maßnahmen die Arbeitsunfähigkeit überwunden werden kann, um einer erneuten Arbeitsunfähigkeit vorzubeugen und den Arbeitsplatz zu erhalten ist.

3. Schwerpunkte der Interessenvertretungsarbeit

Koordinierter Such- und Eingliederungsprozess

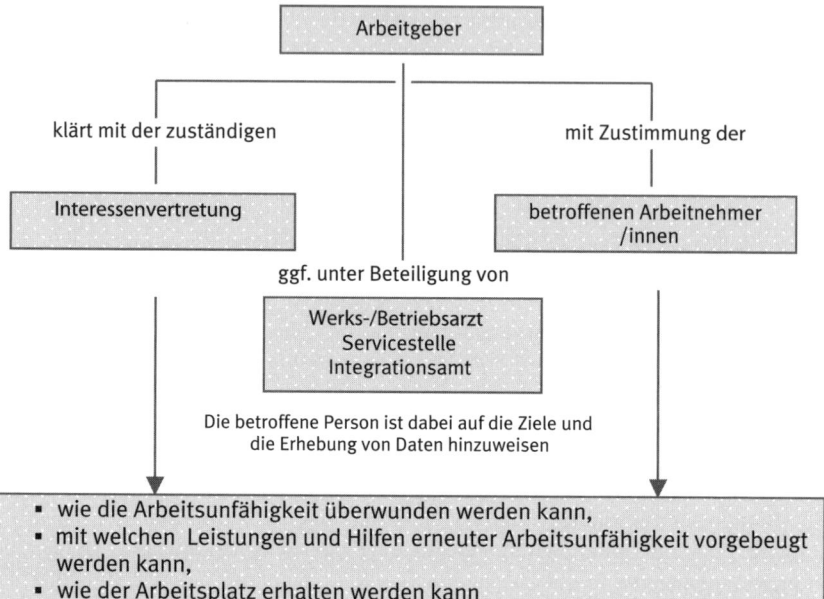

Einschaltung und Beteiligung der Interessenvertretung
Der Betriebs- und Personalrat und bei schwerbehinderten Beschäftigten auch die Schwerbehindertenvertretung sind frühzeitig am Zustandekommen des betrieblichen Eingliederungsmanagements beteiligt. Dazu schaltet der Arbeitgeber den Betriebs- und Personalrat und die Schwerbehindertenvertretung nach Ablauf der sechswöchigen Lohnfortzahlung bzw. nach signifikant wiederholter Arbeitsunfähigkeit ein, um als Vertretung der Interessen des betroffenen Beschäftigten am Klärungsprozess teilzunehmen. Die Beteiligung löst einerseits einen Überwachungsauftrag über die Art und Weise der Durchführung der Klärung aus. Die Mitglieder der Interessenvertretung wie auch die anderen Mitglieder des Eingliederungsteams fungieren andererseits als Ansprechpartner und Vertrauensperson des betroffenen Arbeitnehmers. Darüber hinaus sind sie mit eigenen Initiativen in das weitere Präventionsverfahren involviert und gefordert, eigene Vorschläge für die individuelle Maßnahmegestaltung einzubringen.

3. Schwerpunkte der Interessenvertretungsarbeit

Rechtliche Bezüge im betrieblichen Eingliederungsmanagement

Mitbestimmungsrechte
- Die Betriebs- und Personalräte haben im Zusammenhang mit dem betriebliches Eingliederungsmanagement (BEM) volle Mitbestimmungsrechte (§ 87 Abs. 1 Nr. 1, 6 und 7 BetrVG bzw. aus 75 Abs. 3 Nr. 11, 15 und 17 BPersVG)
- § 87 Abs. 1 Nr. 1 BetrVG: der Klärungs- und Eingliederungsprozess erfordert ein hohes Maß an Beteiligung der Arbeitnehmer und nimmt Einfluss auf das Verhalten der Arbeitnehmer im Betrieb, erzeugt eine erhebliche Schützbedürftigkeit der dabei berührten Persönlichkeitsinteressen und berührt die Ordnung des Betriebs.
- § 87 Abs. 1 Nr. 6 BetrVG: dient dem Persönlichkeitsschutz und der Regelung der Datensicherheit beim Eingliederungsmanagement
- § 87 Abs. 1 Nr. 7 BetrVG: das Eingliederungsmanagement nutzt die Mittel zur Beurteilung von arbeitsbedingten Gesundheitsgefährdungen und dient dem Gesundheitsschutz
- § 2a Abs. 1 Nr. 1, 3a ArbGG: der Betriebsrat kann seine Unterrichtungs- und Erörterungsrechte gegenüber dem Arbeitgeber beim Arbeitsgericht einklagen Den Erörterungsanspruch kann die Interessenvertretung im Zuge einer einstweiligen Verfügung sichern.

Beteiligungsrechte
- § 99 BetrVG: Bei personellen Einzelmaßnahmen (z.B. innerbetriebliche Versetzungen) ist der Betriebsrat zu beteiligen; seine Zustimmung ist einzuholen. Somit kann er auch auf krankheitsbedingte Versetzungen oder Umgruppierungen Einfluss nehmen und ggf. an ihrer Stelle arbeitsplatzgestaltende Maßnahmen durchsetzen.
- § 102 BetrVG: der Betriebsrat ist vor jeder Kündigung gesondert zu unterrichten und zu hören; bei fehlendem oder unzureichendem Eingliederungsmanagementverfahren ist die Kündigung sozial ungerechtfertigt.

Überwachungs- und Initiativrechte
- Das Überwachungsrecht nach § 84 Abs. 2 Satz 7 BetrVG bezieht sich auf das gesamte Verfahren, seine einzelnen Phasen, die Beteiligten, die Art der Beteiligung, die Art und Qualität von Hilfsmaßnahmen.
- Sollte der Arbeitgeber untätig bleiben, hat der Betriebsrat ein Initiativrecht auf Klärung (§ 84 Abs. 2 Satz 6 BetrVG) geeigneter Eingliederungsmaßnahmen. Sind dem Betriebsrat die relevanten Arbeitsunfähigkeitszeiten bekannt, kann er initiativ werden und beim Arbeitgeber auf die Vornahme eines Eingliederungsmanagements hinwirken.

Aus der BAG-Rechtssprechung: Rechtsfolgen eines fehlenden betrieblichen Eingliederungsmanagements
- Ein Verstoß des Arbeitgebers gegen die Vorschrift hat keine unmittelbaren Rechtsfolgen.
- Das betrieblich zu errichtende Präventionsverfahren ist keine formelle Wirksamkeitsvoraussetzung für den Ausspruch einer Kündigung.
- Das BEM stellt aber eine wesentliche Voraussetzung für die Anwendung des Instrumentes der krankheitsbedingten Kündigung und für die Fortsetzung des Beschäftigungsverhältnisses dar.
- Solange sich der Arbeitgeber nicht darauf berufen kann, dass er alle zumutbaren Möglichkeiten der Kündigungsvermeidung ausgeschöpft hat, solange darf er von der Kündigung als letztem Mittel (»Ultima-Ratio-Prinzip«) nicht Gebrauch machen.
- Eine krankheitsbedingte Kündigung, der keine Prüfung und Erörterung von Beschäftigungssicherungsmöglichkeiten vorausgegangen ist, ist damit unverhältnismäßig und sozial nicht gerechtfertigt.
- Eine Kündigung ist nicht gerechtfertigt, wenn durch das Präventionsverfahren alternative leidensgerechte und leistungsadäquate Einsatzmöglichkeiten entwickelt werden können.
- Eine krankheitsbedingte Kündigung kann nicht wirksam werden, es sei denn, der Arbeitgeber kann den Nachweis führen, dass ein Erfolg der Maßnahmen von vorneherein ausgeschlossen ist und dem Arbeitgeber unzumutbare Aufwendungen für eine dauerhafte Integration und Gesundheitsprävention entstehen.

Weiterführende Informationen
Feldes/Stevens-Bartol/Kohte (Hrsg.), SGB IX Sozialgesetzbuch IX – Kommentar für die Praxis, Gesetze, Verordnungen, Empfehlungen auf CD-ROM, Frankfurt 2008.

Zustimmung und Beteiligung der Betroffenen
Die Durchführung des Präventionsverfahrens ist nach § 84 Abs. 2 Satz 1 SGB IX von der Zustimmung des Betroffenen und von seiner freiwilligen Beteiligung abhängig. Der Arbeitgeber hat die betroffene Person vor Durchführung des Präventionsverfahrens als erstes auf die Ziele des betrieblichen Eingliederungsmanagements sowie auf Art und Umfang der hierfür erhobenen und verwendeten Daten hinzuweisen. Die Zustimmung und Beteiligung ist auch für die nächsten Entscheidungen und Maßnahmen im weiteren Prozess einzuholen. Damit soll sichergestellt werden, dass
- das Verfahren und seine Leistungen die Selbstbestimmung und gleichberechtigte Teilhabe behinderter oder von Behinderung bedrohter Menschen an der Gesellschaft fördern sollen
- die Wunsch- und Wahlrechte (vgl. § 9 SGB IX) bei der Maßnahmeauswahl und der Ausführung von Leistungen konsequent berücksichtigt werden
- das betriebliche Eingliederungsmanagement als Hilfsangebot gehandhabt wird.

3. Schwerpunkte der Interessenvertretungsarbeit

Ein gegen den Willen des Beschäftigten durchgeführtes Eingliederungsverfahren und ohne seine direkte Einwilligung vorgenommene Maßnahmen verstoßen gegen das Selbstbestimmungsrecht. Ist eine Beteiligung am Verfahren nicht zustande gekommen oder liegt keine Zustimmung vor, besteht für den Arbeitgeber und die weiteren Akteure kein Anlass, mit der Durchführung des Verfahrens zu beginnen. Aufgrund der Freiwilligkeit des Verfahrens darf eine Verweigerung der Zustimmung auch keine negativen Konsequenzen für den Betroffenen nach sich ziehen.

Datenschutz

§ 84 Abs. 2 SGB IX enthält Vorgaben für den Daten- und Persönlichkeitsschutz beim Umgang mit personenbezogenen Daten. Erlaubt ist die Durchführung des Eingliederungsmanagements nur dann, wenn der Arbeitgeber den betroffenen Arbeitnehmer über die Ziele des Eingliederungsmanagements sowie über die Art und den Umfang der hierfür erhobenen und verwendeten Daten informiert hat.

> **Daten im Eingliederungsmanagement**
> Der Umfang der erhobenen/herangezogenen Daten ist vom Aufwand an Ursachenforschung und Maßnahmegestaltung abhängig: Arbeitsunfähigkeitsdaten, Prozess- bzw. Ablaufdaten, ärztliche Diagnose- und Prognosedaten, Daten aus arbeitsplatzbezogenen Beurteilungsverfahren (Betriebsgesundheitsbericht, Gefährdungsbeurteilung), Arbeitsschutzdaten (technische Datenblätter, Gefahrendatenblätter), maßnahmebezogene Daten (Rehaentlassungsberichte, stufenweise Wiedereingliederung), Leistungsdaten (Belastungserprobung, Profilvergleiche), behördliche Bescheide z.B. des Versorgungsamts erfordern eine gesetzeskonforme und sorgfältige Organisation des Datenschutzes.

Grundsätze des Datenschutzes im BEM

- Ein wirksamer Schutz personenbezogener Daten bildet Vertrauen in das Eingliederungsmanagement.
- Ein Eingriff in die Persönlichkeitssphäre ist so weit wie möglich zu minimieren.
- Datenmissbrauch ist durch den Arbeitgeber auszuschließen. Die Daten dürfen nur im Rahmen des Eingliederungsmanagements verwendet werden.
- Gesundheitsdaten jeglicher Art dürfen nicht ohne Einwilligung des Betroffenen und nur zweckgebunden erhoben und verwendet werden.
- Die datenschutzrechtlichen Grundsätze der Datensparsamkeit und Datenvermeidung (§ 3a BDSG) bedeuten, dass im betrieblichen Eingliederungsmanagement nur so viele personenbezogene Daten verarbeitet werden dürfen wie für das Erreichen der Präventionsziele unbedingt erforderlich sind.
- Der Kreis der Akteure im BEM mit Zugriffsbefugnis auf sensitive Datenbestände ist auf ein notwendiges Minimum zu begrenzen.

- Im BEM bekannt gewordene sensible Daten unterliegen der Geheimhaltungspflicht.
- Für den Betriebs- und Personalrat (§ 79 BetrVG, § 10 BPersVG), die Schwerbehindertenvertretung (§ 96 Abs. 7 und § 97 Abs. 7 SGB IX), die Rehabilitationsträger und das Integrationsamt (§ 35 SGB I, § 130 SGB IX, § 67 ff. SGB X) sowie für den Werks- und Betriebsarzt (§ 203 StGB) gelten einschlägige Regelungen ihrer Geheimhaltungspflicht.
- Die im Eingliederungsmanagement erhobenen Daten werden - getrennt von der allgemeinen Personalakte – in einer »BEM-Akte« aufbewahrt
- Nach Abschluss des Verfahrens sind die Daten zu vernichten bzw. den Betroffen auszuhändigen.

Hinzuziehung interner und externer Fachkräfte
Im Bedarfsfall - zur Problemabklärung, zur Beurteilung der Ursachen von arbeitsbedingten Erkrankungen und zur Maßnahmenplanung – ist der Werks- oder Betriebsarzt hinzuziehen. Ebenso die Fachkräfte für Arbeitsgestaltung und Ergonomie bei technischen Maßnahmen am Arbeitsplatz, wie auch bei notwendigen Veränderungen der Arbeitsorganisation und bei Gestaltungen im Arbeitsumfeld (z.B. klimatische Bedingungen, Lärm).

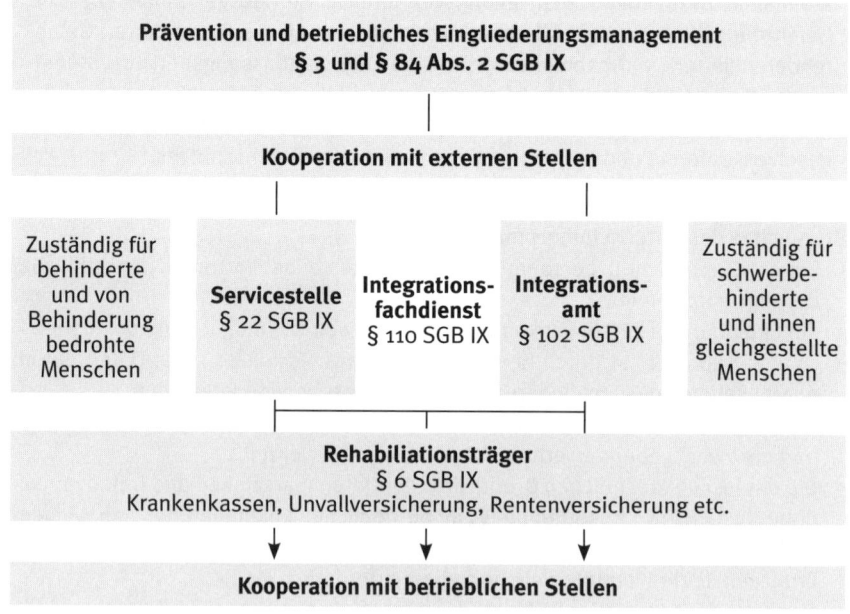

Quelle: IG Metall (Hrsg.), Teilhabepraxis 2 Beschäftigung fördern und sichern, Frankfurt 2010.

3. Schwerpunkte der Interessenvertretungsarbeit

Die Servicestellen (§ 22 SGB IX), Integrationsämter (§ 102 SGB IX) und die Rehabilitationsträger (§ 6 SGB IX) sind ebenfalls Kooperationspartner mit arbeitsteiligen Aufgaben. Ihre Beratung hat dabei so zu erfolgen, dass sie ihre Hilfsmöglichkeiten zur Beschäftigungssicherung einsetzen und sich der Rechtsanspruch behinderter Menschen auf Beratung und Unterstützung (vgl. § 1 SGB IX) in einem möglichst raschen Beginn der Präventionsmaßnahmen niederschlägt.

Leistungen und Hilfen
Bei der Umsetzung des Eingliederungsmanagements geht es unter anderem darum, dass langzeiterkrankte Beschäftigte möglichst zügig Leistungen zur Teilhabe erhalten (Leistungen zur medizinischen und beruflichen Rehabilitation, Leistungen zur Teilhabe am Arbeitsleben, begleitende Hilfen im Arbeitsleben). Unmittelbar präventive Wirkung auf die arbeitsbedingten Gesundheitsgefahren haben die arbeitsschutzrechtlichen Bestimmungen, wenn sie eingehalten und realisiert werden.

Das Maßnahme- und Handlungsspektrum zur Überwindung der Arbeitsunfähigkeit und Wiederaufnahme der Arbeit ist umfangreich und differenziert:
- Maßnahmen der medizinischen und beruflichen Rehabilitation einschließlich der stufenweisen Wiedereingliederung stellen die Gesundheit und Arbeitsfähigkeit wieder her und fördern die beruflichen Kompetenzen und die Einsatzflexibilität.
- Maßnahmen der menschen- und behinderungsgerechten Arbeitsgestaltung bauen Fehlbeanspruchungen ab und erleichtern die Ausführung der Aufgaben.
- Maßnahmen der Gesundheitsförderung zielen auf die Stärkung der individuellen Gesundheitsressourcen und -kompetenzen am Arbeitsplatz.
- Schwerbehinderte Beschäftigte haben Anspruch (§ 81 Abs. 4 Nr. 4 und 5 SGB IX) auf behinderungsgerechte Beschäftigung, Arbeitsgestaltung und Arbeitszeitorganisation, der auch die Ausstattung des Arbeitsplatzes mit den notwendigen technischen Arbeitshilfen umfasst (siehe § 81 Abs. 4 Nr. 5 SGB IX). Schwerbehinderte Arbeitnehmer können nach § 81 Abs. 4 Satz 1 Nr. 1 SGB IX die Beschäftigung zur stufenweisen Wiedereingliederung verlangen.
- Den Arbeitgeber trifft eine Mitwirkungspflicht, die beim schwerbehinderten Beschäftigten bestehenden Leistungshindernisse durch eine Wiedereingliederungsmaßnahme auszuräumen. Voraussetzung ist ein Eingliederungsplan, der Angaben zur Art und Weise der empfohlenen Beschäftigung, Beschäftigungsbeschränkungen, Arbeitszeitumfang und Maßnahmedauer enthält (BAG – 13.6.2006 – 9 AZR 229/05).

> **Bundesarbeitsgericht: Mindeststandards für das BEM**
> In den Entscheidungen 2 AZR 400/08 und 2 AZR 198/09 zeigt das Bundesarbeitsgericht Mindeststandards für ein ordnungsgemäßes BEM auf:

Die Teilnehmer am BEM haben darauf zu achten, dass alle in Betracht zu ziehenden Beschäftigungssicherungsmöglichkeiten im Verfahren eingebracht und erörtert werden. Im Mittelpunkt der Maßnahmenplanung müssen Anpassungen und Änderungen an den Arbeitsplätzen oder eine Weiterbeschäftigung durch Versetzung stehen. Alle TeilnehmerInnen am BEM sind aufgefordert, Vorschläge zur Lösung des Problems zu machen. Alle ihre eingebrachten Vorschläge sind sachlich zu erörtern. Die gesetzlich dafür vorgesehenen Stellen, Ämter und Personen sind bei der Klärung geeigneter Maßnahmen zu beteiligen.

Der Arbeitgeber hat vor Ausspruch einer krankheitsbedingten Kündigung eine (durch ein BEM) empfohlene Rehabilitationsmaßnahme schon von sich aus in Erwägung zu ziehen und ihre Durchführung in die Wege zu leiten.

Im Zentrum der Aktivitäten: Das Integrationsteam

Das betriebliche Eingliederungsmanagement sollte durch ein Eingliederungsteam organisiert werden. Besetzt mit den gesetzlich mindestens vorgeschriebenen Vertretern des Arbeitgebers, des Betriebs-/Personalrats, der Schwerbehindertenvertretung und erweitert um die Vertreter des betriebsärztlichen bzw. des arbeitsmedizinischen Dienstes und der Fachkraft für Arbeitssicherheit tritt das Integrationsteam in regelmäßigen Abständen zusammen. Je nach betrieblichen Erfordernissen und Ressourcen werden weitere betriebliche oder auch außerbetriebliche Beteiligte hinzugezogen, die aufgrund ihrer Fachkenntnisse den Prozess unterstützen können. Die Mitglieder des Integrationsteams fungieren gleichzeitig für Betroffene als Fallmanager/persönlicher Ansprechpartner. Bereits in Betrieben mittlerer Größe (500 Beschäftigte und mehr) sollte ein professioneller Fallmanager beschäftigt werden.

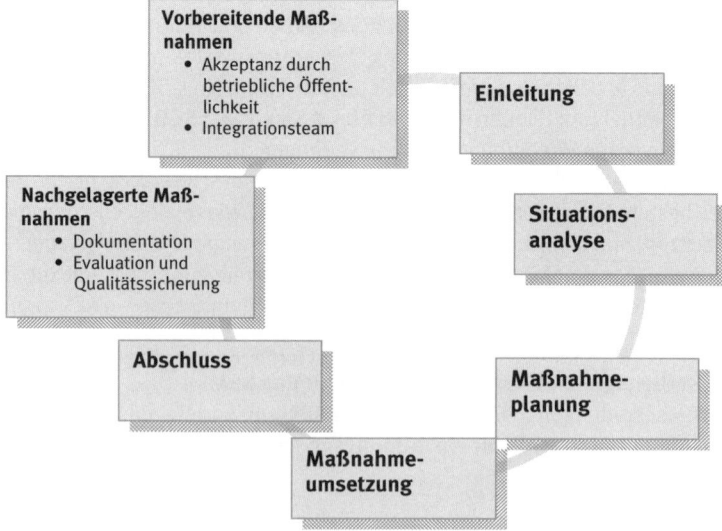

3. Schwerpunkte der Interessenvertretungsarbeit

Im Zentrum der Aktivitäten des Integrationsteams stehen mehrere Kernaufgaben. Das Integrationsteam

- nimmt auf der Basis der Arbeitsunfähigkeitsdaten und der Daten aus der Gefährdungsbeurteilung des jeweiligen Arbeitsplatzes gemeinsam mit dem Betroffenen eine intensive Problemanalyse vor
- erörtert ggf. in Abstimmung mit internen und externen Experten den Hilfebedarf und zieht ein breites Spektrum an Lösungsmöglichkeiten in Betracht
- entscheidet gemeinsam mit dem Betroffenen über einen Eingliederungsplan und berücksichtigt dabei, dass Veränderungsmöglichkeiten auf verschiedenen Ebenen in Betracht kommen
- sorgt für eine professionelle Begleitung der eingeleiteten Maßnahmen
- fungiert auch als Lenkungskreis zur Überprüfung, Überwachung, Ergebnisauswertung und Fortentwicklung des betrieblichen Eingliederungsmanagements.

Auf solider Basis: Betriebsvereinbarung abschließen
Damit das BEM wirkungsvoll ist und kein Strohfeuer bleibt, müssen eine Reihe von Aufgaben dauerhaft erledigt werden: Information und Sensibilisierung, fallbezogene Beratung und Prozessbegleitung, Vernetzung und Koordination von Leistungen und Angeboten, Zusammenarbeit zwischen den betrieblichen Akteuren und den außerbetrieblichen Feldern der Rehabilitation und Gesundheitsprävention. Ein solches Vorgehen erfordert daher eine verbindliche betriebliche Vereinbarung. Mit Blick auf die jeweiligen betrieblichen Besonderheiten legt sie fest, wie die Organisationsstrukturen, Verfahrensabläufe und Verantwortlichkeiten im Eingliederungsmanagement sein müssen. Für die Beschäftigten macht eine Betriebsvereinbarung transparent, dass die Beschäftigungssicherung und der Schutz ihrer Persönlichkeitsrechte oberste Priorität hat.

Um das Eingliederungsmanagement auf das Erreichen des gesetzlichen Ziels auszurichten, sind in der Betriebsvereinbarung einige wesentliche Verfahrensregeln festzulegen: Einleitung des Verfahrens, Rahmenbedingungen der Arbeit des Integrationsteams, Rollen und Verantwortlichkeiten in den Phasen des Verfahrens, Rechte und Pflichten der Beteiligten (Arbeitgeber, Betroffene, Interessenvertretung, interne und externe Experten), Vertraulichkeit und Datenschutz, Hilfsangebot und Maßnahmen, Instrumente, Evaluation und Qualitätssicherung, Abschluss des Verfahrens.

Eckpunkte einer Betriebsvereinbarung

Ziele: Das Ergebnis eines Eingliederungsmanagements für Beschäftigte mit lang andauernder Beeinträchtigung ihrer Arbeitsfähigkeit besteht darin,
- die Arbeitsunfähigkeit zu überwinden,
- einer erneuter Arbeitsunfähigkeit vorzubeugen,
- den Arbeitsplatz zu erhalten.

3. Schwerpunkte der Interessenvertretungsarbeit

Geltungsbereich: Das Angebot eines Eingliederungsmanagements gilt für alle langzeiterkrankten und wiederholt- bzw. mehrfacherkrankten Arbeitnehmer/innen, deren Arbeitsunfähigkeit länger als 42 Tage im Jahr andauert. Die Vereinbarung kann auch von Beschäftigten mit Einsatzeinschränkungen und geringeren AU-Zeiten genutzt werden, wenn damit vermieden werden kann die Entstehung einer Behinderung und/oder das chronisch werden der Gesundheitsstörung.

Freiwilligkeit: Die Teilnahme an Gesprächen und Maßnahmen des Eingliederungsmanagements ist freiwillig. Eine fehlende Bereitschaft oder Zustimmung zum Eingliederungsmanagement führt zu keinen arbeitsrechtlichen Folgen.

Datenschutz: Im Eingliederungsmanagement sind die datenschutzrechtlichen Bestimmungen strikt einzuhalten. Daten dürfen nur zum Zweck des Eingliederungsmanagements und nach Maßgabe der Datensparsamkeit erhoben und verwendet werden. Sie unterliegen der Geheimhaltungspflicht. Die im Eingliederungsmanagement erhobenen Daten werden - getrennt von der allgemeinen Personalakte – in einer »BEM-Akte« aufbewahrt.

Eingliederungsteam: Zur strukturierten Bearbeitung der Eingliederungsaufgaben des Betriebs koordiniert ein betriebliches Eingliederungsteam auf der Basis der vom Arbeitgeber vorgelegten AU-Daten die beteiligten Akteure und Entscheidungen. Das betriebliche Eingliederungsteam bzw. ein vom Betroffenen ausgewählter Fallmanager

- informieren über die Ziele des Eingliederungsmanagements
- unterrichten über die für das Eingliederungsmanagement erhobenen und verwendeten Daten
- analysieren gemeinsam mit dem betroffenen Beschäftigten die Ausgangs- und Problemsituation
- beraten über Hilfsmöglichkeiten und Rechtsansprüche
- planen und beschließen gemeinsam mit den Betroffenen, welche Maßnahmen umgesetzt werden sollen (Eingliederungsplan)
- begleitet den betroffenen Beschäftigten in außerbetrieblichen Prozessphasen
- koordinieren die erforderlichen Unterstützungsleistungen auf der Basis des Eingliederungsplans.

Gefährdungsbeurteilung und Situationsanalyse: Das Eingliederungsteam beurteilt aufgrund einer Gefährdungsbeurteilung gemeinsam mit dem Betroffenen die gesundheitsbedingte Gefährdung des Beschäftigungsverhältnisses am jeweiligen Arbeitsplatz. Die Beteiligten erörtern gemeinsam den Hilfsbedarf und entscheiden über die erforderlichen Maßnahmen.

Maßnahmenplanung: Ein Eingliederungsplan definiert Zielsetzung, Verlauf und Qualität der erforderlichen individuellen Integrations-, Rehabilitations- und Präventionsmaßnahmen. Die Maßnahmen müssen erforderlich, bedarfsgerecht, ausführbar und freiwillig sein.

Maßnahmenumsetzung: Das Eingliederungsteam gewährleistet in enger Abstimmung mit Betroffenen, Leistungsträgern und Bereichsvorgesetzten die zügige Einleitung, Steuerung und Begleitung der Eingliederungsmaßnahmen. Es sollen vorrangig betriebsnahe Eingliederungsmaßnahmen vorgenommen werden. Das Eingliederungsmanagement endet mit der vollwertigen Wiedereingliederung der Betroffenen in die Arbeitsorganisation.
Organisationsentwicklung: Das Unternehmen verankert den Grundsatz der aktiven Förderung von Prävention und Integration in seiner Personalpolitik und in seinen Leitlinien. Es entwickelt Strukturen und Rahmenbedingungen zur Früherkennung von Beschäftigungsgefahren, zur Personalentwicklung und zur Zusammenarbeit mit Beratungseinrichtungen und Rehabilitationsleistungsträgern.
Qualifizierungsmaßnahmen für Vorgesetzte: Das Unternehmen schafft ein regelmäßiges Schulungsangebot, damit sich Fach- und Führungskräfte die erforderlichen Kompetenzen für die Umsetzung des Eingliederungsmanagements in ihren Zuständigkeitsbereichen aneignen können.
Konfliktregelung: Zur Beilegung von Streitigkeiten aus der Umsetzung oder Durchführung des Eingliederungsmanagements wird die Einigungsstelle angerufen.

Weitere Informationen
Projekt »Werkzeugkasten Betriebliches Eingliederungsmanagement«
Das Projekt der IG Metall und des BIT-Institutes in Bochum entwickelt im Auftrag und mit Unterstützung des Bundesministeriums für Arbeit ein Arbeitsmittelsystem zur Unterstützung von Unternehmen und Interessenvertretungen bei der Umsetzung des BEM.
Ab März 2011 stehen die Vorlagen, Anleitungen, Checklisten und Praxisbeispiele im Internet zur Verfügung: www.integrationmanagement.eu
Nähere Hinweise:
BIT e.V. Bochum, tel.: 0234 / 9223146; IG Metall Tel.: 069 / 6693-2496

3.4 Rehabilitation

Die Bedeutung der Rehabilitation im Gesundheits- und Beschäftigungssystem ist in den vergangenen Jahren aufgrund demographischer und sozialer Entwicklungen stetig gewachsen. Bis 2025 wird die Zahl der über 55-jährigen Erwerbstätigen um 40 % zunehmen. Gleichzeitig wachsen die Anforderungen an die Beschäftigten. Hohe körperliche und psychische Belastungen in Kombination mit langen und ungünstigen Arbeitszeiten in normalen und prekären Beschäftigungsverhältnissen erzeugen ein enormes Verschleißrisiko. Vor allem Beschäftigte ab der mittleren Altersgruppe sind besonders gefährdet. Ein Drittel der über 55-jährigen und 60 % der über 60-jährigen scheiden vorzeitig aus dem Erwerbsleben aus, in hohem Maße krankheitsbedingt.

Auch für Betriebsräte und Schwerbehindertenvertretungen gewinnt Rehabilitation zunehmend an Bedeutung. In den größeren Betrieben ist Rehabilitation bereits heute ein fester Bestandteil ihres Arsenals an Strategien und Maßnahmen, wie Beschäftigung zu sichern und wie Arbeit leistungsgerecht zu gestalten ist. Wenn jedoch nichts Entscheidendes bei der Bekämpfung krankmachender Arbeitsbedingungen geschieht, werden die zukünftigen Herausforderungen ungleich höher sein. Das bedeutet:

- Der Zugang zu Rehabilitationsmaßnahmen und die Qualität von Rehabilitationsleistungen werden als Voraussetzung für die Lebensqualität und eine stabile Beschäftigungsperspektive immer bedeutsamer.
- Der Rehabilitationsbedarf muss frühzeitig identifiziert, Maßnahmen müssen zielgerichtet und effektiv auf vorrangige Problemlagen und Risikogruppen konzentriert werden.
- Zugleich muss sich die Weiterentwicklung der Rehabilitation wegen der Wiedereingliederungschancen älterer Rehabilitanden verstärkt mit den konkreten Bedingungen des Arbeitsmarkts und im Unternehmen auseinandersetzen. Berufliche Elemente müssen gerade bei Älteren verstärkt in die Rehamaßnahme integriert werden; vordringlich sind die arbeitsbezogene Ausrichtung des Rehaprozesses und betriebsnahe Rehabilitation.
- Die Zusammenarbeit an den Schnittstellen der vielfältigen Reha-Träger mit der ambulanten ärztlichen Versorgung und den Betrieben muss energisch vorangetrieben werden.

Das Reha-System in Zahlen
Reha-Maßnahmen sind keine Ausnahmefälle, sondern haben ihrem Umfang nach erhebliche Bedeutung:
- In Vorsorge- und Reha-Einrichtungen wurden 2007 rund 1,97 Millionen Patient(inn)en behandelt
- 1239 Vorsorge- und Reha-Einrichtungen stellen ein Angebot von 171.000 »Rehabetten«
- zur Verfügung
- Träger und Betreiber: 57 % private Träger, 17,7 % öffentliche Einrichtungen, 25,3 % freigemeinnützige Einrichtungen

3. Schwerpunkte der Interessenvertretungsarbeit

Ausgaben für Rehabilitation und Teilhabe 2007 (in Mio. Euro)	
Krankenversicherung	2.511
Rentenversicherung	4.860
Alterssicherung der Landwirte	17,2
Bundesagentur für Arbeit	2.175
Integrationsämter	351
Sozialhilfe – Eingliederungshilfe	11.914
Ausgaben insgesamt	**25.251**

Arbeitsbedingte Auslöser für den Rehabedarf

Die arbeits- und Leistungsbedingungen sowie die Defizite bei der betrieblichen Gesundheitsförderung führen dazu, dass nur wenige Erkrankungen im Frühstadium durch sog. Primärprävention von vornherein vermieden werden und der Teil der Beschäftigten, der in seiner beruflichen Leistungsfähigkeit eingeschränkt ist, folglich zunimmt. Daher finden wir im Rehasektor vorwiegend Muskel-Skelett-Erkrankungen, Herz-Kreislauf-Erkrankungen und psychische Erkrankungen (hier vor allem Depressionen) vor, bei denen sich der Krankheitsverlauf meist chronisch entwickelt hat und ohne rechtzeitige Maßnahmen Behinderungen und/oder Frühinvalidität eintreten.

Rentenzugang wegen verminderter Erwerbsfähigkeit 2007 nach Diagnosegruppen (Auswahl)		
Diagnosegruppen	Männer	Frauen
Psychische Erkrankungen	28,7%	39,7%
Muskel-Skelett-Erkrankungen	16,4%	16%
Herz-Kreislauf-Erkrankungen und	14,2%	6,1%
Neubildungen	13,9%	15,3%
Quelle: BMAS 2007		

Der Anteil der Arbeitsbelastungen am Entstehen von Erkrankungen ist wissenschaftlich gut belegt und beziffert. Siegrist und Dragano schätzen dieses arbeitsbedingte Verschleißrisiko für Muskel-Skelett-Erkrankungen auf 33%, für koronare Herzkrankheiten auf 29% und für depressive Störungen auf 39%. Die beiden letztgenannten Zahlen beziehen sich ausschließlich auf die Folgen von psychischen Belastungen. In der Gruppe der älteren Beschäftigten dürfte der Anteil beträchtlich höher liegen (vgl. Siegrist/ Dragano 2007).

Die betroffenen Beschäftigten sind meist einem ganzen Komplex gesundheitlich belastender und krank machender Arbeitsbedingungen über einen längeren Zeitraum ausgesetzt, der drei große Bereiche umfasst:
- Starke und anhaltend hohe körperliche Belastungen,
- massiv zunehmende psychische, vor allem psychosoziale Belastungen und schließlich

- Belastungen durch ungünstige Arbeitszeiten (Nacht- und Schichtarbeit, lange Arbeitszeiten).

Diese Belastungskomplexe treten zumeist kumulativ, also in Kombination miteinander auf, so z.B. körperlich schwere Arbeit unter Zeitdruck.

Was leistet Rehabilitation?
Rehabilitation schützt und fördert Gesundheit und Erwerbsfähigkeit. Rehabilitation ist Teil der Risikoabwehr gegen Ausgliederung. Positiv gewendet bedeutet Rehabilitation den Vorgang der (Wieder-)Eingliederung in die Gesellschaft, vor allem in das Arbeitsleben. Sie umfasst die Gesamtheit der medizinischen, beruflichen und sozialen Maßnahmen zum Erreichen der vollen gesellschaftlichen und beruflichen Teilhabe. Die rechtlichen Grundlagen der Rehabilitation im SGB IX und in den einzelnen Leistungsgesetzen der Reha-Träger gelten sowohl für anerkannt behinderte Menschen als auch für Personen mit gesundheitlichen Schäden und drohender Gefahr einer Behinderung.

Forschungsergebnisse zur Wirksamkeit von Rehamaßnahmen
- Medizinische Rehabilitation hat unmittelbar nach der Maßnahme eine bedeutsame Wirkung auf den Gesundheitszustand der Rehabilitanden.
- Die Wirksamkeit bleibt für viele Rehabilitanden auch mittel- bzw. längerfristig erhalten. Dadurch verbessern sich die Voraussetzungen für eine weitere Erwerbstätigkeit.
- Im Gegensatz zur Akutversorgung bietet eine Rehamaßnahme den chronisch Erkrankten eine intensive und ganzheitliche Möglichkeit der Auseinandersetzung mit ihrer chronischen Erkrankung.
- Von Patientenschulungen gehen besonders positive Effekte aus.
- Auch für die Nachsorgearbeit konnten positive Effekte aufgezeigt werden.

aus: Deutsche Rentenversicherung Bund (Hrsg.): Ergebnisqualität in der medizinischen Rehabilitation der Rentenversicherung, Berlin 2009.

Medizinische Rehabilitation
Maßnahmen der medizinischen Rehabilitation sollen einsetzen, sobald erste Anzeichen für gesundheitliche Schäden vorliegen. Ihr vorrangiges Ziel ist es, Gesundheitsschäden wieder rückgängig zu machen. Dies gelingt allerdings in vielen Fällen nicht. Entsprechend haben Maßnahmen der medizinischen Rehabilitation ganz unterschiedliche Ergebnisse; schematisch zeigt dies das folgende Schaubild:

3. Schwerpunkte der Interessenvertretungsarbeit

Beim Vorliegen von gesundheitlichen Beeinträchtigungen oder Krankheiten

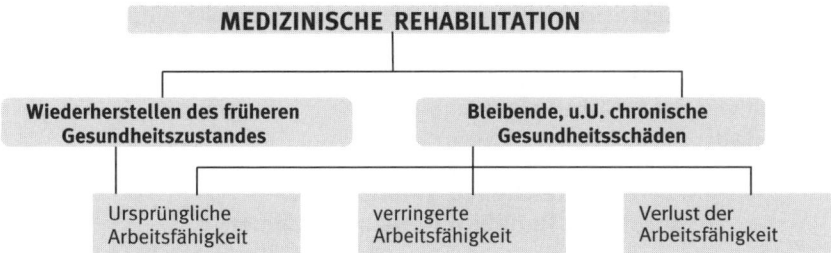

Der Erfolg von Maßnahmen der medizinischen Rehabilitation hängt von mehreren Umständen ab. Dazu gehören:
- die Art der Krankheit bzw. der Schädigung sowie ihre Schwere;
- die Qualität und die Effektivität der Maßnahmen;
- schließlich auch die begleitenden bzw. die sich anschließenden nicht-medizinischen Maßnahmen.

Medizinische Rehabilitation führt längst nicht immer zu einer Wiederherstellung des ursprünglichen Gesundheitszustandes. So bleibt bei chronischen Erkrankungen die Gesundheit häufig und auf Dauer eingeschränkt. Auch wo Maßnahmen der medizinischen Rehabilitation angemessen sind, sollten die Ursachen nicht übersehen werden, denn durch eine medizinische Rehabilitation werden die Krankheitsursachen nicht verändert oder abgebaut. Medizinische Rehabilitation bleibt für sich allein genommen daher häufig unzureichend, wenn sie nicht von weiteren, vor allem arbeitsbezogenen Maßnahmen begleitet wird. Die Beseitigung von krankheitsverursachenden Arbeitsbedingungen bildet neben der medizinischen Rehabilitation eine der zentralen Voraussetzungen für den Erhalt des verbliebenen Gesundheitszustandes.

Berufliche Rehabilitation
Berufliche Rehabilitation setzt an den Fähigkeiten den beruflichen Kompetenzen und den Arbeitserfahrungen von beeinträchtigten Arbeitnehmern/Arbeitnehmerinnen an. Berufliche Rehabilitation soll eine benachteiligte Stellung von Arbeitnehmern/Arbeitnehmerinnen auf dem Arbeitsmarkt oder im Beschäftigungsverhältnis ausgleichen. Maßnahmen der Kompetenzentwicklung sollen die Arbeitsfähigkeit behinderter Menschen verbessern oder wiederherstellen, um Betroffene möglichst auf Dauer weiterzubeschäftigen.

In der beruflichen Rehabilitation ist die Bundesagentur für Arbeit der wichtigste Leistungsträger. Sie ist für berufsfördernde Maßnahmen zuständig. Die Arbeitsagentur ist zum frühestmöglichen Zeitpunkt vor der Einleitung berufsfördernder Maßnahmen zu beteiligen. Bei Ersteingliederungen behinderter Menschen ins Arbeitsleben ist fast ausschließlich die Arbeitsagentur zuständig. Aufgrund des Vorrangs von Leistungen zur Teilhabe (§ 8 SGB IX) haben aber auch andere Leistungsträger zu prüfen, ob Leistungen zur Teilhabe notwendig und erfolgreich sind. Bei Beschäftigten mit Versicherungszeiten von mindestens 15 Jahren ist die Rentenversicherung der zuständige Reha-Träger.

Zu welchem Ergebnis führen berufliche Rehabilitationsmaßnahmen?

Aufnahme einer Beschäftigung	Anschlußmaßnahme	Beendigung, Abbruch
Eingliederung ins Arbeitsverhältnis	Übergang in medizinische Reha	wg. mangelnder Eignung
Verbleib im bisherigen Beruf	Schulbesuch (Neuaufnahme)	wg. fehlender Bereitschaft
Innerbetriebliche Umsetzung		Sonstige Beendigungsgründe
Aufnahme in WfbM		

Auf die folgenden Beratungsleistungen und Hilfen haben Betroffene einen Anspruch; die Interessenvertretung sollte Interessenten entsprechend darauf hinweisen:
- Zuständige Stelle ist die Arbeitsagentur bzw. die Deutsche Rentenversicherung (DRV) am Wohnort des Rehabilitanden, dort der Reha-Berater.
- Der Reha-Berater stellt die Notwendigkeit und den Anspruch auf berufsfördernde Maßnahmen und die erforderlichen Hilfen fest; in der Regel findet eine arbeitsmedizinische Untersuchung durch den medizinischen Dienst der Arbeitsagentur statt.
- Die Information und Beratung über Eingliederungsmöglichkeiten muss unter Berücksichtigung der persönlichen Situation und der Wünsche des Rehabilitanden erfolgen.
- Bei Ersteingliederung und Umschulung ist die Ermittlung des Berufswunsches erforderlich.
- Rechtzeitig vor Beendigung der Maßnahme stehen ggf. Bemühungen um eine Arbeitsvermittlung.

3. Schwerpunkte der Interessenvertretungsarbeit

Rehabilitation: Angebote und Ziele

	Medizinische Reha	Berufsfindung	Beruflichen Reha	Soziale Reha
Ort	Klinik, Kurheim stationär, teilstationär oder ambulant	BFW	BFW	Arbeitsplatz, Betrieb, häusliches Umfeld
Dauer	In der Regel drei Wochen	Mehrere Tage oder Wochen	Mehrere Monate bis zu drei Jahren	Kurzzeitig bis dauerhaft
Zweck	Prävention, Therapie/ Behandlung von akuten Beschwerden		(Wieder-) Eingliederung gesundheitlich geschädigter Menschen; Umschulung und Rehastätten-Beratung; Vermittlung beruflicher Qualifikation: Module oder Berufsausbildung.	Sicherung des Arbeitseinkommens und der Einkommensentwicklung bei betriebsbedingten Umsetzungen, Versetzungen oder Leistungsproblemen.
Maßnahmen	Anwendungen/ Therapien je nach Erkrankung; Funktionstraining, Krankengymnastik, Bewegungstherapie, Sprachtherapie oder Beschäftigungstherapie; Arbeitstherapie und Belastungserprobung; stufenweise Wiedereingliederung	Berufsvorbereitende Maßnahmen: Förderlehrgänge, Berufsfindung, Arbeitserprobung	vorbereitende Beratung in einer Klinik; Beratung durch Reha-Berater über mögliche Arbeitstätigkeiten und Maßnahmen; Einschaltung von Amtsarzt, Psychologe, Berufsberater oder technischem Berater; Vermittlungsbemühungen der Arbeitsagentur einschließlich Eingliederungshilfen.	Betriebliche Eingliederung; Gestaltung und Anpassung von Arbeitsplätzen; Abbau technischer und baulicher Barrieren; Begleitende Hilfe im Betrieb; Arbeitsmedizinische Betreuung; Inner- und außerbetriebliche Fortbildung.

**Die betriebliche Perspektive:
Aufgaben für die Interessenvertretung in der Rehabilitation**

Gerade weil Rehabilitationsmaßnahmen immer noch überwiegend außerhalb der Betriebe, in der Zuständigkeit von Trägern der Sozialleistungen, durchgeführt werden, spielen Bemühungen der betrieblichen Interessenvertretungen um eine intensivere Inanspruchnahme von Rehabilitation bei den Beschäftigten eine wichtige

Rolle für ihre Gesundheitspolitik. Indem die Interessenvertretung selbst den Anstoß zu Rehabilitationsmaßnahmen gibt, greift sie präventiv ein, um weitere gesundheitliche Schädigungen und Behinderungen bei den Beschäftigten abzuwenden.

Dies setzt zumindest einen Überblick über die Förderungsangebote und -möglichkeiten voraus. Die Nutzung von Angeboten erfordert dann die gezielte Kooperation mit den Stellen des zuständigen Leistungsträgers. So können die Kenntnisse der Interessenvertreter über die gesundheitliche und berufliche Ausgangssituation, über die Ansprüche und Motivationen der Betroffenen sinnvoll in eine Rehabilitationsplanung einbezogen werden.

Zugänge zu Reha schaffen
Obwohl Rehabilitationsmaßnahmen heute bereits einen beachtlichen Umfang haben, kann von einem rechtzeitigen Zugang zu medizinischen und beruflichen Rehabilitationsmaßnahmen nicht die Rede sein. Nach Daten der Deutschen Rentenversicherung beträgt die durchschnittliche Arbeitsunfähigkeitszeit bis zur Rehabilitations-Antragstellung 170 Tage, bis zum Beginn der Rehabilitation gar 253 Tage. Die Rehaleistungsträger gehen überdies davon aus, dass die Rehabilitationsbedürftigkeit deutlich über der tatsächlichen Inanspruchnahme der Rehabilitation liegt.

Rehabilitation ist umso erfolgreicher, je früher sie einsetzt. Folgende Zugangsfaktoren entscheiden darüber, ob und wann beim Rentenversicherungsträger ein Antrag auf medizinische Rehabilitation gestellt wird:
- Krankheitsverlauf: Lange Krankheitsverläufe ohne erkennbare Heilungserfolge und/oder mit Rückfallgefährdung sind kräftezehrend und demotivierend. Wenn Patienten Orientierung und Unterstützung erfahren, können sie den vorhandenen Leidensdruck in Veränderungsbereitschaft umwandeln und müssen nicht in ihrem »Leid« verharren. Patienten, die über Gesundheitswissen verfügen, haben Vorteile sich durch das Gesundheitssystem zu navigieren und sie können von rechtzeitigen Rehamaßnahmen profitieren.
- Einstellung des Versicherten zu Rehabilitation: Wenn der Informationsstand über Rehabilitationsmaßnahmen unzureichend ist und die Sorge um eine mögliche Gefährdung des Arbeitsplatzes überwiegen, werden Maßnahmen nicht in Anspruch genommen. Das gilt besonders für viele ältere Beschäftigte. Für sie ist die Vorstellung einer beruflichen Umorientierung gegen Ende ihres Arbeitslebens oft Stress pur. Diese Motivationshürde kann mit Hilfestellungen bei der Beratung über die jeweiligen Zuständigkeiten, durch Unterstützung bei der Ermittlung des zuständigen Leistungsträgers und durch Unterstützung bei der Antragstellung überwunden werden.
- Zugangsverfahren: Trotz klarer Ansprüche auf Teilhabeleistungen (§ 1 SGB IX) müssen bei den einzelnen Leistungsträgern formale Hürden überwunden wer-

3. Schwerpunkte der Interessenvertretungsarbeit

den. Das Zugangsverfahren ist vielfach unbekannt. Leistungszusagen werden aus Haushaltsgründen restriktiv gehandhabt. Unterstützung aus professionellen (betrieblichen) Netzwerken und der Einbezug der niedergelassenen Ärzte beschleunigt den Beginn der Maßnahme und öffnet Türen.

- Kenntnisse und Einstellung über Rehabilitationsleistungen bei Hausarzt, Betriebsarzt oder Krankenhaus: Wenn die ärztlichen Akteure erst vom Wert von Rehabilitation überzeugt werden müssen, können sie ihre wichtige Leit- und Lenkungsfunktion im Rehasystem nicht in den Dienst der Wiederherstellung der Erwerbsfähigkeit des Beschäftigten stellen.
- Betriebliches Eingliederungsmanagement: Betriebliche Eingliederungsteams, die das Präventionsverfahren anwenden (§ 84 Abs. 2 SGB IX) und mit Ärzten, Beratungsstellen, Leistungsträgern und -anbietern kooperieren, nutzen den verfügbaren Sachverstand zur Abklärung des Handlungsbedarfs. Sie entscheiden nach Klärung des Rehabilitationsbedarfs gemeinsam mit den Betroffenen, wie eine auf die individuelle Situation zugeschnittene Rehabilitationsmaßnahme aussehen kann und koordinieren den zügigen Maßnahmestart.
- Betriebsnähe der Maßnahmen: Betriebliche oder betriebsnahe Maßnahmen, die in Zusammenarbeit zwischen Kliniken und Betrieb abgestimmt und von betrieblichen Beteiligten begleitet werden, ermöglichen es, Anforderungen der Arbeitssituation bereits im Rahmen der Rehabilitation zu berücksichtigen.
- Verbindung medizinischer und beruflicher Rehabilitationsmaßnahmen: Berufliche Rehabilitationsmaßnahmen beschränken sich überwiegend auf jüngere und mittlere Jahrgänge im Erwerbsalter. Der negative Nachfragetrend bei älteren Beschäftigten muss sich umkehren.

Auskunft und Beratung
Das gegliederte System der Rehabilitation erschwert Betroffenen die Übersicht, wenn es darum geht, den zuständigen Leistungsträger herauszufinden. Diese Aufgabe, Lotse im System zu sein, übernimmt die Gemeinsame Servicestelle (§ 22 SGB IX) sowohl für Fragen der Rehabilitation im engeren Sinne, als auch für Fragen der Prävention und des betrieblichen Eingliederungsmanagements. Kritiker der Servicestellen weisen allerdings darauf hin, dass die Servicestellen oft nur auf dem Papier stehen. Zusätzlich existieren bei allen Reha-Trägern besondere Auskunfts- und Beratungsstellen für Fragen der Rehabilitation; zu deren Aufgaben gehört: Auskunft über Sach- und Rechtsfragen unabhängig von der eigenen Zuständigkeit; Unterrichtung des zuständigen Trägers, wenn Reha-/Teilhabe-Leistungen in Be-tracht kommen; Entgegennahme des Antrags und Weiterleitung an den zuständigen Reha-Träger.

Rehabilitation erfolgt auf Antrag
Leistungen zur Rehabilitation werden in der Regel auf Antrag des Rehabilitanden erbracht. Der Antrag ist grundsätzlich vor dem Beginn einer Maßnahme zu stellen.

Ausnahme von dieser Regelung: In der gesetzlichen Unfallversicherung und in der Sozialhilfe erfolgen Leistungen ab dem Zeitpunkt, ab dem die Voraussetzungen dem Träger bekannt werden (z.B. bei einem Arbeits- oder Wegeunfall).

Allgemein gilt:
- Der Antrag braucht keine bestimmte Form. Um das Verfahren beim Leistungsträger in Gang zu setzen, reicht es zunächst aus, das Begehren nach Teilhabeleistungen mitzuteilen.
- Antragsvordrucke sind bei Versicherungsträgern und Arbeitsagentur erhältlich; ihre Verwendung unterstützt eine rasche Bearbeitung.
- Zuständige Sachbearbeiter beim Leistungsträger sind verpflichtet, beim vollständigen und sachdienlichen Ausfüllen der Anträge zu helfen.

Beschleunigte Klärung von Zuständigkeiten
Ungeklärte Zuständigkeiten für Reha-Leistungen schaden zuallererst den Betroffenen und behindern einen raschen Beginn und die zügige Durchführung einer erforderlichen Maßnahme. Damit es bei den Rehabilitationsträgern zu zeitnahen Entscheidungen und Leistungen kommt, sind nach § 14 SGB IX klare Strukturen und strenge zeitliche Grenzen für das Vorgehen bei der Zuständigkeitsprüfung für die Rehabilitationsträger vorgesehen. § 14 SGB IX regelt ein Verfahren, wodurch ein Rehabilitationsträger rasch als für den konkreten Einzelfall zuständiger Träger bestimmt wird. § 14 Abs. 1 SGB IX bestimmt, dass der mit einem Rehabegehren angegangene Träger binnen zwei Wochen seine Leistungszuständigkeit zu prüfen hat bzw. den zuständigen Träger ermittelt und den Antrag dorthin unverzüglich weiterleitet. § 14 Abs. 2 SGB IX fügt dem hinzu, dass der angegangene Leistungsträger dann, wenn er innerhalb der Zweiwochenfrist nicht weiterleitet, selbst und unverzüglich den Rehabilitationsbedarf des Antragstellers festzustellen hat. Leitet er die Angelegenheit innerhalb der Zweiwochenfrist weiter, trifft diese Pflicht den dadurch »zweitangegangenen« Träger, der nun seinerseits nicht wieder weiterleiten kann (§ 14 Abs. 2 Satz 3 SGB IX).

Aufgaben während und nach einer Reha-Maßnahme
Ein weiterer Aufgabenbereich der Interessenvertretung liegt im Übergang von der Reha-Maßnahme zur anschließenden Wiedereingliederung. Im Einzelnen können sich die im Folgenden angeführten Aufgaben ergeben.
Bei den »vorteilhaften« Maßnahmen der innerbetrieblicher Rehabilitation, die auf die Weiterentwicklung und/oder Anpassung der Qualifikation des einzelnen ausgerichtet sind, besteht meist keine unmittelbare Gefährdung des Beschäftigungsverhältnisses. Deshalb ist bei diesen Maßnahmen die Wiedereingliederung relativ unproblematisch. Allerdings gestaltet sich die Arbeitsaufnahme unter veränderten Bedingungen nicht immer einfach und muss ggf. durch begleitende Unterstützungsmaßnahmen abgesichert werden. Arbeitgeber sind dabei häufig nicht ausreichend

über die entsprechenden Möglichkeiten der Arbeitsplatzgestaltung, über Eingliederungshilfen und über begleitende Hilfen zur Sicherung des Beschäftigungsverhältnisses informiert. Aufgabe der Interessenvertretung ist es hier, die Inanspruchnahme von Hilfsangeboten einzufordern, um so den Übergang aus einer Rehabilitationsmaßnahme in die Arbeitstätigkeit abzusichern.

Bei außerbetrieblicher Rehabilitation besteht das besondere Problem darin, dass Arbeitnehmer/innen z.B. für die Dauer einer Umschulung nicht regelmäßig freigestellt werden und damit kein automatischer Anspruch auf Weiterbeschäftigung besteht. Wichtige Schritte vor Maßnahmebeginn müssen deshalb sein:
- Zur Sicherung des Beschäftigungsverhältnisses sollte durchgesetzt werden, dass das Arbeitsverhältnis nicht gekündigt wird, sondern während der Maßnahme ruht.
- Oder es muss mindestens vereinbart werden, dass nach Beendigung der Maßnahme die Wiedereinstellung garantiert wird.
- Zusätzliche finanzielle Sicherungen über das Übergangsgeld hinaus können daneben vereinbart werden, etwa die Ausgleichszahlung bis zum bisherigen Nettodurchschnittsverdienst.
- Zur Betreuung Betroffener während der Maßnahme gehört es, dass schon frühzeitig der Kontakt zu der ausführenden Einrichtung aufgenommen wird. Die Interessenvertretung und die an Rehabilitation interessierten Beschäftigten sollte sich darüber informieren, welche berufliche Orientierung die Maßnahme bietet und welche Gesundheitsprobleme unter Umständen bestehen bleiben. Sie sollte schließlich klären, welche Einsatzbereiche im Betrieb als geeignet erscheinen.
- Vor Abschluss der Maßnahme sollten einige Entscheidungen bereits eingeleitet werden; dazu gehören die folgenden:
  - das Festlegen geeigneter Arbeits- und Einsatzmöglichkeiten im Betrieb in Absprache mit betrieblichen Stellen
  - die Überprüfung des Gestaltungsbedarfs am vorgesehenen Arbeitsplatz
  - eine enge Abstimmung mit dem Berufshelfer des Reha-Trägers oder mit dem Arbeitsvermittler der Arbeitsagentur.

3.5 Betriebliche Öffentlichkeit und Kommunikation

Die Schwerbehindertenvertretung ins rechte Licht rücken
Tue Gutes, rede und schreibe darüber – das ist eine Binsenweisheit der Öffentlichkeitsarbeit. Schwerbehindertenvertretungen, die in eigener Sache informieren und

werben, verbessern das Echo auf ihre Arbeit, sie erhöhen die Transparenz und den Gebrauchswert ihres Amts für die gesamte Belegschaft. Engagiert handeln und darüber informieren, interne und externe Aufmerksamkeit erlangen, das erhöht auch die Zustimmung zur Arbeit der Interessenvertretungen und der Schwerbehindertenvertretung.

Angesichts der Aufgaben und Verpflichtungen, die auf eine neu gewählte Schwerbehindertenvertretung zukommen, besteht gelegentlich die Gefahr, dass der unmittelbare Kontakt zu den Beschäftigten in den Hintergrund gerät oder leidet. Gerade in Großbetrieben gibt es die Tendenz, dass die Arbeit der Schwerbehindertenvertretung isoliert von den unmittelbaren Kontakten mit der Belegschaft stattfindet, dass eine unbeabsichtigte Abschottung an Dynamik gewinnt.

Darüber sollte sich jede Vertrauensperson Gedanken machen und ihre Schwerpunkte von Zeit zu Zeit neu justieren. Die Schwerbehindertenvertretung kann die behinderten Beschäftigten nur angemessen vertreten, wenn sie deren aktuelle Probleme wahrnimmt und deren Interessen mit den betrieblichen Entwicklungen rückkoppelt. Der regelmäßige Kontakt zur Belegschaft gehört damit zu den eigenständigen Aufgaben der Schwerbehindertenvertretung, er ist aufzubauen und zu pflegen.

Bei vielen Themen der internen Kommunikation und der Darstellung der Interessenvertretungsarbeit bietet sich eine Kooperation mit dem Betriebs-/Personalrat an: Gemeinsame PR für das betriebliche Eingliederungs- oder Gesundheitsmanagement, für die Gefährdungsbeurteilung, die Prävention und den Arbeitsschutz, für die Beschäftigungssicherung in der Krise, auch zugunsten kranker, behinderter und älterer Kolleginnen und Kollegen, liegen als gemeinsame Anliegen sozusagen auf der Hand.

Zusammenarbeit ist vor allem dann wichtig, wenn die Interessenvertretungen Gegenposition zum Arbeitgeber beziehen (müssen), wenn das Unternehmen Sachverhalte und Fakten geschönt oder verfälschend darstellt. Dann ist es unter Umständen nützlich, sich bei der zuständigen Branchengewerkschaft Rat, Rückendeckung und Unterstützung einzuholen. Gerät ein Unternehmen ins Trudeln oder in eine schwere Krise, drohen Entlassungen, Gehaltseinbußen und einseitige Belastungen für die Beschäftigten, dann ist das Erzeugen von Gegenöffentlichkeit unter Umständen eine adäquate Strategie.

Die Schwerbehindertenvertretung bekleidet ein Amt, das sie inhaltlich fordert und ihr neue, ungewohnte Tätigkeiten abverlangt. Dazu gehören ohne Frage der öffentliche Auftritt und die Medienarbeit. Wer als Interessenvertretung der behinderten und gesundheitlich beeinträchtigten Beschäftigten aktiv wird, übernimmt nicht nur ein Wahlmandat, sondern auch eine (sozial-)politische Aufgabe. Die kontinuierliche Kommunikation sozialpolitischer Themen und Kampagnen ist mittelfristig ein nicht zu unterschätzender Hebel, den Einfluss und die Durchsetzungsfähigkeit der Schwerbehindertenvertretung zu stärken, das Betriebsklima und die soziale Temperatur im Unternehmen positiv zu verändern.

3. Schwerpunkte der Interessenvertretungsarbeit

Wer sich vornehm zurückhält und Chancengleichheit weder einfordert noch öffentlich thematisiert, verzichtet auf Gestaltungskraft und kann keinen nachhaltigen sozialen Wandel erzeugen – z.B. hin zu einer altersgerechten Arbeitswelt, zu einer inklusiven Unternehmens- und Personalpolitik. Das sind keine Phantastereien, sondern Leitbilder der behindertenrechtskonvention und der deutschen Sozialgesetzgebung. Politik braucht Leitbilder und Leitplanken, um Perspektiven verfolgen zu können. Das gilt auch im Kleinen für die Interessenvertretungspolitik in Unternehmen und Dienststellen.

Schließlich fallen die Verbesserungen am Arbeitsplatz, eine positive Bilanz der Integration, der Prävention und Beschäftigungssicherung den Schwerbehindertenvertretungen nicht in den Schoß und werden von Arbeitgebern nicht verschenkt. Es handelt sich vielmehr um erkämpfte Erfolge, die im »Schaufenster« auszustellen sind: Die Kommunikation der Fortschritte transportiert, wie sich die Arbeit von Interessenvertretungen im sozialen Fortschritt der Betriebsarbeit niederschlägt – und wird erst so für die Beschäftigten nachvollziehbar.

Beispiel:
Mit interner Kommunikation im Unternehmen wirken
Ein Beispiel wie VW macht das verständlich: Dort engagieren sich Schwerbehindertenvertretungen und Betriebsräte seit Jahren für die Arbeitsplätze leistungsgewandelter Beschäftigter und (schwer-)behinderter Arbeitskräfte, für altersgerechte Arbeit und Gesundheitsförderung. Das mündete bereits in einen Tarifvertrag »Demografie I«; demnächst steht die Verhandlung von »Demografie II« an. Alternsgerechte Arbeit gewinnt bei VW Konturen.

Doch der Prozess, die einzelnen und manchmal mühsamen Schritte zum Erfolg, sind als Mosaiksteine bis zum Abschluss von Tarifverträgen oder Betriebsvereinbarungen zusammenzutragen und öffentlich bekannt zu machen.

E-Mail-News
Für die meisten Vertrauenspersonen sind der Zugriff und das Nutzen des Intranets im Unternehmen oder der Dienststelle die ideale Lösung, um interne Kommunikationsbarrieren zu überwinden und die Kolleginnen und Kollegen zu erreichen. Fast an jedem Arbeitsplatz besteht heutzutage Zugriff auf einen vernetzten PC, fast alle Beschäftigten hängen am externen und internen Datenfluss, der Lebensader moderner Betriebe und Verwaltungen. Mit dem E-Mail-Verteiler können alle behinderten Beschäftigten (Aufbau einer Schwerbehindertenkartei, eines Online-Verteilers zu Beginn der Amtszeit) oder die gesamte Belegschaft persönlich angesprochen werden, wenn es eine wichtige sozialrechtliche oder betriebliche Neuerung gibt. Allerdings sollte man dieses Informationsmittel angesichts der Daten- und Mail-Flut dosiert einsetzen (s.u.).

Die höchstrichterliche Rechtsprechung hat übrigens bestätigt: Neben den Interessenvertretungen hat die im Betrieb vertretene, zuständige Branchengewerkschaft das Recht, sich via E-Mail an die Beschäftigten zu wenden. Information und Aufklärung stellen keinen Missbrauch der privatrechtlichen Kommunikationsnetze (Arbeitgebereigentum) dar. Die persönliche E-Mail an alle (behinderten) Beschäftigten ist das ideale Medium, ein einzelnes Thema zu transportieren und dafür Aufmerksamkeit zu erlangen: der Termin einer Veranstaltung, eine Gerichtsentscheidung mit breiter Wirkung (Sozialrecht, Arbeitsrecht, Rente), ein neues Internet-Portal mit wichtigen Informationen oder ein (Teil-)Erfolg in der betrieblichen Politik sind so schnell und unmittelbar an die Frau und an den Mann zu bringen.

Als Faustregel gilt: Information kurz, übersichtlich und mundgerecht anbieten, damit sie auch gelesen wird:

- Fünf bis zehn Zeilen maximal müssen in der Mail ausreichen,
- der Text soll Absätze und Gliederungselemente haben,
- zu den Anstandsregeln im Netz gehören eine freundliche Anrede und eine Grußformel zum Abschluss, die passende Anrede (Sie/du) und ganze Sätze,
- auf Zeichensprache wie zwinkernde Smilys bitte verzichten,
- wer richtig verstanden werden möchte, formuliert von vornherein klar und unmissverständlich.

Unübersichtliche, zu lange Texte mit mehreren Themen drohen ungelesen unterzugehen. Nicht zuletzt nimmt man sich die Chance, einzelne Themen brandaktuell und rasch zu verbreiten sowie öfter kommunikativ in Erscheinung zu treten.

Bundesarbeitsgericht erlaubt Gewerkschaftswerbung per E-Mail

Tarifzuständige Gewerkschaften dürfen sich über E-Mail-Adressen der Dienststellen und Betriebe an Arbeitnehmerinnen und Arbeitnehmer wenden, entschied das Bundesarbeitsgericht (BAG) Anfang 2009: Auch wenn der Arbeitgeber den Gebrauch der dienstlichen E-Mail-Adresse für die private Nutzung untersage, dürfe die zuständige Gewerkschaft Informationen und Werbung an die Beschäftigten senden. Das Grundgesetz (Art. 9 Abs. 3 GG) schütze die Betätigungsfreiheit einer Gewerkschaft und damit auch diese Art der Ansprache ihrer Klientel.

Dagegen trete das vom Grundgesetz geschützte Eigentumsrecht (Art. 14 Abs. 1 GG) hinter die Rechtsposition der Betätigungsfreiheit zurück, solange der E-Mail-Verkehr den Betriebsablauf nicht nennenswert störe oder zu wirtschaftlichen Belastungen führe.

Der erste Senat des Bundesarbeitsgerichts hat eine Klage gegen die Dienstleistungsgewerkschaft ver.di – im Gegensatz zu den Vorinstanzen – abgewiesen. Vergeblich hatte ein Arbeitgeber ver.di den Versand von E-Mails an Mitarbeiteradressen verbieten wollen. *BAG – 20.1.2009 – 1AZR 515/08*

3. Schwerpunkte der Interessenvertretungsarbeit

Intranet
Unkompliziert werden im Intranet aktuelle Informationen verfügbar, ohne dass Redaktionsschlüsse oder Stichtage zu beachten sind. Allerdings sind das Prozedere und das Zugriffsrecht durch die Schwerbehindertenvertretung mit den Zuständigen (z.B. Personalwesen, interne Kommunikation) einmalig zu regeln. Den diesbezüglichen Stand der Dinge erfragt eine neue Schwerbehindertenvertretung am besten beim Vorgänger, beim Betriebs-/Personalrat oder bei der Personalabteilung. Wenn es Widerstände und Probleme bei der Selbstdarstellung der Schwerbehindertenvertretung via Intranet gibt, kann z.B. der Betriebs-/Personalrat um Rat gefragt werden.

Im Intranet sollte jede Schwerbehindertenvertretung ihre Stammseiten mit Grundlageninformationen anbieten können. Die Seiten, sofern noch nicht vorhanden, können mit der Zeit aufgebaut und erweitert werden. Niemand braucht das Rad neu zu erfinden: Die Branchengewerkschaften helfen mit Standardtexten, Vorlagen und Anregungen aus. Auch beim Integrationsamt und der Versorgungsverwaltung (oder anderen kommunal zuständigen Behörden) gibt es Informationen in Broschüren. Der Intranet-Auftritt einer Schwerbehindertenvertretung muss nicht perfekt sein, kann es aber nach und nach werden. Zur Gliederung des Angebots bieten sich vier Ebenen an:

1. **Kontakte:** Wer ist die Schwerbehindertenvertretung, wer sind die Stellvertreter/innen, wie sind sie zu erreichen (Kontaktdaten)? Die Vertrauensperson und die Stellvertreter/innen mit Foto vorstellen, auf das Angebot von Sprechstunden hinweisen.
2. **Aufgaben:** Was tut eine Schwerbehindertenvertretung, wofür ist sie im Betrieb/in der Dienststelle XY konkret zuständig (über die gesetzlichen Aufgaben hinaus), in welchen Gremien arbeitet sie mit? Informationen über das Amt, die Jahresterminübersicht, die Rechte und Pflichten der Schwerbehindertenvertretung, das Wahlverfahren und die Dauer der Amtsperiode gehören dazu. Außerdem sollten Hinweise auf die Arbeitsweise und die Vernetzung mit anderen Stellen, Beratungs- und Kooperationsangebote nicht fehlen. Und vor allem: Was sind die betrieblichen Ziele der aktuellen Schwerbehindertenvertretung? Wofür setzt sie sich ein?
3. **Aktuelles:** Die Seiten müssen regelmäßig gepflegt und aktualisiert werden! Hier sind Ankündigungen von Terminen und Veranstaltungen zu finden, Stellungnahmen und Positionen der Schwerbehindertenvertretung zu betrieblichen Entwicklungen, Informationen über Neues aus dem Betrieb/der Dienststelle für die Zielgruppe der behinderten, leistungsgeminderten und langzeiterkrankten Beschäftigten, Links zu aktuellen Informationen aus der Landes- und Bundespolitik, Links zu interessanten Infos und Beiträgen der Medien, der Fach- und Sozialportale. Auch Berichte und Protokolle, wenn es um öffentliche Sitzungen und Veranstaltungen geht, passen in die Rubrik.

3. Schwerpunkte der Interessenvertretungsarbeit

4. **Grundsätzliches:** Hier hinein gehören sozialrechtliche Grundsatzinformationen, die Integrationsvereinbarung (wenn vorhanden) sowie weitere Standards der Betriebspolitik: Welche Betriebsvereinbarungen, Verfahrens- und Ablaufpläne betreffen (auch) die Arbeit der Schwerbehindertenvertretung? Sie werden auf den Intranetseiten der Schwerbehindertenvertretung publik gemacht oder mit ihnen verlinkt. Von Interesse sind Informationen des Arbeits- und Gesundheitsschutzes und zum betrieblichen Eingliederungsmanagement. Außerdem können Links und Infos zu den bundespolitischen Standards eingestellt werden: Schwerbehinderung, Gleichstellung, zuständige Behörden, Gesetzestexte und Verordnungen (SGB IX, Versorgungsmedizinische Grundsätze/vor 2009: Anhaltspunkte für die ärztliche Gutachtertätigkeit ... nach dem Schwerbehindertenrecht, Nachteilsausgleiche, Allgemeines Gleichstellungsgesetz, Behindertengleichstellungsgesetz, BRK etc.).

Newsletter der Schwerbehindertenvertretung – gedruckt oder online?

In einigen (größeren) Betrieben/Dienststellen produziert die Schwerbehindertenvertretung regelmäßig ein eigenes Publikationsorgan und verschickt es an die Belegschaft. Online-Produkte sparen Druckkosten. Diese Art der regelmäßigen und direkten Information kostet mehr Zeit und unter Umständen Geld. Es kommt auf den Aufwand beim Texten, beim Layout, auf den Vertriebsweg (Versandkosten?) und die Auflage an (Printmedien), ob die Schwerbehindertenvertretung dies bewerkstelligt. Kann sie sich den Aufwand leisten, verfügt sie über ein »Hausorgan«, das ihr größeren Spielraum und zielgenaue Information ermöglicht. Außerdem eignet sich ein Newsletter der Schwerbehindertenvertretung auch zur Information externer Partner/innen.

Interne Zeitung

Wo es eine interne Unternehmens- oder Belegschaftszeitung gibt, sollte sie auch von der Schwerbehindertenvertretung intensiv genutzt werden, um ihre Themen zu setzen. Regelmäßig interessante Neuigkeiten bringen, auch wenn es nur um kleine Erfolge, um Meldungen und den Alltag der Schwerbehindertenvertretung geht: Dort wurden entlastende Arbeitsplätze geschaffen, hier sichert ein Bereich mit Insourcing die Arbeitsplätze behinderter und älterer Beschäftigter, ein oder mehrere Auszubildende/r mit Behinderungen hat/haben einen Vertrag erhalten, so kommt die Eingliederung eines gehörlosen oder blinden Menschen voran!

- Zunächst ist mit den verantwortlichen Personen/Redakteur(inn)en über das Prozedere zu sprechen, wenn die Schwerbehindertenvertretung in einem Medium regelmäßig Platz reklamiert.
- Dann ist der Jahresplan mit den Erscheinungsterminen und Redaktionsschlüssen zu besprechen, damit die Schwerbehindertenvertretung rechtzeitig auf Veranstaltungen hinweist und keine Veröffentlichungen verpasst.

3. Schwerpunkte der Interessenvertretungsarbeit

- Und es ist abzustimmen, wie die Zuarbeit aussehen soll: Möglichst fertige Artikel oder Rohtext?
- Welches Dateiformat, welche Formatierungen sollen geliefert werden?
- Wie lang darf eine Meldung, ein Veranstaltungshinweis oder ein Bericht sein (Zeichenzahl vereinbaren)?
- Sind Fotos erwünscht (Dateiformat)?

Ganz wichtig: Kleine Meldungen zwischendurch bringen mehr als alle drei Jahre ein langer, ermüdender Bericht. Lohnenswerte Themen liegen auf der Straße oder auf dem Boden des Betriebs/der Dienststelle:

- Köpfe und Kontakte: Die neue Schwerbehindertenvertretung stellt sich vor,
- Stellungnahmen der Schwerbehindertenvertretung zu einer betriebspolitischen Entscheidung,
- der aktuelle Stand laufender Projekte der Schwerbehindertenvertretung,
- die Entwicklung der Beschäftigungsquote behinderter Menschen,
- Integration durch Einstellung, Porträts von Kolleg(inn)en, wenn diese zustimmen,
- der behinderungsgerecht umgestaltete Arbeitsplatz der Kollegin XY (wenn sie mit der Berichterstattung einverstanden ist).
- Zusätzlich sind Bilanzmeldungen am Jahresende eine runde Sache: Im Jahr XY hatte die Schwerbehindertenvertretung am Standort ABC so viele Sprechstunden und Einzelfallberatungen, sie war an so vielen Personalmaßnahmen und Arbeitsplatzumgestaltungen beteiligt, hat dieses und jenes neu auf den Weg gebracht, Widersprüche und Klagen mit vorbereitet etc.

Selbst schreiben, aber wie?
Egal ob Bericht oder Kurzmeldung. Beim Verfassen von Texten für die Veröffentlichung in Medien gelten einheitliche Standards, die allen Beteiligten das Leben und das Verständnis erleichtern:
- *Kurze, prägnante Überschrift, die neugierig macht und zum Text passt!*
- *Ein origineller Texteinstieg bindet die Leser/innen ins Geschehen ein.*
- *Am Anfang geht es um die Beantwortung der journalistischen W-Fragen: Wer (Name XY, Funktion), was, wann, wo, wie und warum? Leser/innen erfahren gleich, worum es geht.*
- *Dann beginnt das Schreiben: Die wichtigsten Informationen und das Neue stehen vorne, nach unten werden die Informationen nebensächlicher (dann kann der Text von der Redaktion von hinten gekürzt werden).*
- *Gedanken und Informationen logisch gliedern, aufeinander aufbauen.*
- *Zwischendurch zu den Aussagen ein paar Fakten bringen, Zahlen oder eine Tabelle/Grafik.*
- *Zitate lockern den Text auf (Namen und Vornamen beim ersten Nennen vollständig und korrekt mit Funktion und Titel angeben).*

- *Am besten formulieren, wie der Schnabel gewachsen ist, keine unnötigen Wiederholungen, Wort- und Satzungetüme.*
- *Fachausdrücke vermeiden oder anständig erläutern.*
- *In der Kürze liegt die Würze: Meldungen (Schrift 11 Punkt, 1,5 Zeilenabstand) höchstens (!) eine halbe Seite, 500 bis max. 2.000 Zeichen mit Leerzeichen. Ein Artikel sollte eine oder anderthalb gedruckte Seiten umfassen, mehr nicht. Es sei denn, es handelt sich um eine Fachzeitschrift, die ausdrücklich mehr verlangt.*
- *Unten immer Datum, Autor/in mit vollem Namen und Funktion sowie Kontaktdaten nennen.*

Info-Blätter und Aushänge am Schwarzen Brett

Menschen bewahren sich beim Medienkonsum ihre beharrend-konservativen Prägungen. Auch im Zeitalter digitaler Medien, angesichts der Informationsflut per E-Mail, Intranet und Internet, ist es hin und wieder wohltuend entspannend, ein Stück Papier in die Hand zu nehmen und zu lesen. Für grundlegende Informationen ist das gute, alte Merkblatt oder Info-Blatt immer noch ein Renner, das mitgenommen, abgeheftet und wieder nachgelesen werden kann.

Auch Ergebnisse von Veranstaltungen (Referate, Vorträge, Berichte) können dokumentiert und veröffentlicht werden. Das geht allerdings nur mit eigenem Finanzbudget für derartige Publikationen – oder sie werden in Kooperation mit dem Betriebs-/Personalrat, der Personalabteilung, einem regionalen oder betrieblichen Arbeitskreis der Schwerbehindertenvertretung herausgegeben (gemeinsame Plattform der Schwerbehindertenvertretungen mit den Stufenvertretungen).

In kleinen Verwaltungen und Betrieben ist das Schwarze Brett ein beliebter »Hingucker«: Am zentralen Standort können Termine, Sprechstunden, aktuelle Kurz-Infos, Zeitungsausschnitte und Merkblätter ausgehängt werden. Dazu kommen natürlich die Ankündigungen und Wahlausschreiben wichtiger betrieblicher Wahlen: die Betriebsratswahl, die Wahl der Jugend- und Auszubildendenvertretung sowie der Schwerbehindertenvertretung. Zwischendurch gibt es hin und wieder in diesen Gremien Mandatsverzichte und personelle Veränderungen (Nachrücker), die bekannt gegeben werden.

Kurze schriftliche Infos bieten sich z.B. an: beim Zusatzurlaub für schwerbehinderte Menschen, zum Betrieblichen Eingliederungsmanagement, bei der Freistellung von Mehrarbeit, bei den Basis-Informationen wie Feststellungsantrag einer (Schwer-)Behinderung und Gleichstellungsantrag, beim Schwerbehindertenausweis, bei den Merkzeichen, der Parkberechtigung, den Steuervorteilen und anderen Nachteilsausgleichen. Außerdem ist auf Info-Blättern leicht verständlich über aktuelle Urteile zu informieren, die den Kündigungsschutz, soziale Schutzrechte oder die Qualität der Hilfsmittelversorgung betreffen.

3. Schwerpunkte der Interessenvertretungsarbeit

Auch hier gilt: Nicht das Rad neu erfinden, sondern auf die grundlegenden Informationen der Sozialverwaltungen bauen, auf sie vertrauen und zugreifen. Diese dürfen in der Regel vervielfältigt werden oder können in höherer Auflage kostenfrei bestellt werden. Und bei Aushängen bitte immer auf Aktualität achten, das »Outfit« der Materialien regelmäßig in Augenschein nehmen – und bei Bedarf erneuern!

Belegschaftskontakte und direkte Kommunikation
Zu Beginn der Amtszeit empfiehlt sich die persönliche Kontaktpflege mit den (schwer-)behinderten Kolleginnen und Kollegen, um sich als neue Vertrauensperson vorzustellen und ins Gespräch zu kommen. Das macht einen guten Eindruck. Zudem verschafft der Besuch am Arbeitsplatz Übersicht über die betrieblichen Verhältnisse: Welche Arbeitsplätze gibt es, wie gestalten sich die Arbeitsbedingungen, treten aktuell individuelle Arbeitsplatzprobleme auf? Ausführliche und persönliche Gespräche über Probleme gehören jedoch – geschützt und störungsfrei – ins Büro der Schwerbehindertenvertretung oder des Betriebsrats. Sie dürfen nicht unter den Augen – und Ohren – der Öffentlichkeit stattfinden. Die Schwerbehindertenvertretung sollte jederzeit zweifelsfrei erkennen lassen, dass sie Diskretion wahrt und den Datenschutz achtet.

Neben dem Nutzen der Betriebsmedien sind es die persönlichen Kontakte (je nach Betriebsgröße) und die direkte Kommunikation mit den schwerbehinderten und gleichgestellten Menschen, die in ihrer Wirkung nicht zu unterschätzen sind: Dreh- und Angelpunkt der Arbeit der Schwerbehindertenvertretung sind nun einmal die Präsenz im Betrieb, spontane Gesprächsbereitschaft, Sprechstunden und Arbeitsplatzbegehungen.

Dazu kommen Besuche und Wortmeldungen bei den Betriebs-/Personalversammlungen sowie bei der Versammlung schwerbehinderter Menschen. Bei dieser Vollversammlung, die mindestens einmal jährlich stattfindet, ist die Schwerbehindertenvertretung die Hausmacht; die Veranstaltung sollte deshalb besonders sorgfältig vorbereitet werden (vgl. Kapitel 4.4.7) und über alle Kommunikationswege, die der Schwerbehindertenvertretung zugänglich sind, beworben werden: vom Aushang über das Intranet, die Jahresterminliste und die persönliche E-Mail mit Einladung, und zwar so früh wie möglich.

Erfahrene Praktiker/innen sind überzeugt, dass kein anderes Medium die Form der persönlichen Kommunikation in Versammlungen und Sitzungen ersetzen kann: Die Mitarbeiterinnen und Mitarbeiter erhalten nicht nur Informationen aus erster Hand, sondern erleben die handelnden Menschen, sie können sich ein Bild machen, haben die Chance zum Mitdiskutieren und können offenlegen, wo der Schuh drückt, wo besonderes Engagement der Schwerbehindertenvertretung gefragt ist.

Unter vier Augen: Betreuung und Beratung

Beratungsgespräche sind Vertrauenssache. Sie erfordern besonderes Fingerspitzengefühl und soziale, mitmenschliche Kompetenz. Dabei prägt diese Kommunikationssituation – von Angesicht zu Angesicht – ein Hauptaufgabengebiet der Schwerbehindertenvertretung. Die (schwer-)behinderten und ihnen gleichgestellten Arbeitnehmer/innen, die die Schwerbehindertenvertretung gewählt haben, sollen sich jederzeit mit ihren Anliegen an sie wenden können. Die Schwerbehindertenvertretung wiederum ist verpflichtet, vorgetragene Probleme, Anregungen und Beschwerden sorgfältig zu prüfen und ggf. initiativ zu werden.

Vor allem Fragen der Anerkennung einer (Schwer-)Behinderung, Konflikte am Arbeitsplatz mit Kolleg(inn)en und Vorgesetzten, Leistungen zur Teilhabe am Arbeitsleben, Nachteilsausgleiche und weitere Leistungsansprüche sind für Betroffene Grund genug, die Sprechstunde der Schwerbehindertenvertretung aufzusuchen. Hin und wieder steht die Sorge um den Arbeitsplatz im Mittelpunkt. Heutzutage geht es dann rasch um existenzielle Fragen. Beim Verlust des Arbeitsplatzes droht der Verlust der sozialen Sicherheit und der Zukunftsperspektive – und das betrifft auch Angehörige, Partner/innen oder Familien.

Der Erhalt von Beschäftigungsverhältnissen, Erwartungen an die gesundheits- und behinderungsgerechte Gestaltung von Arbeitsplätzen stehen oft im Fokus der Beratung. Noch nicht anerkannt schwerbehinderte oder gleichgestellte Beschäftigte benötigen oft sehr grundlegende Beratung und Unterstützung.

Nimmt sich die Schwerbehindertenvertretung eines Einzelfalls an, muss sie am Ball bleiben: Sie tritt mit den betrieblichen und außerbetrieblichen Ansprechpersonen in Kontakt (Vorgesetzte, Arbeitgeberbeauftragter, Integrationsamt, Berufsgenossenschaft, Agentur Arbeit usw.), zieht bei Bedarf Betriebsmedizin, Fachkräfte für Arbeitssicherheit oder das Integrationsteam hinzu und erkundigt sich regelmäßig nach dem Stand der Dinge. Sie achtet darauf, dass Termine und Fristen eingehalten werden und behält insgesamt den Überblick. Das geht nur mit schriftlichen Aufzeichnungen, dem sorgfältigen Führen eines Terminkalenders oder mit dem Terminplaner im PC. Verlässlichkeit und Verantwortung gehören zum Alltagsgeschäft.

Praxistipp: In Beratungen Distanz wahren!
Die Schwerbehindertenvertretung ist nicht nur fachlich, sondern auch menschlich gefordert. In Beratungsgesprächen kommen immer wieder persönliche Nöte und intime Ängste zur Sprache, die im Zusammenhang mit Gesundheitsproblemen, Krankheiten und langen Leidenswegen entstehen können. Die Betroffenen sind neben den beruflichen oft auch finanziellen, familiären und psychischen Belastungen ausgesetzt, die sie ihrer Schwerbehindertenvertretung offenbaren: Endlich hört jemand zu! Das öffnet den Mund und das Herz – auch für tiefer liegende Probleme.

3. Schwerpunkte der Interessenvertretungsarbeit

Für neu gewählte Vertrauenspersonen ist das eine überraschende, irritierende Erfahrung, die auch Hilflosigkeit, Überforderung und Handlungsunsicherheit auslöst.

Wichtig zu wissen: Die Vertrauensperson hört zu, bleibt aber neutral und wahrt Distanz! Sie kann sich mitmenschlichen Problemen nicht persönlich widmen, damit würde sie ihre Rolle und ihr Aufgabengebiet deutlich überschreiten. Deshalb gehört es zum Handwerk der Schwerbehindertenvertretung, in Beratungsgesprächen auch Grenzen zu ziehen und Nein zu sagen. Die Vertrauensperson ist zuständig für die betrieblichen Belange der Betroffenen und für die Sicherung ihrer Teilhabe am Arbeitsleben. Diese Aufgaben möglichst optimal zu erfüllen ist ihr Beitrag zur Problemlösung.

Die Schwerbehindertenvertretung hört zu, sie nimmt Probleme ernst, aber hält sich selbst mit Ratschlägen und Bewertungen zurück! Vor allem bei akutem Bedarf nennt sie aber weiterführende Hilfen und Anlaufstellen, die für bestimmte Notlagen gerüstet sind: Die betriebliche Sozialberatung, die Konfliktberatung, sozialpsychologische Beratungsstellen der Kommunen, Kreise und Städte, gewerkschaftliche Einrichtungen, Suchtberatungs- oder Schuldnerberatungsstellen und andere Einrichtungen. Die Schwerbehindertenvertretung weist als Lotse Wege, kann Betroffene aber nicht selbst bei der Hand nehmen und führen. Vielmehr macht sie klar, dass Eigeninitiative ein Baustein zur Problemlösung ist: Du kannst dir helfen lassen, wenn du selbst den Weg zur Hilfe einschlägst.

Jede Schwerbehindertenvertretung sollte sich eine Kartei einschlägiger Beratungsangebote im Betrieb und außerhalb, in der Region, zulegen. Mit zunehmender Erfahrung im Amt wachsen die Sicherheit und die Kompetenz im Umgang mit den mitmenschlichen Nöten. Zum Vertiefen und Systematisieren sozialer Kompetenzen gehört der Besuch von Fortbildungen und Seminaren: Verhandlungs- und Gesprächsführung, Aufgaben- und Rollenklarheit der Schwerbehindertenvertretung, Umgang mit Suchtkranken und psychisch angeschlagenen/erkrankten Menschen etc. Für sich holt die Schwerbehindertenvertretung am besten Rat bei ihrer Gewerkschaft, dem Integrationsamt oder bei einem Integrationsfachdienst ein.

Die Versammlung der schwerbehinderten Menschen
Mindestens einmal im Jahr hat die Schwerbehindertenvertretung das Recht, zur Versammlung der schwerbehinderten Menschen im Betrieb/in der Dienststelle einzuladen. Besteht eine betriebliche/dienstliche Notwendigkeit, kann eine weitere Versammlung einberufen werden. Die Regelung des SGB IX (§ 95 Abs. 6 SGB IX) ist

keine leidige Pflichtaufgabe, sondern ein integraler Bestandteil der betrieblichen Öffentlichkeitsarbeit (s.o.). Die Schwerbehindertenvertretung kann bei der Versammlung – am besten mit Taten – für ihr Amt und dessen betriebliche Bedeutung werben und punkten.

Die Versammlung mit der Schwerbehindertenvertretung in der Hauptrolle vermittelt eine Arbeitsbühne und eine Kommunikationsplattform: zum Bilanz ziehen, zum Einordnen und Strukturieren und für den innerbetrieblichen Meinungsaustausch. Die Versammlung ist eine glänzende Gelegenheit, Beschäftigte zu Wort kommen zu lassen, Diskussionen anzustoßen und zu führen sowie eine sozialpolitische Standortbestimmung des Betriebs vorzunehmen. Die Teilnehmenden sollten jenseits der Tagesordnung Raum und Zeit erhalten, Probleme und Konflikte anzusprechen, Wünsche und Forderungen vorzutragen. Die Vertrauenspersonen erhalten eine Rückmeldung über die geleistete Arbeit und viele neue Anregungen.

Behinderte Beschäftigte haben übrigens ein Recht auf umfassende Information durch ihre Interessenvertretung. Es ist deren Pflicht, Rechenschaft seit der letzten Versammlung abzulegen. Am besten wird ein mündlicher Tätigkeitsbericht, der konzentriert auf die wichtigsten Schwerpunkte Orientierung vermittelt, durch einen längeren schriftlichen Bericht ergänzt. Die Schwerbehindertenvertretung verfügt über Insider-Kenntnisse der betrieblichen Zusammenhänge, die der Belegschaft fehlen und die anschaulich vermittelt werden müssen, damit das Vorgehen der Schwerbehindertenvertretung nachvollziehbar wird.

In der Versammlung der schwerbehinderten Menschen berichtet auch der Arbeitgeber oder sein Beauftragter über alle Angelegenheiten im Zusammenhang mit der Eingliederung schwerbehinderter Menschen (§ 83 Abs. 3 SGB IX). Deshalb informiert die Schwerbehindertenvertretung rechtzeitig vor der Versammlung den/die zuständige/n Arbeitgebervertreter/in über den Termin und räumt dessen Beitrag einen angemessenen Zeitraum ein (vorherige Absprache!). Allerdings muss klar sein: Die/der Arbeitgeberbeauftragte ist Gast der betrieblichen Interessenvertretung. Die Schwerbehindertenvertretung achtet auch darauf, dass der Arbeitgeber zu wichtigen Themen Stellung nimmt.

Die erfolgreiche Schwerbehindertenversammlung basiert auf guter Vorbereitung. Besonders wichtig ist das für alle Neulinge im Amt der Schwerbehindertenvertretung, die zum ersten Mal eine Versammlung in Angriff nehmen. Neben dem gut ausgearbeiteten Tätigkeitsbericht sind solide inhaltliche und organisatorische Vorarbeiten unerlässlich. Dazu gehört u.a. die Abstimmung mit den Stellvertretern/Stellvertreterinnen, dem Betriebs-/Personalrat und eventuell dem gewerkschaftlichen Vertrauenskörper.

3.6 Inklusion in Ausbildung und Beruf

Inklusion – was ist das?
Inklusion (von »inclusio« – dazugehörig) ist ein neuer Begriff in der behindertenpolitischen Debatte, der über den der Integration hinausgeht. Bei Integration passt sich in erster Linie das Individuum den Verhältnissen an, das Konzept der Inklusion verlangt hingegen, dass sich die Gesellschaft auf den Bedarf von Menschen mit Behinderungen und deren Verschiedenheit (»diversity«) einstellt, dass die Umwelt und die Infrastruktur möglichst universell und barrierefrei gestaltet sind. Der Begriff Inklusion ist im Deutschen noch nicht abschließend festgelegt; der Begriff setzt derzeit aber einen umfassenden gesellschaftlichen Lernprozess in Gang. Der Begriff ist ein Schlüsselbegriff der BRK, zu der in Deutschland von der Bundesregierung ein Aktionsplan im Jahr 2010 vorbereitet wird. Im Geist der BRK ist jede Form der gesellschaftlichen Ausgrenzung eine individuelle Unrechtserfahrung. Sie fordert freiheitliche, gleichberechtigte und vollständige soziale Inklusion in allen Lebensbereichen. Konkrete Gestalt nimmt das Prinzip Inklusion durch die folgenden Punkte an: durch den ungehinderten, gleichberechtigten Zugang zum allgemeinen Bildungssystem, zum Arbeitsmarkt, zum kulturellen, politischen und sozialen Leben. Nach der Konvention gehören individuelle Autonomie und Inklusion untrennbar zusammen, d.h.: Ich bestimme, was gut für mich ist und was ich im Rahmen meiner Potenziale erreichen möchte, niemand darf meine Entwicklungschancen einschränken (siehe: Industriegewerkschaft Metall (Hrsg.), UN-Behindertenrechtskonvention - Menschen mit Behinderungen in Recht und Praxis stärken, Frankfurt 2010, S. 7).

Das Konzept der inklusiven Erziehung beruht auf dem Prinzip der Heterogenität: Alle Schüler sollen ungeachtet ihrer individuellen Unterschiede gemeinsam unterrichtet werden. Heterogenität wird nicht als Problem, sondern als Bereicherung gesehen. Ziele der inklusiven Erziehung sind vor allem die Anerkennung und Wahrung der Vielfalt sowie die Bekämpfung diskriminierender Einstellungen und Werte. Angestrebt wird eine Schule für alle. Das Erreichen dieser Ziele setzt im Gegensatz zum Konzept der Integration eine systemische Veränderung im Schulwesen voraus, und dass im Hinblick auf die Schulorganisation, die Lehrpläne, die Pädagogik, die Didaktik und Methodik sowie bzgl. der Lehrerausbildung. Auch für Schüler mit Behinderungen soll eine Unterrichtssituation geschaffen werden, in der ihr Bildungspotential optimal entfaltet werden kann. Die Umsetzung des Inklusionskonzepts setzt einen lernzieldifferenzierten Unterricht voraus. Das geforderte Leistungsniveau soll der Leistungsfähigkeit der Schüler mit Behinderungen angepasst werden. Anderenfalls wäre in der Schulpraxis die überwiegende Mehrzahl der Schüler mit Behinderungen durch einen zielgleichen Unterricht überfordert. Inklusion will die noch bestehenden Exklusionseffekte eines bloßen Integrationskonzepts überwinden.

3. Schwerpunkte der Interessenvertretungsarbeit

Aufgaben im Übergangsfeld Schule/Ausbildung behinderte Jugendliche

Die Erfahrungen zeigen, dass die gemeinsame Planung der individuellen Berufswege von Schülern und Schülerinnen mit Behinderungen, an der alle Kooperationspartner beteiligt sind (z.B. Berufswegekonferenz), ein wichtiger Baustein für erfolgreiche Übergänge von der Schule in den Beruf ist. Dies setzt voraus, dass die beteiligten Akteure ihre Verantwortung zur Sicherung der Teilhabe von Menschen mit Behinderungen zielgerichtet wahrnehmen und eine umfassende Zukunfts- und Lebensplanung in Orientierung an den Stärken des Einzelnen umsetzen. Die Einführung eines eigenständigen beruflichen Orientierungsverfahrens für Schülerinnen und Schüler mit Behinderung und sonderpädagogischem Förderbedarf wird derzeit in einer Arbeitsgruppe aus BMAS und Ländern geprüft. Praxisbeispiele finden sich unter www.bag-ub.de .

Wiedereingliederung nach Arbeitslosigkeit

Die Vermittlung von Arbeitslosen schwerbehinderten Menschen ist im Kern zuerst Aufgabe der Agenturen für Arbeit und der SGB-II-Durchführungsstellen. Die Agenturen für Arbeit stellen auch eine leistungsfähige Internet-Job-Börse unter http://jobboerse.arbeitsagentur.de/ zur Verfügung. Dort fanden sich z.B. am 9.9.2010 folgende Informationen: 3.615.191 Bewerberprofile, 601.856 zu besetzende Stellen und 151.693 Ausbildungsstellen. Über das Arbeitgeberportal kann man im Menü »Weitere Angaben zum Bewerber« auch wählen, dass »nur schwerbehinderte oder gleichgestellte Menschen« vorgeschlagen werden. Der Schwerbehindertenvertretung steht mit diesem Online-Instrument die schnelle Möglichkeit zur Verfügung, sich über arbeitslose schwerbehinderte Menschen, die für die Besetzung einer freien Stelle im eigenen Unternehmen in Frage kommen, einen schnellen Überblick zu verschaffen. Umgekehrt sollten die Schwerbehindertenvertretungen darauf achten, das den Agenturen freie Stellen frühzeitig zugänglich gemacht werden.

Darüber hinaus bieten in vielen Regionen auch die Integrationsfachdienste ihre Hilfe bei der Vermittlung an. Die Adressen sind beim Integrationsamt oder unter www.bag-ub.de zu finden.

Werkstatt und Unterstützte Beschäftigung

In Deutschland arbeiten ca. 260.000 behinderte Menschen in Werkstätten für behinderte Menschen (WfbM). Die Beziehungen zwischen WfbM und der Schwerbehindertenvertretung sind grundsätzlich nur in besonderen Konstellationen gegeben, vor allem wenn Beschäftigte einer WfbM auf einem Arbeitsplatz eingestellt werden sollen. Aufträge an WfbM können teilweise auf die Ausgleichsabgabe angerechnet werden. Umfangreiche Informationen zu den WfbM finden sich u.a. bei http://www.bagwfbm.de/. Derzeit laufen umfängliche politische Bemühungen zu Veränderungen im WfbM-Bereich (http://www.bagwfbm.de/article/1352).

Unterstützte Beschäftigung (§ 38a SGB IX) ist eine besondere Form der Berufsausbildung von jungen, behinderten Menschen, die wegen ihrer Behinderung besondere Eingliederungsprobleme haben. Hierzu werden auch begleitete Betriebspraktika eingesetzt.

> **Literaturtipps**
> **Cramer/Fuchs/Hirsch/Ritz,** SGB IX – Kommentar zum Recht schwerbehinderter Menschen und Erläuterungen zum AGG und BGG, 6. Aufl., Vahlen München, 2010;
> **Kossens/von der Heide/Maaß (Hrsg.):** Praxiskommentar zum Behindertenrecht – SGB IX – mit Behindertengleichstellungsgesetz, München 2009 (3. Aufl.)
>
> **Internetadressen:**
> http://www.alle-inklusive.behindertenbeauftragte.de;
> sowie zur KMK (Kultusministerkonferenz) – Fachtagung zur Umsetzung der Behindertenrechtskonvention der Vereinten Nationen – pädagogische und rechtliche Aspekte vom 21. und 22.6.2010 in Bremen **www.bildung.bremen.de/ixcms/detail.php?gsid=bremen117.c.23820.de**

3.7 Transnationale Teilhabe- und Präventionspolitik

3.7.1 Globalisierung und Auswirkungen auf ältere und behinderte Beschäftigte

Die internationale Staatengemeinschaft trägt schwer an den Folgen der globalen Banken-, Wirtschafts- und Finanzkrise: Es galt, die Weltwirtschaft und die internationalen Finanz- und Politiksysteme unter dramatischem Zeitdruck vor einem Absturz und Kollaps zu bewahren sowie die volkswirtschaftliche Existenz von Ländern und Kontinenten zu sichern. Zur Stabilisierung der Wirtschafts- und Sozialsysteme, der Konjunktur und Beschäftigung ganzer Nationen und Staatenbünde wurden von einzelnen Regierungen oder im Zusammenschluss mit anderen Regierungen und Zentralbanken staatliche Sicherheitsnetze gespannt, Kredite aufgenommen und bislang unvorstellbar hohe Finanzmittel eingesetzt. Staaten benötigten über Nacht Milliardensummen und strapazierten ihre öffentlichen Haushalte bis hin zur Grenze der Zahlungsunfähigkeit. Diese Schulden hängen nun wie Mühlsteine an der Gegenwart und Zukunft vieler Länder in nahezu allen Weltregionen und Staatengemeinschaften. Die Nachfrage und Produktion von Gütern, Waren und Dienstleistungen auf dem Weltmarkt brach zudem regelrecht ein und erholt sich, falls überhaupt, nur zögerlich und unterschiedlich langsam. Rückschläge über die Aufdeckung und Folgelasten weiterer fauler Kredite sind nicht auszuschließen.

Diese Lage wird die Situation in sehr vielen Ländern der Welt für längere Zeit prägen. Besonders betroffen von dieser negativen Entwicklung sind auch und gerade jene rund 650 Millionen Menschen auf der Welt, die mit Behinderungen und Barrieren, mit Gesundheitsbelastungen, chronischen Erkrankungen und Altersproblemen leben. Sie sind in ihrer überwiegenden Mehrheit auf funktionierende staatliche Sozialsysteme und stabile und dauerhafte gesellschaftliche Transferleistungen angewiesen. Absehbar sind aber gerade diese Sektoren stärker betroffen von Stagnation, Sparpolitik und Kürzungen als die Bereiche Wirtschaft, Banken und Finanzen – hier wird massiv unterstützt, dort massiv gekürzt.

Auch in den 27 Ländern der EU wird ein Teil der neueren öffentlichen Verschuldung über die Kürzung oder Streichung öffentlicher Sozialausgaben und sozialer Investitionen eingespart werden. Darunter werden viele der über 50 Millionen Menschen mit chronischen Gesundheitsproblemen oder mit Behinderung in Europa zu leiden haben, immerhin mehr als 10 % der Bürger und Bürgerinnen Europas. Denn Leistungen für Menschen mit Behinderung, die (vor allem in Ländern, die keine staatlichen Einheitsversicherungen kennen) nicht zu den von den gesetzlichen Sozialversicherungszweigen erfassten Personenkreisen zählen, werden ebenfalls aus öffentlichen Mitteln, meist über Sozialhilfeeinrichtungen, finanziert. Eine staatliche Finanzierung gilt auch für die meisten Maßnahmen zur Eingliederung von Menschen mit Behinderung. Eine Ausnahme hiervon bilden die aus Ausgleichsabgaben der Arbeitgeber finanzierten Maßnahmen. Eine Verpflichtung der Arbeitgeber, ab einer bestimmten Zahl von Arbeitsplätzen – in Deutschland ab 20 – einen festen Anteil an Menschen mit Behinderung einzustellen, besteht meist auf gesetzlicher, teils auf tarifvertraglicher Grundlage, inzwischen in 15 Ländern, darunter in sechs der neuen EU-Mitgliedsstaaten. Bei Nichterfüllung dieser Verpflichtung werden derzeit zum Teil noch erhebliche Ausgleichszahlungen fällig. Allerdings steigt mit dem Älterwerden der Menschen in Europa auch die Zahl der von Behinderung betroffenen Menschen. Dadurch wachsen deren absehbarer Bedarf und die Nachfrage nach öffentlicher Unterstützung, nach Transfer- und Teilhabeleistung. Dies jedoch in Zeiten, in denen der staatliche Sektor vieler EU-Länder mit Einnahmeverlusten, höheren Schulden und Haushaltsdefiziten zu kämpfen hat.

Zwar sind Menschen mit Behinderung vollwertige Bürger und Bürgerinnen Europas mit gleichen Rechten. Und sie haben Ansprüche auf Gleichbehandlung und auf volle Teilhabe sowohl im Berufsleben als auch in der Gesellschaft. Allerdings ist auch

3. Schwerpunkte der Interessenvertretungsarbeit

bekannt, dass behinderte Europäerinnen und Europäer am Arbeitsmarkt schon über lange Zeit hinweg eine vergleichsweise niedrige Beschäftigungsquote aufweisen. Auf diesen nationalen Beschäftigungs- und Arbeitsmärkten der EU-Mitgliedsstaaten ist die weltweite Wirtschafts- und Finanzkrise jedoch mittlerweile längst angekommen und lastet zusätzlich schwer auf den Menschen mit Behinderung im Erwerbsleben. Da tröstet es nicht, dass es weder eine gemeinsame europäische Definition des Begriffs »Behinderung« noch gemeinsame Teilhabeleistungen oder Nachteilsausgleiche gibt: Nicht nur steigt das Risiko der Betroffenen, künftig weniger Gesundheits- und Sozialleistungen ihres EU-Landes zu bekommen. Sondern viele müssen sogar befürchten, ihre Arbeit zu verlieren oder zukünftig unter noch härteren Arbeitsbedingungen und – über sog. Rentenreformen – nun auch noch länger arbeiten zu müssen.

Diese zunehmende Härte und Dauer des Betriebsalltags wird gesundheitlich angeschlagene und vor allem ältere behinderte Beschäftigte an den Rand ihrer Erwerbsfähigkeit und/oder ihres Arbeitsvertrags bringen. Europäische Schutzdämme und betriebliche Hilfestellungen sind derzeit noch zu schwach ausgelegt oder schlicht nicht vorhanden. Gerade in diesen Zeiten sinken zudem die Chancen der Betroffenen, eine inklusive Ausbildung oder Beschäftigung zu erlangen oder dauerhaft zu behalten. Junge Menschen mit Behinderung finden sehr schwer Zugang zum Ausbildungssektor oder ersten Arbeitsmarkt. Ältere Männer und Frauen mit Behinderung, besonders mit Kindern, bilden oft das Schlusslicht in den nationalen Arbeitslosenstatistiken, wenn sie überhaupt erfasst werden. Infolge beider Weltkriege mit Millionen Toten und überlebenden Kriegsopfern hat zwar mehr als die Hälfte der EU-Staaten unterschiedlich hohe Pflichtquoten zur Beschäftigung von Menschen mit Behinderung gesetzlich festgelegt, darunter drei ohne Sanktionen bei Nichterfüllung, in mindestens zehn Mitgliedsländern gibt es aber weder Pflichtquoten noch Sanktionen. Schwerbehindertenvertretungen und Betriebsräte sind bis dato nur in Österreich und Deutschland gesetzlich verankert. In allzu vielen Ländern fehlt es den Menschen mit Behinderung, darunter vielen älteren Arbeitnehmern/Arbeitnehmerinnen mit besonders hohem Schutzbedürfnis, an Möglichkeiten, eine eigene betriebliche Interessenvertretung mit einer verantwortlichen, an der BRK ausgerichtete Aufgabenstellung zu wählen, die sich wirkungsvoll um die Ausbildung, Beschäftigung und Belange von Menschen mit Behinderungen im Zusammenwirken mit Arbeitgebern, Sozialpartnern und Behörden kümmert. Noch bleiben die »Vereinigten Staaten von Europa« mit gleichen Rechten auf Inklusion und Teilhabe, freier inklusiver Schulwahl, auf Ausbildung, Beschäftigung und Rehabilitation und eigener Interessenvertretung im Arbeits- und Berufsleben für Millionen Europäer mit Behinderung eine Vision.

3. Schwerpunkte der Interessenvertretungsarbeit

Die Rolle europäischer Richtlinien/internationaler Rahmenabkommen
Angesichts von mehr als 50 Millionen Europäern/Europäerinnen mit Behinderung, die ca. 10 % der Gesamtbevölkerung stellen, räumt die EU deren Gleichstellung und nachhaltigem Schutz vor Diskriminierung hohe Priorität ein. Folgende EU-Strategien sollen in den 27 EU-Mitgliedsstaaten zum Tragen kommen:
1. Die Rechtsvorschriften und Maßnahmen der EU zur Bekämpfung von Diskriminierungen, die den Zugang zu individuellen Rechten ermöglichen (Antidiskriminierungsrecht).
2. Die Beseitigung von Barrieren in der Umgebung, die Menschen mit Behinderung davon abhalten, von ihren Fähigkeiten Gebrauch zu machen (Zugänglichkeit und Barrierefreiheit).
3. Die Einbeziehung von Behinderungsfragen in das breite Spektrum der EU-Gemeinschaftsstrategien mit dem Ziel, eine aktive Teilhabe von Menschen mit Behinderung zu ermöglichen (»Disability Mainstreaming«).

Grundlage hierfür war der Vertrag der Europäischen Gemeinschaft von Amsterdam 1997, vor allem Art. 13 des Vertrages, der eine Diskriminierung aus Gründen des Geschlechtes, der Rasse, der ethnischen Herkunft, der Weltanschauung, der Religion, der Behinderung, des Alters oder der sexuellen Orientierung verbietet (Primarrecht). Trotz alledem gibt es in der EU noch deutliche Unterschiede sowohl hinsichtlich der Definition der Menschen mit Behinderung als auch der Rechtsnatur ihrer Förderung. Laut den in dieser EU-Charta der Grundrechte niedergelegten und anerkannten Prinzipien gilt für alle Menschen mit Behinderung, unabhängig von der Ursache und Art ihrer Behinderung, dass sie bei ihrer beruflichen und sozialen Eingliederung durch konkrete ergänzende Maßnahmen zu fördern sind. Die Leistungen und Förderungen im Einzelnen sind europaweit jedoch sehr unterschiedlich.

Auch daran wird heute noch deutlich, dass die Europäischen Gemeinschaft ihre historischen Wurzeln in der damaligen Gründung als Europäische Wirtschaftsgemeinschaft (EWG) hat: Wirtschaftsaspekte hatten über Jahrzehnte hinweg eindeutig Vorfahrt vor sozialen Fragen der Bürgerinnen und Bürger, auch z.B. in behindertenpolitischen Belangen. Immerhin hatte die EU, gestützt auf jenen Art. 13 des EG-Vertrages, mit der »Richtlinie zur Festlegung eines allgemeinen Rahmens für die Verwirklichung der Gleichbehandlung in Beschäftigung und Beruf« sowie dem »Aktionsprogramm zur Bekämpfung von Diskriminierungen« im Jahre 2000 Impulse gesetzt (Sekundärrecht).

Diese »Beschäftigungsrichtlinie« verbietet nicht nur die direkte, sondern auch indirekte Diskriminierung und verlangt von den europäischen Arbeitgebern, dass sie »angemessene Vorkehrungen« für Menschen mit Behinderung treffen. Die Verordnung über staatliche Beschäftigungsbeihilfen fördert die Einstellung behinderter

3. Schwerpunkte der Interessenvertretungsarbeit

Arbeitnehmer/innen und ihre Beschäftigungssicherung. Beide Instrumente verfolgen die Absicht, das Beschäftigungsniveau behinderter Menschen in Europa zu heben und alle Beschäftigungspotenziale auszuschöpfen.

Seit 2001 unterstützen EU-Aktionsprogramme und Mittel des Europäischen Sozialfonds diese Zielsetzungen, gefördert von Impulsen des »Europäischen Jahres der Menschen mit Behinderung« in 2003 und dem »Europäischen Jahr der Chancengleichheit« in 2007. Die erwähnte »EU-Antidiskriminierungsrichtlinie« aus 2000 stärkte die Rechte von Menschen mit Behinderung und verlangte die Umsetzung in nationales Recht bis 2006. Noch gerade rechtzeitig wurde im August 2006 in Deutschland das Allgemeine Gleichstellungsgesetz (AGG) in Kraft gesetzt, gefolgt von Gleichstellungsgesetzen der Bundesländer. Die europäische Gleichbehandlung (Nichtdiskriminierung) von Menschen mit Behinderung ist damit Teil des nationalen Rechts geworden. Angestoßen von der damaligen Bundesrepublik Deutschland, kam die Erweiterung der Charta der Grundrechte der EU mit Inkraftsetzen des Vertrags von Lissabon zum 7.12.2009 hinzu. Diese neue Grundrechtecharta wurde zwar kein direkter Teil des neuen EU-Vertrags, welcher die zuvor gescheiterte EU-Verfassung ersetzte, erhielt jedoch »dieselbe Rechtsverbindlichkeit wie die Verträge« (Art. 6 Reformvertrag).

Diese erweiterte Charta der Grundrechte hat sechs Hauptkapitel mit 54 Artikeln, darunter ein umfassendes Diskriminierungsverbot, welches deutlich mehr Gruppen von Betroffenen umfasst als bislang. Und sie enthält die EU-weite Verpflichtung zur Integration von Menschen mit Behinderung. Eine Ausnahmeregelung für Großbritannien führt allerdings dazu, dass die Bestimmungen der Charta ohne Einfluss auf die britische Rechtsprechung bleiben. Wichtig für die Betroffenen in den 27 Mitgliedsländern ist jedoch vielmehr, ob: a) bestehende nationale oder europaweite Gesetze und Richtlinien im zivilen und betrieblichen Alltag z.B. von den Arbeitgebern eingehalten und Programme tatsächlich zu ihrem Nutzen umgesetzt werden, b) bestehende oder neue Rechte und Richtlinien von den Betroffenen eingefordert und positiv angewandt werden können, c) es dabei eine wirksame Unterstützung und Kontrolle durch staatliche und betriebliche Institutionen, bestenfalls durch die Betroffenen selbst gibt.

Es ist aus heutiger Sicht jedoch mehr als zu befürchten, dass sich der Betriebsalltag für Menschen mit Behinderung gerade in diesen Zeiten eher spürbar verschlechtert und bestehendes und neues Recht hingegen auf dem Papier vertrocknet. Dem Grunde nach geht es jedoch spätestens seit der Beschlussfassung der BRK im Dezember 2006 in New York und der zwischenzeitlich in vielen EU-Staaten völkerrechtlich verbindlichen Ratifizierung der UN-Konvention gerade auch in der EU um das umfassende Menschenrecht auf vollständige Inklusion der Betroffenen in die Gesellschaft ohne Diskriminierung und Barrieren. Dies gilt in besonderem Maße auch und gerade für die Arbeitswelt. Hierbei verfügen gerade die Schwerbehindertenvertretungen, Betriebsräte und Gewerkschaften in Deutschland über mehr als 80 Jahre Erfahrung, die sie in die europäische Debatte einbringen können. Um dem Auftrag und dem Menschenrecht auf Inklusion ausreichend Rechnung tragen zu können, wird in den kommenden Jahren eine breite Diskussion vor allem mit den Betroffenen, ihren Interessenvertretungen in Betrieb und Gewerkschaft, den Verantwortlichen in Politik und Verwaltung und vor allem mit den Arbeitgebern und ihren Verbänden zu führen und auszufechten sein – und viele Akteure stehen noch am Anfang dieser Diskussion.

3.7.2 Handlungsmöglichkeiten des Europäischen Betriebsrats und der Schwerbehindertenvertretung in transnationalen Unternehmen

Immerhin wurde auf der Grundlage einer EU-Richtlinie bereits 1994 der Weg für Belegschaften zur erstmaligen Bildung von Europäischen Betriebsräten (EBR) in jenen europäischen Unternehmungen freigemacht, die in der EU mindestens 1000 Arbeitnehmer beschäftigen und in wenigstens zwei unterschiedlichen EU-Ländern Betriebsstätten haben. Mittlerweile werden mehr als 15 Millionen Beschäftigte in mehr als 830 europäischen Unternehmungen von Europäischen Betriebsräten gegenüber dem europäischen Management vertreten – und jedes Jahr kommen rund 20 neue Unternehmen hinzu.

Von insgesamt rund 2200 EBR-fähigen Unternehmen in Europa steht die EBR-Gründung allerdings in rund 1400 europäischen Unternehmungen mit weiteren sieben Millionen Beschäftigten noch aus. Dieser Prozess ist durch die Unternehmen selbst in Bewegung und wird leicht abgebremst über den Verlust der Unabhängigkeit mancher Unternehmen durch Übernahmen oder Fusionen. Gleichzeitig fallen Unternehmen aus dem EU-Geltungsbereich heraus oder es kommen neu hinzu. In Deutschland existierten 2007 in nur 28 % der ansässigen Unternehmen, die unter das EBR-Gesetz fallen, Europäische Betriebsräte. Diese müssen sich im Unterschied zu den deutschen Betriebsräten damit begnügen, dass das Management sie bei wichtigen Entscheidungen lediglich informieren und anhören soll, eine weitergehende Mitbestimmung somit fehlt. Dennoch bietet sich in jedem dieser Unternehmen die Chance, das Thema »Inklusion der Menschen mit Behinderung« auf die Tagesordnung der Gespräche zwischen dem Europäischen Betriebsrat und dem europäischen Management zu setzen.

3. Schwerpunkte der Interessenvertretungsarbeit

Gemäß der EBR-Richtlinie von 1994 gehören zumindest regelmäßige Konsultationen mit dem Management sowie der Austausch von Informationen zu den essentiellen Rechten der europäischen Belegschaftsvertretung. Da dies aber erkennbar nicht ausreichte, um die Interessen der Belegschaften in wirtschaftlich turbulenten und zunehmend globalisierten Zeiten wirksam vertreten und den sozialen Dialog auf Unternehmensebene erfolgreich voranbringen zu können, wurde bereits 1999 im EU-Parlament beschlossen, die EBR-Richtlinie einer Revision zu unterziehen und hierzu die Beteiligten einzubinden. Dieser politisch verabredete Prozess des sozialen Dialogs zwischen den im europäischen Dachverband ETUC zusammengeschlossenen nationalen Gewerkschaften und Betriebsräten einerseits sowie den in Business Europe organisierten Unternehmungen andererseits führte trotz jahrelanger Diskussionen zu keinem Ergebnis. Auf den Vorschlag des zuständigen EU-Kommissars Valentin Spidla hin wurde im Dezember 2008 eine Neufassung (Recast) der EBR-Richtlinie durch das EU-Parlament und eine qualifizierte Mehrheit von Regierungen im EU-Ministerrat beschlossen, die unter den betroffenen EBR-Betriebsräten und -Gewerkschaften nach zehn Jahren intensivem politischen Ringen um eine spürbare Verbesserung Enttäuschung auslöste und weit hinter den Erwartungen zurückblieb.

Kernforderungen des europäischen Dachverbands ETUC waren schon im Entwurf der EU-Kommission ignoriert worden und großen Anstrengungen im Europäischen Parlament war es hauptsächlich zu verdanken, dass immerhin einige begriffliche Klärungen und neuere EU-Gerichtsurteile Eingang in einen überarbeiteten Kommissionsentwurf fanden. Aus deutscher Sicht hatte auch die 2004 gestartete Initiative des Arbeitskreises der Schwerbehindertenvertretungen der Deutschen Automobilindustrie, das Thema »Menschen mit Behinderung« mittels der EBR-Revision als neuen und verpflichtenden Tagesordnungspunkt im Prozess von Konsultation und Information zwischen Europäischem Betriebsrat und europäischem Management zu verankern, noch keinen unmittelbaren Erfolg, obgleich sie von der IG Metall unterstützt und vom zuständigen DGB-Bundesvorstand beim gewerkschaftlichen Dachverband ETUC in Brüssel eingebracht worden war. Immerhin sind viele der in Deutschland ansässigen Hersteller von Automobilen, Omnibussen und LKWs europäisch aktiv, von Finnland bis Portugal, von Ungarn bis Großbritannien.

Noch zu schwach in diesem Punkt war auch die Unterstützung im Europäischen Parlament selbst, obgleich mit der »Intergroup« seit Jahren eine überparteiliche, behindertenpolitische Parlamentarier-Gruppe existiert. Das Europäische Behindertenforum EDF, in dem Gewerkschaften, Betriebsräte und Schwerbehindertenvertretungen bis dato noch nicht direkt vertreten sind, spielte beim Revisionsprozess über nahezu zehn Jahre keine Rolle. Immerhin sind sowohl die im Amt befindlichen EBR-Mitglieder als auch die europäischen Unternehmungen nach dem Vertrag von Lissabon gehalten, über Geist und Inhalt der Europäischen Grundrechtscharta zu wachen und im Betriebsalltag durchzusetzen.

Die BRK wird an den Werkstoren europäischer Unternehmungen ebenfalls nicht haltmachen. Schon seit 2006 ist der staatliche französische Nuklearkonzern Areva eine europaweite Vereinbarung zur Gleichbehandlung der Geschlechter und von Menschen mit Behinderung gebunden, welche unter Einschaltung und Mitwirkung des Europäischen Metallarbeiterbundes (EMB) zustande kam. Verschiedene europäische Unternehmen haben mit ihrem Europäischen Betriebsrat Verhaltensgrundsätze (»Code of Conduct«) vereinbart, Diskriminierungen Beschäftigter z.B. wegen deren Behinderung auszuschließen bzw. zu sanktionieren. Und selbst in der sehr wechselvollen Situation bei General Motors Europe gelang es dem Europäischen Betriebsrat in 2008, eine »Europäische Rahmenvereinbarung über Outsourcing/Spinn-Off« abzuschließen, die im Falle der geplanten Fremdvergabe/Abtrennung von Bereichen, in denen Menschen mit Behinderungen beschäftigt sind oder eine Beschäftigung finden können, besondere Konsultationen und Maßnahmen vorrangig mit dem Ziel der Weiterbeschäftigung vorsieht. Die Verankerung des Themenfelds »Menschen mit Behinderung« sowie die Etablierung einer europäischen Behindertenvertretung wird auch bei der Gesamt- und Konzernschwerbehindertenvertretung der Deutschen Bahn AG vorangetrieben, die sich zunehmend europäisch aufstellt.

Die Zeit scheint reif für eine inhaltliche und personelle Erweiterung des Europäischen Betriebsrats um Themen und Interessenvertreter/innen der Menschen mit Behinderung sowie der älteren, langzeiterkrankten und chronisch kranken Beschäftigten. Mit der notwendigen und anstehenden Umsetzung der BRK in der Arbeitswelt ist auch eine weitere Veränderung des politischen, gewerkschaftlichen und unternehmerischen Denkens und Handelns zu Gunsten der Betroffenen und deren heutiger und künftiger Interessenvertretungen im europäischen Haus erforderlich. Ein Schritt auf diesem Weg wird die noch engere Verbindung zwischen den nationalen Gewerkschaften und dem europäischen Dachverband ETUC, dessen Zusammenarbeit mit dem EDF, der Intergroup im Europäischen Parlament sowie der EU-Kommission selbst sein, unterstützt von Europäischen Betriebsräten und europäischen (Schwer)Behindertenvertretungen in den europäischen Unternehmungen.

4. Rechtliche Handlungsgrundlagen und Unterstützungsmöglichkeiten

Zum Schutz gegen Benachteiligung und Ausgrenzung und zur Förderung behinderter Arbeitnehmer/innen sind risikobegrenzende Maßnahmen nötig, die nur durch rechtliche und sozialpolitische Eingriffe in die unternehmerische Freiheit erreicht werden können. Zu diesem Zweck fordert das in Deutschland geltende Recht behinderter Menschen eine umfassende gesellschaftliche und betriebliche Teilhabe und Gleichstellung.

Diese Prinzipien kommen auch in den zentralen Zielen des SGB IX (2. Teil) zum Ausdruck:
- Zugang zu Rehabilitation für chronisch kranke und von Behinderung bedrohte Menschen herstellen
- bestehende Beschäftigungsverhältnisse schwerbehinderter und gleichgestellter Beschäftigter sichern
- behinderungsgerechte Arbeitsbedingungen schaffen
- Gesundheit und Beschäftigung erhalten und
- arbeitslose behinderte Menschen beruflich eingliedern.

Die wichtigsten Bestimmungen des SGB IX legen für Arbeitgeber besondere Verpflichtungen gegenüber behinderten Beschäftigten fest. Das SGB IX ist gleichzeitig die rechtliche Grundlage für die Tätigkeit der Schwerbehindertenvertretung.

In der Praxis werden gesetzliche Bestimmungen jedoch regelmäßig verletzt, ungünstig ausgelegt oder umgangen. Sie werden durch gegenläufige Bestimmungen aufgeweicht oder vom Gesetzgeber selbst verschlechtert. Letztlich erweisen sich gesetzliche Regelungen als Regelungskompromiss auf Zeit; sie sind Ausdruck des Kräfteverhältnisse zwischen lohnanhängigen Beschäftigten und Kapitalseite, nichts Ewiges und Natürliches, sondern veränderbares Ergebnis gesellschaftlicher und betrieblicher Auseinandersetzungen. Wie viel von der gesetzlichen Wirkung bei den behinderten Beschäftigten in der konkreten Praxis ankommt, entscheidet sich erst durch das Engagement, die Durchsetzungskraft und die Konfliktbereitschaft des Betriebsrats und der Schwerbehindertenvertretung, oft erst verbunden mit einem machtvollen Druck der Interessenvertretung.

4.1 Pflichten des Arbeitgebers

Das SGB IX und das Allgemeine Gleichbehandlungsgesetz (AGG) befassen sich besonders – aber nicht nur – mit Rechten behinderter Arbeitnehmer/innen. Sie gehören zu den Gesetzen, die den Arbeitgebern Pflichten zum Schutz und zur Förderung bestimmter Arbeitnehmergruppen/innengruppen auferlegen.

Das SGB IX regelt im Einzelnen:

den Umfang der Beschäftigungspflicht des Arbeitgebers
- in Betrieben und Dienststellen ab 20 Arbeitsplätzen ist ein Anteil von 5 % (»Pflichtquote«) mit schwerbehinderten Menschen zu besetzen. Schwerbehinderte Frauen sind besonders zu berücksichtigen; §71 SGB IX
- Pflicht zur Zahlung einer Ausgleichsabgabe (je nach Beschäftigungsquote zwischen 105 und 260 Euro monatlich je unbesetztem Pflichtplatz), wobei die Zahlung von der Beschäftigungspflicht nicht entbindet; § 77 SGB IX

die Beschäftigung besonderer Gruppen in angemessenem Umfang
- Schwerbehinderte Menschen, die nach Art oder Schwere ihrer Behinderung im Arbeitsleben besonders betroffen sind; § 72 SGB IX nennt Gruppen, die hierunter zu verstehen sind: § 72 SGB IX
  - schwerbehinderte Menschen, die das 50. Lebensjahr vollendet haben,
  - schwerbehinderte Auszubildende;

die Prüfungspflicht bei der Besetzung freier Arbeitsplätze
- Arbeitgeber haben zu prüfen, ob freie Arbeitsplätze mit schwerbehinderten Menschen, vor allem mit bei der Arbeitsagentur gemeldeten, besetzt werden können. Die Prüfungspflicht bezieht sich nicht nur auf Neueinstellung, sondern auch auf Versetzungen innerhalb des Betriebs. Sie endet nicht mit der Erfüllung der Pflichtquote. § 81 Abs. 1 SGB IX
- Die Schwerbehindertenvertretung ist zu beteiligen, Betriebs- bzw. Personalrat sind zu hören. Der Arbeitgeber muss Bewerbungen mit der Schwerbehindertenvertretung erörtern und an Vorstellungsgesprächen beteiligen. § 95 Abs. 2 SGB IX

4. Rechtliche Handlungsgrundlagen und Unterstützungsmöglichkeiten

individuelle Förderpflichten
- eine besondere Fürsorge- und Förderungspflicht gegenüber schwerbehinderten Beschäftigten, damit sie ihre Fähigkeiten und Kenntnisse bestmöglich anwenden und weiterentwickeln können; — § 81 Abs. 3 SGB IX
- Förderungspflichten gegenüber schwerbehinderten Menschen, hierzu gehören: — § 81 Abs. 4 SGB IX
  - die Beschäftigung entsprechend ihrer Fähigkeiten und Kenntnissen;
  - die Bevorzugung bei innerbetrieblichen Maßnahmen zur beruflichen Bildung;
  - die Erleichterung der Teilnahme an außerbetrieblichen Maßnahmen.
  - Beschäftigung durch betriebliche Arbeitsgestaltungsmaßnahmen;
  - Verlangt wird: Schaffung der Voraussetzungen zur Beschäftigung wenigstens der vorgeschriebenen Zahl schwerbehinderter Menschen. Dazu gehören Maßnahmen der technischen Ausstattung, der Organisation des Arbeitsablaufs, der Einrichtung von Teilzeitarbeitsplätzen, der Ausstattung einzelner Arbeitsplätze mit technischen Hilfen usw. Bei der Durchführung haben Arbeitsagentur und Integrationsamt Arbeitgeber zu unterstützen.

kollektive Förderpflichten
- die Verpflichtung des Arbeitgebers zum Abschluss einer Integrationsvereinbarung mit der Schwerbehindertenvertretung und dem Betriebs- oder Personalrat; — § 83 SGB IX

kollektive Präventionspflichten
- Beschäftigungssicherungspflicht des Arbeitgebers: er muss bei Problemen am Arbeitsplatz frühzeitig handeln, z.B. durch Änderung der Arbeitsaufgabe und des Arbeitsplatzes oder durch die Inanspruchnahme finanzieller Unterstützung des Integrationsamts für begleitende Hilfen am Arbeitsplatz. — § 84 Abs. 1 SGB IX
- Durch Einrichtung eines betrieblichen Gesundheitsmanagements haben Arbeitgeber die Gesundheit und Beschäftigungsfähigkeit behinderter und nichtbehinderter Beschäftigter zu erhalten und zu fördern; — § 84 Abs. 2 SGB IX

ein Benachteiligungsverbot
- das Verbot der Diskriminierung wegen einer Behinderung gilt sowohl bei der Einstellung als auch bei den beruflichen Aufstiegsmöglichkeiten; — § 81 Abs. 2 SGB IX i.V.m. dem AGG

4. Rechtliche Handlungsgrundlagen und Unterstützungsmöglichkeiten

4.2 Rechte und Pflichten der Interessenvertretung

Rechte behinderter Menschen in Betrieben und Verwaltungen können nur Wirkung entfalten, wenn sie auch durchgesetzt werden. Zentrale Garanten für dieses Ziel sind Betriebsräte, Personalräte und Schwerbehindertenvertretungen, deren Interessenvertretungsaufgaben durch einen jeweils eigenen gesetzlichen Rahmen festgelegt sind. Durch ihre allgemeine und besondere Interessenvertretung nehmen die behinderten Beschäftigten Einfluss auf ihre betrieblichen Belange.

Das Betriebsverfassungsgesetz, die Bundes- und Landespersonalvertretungsgesetze und das SGB IX begründen Rechte und Pflichten für die Interessenvertretungen und legen die Möglichkeiten der Einflussnahme in abgestufter Reichweite als Kontrolle (Überwachungsrechte, Informationsrechte), als Mitwirkung und als Mitbestimmung fest. Hinzu kommen grundlegende Bestimmungen zur allgemeinen Stellung der Betriebs- und Personalräte und der Schwerbehindertenvertretung gegenüber dem Arbeitgeber.

4.2.1 Rechtsstellung des Betriebsrats

»In allen Betrieben mit »in der Regel mindestens fünf ständigen wahlberechtigten Arbeitnehmern, von denen drei wählbar sind«, ist ein Betriebsrat zu wählen (vgl. § 1 BetrVG). Das gilt auch für gemeinsame Betriebe mehrerer Unternehmen (Gemeinschaftsbetrieb). Der Betriebsrat vertritt die Interessen der Arbeitnehmer des Betriebs. Er nimmt vor allem die durch das Betriebsverfassungsgesetz der Belegschaft zugeordneten Beteiligungsrechte wahr.

Der Betriebsrat ist »einseitiger« Vertreter der Interessen der Belegschaft. Er
- erfasst regelmäßig und systematisch (u.a. in Gesprächen, Versammlungen, Umfragen usw.) die Lage der Beschäftigten (Arbeitsplatzsicherheit, Arbeitszeit, Arbeitsentgelt, Arbeitsschutz usw.), ihre Anliegen, Forderungen, Sorgen und Nöte
- nimmt die Vorschläge der Beschäftigten auf, entwickelt Problemlösungen mit ihnen
- versucht im Wege von Verhandlungen mit dem Arbeitgeber, das »Beste« für die Beschäftigten herauszuholen
- informiert die Beschäftigten über Verhandlungsstände und -ergebnisse zeitnah und umfassend; berechtigte Kritik wird aufgenommen und in nachfolgende Verhandlungen mit dem Arbeitgeber eingebracht, wenn nötig wird das Arbeitsgericht und/oder die Einigungsstelle angerufen, manchmal bringt bereits die Ankündigung, dies zu tun, den Arbeitgeber »in Bewegung« ...

4. Rechtliche Handlungsgrundlagen und Unterstützungsmöglichkeiten

Die Aufgaben des Betriebsrats (§ 80 Abs. 1 BetrVG)

Die Aufgaben des Betriebsrats lassen sich in drei Schwerpunkte untergliedern:

Überwachungsaufgaben

- Der Betriebsrat hat darüber zu wachen, dass die zugunsten der Arbeitnehmer geltenden Gesetze, Verordnungen, Unfallverhütungsvorschriften, Tarifverträge und Betriebsvereinbarungen eingehalten werden, § 80 Abs. 1 Nr. 1 BetrVG. Es kommt nicht von ungefähr, dass der Gesetzgeber die Überwachungsaufgabe im Rahmen des § 80 Abs. 1 BetrVG an die erste Stelle gesetzt hat. Denn in einem Verhältnis, das durch Interessengegensätze geprägt ist, ist die Maxime »Vertrauen ist gut, Kontrolle ist besser« durchaus angebracht.

Schutzaufgaben

- Aus der Tatsache, dass die Interessen von Arbeitgeber und Belegschaft grundsätzlich von gegensätzlicher Natur sind, folgt zwangsläufig, dass ein wesentlicher Teil der Aufgaben des Betriebsrats darin besteht, Verschlechterungen der Situation der Beschäftigten abzuwehren. Dies gilt in besonderem Maße für solche Personengruppen im Betrieb, die besonders schutzbedürftig sind (vgl. z.B. § 80 Abs. 1 Nr. 4 BetrVG).

Gestaltungsaufgaben

- Der Betriebsrat hat nicht nur die Aufgabe, auf Maßnahmen des Arbeitgebers zu »reagieren«, vielmehr fordert das Betriebsverfassungsgesetz den Betriebsrat vielfach auf, aus eigenem Antrieb oder auf Anregung von Arbeitnehmern (vgl. § 80 Abs. 1 Nr. 3 BetrVG) im Interesse der Beschäftigten tätig zu werden, d.h. zu »agieren«. So soll der Betriebsrat Maßnahmen, die der Belegschaft dienen, beim Arbeitgeber beantragen (§ 80 Abs. 1 Nr. 2, 3 BetrVG); er hat die Aufgabe, die Belange der Schwerbehinderten, sonstiger besonders schutzbedürftiger Personen, der Jugendlichen und Auszubildenden in Zusammenarbeit mit der Jugend- und Auszubildendenvertretung, der älteren Arbeitnehmer, der ausländischen Arbeitnehmer »zu fördern« und Maßnahmen zur Bekämpfung von Rassismus und Fremdenfeindlichkeit im Betrieb zu beantragen (§ 80 Abs. 1 Nr. 4–7 BetrVG), die Beschäftigung im Betrieb zu fördern und zu sichern (§ 80 Abs. 1 Nr. 8 i.V.m. § 92a BetrVG) und Maßnahmen des Arbeitsschutzes und des betrieblichen Umweltschutzes zu fördern (§ 80 Abs. 1 Nr. 9 BetrVG).

- Der Betriebsrat hat des Weiteren die Aufgabe, die Durchsetzung der tatsächlichen Gleichstellung von Frauen und Männern, vor allem bei der Einstellung, Beschäftigung, Aus-, Fort- und Weiterbildung und dem beruflichen Aufstieg (§ 80 Abs. 1 Nr. 2a BetrVG) und die Vereinbarkeit von Familie und Erwerbstätigkeit zu fördern (§ 80 Abs. 1 Nr. 2a BetrVG).

4. Rechtliche Handlungsgrundlagen und Unterstützungsmöglichkeiten

Beteiligungsrechte
Das Betriebsverfassungsgesetz weist dem Betriebsrat in den §§ 80 bis 113 BetrVG ein breites Spektrum von Aufgaben zu. Gleichzeitig stellt es ihm ein differenziertes Instrumentarium von »Beteiligungsrechten« – nämlich Informations-, Mitwirkungs- und Mitbestimmungsrechte – zur Verfügung. Durch das Einräumen von Beteiligungsrechten soll gewährleistet werden, dass in der von der jeweiligen Vorschrift benannten »Angelegenheit« die Interessen der Arbeitnehmer »nicht unter die Räder kommen«.

Die Beteiligungsrechte des Betriebsrats lassen sich nach Inhalt und Wirkungsgrad – wie folgt – grob untergliedern:
- Informationsrechte,
- Mitwirkungsrechte
- Mitbestimmungsrechte

Informationsrechte
Der Betriebsrat hat einen Anspruch darauf, vom Arbeitgeber über alle die Angelegenheiten rechtzeitig und umfassend unterrichtet zu werden, die in den Zuständigkeits- und Aufgabenbereich des Betriebsrats fallen.
Die Informationsrechte des Betriebsrats sind im Einzelnen in folgenden Vorschriften geregelt:
- allgemeines Informationsrecht: § 80 Abs. 2 BetrVG;
- besondere Informationsrechte: § 53 Abs. 2, § 89 Abs. 2 und 4, § 90 Abs. 1, § 92 Abs. 1, § 99 Abs. 1, § 100 Abs. 2, § 102 Abs. 1, § 105, § 106 Abs. 2, § 108 Abs. 3 und 5, § 111 BetrVG.

§ 80 Abs. 2 BetrVG hat den Charakter einer »Generalklausel«. Das heißt, diese Regelung ist in all denjenigen Sachverhalten anzuwenden, die einerseits nicht ausdrücklich von den »besonderen« Informationsvorschriften erfasst sind und die andererseits aber dennoch in den Aufgaben- und Zuständigkeitsbereich des Betriebsrats fallen. Dabei ist der Geltungsbereich des § 80 Abs. 2 BetrVG keineswegs auf die in § 80 Abs. 1 Nrn. 1 bis 7 BetrVG aufgezählten Aufgaben beschränkt.

Der Betriebsrat sollte daher seine Informationsrechte konsequent geltend machen und ggf. gerichtlich durchsetzen, notfalls über Verfahren nach
- § 23 Abs. 3 BetrVG
- § 109 BetrVG
- § 121 BetrVG.

Gegebenenfalls kann der Betriebsrat versuchen, ein informationspflichtiges Vorhaben des Arbeitgebers per Antrag auf Erlass einer einstweiligen Verfügung vorläufig

4. Rechtliche Handlungsgrundlagen und Unterstützungsmöglichkeiten

zu stoppen. Auch sollte nicht vergessen werden, dass die Nicht- oder Schlechtinformation durchaus eine strafbare Behinderung der Betriebsratsarbeit im Sinne des § 119 Abs. 1 Nr. 2 BetrVG sein kann.

Mitwirkungsrechte
In einer Reihe von Sachverhalten weist das Gesetz dem Betriebsrat Mitwirkungsrechte zu. In mitwirkungspflichtigen Fallgestaltungen ist der Arbeitgeber verpflichtet,
- mit dem Betriebsrat zu »beraten« (vgl. z.B. §§ 90 Abs. 2, 92 Abs. 1, 92a Abs. 2, 96 Abs. 1, 97, 111 BetrVG);
- über die »Vorschläge« des Betriebsrats (vgl. z.B. §§ 90 Abs. 2, 92 Abs. 2, 92a Abs. 1, 96 Abs. 1 BetrVG) mit dem »ernsten Willen zur Einigung zu verhandeln« (vgl. § 74 Abs. 1 BetrVG);
- den Betriebsrat »anzuhören« (§ 102 Abs. 1 BetrVG).

Der Arbeitgeber ist in mitwirkungspflichtigen Angelegenheiten allerdings nicht verpflichtet, den Vorstellungen, Vorschlägen, Bedenken des Betriebsrats zu folgen. Vielmehr liegt das »Letztentscheidungsrecht« bei ihm. Anders ausgedrückt: Der Arbeitgeber muss mit dem Betriebsrat reden und ernsthaft verhandeln (im Falle eines Interessenausgleichs sogar bis zur Anrufung der Einigungsstelle); dann hat er dem Mitwirkungsrecht des Betriebsrats Genüge getan.

Missachtet der Arbeitgeber ein Mitwirkungsrecht des Betriebsrats, kann dieser seinen Beratungs- und Verhandlungsanspruch durch Arbeitsgerichtsverfahren durchsetzen. Der Betriebsrat kann vor allem durch Antrag auf Erlass einer einstweiligen Verfügung gegen den Arbeitgeber vorgehen. Im Falle des § 102 Abs. 1 BetrVG hat eine unterbliebene oder mangelhafte »Anhörung« des Betriebsrats die Nichtigkeit einer ausgesprochenen Kündigung zur Folge.

Mitbestimmungsrechte
In einigen Vorschriften räumt das Betriebsverfassungsgesetz dem Betriebsrat Mitbestimmungsrechte ein. Mitbestimmungsrechte zeichnen sich durch folgende Merkmale aus:
- Der Arbeitgeber darf ohne Beachtung der Rechte des Betriebsrats die Maßnahme nicht einseitig durchführen. Der Betriebsrat hat einen durch einstweilige Verfügung durchsetzbaren Unterlassungsanspruch.
- Mitbestimmungspflichtige Regelungen sind bei fehlender Einigung durch eine Einigungsstelle (einigungsstellenfähige Angelegenheiten), in manchen Fällen durch Anrufung des Arbeitsgerichts (§§ 93, 101, 104 BetrVG) erzwingbar.
- Die vorherige Zustimmung des Betriebsrats (bzw. ein zustimmungsersetzender Beschluss der Einigungsstelle) ist Wirksamkeitsvoraussetzung für Weisungen des Arbeitgebers gegenüber dem Arbeitnehmer.

4. Rechtliche Handlungsgrundlagen und Unterstützungsmöglichkeiten

Man kann die Mitbestimmungsrechte unterscheiden in bloße »Zustimmungsverweigerungsrechte« und solche Mitbestimmungsrechte, die ein »Initiativrecht« des Betriebsrats einschließen.

Beteiligungsfelder	
»Aktive« Mitbestimmung: »Initiativrecht« »Erzwingbarkeit«	
Stichworte »mitbestimmen«, »verlangen«	
Soziale Angelegenheiten	§ 87 Abs. 1 Nr. 1–13 BetrVG
Innerbetriebliche Ausschreibung von Arbeitsplätzen	§ 93 BetrVG
Auswahlrichtlinien § 95 Abs. 2 BetrVG	§ 95 Abs. 2 BetrVG
»Passive« Mitbestimmung: »Vetorecht«	
Stichwort »Zustimmung verweigern«	
Änderung von Arbeitsplätzen	§ 91 BetrVG
Beurteilungsgrundsätze und Personalfragebogen	§ 94 BetrVG
Auswahlrichtlinien	§ 95 Abs. 1 BetrVG
Betriebliche Berufsbildung	§ 97 BetrVG
Betriebliche Qualifizierungsmaßnahmen	§ 98 BetrVG
Einstellungen, Versetzungen	§ 99 BetrVG
Kündigungsschutz für Interessenvertreter/innen	§ 103 BetrVG
Sozialplan	§ 112 BetrVG
Mitwirkung	
Stichworte »beraten«, »verhandeln«, »Vorschläge«, »anhören«, »Bedenken vorbringen«	
Arbeits- und betrieblicher Umweltschutz	§ 89 BetrVG
Arbeitsplatz, -ablauf und -umgebung	§ 90 BetrVG
Personalplanung	§ 92 BetrVG
Beschäftigungssicherung	§ 92a BetrVG
Ein-/Umgruppierung, Kündigungen	§ 102 BetrVG
Wirtschaftsausschuss	§ 106 BetrVG
Betriebsänderung	§ 111 BetrVG
Information	
Stichworte »rechtzeitig«, »umfassend«, »unterrichten«, »Vorlage von Unterlagen«	
Allgemeiner Informationsanspruch	§ 80 Abs. 2 BetrVG

4. Rechtliche Handlungsgrundlagen und Unterstützungsmöglichkeiten

Zustimmungsverweigerungsrecht
Dort, wo der Betriebsrat ein Zustimmungsverweigerungsrecht hat, hat der Arbeitgeber vor Durchführung der Maßnahme die Zustimmung des Betriebsrats einzuholen. Er darf das Vorhaben, wenn der Betriebsrat die Zustimmung verweigert, zunächst nicht realisieren. Vielmehr muss der Arbeitgeber, wenn er sein Vorhaben verwirklichen will,
- in manchen Angelegenheiten die Einigungsstelle (z.B. im Falle des § 94 BetrVG: Personalfragebogen),
- in anderen Angelegenheiten das Arbeitsgericht (z.B. im Falle des § 99 BetrVG: Einstellung, Versetzung, Eingruppierung/Umgruppierung)

anrufen. Erst und nur dann, wenn die Einigungsstelle oder das Arbeitsgericht die fehlende Zustimmung des Betriebsrats ersetzt, ist dem Arbeitgeber die Durchführung der Maßnahme gestattet. Wird der Zustimmungsersetzungsantrag des Arbeitgebers abgewiesen, hat die Maßnahme zu unterbleiben.

Der Betriebsrat hat im Bereich der Zustimmungsverweigerungsrechte gewissermaßen nur ein »halbes« Mitbestimmungsrecht (ein »Vetorecht«), das nur dann ausgelöst wird, wenn der Arbeitgeber in der fraglichen Angelegenheit aktiv wird. Wird der Arbeitgeber nicht aktiv, hat der Betriebsrat keine Möglichkeit, mit rechtlichen Mitteln Maßnahmen durchzusetzen, die er für richtig hält. So kann der Betriebsrat dem Arbeitgeber zwar vorschlagen, diesen oder jenen Arbeitnehmer einzustellen, erzwingen kann er diesen Vorschlag mit rechtlichen Mitteln jedoch nicht (vgl. Wortlaut des § 99 BetrVG).

Initiativmitbestimmungsrecht
In manchen Vorschriften heißt es allgemein: »Der Betriebsrat hat ... mitzubestimmen« (vgl. § 87 Abs. 1 BetrVG). Hier besteht die Reichweite des Mitbestimmungsrechts nicht nur darin, die Zustimmung zu einer vom Arbeitgeber geplanten Maßnahme zu verweigern (mit der Folge, dass die Maßnahme nicht durchgeführt werden darf). Vielmehr kann der Betriebsrat seinerseits – in geeigneten Fällen – dem Arbeitgeber eine Maßnahme vorschlagen und – falls der Arbeitgeber ablehnt – die Einigungsstelle anrufen und versuchen, die Realisierung der Maßnahme auf diesem Wege zu erzwingen (Initiativmitbestimmungsrecht). Ein Initiativmitbestimmungsrecht hat der Betriebsrat auch dort, wo es im Gesetz heißt: »Der Betriebsrat kann ... verlangen« (vgl. z.B. §§ 91 BetrVG sog. »korrigierendes Mitbestimmungsrecht«).«

Kapitel 4.2.1 basiert auf Auszügen aus Schoof, Betriebsratspraxis von A bis Z, Stichworte: Betriebsrat und Beteiligungsrechte des Betriebsrats.

Durchsetzung der Beteiligungsrechte des Betriebsrats

»... das ist passiert ...«	»... diese Verfahren kann der Betriebsrat einleiten ...«
Der Arbeitgeber missachtet die »Informationsrechte« des Betriebsrats.	• Arbeitsgerichtsverfahren: Das Gericht verpflichtet den Arbeitgeber, die verlangte Information zu erteilen. Gegebenenfalls kommt ein »einstweiliges Verfügungsverfahren« in Betracht mit dem Ziel, dem Arbeitgeber die Durchführung seines informationspflichtigen Vorhabens bis zur Erfüllung der Informations- und Mitwirkungsrechte untersagen zu lassen. • Einigungsstellenverfahren im Falle des § 109 BetrVG. • Ordnungswidrigkeitenverfahren nach § 121 BetrVG.
Der Arbeitgeber missachtet die »Mitwirkungsrechte« des Betriebsrats.	• Arbeitsgerichtsverfahren: Das Gericht verpflichtet den Arbeitgeber, die Mitwirkungsrechte des Betriebsrats zu beachten (also z.B. über die Vorschläge des Betriebsrats in der betreffenden Angelegenheit zu verhandeln). Gegebenenfalls »einstweiliges Verfügungsverfahren«.
Der Arbeitgeber missachtet die »Mitbestimmungsrechte« des Betriebsrats.	• Arbeitsgerichtsverfahren. Gegebenenfalls »einstweiliges Verfügungsverfahren«.
Die Verhandlungen zwischen Arbeitgeber und Betriebsrat sind in einer »mitbestimmungspflichtigen« Angelegenheit gescheitert.	• Einigungsstellenverfahren (z.B. § 87 Abs. 2 BetrVG). • Gegebenenfalls Verfahren vor einer »tariflichen Schlichtungsstelle« (vgl. § 76 Abs. 8 BetrVG). • Arbeitsgerichtsverfahren (z.B. § 99 Abs. 4 BetrVG).
Bei »Behinderung der Betriebsratsarbeit« kann auch ein Strafverfahren nach § 119 Abs. 1 Nr. 2 BetrVG in Gang gesetzt werden (Strafantrag bei der Staatsanwaltschaft).	

4. Rechtliche Handlungsgrundlagen und Unterstützungsmöglichkeiten

4.2.2 Rechtstellung des Personalrats

»Das Bundespersonalvertretungsgesetz (BPersVG) und die Personalvertretungsgesetze der Länder weisen den Personalvertretungen gem. § 68 Abs. 1 BPersVG bzw. gemäß den entsprechenden Vorschriften der Landespersonalvertretungsgesetze (LPersVG) ein breites Aufgabenspektrum zu. Die Beteiligungsrechte des Personalrats unterscheiden sich nach Inhalt und Wirkungsgrad (Durchsetzbarkeit) in
- Mitbestimmungsrechte
- Mitwirkungsrechte
- Anhörungsrechte

Anhörungsrechte finden sich vor allem im Planungsbereich, etwa bei Stellenanforderungen zum Haushaltsplan, Personalplanung, Neubauplanung, Änderung von Arbeitsverfahren (vgl. § 78 Abs. 3-5 BPersVG und entsprechende Vorschriften der Landespersonalvertretungsgesetze). Die Entscheidung über eine anhörungspflichtige Maßnahme trifft letztlich der Dienststellenleiter.

In Mitwirkungsangelegenheiten ist die Dienststelle gem. § 72 BPersVG oder entsprechenden Vorschriften der Landespersonalvertretungsgesetze verpflichtet,
- die Maßnahme vor der Durchführung mit dem Ziel einer Verständigung rechtzeitig und eingehend zu erörtern,
- über die Einwendungen des Personalrats ernsthaft nachzudenken und
- eine von seinen Einwendungen abweichende Entscheidung ihm gegenüber zu begründen.

Mitwirkungsrechte bestehen vor allem bei der Vorbereitung von Verwaltungsanordnungen (§ 78 Abs. 1 Nr. 1 BPersVG), bei der Umorganisation von Dienststellen (§ 78 Abs. 1 Nr. 2 BPersVG) und bei der Kündigung von Arbeits- oder Angestelltenverhältnissen (§ 79 Abs. 1 BPersVG). Teilt die Dienststelle eine von den Einwendungen des Personalrats abweichende Entscheidung mit, kann der Personalrat das Stufenverfahren einleiten, indem er auf dem Dienstweg die übergeordnete Dienststelle, bei der eine Stufenvertretung besteht, anruft. Diese entscheidet letztendlich nach Verhandlung mit der bei ihr bestehenden Stufenvertretung über die streitige Mitwirkungsmaßnahme. In mitwirkungspflichtigen Maßnahmen hat der Personalrat ein Initiativrecht.

Mitbestimmungstatbestände in den Personalvertretungsgesetzen des Bundes und der Länder

	Personelle Angelegenheiten	Soziale Angelegenheiten	Organisatorische Angelegenheiten
Bund	§§ 75 Abs. 1, 76 Abs. 1	§§ 75 Abs. 2, 3, 76 Abs. 2	
Baden-Württemberg	§§ 75, 76	§§ 78, 79	
Bayern	Art. 75 Abs. 1	Art. 75 Abs. 3, 4, 75a	
Berlin	§§ 86-88	§ 85	
Brandenburg	§ 63	§§ 64, 66	§ 65
Bremen	§ 65	§ 63	§ 66
Hamburg	§ 87	§ 86	§ 89
Hessen	§ 77	§ 74	
Mecklenburg-Vorpommern	§ 68	§ 69	§ 79
Niedersachsen	§ 65	§ 66	§ 67
Nordrhein-Westfalen	§ 72 Abs. 1	§ 72 Abs. 2 und 4	§ 72 Abs. 3
Rheinland-Pfalz	§§ 78, 79	§ 80	§ 80
Saarland	§ 80	§ 78	§ 78
Sachsen	§§ 80 Abs. 1, 81 Abs. 1	§§ 80 Abs. 2 und 3, 81 Abs. 3	
Sachsen-Anhalt	§§ 66, 67	§ 65	§ 69
Schleswig-Holstein	§ 51	§ 51	§ 51
Thüringen	§ 75	§ 74	

Soweit eine Maßnahme der Mitbestimmung des Personalrats unterliegt, kann sie gem. § 69 Abs. 1 BPersVG bzw. vergleichbaren Vorschriften der Landespersonalvertretungsgesetze nur mit seiner Zustimmung getroffen werden. Damit kann der Dienststellenleiter eine beabsichtigte mitbestimmungspflichtige Maßnahme nur durchführen, wenn der Personalrat zustimmt bzw. sich nicht innerhalb der vorgegebenen Frist äußert. Verweigert der Personalrat seine Zustimmung, darf die Dienststelle die Maßnahme nicht durchführen. Der Dienststellenleiter kann, falls er die beabsichtigte Maßnahme aufrechterhält, die Angelegenheit der übergeordneten

4. Rechtliche Handlungsgrundlagen und Unterstützungsmöglichkeiten

Dienststelle, bei der eine Stufenvertretung besteht, vorlegen (§ 69 Abs. 3 BPersVG bzw. vergleichbare Vorschriften der Landespersonalvertretungsgesetze). Welche Tatbestände dem – vollen bzw. eingeschränkten – Mitbestimmungsrecht des Personalrats unterliegen, ergibt sich aus den jeweiligen Personalvertretungsgesetzen. Bei deren Festlegung hat der Gesetzgeber im Rahmen verfassungsrechtlicher Vorgaben einen Ermessensspielraum.

Mitwirkungsverfahren bei dreistufigem Verwaltungsaufbau

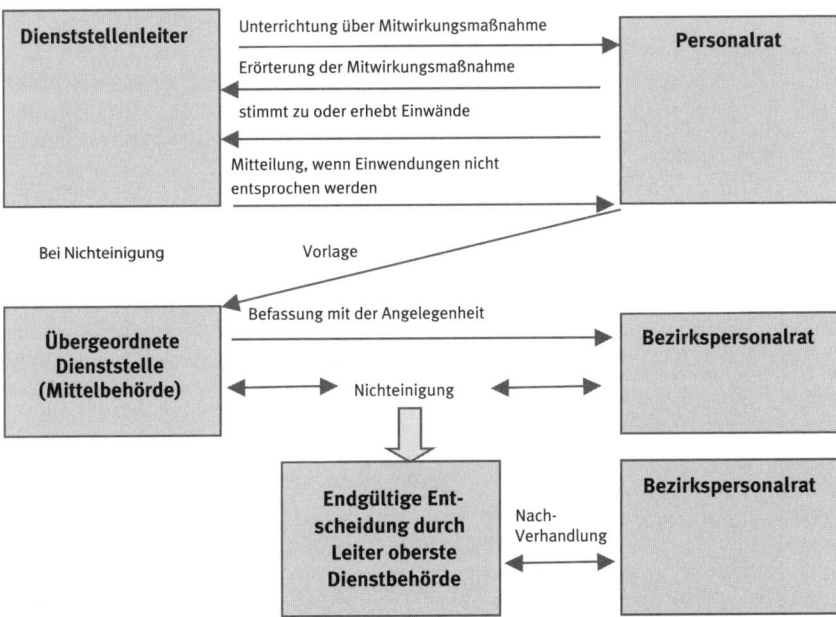

Kommt im Stufenverfahren keine Einigung zustande, kann die Einigungsstelle angerufen werden, die dann entscheidet. Hinsichtlich der Verbindlichkeit dieser Entscheidung ist zu unterscheiden: bei voller Mitbestimmung (§ 75 BPersVG bzw. entsprechende Vorschriften der Landespersonalvertretungsgesetze) entscheidet die Einigungsstelle verbindlich. Bei eingeschränkter Mitbestimmung (§ 76 BPersVG bzw. entsprechende Vorschriften der Landespersonalvertretungsgesetze) spricht die Einigungsstelle nur eine Empfehlung an die oberste Dienstbehörde aus, die letztlich entscheidet.

Stufenvertretung
Aufgrund des hierarchischen Verwaltungsaufbaus können übergeordnete Dienststellen den ihnen nachgeordneten Dienststellen verbindliche Weisung erteilen und

sich Entscheidungen vorbehalten, die ihnen nachgeordnete Dienststellen betreffen. Damit eine lückenlose Vertretung der Beschäftigten auf allen Verwaltungsebenen gewährleistet ist, sehen die Personalvertretungsgesetze vor, dass auf der Ebene übergeordneter Dienststellen Stufenvertretungen gebildet werden. Durch das System der Stufenvertretung neben den jeweiligen örtlichen Personalräten wird sichergestellt, dass in allen Fällen, in denen die Personalvertretungsgesetze Beteiligungsrechte vorsehen, deren Ausübung in sämtlichen Teilen der Verwaltung gewährleistet ist.

Bei einem dreistufigen Aufbau werden danach folgende Personalvertretungen gebildet:
- bei der obersten Dienstbehörde
  - ein örtlicher Personalrat, sog. Hauspersonalrat, für Angelegenheiten dieser Dienststelle
  - ein Hauptpersonalrat für Angelegenheiten der nachgeordneten Dienststellen
- bei den Mittelbehörden
  - ein örtlicher Personalrat, sog. Hauspersonalrat, für Angelegenheiten der jeweiligen Dienststelle
  - je ein Bezirkspersonalrat, für Angelegenheiten der nachgeordneten Dienststellen
- bei den unteren Behörden
  - je ein örtlicher Personalrat für Angelegenheiten der jeweiligen Dienststelle

Bei einem zweistufigen Aufbau werden folgende Personalvertretungen gebildet:
- bei der obersten Dienstbehörde
  - ein örtlicher Personalrat, sog. Hauspersonalrat, für Angelegenheiten dieser Dienststelle
  - ein Hauptpersonalrat für Angelegenheiten der nachgeordneten Dienststellen
- bei den nachgeordneten Behörden
  - je ein örtlicher Personalrat für Angelegenheiten der jeweiligen Dienststelle.

Von den Stufenvertretungen sind die sog. Gesamtpersonalräte zu unterscheiden. Werden Nebenstellen oder Teile einer Dienststelle, die räumlich weit von der Dienststelle entfernt liegen, personalvertretungsrechtlich verselbstständigt (vgl. § 6 Abs. 3 BPersVG und vergleichbare Vorschriften der Landespersonalvertretungsgesetze), werden nach § 55 BPersVG und vergleichbarer Vorschriften der Landespersonalvertretungsgesetze neben den einzelnen Personalräten der Dienststelle und den verselbstständigten Nebenstellen und Dienststellenteilen für die Gesamtdienststelle Gesamtpersonalräte gewählt.

4. Rechtliche Handlungsgrundlagen und Unterstützungsmöglichkeiten

Die Stufenvertretungen und Gesamtpersonalräte sind keine übergeordneten Personalvertretungen. Sie haben keine Weisungsbefugnisse gegenüber Personalvertretungen nachgeordneter Dienststellen«.

> Das Kapitel 4.2.2 basiert auf Auszügen aus Graz u.a., Personalratspraxis von A bis Z, Stichworte: Betriebsrat und Beteiligungsrechte und Stufenvertretung.

4.2.3 Rechtsstellung der Schwerbehindertenvertretung und ihrer Stellvertretung

Nach dem Schwerbehindertenrecht ist die Schwerbehindertenvertretung die gewählte Interessenvertretung der schwerbehinderten und gleichgestellten Beschäftigten (§§ 94–97 SGB IX). Im SGB IX wird sie auch als die Vertrauensperson schwerbehinderter Menschen bezeichnet. In Betrieben und Dienststellen, in denen wenigstens fünf schwerbehinderte/gleichgestellte Menschen nicht nur vorübergehend beschäftigt werden, ist neben der Schwerbehindertenvertretung (Vertrauensperson) wenigstens eine Stellvertretung zu wählen (§ 94 Abs. 1 SGB IX).

Nach § 97 SGB IX sind darüber hinaus folgende Stufenvertretungen vorgesehen bzw. zu wählen:
- die Konzern-Schwerbehindertenvertretung für mehrere Unternehmen eines Konzerns,
- die Gesamt-Schwerbehindertenvertretung für mehrere Betriebe eines Arbeitgebers oder für den Geschäftsbereich mehrerer Dienststellen,
- die Bezirks-Schwerbehindertenvertretung bei Mittelbehörden mit mehreren nachgeordneten Dienststellen und
- die Haupt-Schwerbehindertenvertretung bei den obersten Dienstbehörden.

Die Rechtsstellung der Schwerbehindertenvertretung auf diesen unterschiedlichen Ebenen entspricht derjenigen des Betriebs-/Personalrats und bestimmt sich nach § 96 SGB IX. Mit dieser Vorschrift wird die selbstständige Stellung der Schwerbehindertenvertretung unterstrichen. Sie führt das Amt frei von Weisungen. Weder der Arbeitgeber noch der Betriebs-/Personalrat können der Schwerbehindertenvertretung in dieser Funktion Weisungen erteilen, an die sie sich zu halten hätte. Sie können nur Anregungen geben, denen die Schwerbehindertenvertretung folgen kann, aber nicht muss. Das Gleiche gilt im Verhältnis der Integrationsämter, der Arbeitsämter und der übrigen Rehabilitationsträger zur Schwerbehindertenvertretung.

Ihr Amt ist ein Ehrenamt, in dessen Ausübung sie nicht behindert werden darf. Wegen ihres Amts dürfen die Vertrauenspersonen weder benachteiligt noch begünstigt werden. Das Behinderungs-, Benachteiligungs- und Begünstigungsverbot nach § 96 Abs. 2 SGB IX entspricht der Regelung für Betriebs- und Personalräte (§ 78 Satz 2 BetrVG, § 8 BPersVG). Das Behinderungsverbot richtet sich nicht nur gegen den Arbeitgeber, sondern auch gegen alle Beschäftigte innerhalb des Betriebs/der Dienststelle sowie gegen außerbetriebliche Stellen wie das Integrationsamt, die Arbeitsagentur usw. Hierunter ist nicht nur die direkte Behinderung der Amtstätigkeit der Schwerbehindertenvertretung zu verstehen, sondern auch eine mangelnde Unterstützung. Von der beruflichen Tätigkeit freigestellte Vertrauenspersonen dürfen bei der Höhe des Lohnes oder Gehalts gegenüber vergleichbaren Arbeitnehmern/Arbeitnehmerinnen oder Bediensteten nicht benachteiligt werden. Ihre am Anfang der Freistellung festgelegte Lohn- bzw. Gehaltseinstufung kann von da an nicht für alle Zeiten gelten, sondern muss sich entsprechend der Einstufung vergleichbarer Arbeitnehmer/innen oder Bediensteter weiterentwickeln.

Als eine Benachteiligung der Schwerbehindertenvertretung ist jede Schlechterstellung gegenüber vergleichbaren Arbeitnehmern/Arbeitnehmerinnen oder Bediensteten vor allem bezogen auf die Ausübung ihrer beruflichen Tätigkeit zu verstehen. Das Benachteiligungsverbot gilt damit ausdrücklich auch für die berufliche Entwicklung der Vertrauenspersonen. Hieraus folgt, dass die Schwerbehindertenvertretung während ihrer Amtszeit die gleiche Förderung erfahren muss wie die mit ihr vergleichbaren Arbeitnehmer/innen oder Bediensteten. Beruflicher Aufstieg und Beförderungen, die auch ohne die Tätigkeit als Schwerbehindertenvertretung wahrscheinlich eingetreten wären, sind zu berücksichtigen. Im öffentlichen Dienst darf vor allem kein Ausschluss vom Bewährungsaufstieg und von Regelbeförderungen erfolgen. Nach Ende ihrer Amtszeit muss der Vertrauensperson Gelegenheit gegeben werden, unterbliebene Qualifizierungen nachzuholen.

Überwachungsauftrag
Genau wie die Betriebs- und Personalräte nach § 93 SGB IX haben die Schwerbehindertenvertretungen nach § 95 Abs. 1 Satz 2 Nr. 1 SGB IX eine Überwachungspflicht, die sich zunächst auf die Durchführung des SGB IX (2. Teil) selbst bezieht.

Die Schwerbehindertenvertretung hat vor allem darauf zu achten, dass der Arbeitgeber seine Beschäftigungspflicht (§ 71 SGB IX) erfüllt und ob der Arbeitgeber gegenüber den einzelnen schwerbehinderten Menschen seinen Pflichten (§ 81 SGB IX) nachkommt. Eine besondere Beschäftigungspflicht besteht gegenüber schwerbehinderten Menschen, die nach Art oder Schwere ihrer Behinderung besonders betroffen sind sowie gegenüber älteren schwerbehinderten Menschen (§ 72 Abs. 1

4. Rechtliche Handlungsgrundlagen und Unterstützungsmöglichkeiten

SGB IX). Auch bei der Besetzung von Ausbildungsplätzen sind schwerbehinderte Auszubildende angemessen zu berücksichtigen (§ 72 Abs. 2 SGB IX).

§§ 82 bis 84 SGB IX enthalten weitere Verpflichtungen des Arbeitgebers, deren Durchführung die Schwerbehindertenvertretung zu überwachen hat. Neben den besonderen Pflichten der öffentlichen Arbeitgeber des Bundes nach § 82 SGB IX und der Pflicht des Arbeitgebers zu präventiven Maßnahmen nach § 84 SGB IX ist die Möglichkeit des Abschlusses von Integrationsvereinbarungen nach § 83 SGB IX und das Initiativrecht der Schwerbehindertenvertretung zur Aufnahme von Verhandlungen über eine solche Vereinbarung von herausragender Bedeutung.

Der Überwachungsauftrag beschränkt sich aber nicht nur auf die Bestimmungen des SGB IX. Alle anderen, zugunsten der Arbeitnehmer/innen geltenden Gesetze, Verordnungen, Tarifverträge, Unfallverhütungsvorschriften, Betriebs- und Dienstvereinbarungen betreffen schwerbehinderte Beschäftigte genauso. Es geht daher nicht nur um die Durchsetzung der speziell für die schwerbehinderten Menschen geschaffenen Gesetze, sondern um die Durchsetzung aller arbeitsrechtlichen Schutz- und Fördervorschriften.

Überwachungsauftrag	Gesetzliche Grundlage
Wird durch Beschäftigung und Einstellung von schwerbehinderten und gleichgestellten Menschen die gesetzliche Beschäftigungspflicht erfüllt?	§ 71 SGB IX
Werden besonders schwer betroffene schwerbehinderte Menschen bei Beschäftigung und Einstellung angemessen berücksichtigt?	§ 72 SGB IX
Führt der Arbeitgeber das Verzeichnis der schwerbehinderten und gleichgestellten Beschäftigten gemäß den gesetzlichen Vorgaben?	80 Abs. 1 SGB IX
Erfüllt der Arbeitgeber seine Meldepflicht gegenüber dem Arbeitsamt bis spätestens zum 31. März eines jeden Jahres?	§ 80 Abs. 2 SGB IX
Wird bei der Besetzung freier Arbeitsplätze geprüft, ob diese mit schwerbehinderten Menschen besetzt werden können?	§ 81 Abs. 1 SGB IX
Wird das Benachteiligungsverbot beachtet und eingehalten?	§ 81 Abs. 2 SGB IX § 75 BetrVG
Wird schwerbehinderten Beschäftigten ausreichend Gelegenheit geboten, ihre Fähigkeiten und Kenntnisse einsetzen und weiterentwickeln zu können?	§ 81 Abs. 4 SGB IX

4. Rechtliche Handlungsgrundlagen und Unterstützungsmöglichkeiten

Werden schwerbehinderte Beschäftigte bei Maßnahmen der innerbetrieblichen beruflichen Bildung bevorzugt berücksichtigt? In welcher Form wird ihnen die Teilnahme an außerbetrieblichen Maßnahmen erleichtert?	§ 81 Abs. 4–5 SGB IX
Wird auf die behinderungsgerechte Einrichtung der Arbeitsstätte unter Beachtung der Unfallgefahren geachtet?	§ 81 Abs. 4 SGB IX
Sind die Arbeitsplätze für schwerbehinderte Beschäftigte mit den erforderlichen technischen Hilfsmitteln ausgestattet?	§ 81 Abs. 4 SGB IX
Wird die Integrationsvereinbarung eingehalten?	§ 83 SGB IX
Beachtet der Arbeitgeber seine Verpflichtung zur Prävention? Werden angemessene Präventionsmaßnahmen durchgeführt?	§ 84 SGB IX
Werden aufgrund der Behinderung gewährte Renten rechtswidrigerweise auf Lohn und Gehalt angerechnet?	§ 123 SGB IX
Wird der gesetzlich vorgeschriebene Zusatzurlaub gewährt?	§ 125 SGB IX
Werden schwerbehinderte Beschäftigte auf Verlangen von Mehrarbeit befreit?	§ 124 SGB IX

Initiativrechte

Die Initiativrechte der Schwerbehindertenvertretung ergeben sich
- aus dem umfangreichen Überwachungsauftrag
- aus dem Auftrag, die Teilhabe schwerbehinderter Menschen am Arbeitsleben im Betrieb oder in der Dienststelle zu fördern sowie
- aus der Aufgabe, die individuellen und kollektiven Interessen der behinderten Beschäftigten zu vertreten.

Die Schwerbehindertenvertretung hat vor allem Maßnahmen, die den schwerbehinderten Beschäftigten dienen, bei den zuständigen Stellen zu beantragen (§ 95 Abs. 1 Nr. 2 SGB IX). Es handelt sich hierbei um ein Initiativrecht bzw. um eine Initiativpflicht. Das Initiativrecht bestimmt, dass die Vertrauenspersonen können von sich aus tätig werden, ohne dass sie von einem schwerbehinderten Beschäftigten dazu aufgefordert werden müssen.

Zugleich können aber die im Betrieb/in der Dienststelle beschäftigten schwerbehinderten Arbeitnehmer/innen und Bediensteten sich jederzeit an die Schwerbehindertenvertretung wenden und Anregungen oder Beschwerden vorbringen. Die Vertrauensfrauen und Vertrauensmänner sind dann verpflichtet, solche Anregungen und Beschwerden sachlich zu prüfen. Wenn sie sich als berechtigt erweisen, müssen die Vertrauenspersonen tätig werden. Die Schwerbehindertenvertretung kann

4. Rechtliche Handlungsgrundlagen und Unterstützungsmöglichkeiten

sich dabei von den Betriebsräten, vom Arbeitsamt, vom Integrationsamt und von der Gewerkschaft beraten lassen. Die Schwerbehindertenvertretung hat die schwerbehinderten Beschäftigten über den Stand und das Ergebnis ihres Tätigwerdens laufend zu unterrichten.

Auch auf einem weiteren wichtigen Gebiet gibt es ein Initiativrecht der Schwerbehindertenvertretung. In § 83 SGB IX verlangt das SGB IX vom Arbeitgeber den Abschluss einer Integrationsvereinbarung mit dem Betriebs-/Personalrat und der Schwerbehindertenvertretung. Die Schwerbehindertenvertretung hat das Recht, von sich aus einen Antrag auf Verhandlung über eine Integrationsvereinbarung zu stellen (§ 83 Abs. 1 Satz 2 SGB IX) und den Arbeitgeber zum Tätigwerden aufzufordern.

Betriebs- und Personalrat haben vergleichbare Initiativrechte (§ 80 Abs. 1 Nr. 2 BetrVG und § 68 Abs. 1 Nr. 1 BPersVG). Obwohl die Schwerbehindertenvertretung von sich aus aktiv werden kann, empfiehlt es sich, gemeinsam mit dem Betriebs- bzw. Personalrat tätig zu werden. Allein kann die Schwerbehindertenvertretung ihre Initiativen nicht gegen den Willen des Arbeitgebers durchsetzen: Im Gegensatz zur kollektiven Interessenvertretung besitzt sie nur Mitwirkungs- und keine Mitbestimmungsrechte.

Beteiligungs- und Mitwirkungsrechte
Kernaufgabe der Vertrauensperson ist es, die Teilhabe schwerbehinderter Menschen am Arbeitsleben im Betrieb/in der Dienststelle zu födern und den behinderten Beschäftigten beratend und helfend zur Seite zu stehen. Um das breite Spektrum von Aufgaben um- und durchzusetzen, steht ein differenziertes Instrumentarium an Beteiligungs- und Mitwirkungsrechten zur Verfügung:
- Informations- und Unterrichtungsrechte
- Anhörungsrechte
- Erörterungsrechte
- Teilnahmerechte

Informations- und Unterrichtungsrechte
Die Schwerbehindertenvertretung ist direkter Ansprechpartner für den Arbeitgeber (bzw. dessen Beauftragte/n) sowie für das Integrations- und Arbeitsamt. Sie ist grundsätzlich bei allen Personalentscheidungen zu beteiligen, wenn es um die Einstellung, Veränderung oder Beendigung des Arbeitsverhältnisses behinderter bzw. gleichgestellter Beschäftigter geht.

Das Unterrichtungsrecht ist das schwächste der Beteiligungsrechte, als Basis für die effektive Erfüllung der Aufgaben der Schwerbehindertenvertretung ist es aber unabdingbar. Für die Schwerbehindertenvertretung ist es von zentraler Bedeutung, die jeweils benötigten Informationen verfügbar zu haben oder zu erlangen.

Unterschieden werden
- das generelle Unterrichtungsrecht nach § 95 Abs. 2 Satz 1 SGB IX: Der Arbeitgeber hat die Schwerbehindertenvertretung über geplante Maßnahmen, die eine/n einzelne/n schwerbehinderte/n Beschäftigte/n oder den Personenkreis als Gruppe berühren, umfassend zu unterrichten. Das gilt auch für Fragen der Neueinstellung, vor allem bezüglich der Prüfungspflicht des Arbeitgebers nach § 81 Abs. 1 SGB IX, der ausdrücklich auf § 95 Abs. 2 SGB IX verweist;
- spezielle Informationsrechte: Diese finden sich etwa in § 80 Abs. 2 SGB IX, wonach die Schwerbehindertenvertretung ein Exemplar des Verzeichnisses aller schwerbehinderten Beschäftigten und der jährlichen Anzeige an das Arbeitsamt vom Arbeitgeber verlangen kann. Weitere spezielle Informationsrechte werden durch § 95 Abs. 4 und 5 SGB IX begründet, die der Schwerbehindertenvertretung den Zugang zu Sitzungen des Betriebs-/Personalrats und zu dessen regelmäßigen Besprechungen mit dem Arbeitgeber (»Monatsgespräche«) sowie Vorabinformationen zu den geplanten Sitzungen zusichern.

Anhörungsrechte

Das grundlegende Anhörungsrecht findet sich in § 95 Abs. 2 Satz 1 SGB IX. Hiernach hat der Arbeitgeber die Schwerbehindertenvertretung in allen Angelegenheiten zu hören, die schwerbehinderte Beschäftigte berühren (z.B. Umstrukturierungen, Versetzung, Kündigung, Beförderungen, Umgruppierung, Veränderung der Arbeitsbedingungen). Er hat ihr die Gründe für seine Maßnahme rechtzeitig mitzuteilen und ihr die Möglichkeit zur Stellungnahme – und damit zur Mitwirkung – zu geben. Im Rahmen dessen muss die Schwerbehindertenvertretung Gelegenheit haben, mit dem oder den schwerbehinderten Betroffenen zu sprechen und sich umfassend zu informieren.

Konkret beinhaltet das Anhörungsrecht, dass der Arbeitgeber mit der Schwerbehindertenvertretung ein Beratungsgespräch zu führen hat, um ihre Meinung und Stellungnahme ernsthaft in seine Entscheidungen miteinbeziehen zu können. Da es sich hier nicht um ein Mitbestimmungsrecht handelt, ist der Arbeitgeber aber nicht verpflichtet, den Vorstellungen, Bedenken und Forderungen der Interessenvertretung zu folgen. Das Entscheidungsrecht liegt bei ihm. Er hat dem Mitwirkungsrecht Genüge getan, wenn er mit der Schwerbehindertenvertretung ernsthaft geredet und verhandelt hat. Wenn er dieses Mitwirkungsrecht jedoch nicht beachtet, handelt er ordnungswidrig. Darüber hinaus wäre dies eine unerlaubte Behinderung der Tätigkeit der Schwerbehindertenvertretung (§ 96 Abs. 2 SGB IX).

Ein weiteres Anhörungsrecht findet sich in § 87 SGB IX. Das Gesetz spricht zwar dort nicht von einer Anhörung, verpflichtet das Integrationsamt aber, im Rahmen des besonderen Kündigungsschutzes nach §§ 85 ff. SGB IX eine Stellungnahme der Schwerbehindertenvertretung einzuholen.

Erörterungsrechte

Das Erörterungsrecht stellt die stärkste Beteiligungsform der Schwerbehindertenvertretung dar. Dieses Recht kommt vor allem in § 81 Abs. 1 SGB IX zum Ausdruck. Hiernach muss der Arbeitgeber mit der Schwerbehindertenvertretung in eine Erörterung eintreten, wenn er seine Beschäftigungspflicht nicht erfüllt und die Schwerbehindertenvertretung mit der beabsichtigten Entscheidung des Arbeitgebers zur Besetzung einer freien Stelle nicht einverstanden ist. Das bedeutet, dass es der Arbeitgeber nicht dabei belassen kann, die Schwerbehindertenvertretung zu informieren. Er muss sich vielmehr inhaltlich mit eventuellen Einwänden und Bedenken der Schwerbehindertenvertretung auseinander setzen und kann sich ihnen nicht über einen rein formalistischen Vorgang entziehen. Durch diese Form der Mitwirkung bei der Besetzung freier Stellen soll die Schwerbehindertenvertretung dazu beitragen, dass schwerbehinderte Menschen eingestellt werden.

Erörterungsrechte finden sich darüber hinaus in § 95 Abs. 4 und 5 SGB IX. Auch in den Sitzungen des Betriebs-/Personalrats und den Monatsgesprächen, an denen die Schwerbehindertenvertretung teilnehmen kann, besteht ein gegenseitiger Einlassungszwang.

Verletzung von Beteiligungs- und Mitwirkungsrechten: Aussetzung von Maßnahmen

Verletzt der Arbeitgeber das Informations- oder Anhörungsrecht der Schwerbehindertenvertretung – wird die Schwerbehindertenvertretung also bei einer Entscheidung nicht beteiligt – ist das Treffen einer Entscheidung für die Dauer von einer Woche auszusetzen und die Beteiligung nachzuholen. Erst dann ist endgültig zu entscheiden. Verstöße gegen die Rechte aus § 95 Abs. 2 SGB IX stellen eine Ordnungswidrigkeit nach § 156 Abs. 1 Nr. 9 SGB IX dar, die mit einer Geldbuße in Höhe von bis zu 2.500 Euro geahndet werden können.

Teilnahmerechte

Die Zusammenarbeit von Schwerbehindertenvertretung und Betriebs-/Personalrat ist wesentlich für den Erfolg der Integrations- und Rehabilitationsarbeit im Betrieb/ in der Dienststelle. Zu einer guten Zusammenarbeit gehört es, die Schwerbehindertenvertretung an der Arbeit der allgemeinen Interessenvertretung zu beteiligen. Dies berührt in besonderem Maße die Teilnahme der Schwerbehindertenvertretung an den Sitzungen des Betriebs-/Personalrats sowie ihre Teilnahme an den Sitzungen seiner Ausschüsse.

- **Sitzungen des Betriebs-/Personalrats**
  Die Schwerbehindertenvertretung hat grundsätzlich das Recht auf Teilnahme (§95 Abs. 4 SGB IX). Sie besitzt zwar kein Stimm-, aber ein Beratungsrecht. Sie

kann sich an Diskussionen beteiligen und verlangen, dass die Interessen der behinderten Beschäftigten in der Willensbildung des Betriebs-/Personalrats berücksichtigt werden. Ihre Position wird dadurch verstärkt, dass sie »ihre« Themen auf die Tagesordnung der nächsten Sitzung setzen lassen kann. Dieses Teilnahmerecht gilt wohlgemerkt nicht nur für Sitzungen, auf denen ausdrücklich Fragen behandelt werden sollen, die schwerbehinderte Menschen betreffen.

Das Teilnahmerecht ist keine Pflicht. Die Schwerbehindertenvertretung ist deshalb unter Mitteilung der Tagesordnung zu allen Sitzungen zu laden (§29 Abs. 2 BetrVG), damit sie erkennen kann, ob ihre Anwesenheit erforderlich ist. Bei Verhinderung der Schwerbehindertenvertretung kann auch ihre Stellvertretung für sie teilnehmen. In jedem Fall sollte sichergestellt werden, dass der Betriebs-/Personalrat die Schwerbehindertenvertretung regelmäßig über bevorstehende betriebliche und personelle Maßnahmen sowie über Verhandlungen mit dem Arbeitgeber unterrichtet.

- **Ausschusssitzungen des Betriebs-/Personalrats**
  In der Arbeit der Ausschüsse des Betriebs-/Personalrats werden spätere Beschlüsse der Interessenvertretung vorbereitet. Die Schwerbehindertenvertretung sollte durch die Teilnahme an Sitzungen der wichtigen Ausschüsse dort die Angelegenheiten der behinderten Beschäftigten einbringen.

- **Wirtschaftsausschuss**
  Der Wirtschaftsausschuss ist ein Ausschuss des Betriebsrats. Je rechtzeitiger und umfassender die Schwerbehindertenvertretung dort unterrichtet wird, desto eher kann sie z.B. die Auswirkungen geplanter Maßnahmen des Unternehmens auf die schwerbehinderten Beschäftigten des Betriebs erkennen. Das Recht, nach § 95 Abs. 4 SGB IX an allen Sitzungen des Betriebsrats und dessen Ausschüssen beratend teilzunehmen, gilt deshalb auch für die Sitzungen des Wirtschaftsausschusses.

- **Arbeitsschutzausschuss**
  Mit der letzten Novellierung des Schwerbehindertengesetzes wurde das Teilnahmerecht der Schwerbehindertenvertretung auch auf die Sitzungen des Arbeitsschutzausschusses (§ 95 Abs. 4 SGB IX) ausgeweitet.

- **Paritätische Ausschüsse**
  Das Teilnahmerecht gilt ebenfalls für die Ausschüsse, die gemeinsam aus Vertretern/Vertreterinnen des Arbeitgebers und des Betriebs-/Personalrats gebildet werden (§ 28 Abs. 3 BetrVG) – die sog. paritätischen Ausschüsse. Diese Ausschüsse, oft auch als Kommissionen bezeichnet, beschäftigen sich z.B. mit Lohn-

4. Rechtliche Handlungsgrundlagen und Unterstützungsmöglichkeiten

und Gehaltsfragen, mit der Verwaltung von Sozialeinrichtungen oder mit Fragen des Arbeits- und Gesundheitsschutzes. In diesen Gremien werden Verhandlungen mit dem Arbeitgeber geführt. Sinnvoll ist eine vorherige Abstimmung der Interessenvertretungen darüber, wann die Schwerbehindertenvertretung direkt in die Gespräche einbezogen wird bzw. wann der Betriebs-/Personalrat sie vertritt.

- **Teilnahme an Besprechungen mit dem Arbeitgeber (»Monatsgespräche«)**
Außerdem ist die Schwerbehindertenvertretung zu bestimmten Besprechungen zwischen dem Arbeitgeber und der Personalvertretung der Arbeitnehmer/innen hinzuzuziehen, die nach dem Betriebsverfassungsgesetz und den Personalvertretungsgesetzen vorgesehen sind (§ 95 Abs. 5 SGB IX). Die »Monatsgespräche« nach dem Betriebsverfassungsgesetz (§ 74 Abs. 1 BetrVG) und die »Vierteljahresgespräche« nach den Personalvertretungsgesetzen dienen der Verständigung bei strittigen Fragen. Die Schwerbehindertenvertretung ist in diesen Meinungsbildungs- und Entscheidungsprozess mit einzubeziehen. Ihr Teilnahmerecht ist unabhängig davon, ob für die einzelne Besprechung die Behandlung von Angelegenheiten schwerbehinderter Menschen vorgesehen ist oder nicht. Hier hat die Schwerbehindertenvertretung die Möglichkeit, direkt und unmittelbar die Belange der Bediensteten und der schwerbehinderten Arbeitnehmer/innen einzubringen und sich einen umfassenden Überblick über die Situation des Betriebs/der Dienststelle zu verschaffen.

Aussetzung von Beschlüssen
§ 95 Abs. 4 Satz 2 SGB IX gibt der Schwerbehindertenvertretung das Recht, einen Beschluss des Betriebs-/Personalrats auf die Dauer von einer Woche aussetzen zu lassen, wenn dadurch wichtige Interessen der schwerbehinderten Beschäftigten beeinträchtigt werden und wenn diese Bedenken bereits vor der Beschlussfassung von ihr geäußert wurden, z.B. in Ausschüssen. Nach Ablauf der Frist hat der Betriebs-/Personalrat erneut zu entscheiden.

Für den Betriebs-/Personalrat wird ein solcher Eingriff verständlicher sein, wenn dadurch auf einen Rechtsbruch des Arbeitgebers aufmerksam gemacht wird. Zu Spannungen im Verhältnis zum Betriebs-/Personalrat kann dieser Schritt führen, wenn dadurch die Einhaltung von Fristen gefährdet wird (z.B. bei Kündigungen). Ein Aussetzungsantrag der Schwerbehindertenvertretung kann also eine Konfliktsituation hervorrufen.

Schutzrechte der Schwerbehindertenvertretung
Schwerbehindertenvertretungen haben wie die Betriebs- oder Personalräte eine exponierte Stellung im Betrieb/in der Dienststelle. Besonders in Auseinanderset-

4. Rechtliche Handlungsgrundlagen und Unterstützungsmöglichkeiten

zungen mit dem Arbeitgeber muss es für die Schwerbehindertenvertretung Sicherheiten geben, damit sie nicht erpressbar ist. Daher ist sowohl ihre Position als Interessenvertretung als auch ihre Person vor Maßregelung und Disziplinierung durch den Arbeitgeber geschützt.

Die Vertrauenspersonen haben nach § 96 Abs. 3 SGB IX die gleiche persönliche Rechtsstellung im Verhältnis zum Arbeitgeber wie die Mitglieder der allgemeinen Interessenvertretung. Damit ist vor allem der Kündigungs-, Versetzungs- und Abordnungsschutz gemeint. Während ihrer Amtszeit und innerhalb eines Jahres nach Beendigung der Amtszeit kann gegenüber einer Vertrauensperson eine ordentliche Kündigung nicht ausgesprochen werden.

Nachteile sollen keine entstehen ...

Die Interessenvertretung behinderter Beschäftigter ist ein Ehrenamt. Wer es übernimmt, darf keine beruflichen und persönlichen Nachteile erleiden (§ 96 SGB IX).

Vertrauenspersonen der schwerbehinderten Beschäftigten
- dürfen wegen ihres Amts nicht behindert, benachteiligt oder begünstigt werden
- haben den besonderen Kündigungsschutz wie Betriebs-/Personalräte
- dürfen nur aus dringenden betrieblichen Gründen versetzt werden, wobei die Funktion als Schwerbehindertenvertretung nicht beeinträchtigt werden darf
- sind zur Bewältigung ihrer Aufgaben – ohne Minderung ihres Entgeltes – von der beruflichen Tätigkeit freizustellen und sind bei dieser Tätigkeit an keine Weisungen gebunden
- dürfen von inner- oder außerbetrieblichen Bildungsmaßnahmen nicht ausgeschlossen werden und müssen eine wegen der Freistellung unterbliebene berufliche Entwicklung nachholen können
- Stellvertreter/innen besitzen während der Dauer der Vertretung die gleiche persönliche Rechtsstellung wie der Vertrauensmann oder die Vertrauensfrau.

Ihr kann nur im Ausnahmefall außerordentlich (fristlos) aus wichtigem Grund gekündigt werden. Voraussetzung dafür ist allerdings, dass der Betriebs-/Personalrat vorher nach § 103 BetrVG bzw. § 47 Abs. 1 BPersVG zugestimmt hat oder die Zustimmung durch das Arbeits- bzw. Verwaltungsgericht ersetzt worden ist. Das Gleiche gilt im Falle einer Änderungskündigung.

In Fällen von Betriebsstilllegungen ist die Kündigung der Schwerbehindertenvertretung frühestens zum Zeitpunkt der Stilllegung zulässig. Das heißt, solange noch

4. Rechtliche Handlungsgrundlagen und Unterstützungsmöglichkeiten

Arbeitnehmer/innen in einem von einer Stilllegung bedrohten Betrieb beschäftigt werden, vor allem noch schwerbehinderte Menschen, bleibt die Schwerbehindertenvertretung im Amt und kann nicht gekündigt werden (§ 15 Abs. 4 und 5 KSchG). Ist die Vertrauensperson selbst schwerbehindert, dann kommt zum Kündigungsschutz, der ihr aus ihrer Funktion als Schwerbehindertenvertretung erwächst, noch der besondere Kündigungsschutz als schwerbehinderter Mensch nach §§ 85 ff. SGB IX hinzu.

Eine Versetzung ist nur aus dringenden betrieblichen Gründen zulässig. Dabei ist zu beachten, dass dadurch die Funktion als Interessenvertretung der schwerbehinderten Menschen nicht eingeschränkt werden darf. Wird dies nicht beachtet, liegt im Sinne von § 96 Abs. 2 SGB IX eine verbotene Behinderung oder Benachteiligung der Vertrauensperson vor, die auch das Mitbestimmungsrecht des Betriebsrats (§ 99 Abs. 2 Nr. 1 BetrVG) bzw. des Personalrats (§ 47 Abs. 2 BPersVG) bei Versetzungen berührt.

Rolle und Rechtsstellung der Stellvertretung
Bei der Wahl zur Schwerbehindertenvertretung ist auch wenigstens ein/e Stellvertreterin zu wählen. Für die Zusammenarbeit mit der Vertrauensperson kennt das SGB IX zwei Formen der Arbeitsteilung: Das Heranziehen der Stellvertretung zu bestimmten Aufgaben und die Vertretung im Falle der Verhinderung.

Heranziehen zu bestimmten Aufgaben: Die Schwerbehindertenvertretung kann in Betrieben oder Dienststellen mit wenigstens 100 schwerbehinderten Beschäftigten die erste Stellvertretung zu bestimmten Aufgaben heranziehen, damit eine ausreichende Betreuung sichergestellt ist (§ 95 Abs. 1 SGB IX). Sind mehr als 200 schwerbehinderte Menschen beschäftigt zieht sie die nächste Stellvertretung heran. Zweck dieser Regelung ist nicht die ausnahmsweise Übertragung von Aufgaben, sondern eine dauerhafte und ständige Unterstützung. Die Schwerbehindertenvertretung entscheidet selbst, inwieweit sie die Stellvertretung heranzieht; es bedarf lediglich der Information des Arbeitgebers. Die Stellvertretung ist entsprechend für ihre Aufgaben von der Arbeit freizustellen. Die Arbeit im Team wie auch die gelegentliche Vertretung erfordert regelmäßige Besprechungen der Schwerbehindertenvertretung und ihrer Stellvertretung. § 95 Abs. 1 SGB IX stellt dazu fest: »Die Heranziehung zu bestimmten Aufgaben schließt die Abstimmung untereinander ein«. Die regelmäßige Abstimmung umfasst:
- gegenseitige Information über Aktivitäten
- Verteilung von Aufgaben
- inhaltliche Abstimmung untereinander und
- Koordination des gemeinsamen Vorgehens.

Eine effektive Zusammenarbeit kann z.b. durch die Festlegung von Arbeitsschwerpunkten der Stellvertretung erfolgen: Zuständigkeit für besondere Aufgabenstellungen oder Betreuung von behinderten Beschäftigten in bestimmten Betriebsteilen oder Abteilungen, Betreuung bestimmter behinderter Beschäftigter Gruppen (z.B. Gehörlose, Azubis).

Vertretung im Falle der Verhinderung: Von der Heranziehung zu bestimmten Aufgaben ist die Stellvertretung im Falle der Verhinderung zu unterscheiden (§ 94 Abs. 1 SGB IX). Die Stellvertretung kann in einer ganzen Reihe von Verhinderungsfällen anstelle der Schwerbehindertenvertretung tätig werden:
- wenn diese nicht im Betrieb bzw. der Dienststelle anwesend ist (z.B. bei Krankheit, Urlaub, Kur, Dienstreise),
- wenn gleichzeitig mehrere Termine wahrzunehmen sind (z.B. Gespräch mit der Personalabteilung und Betriebsratssitzung),
- wenn die Schwerbehindertenvertretung von ihrem Arbeitsplatz nicht abkömmlich ist. Wobei grundsätzlich gilt, dass die Tätigkeit als gewählte Interessenvertreter Vorrang vor der arbeitsvertraglichen Leistung hat.

Die Rechtsstellung der stellvertretenden Mitglieder ist in § 96 Abs. 3 Satz 2 SGB IX geregelt. Danach besitzen die stellvertretenden Mitglieder während der Dauer der Vertretung die gleiche persönliche Rechtsstellung wie die Vertrauensperson. So kann einem stellvertretenden Mitglied während der Vertretung, die durch die Verhinderung der Vertrauensperson eingetreten ist, nicht ordentlich gekündigt werden. Das gilt auch für die Zeit, in der ein stellvertretendes Mitglied nach § 95 Abs. 1 Satz 3 SGB IX zur Aufgabenerledigung herangezogen wird. Solange die stellvertretenden Mitglieder nicht tätig werden, haben sie die gleiche Rechtsstellung wie Ersatzmitglieder des Betriebs-/Personalrats. Das betrifft vor allem den nachwirkenden Kündigungsschutz nach § 15 Abs. 1 Satz 2 KSchG.

Bei regelmäßiger Vertretung hat das stellvertretende Mitglied praktisch die gleichen Rechte und den gleichen Kündigungsschutz wie die Schwerbehindertenvertretung selbst. Damit kann auch ihr gegenüber eine außerordentliche Kündigung nur mit Zustimmung des Betriebs-/Personalrats ausgesprochen werden.

4.3 Gesetzliche Handlungsgrundlagen

Die RessourceMacht ist in Betrieben und Dienststellen höchst ungleich verteilt. Der private Besitz an Produktionsmitteln, der in der Rechtsordnung bürgerlicher Gesellschaften in der Verfassung geschützt ist, erlaubt den Kapitalvertretern ein weitgehend uneingeschränktes Verfügungsrecht darüber, wie sie die Verwertung ihres Kapitalvermögens organisieren. Insofern sind die Interessen der Beschäftigten – Erhalt des Arbeitsplatzes und des Einkommens, Erhalt der Gesundheit usw. – ständig durch unternehmerische Entscheidungen (z.b. Werksschließung, Standortverlagerung, Änderung der Arbeitsorganisation) oder als Folge kapitalistischer Struktur- und Absatzkrisen gefährdet. Beschäftigungs- und soziale Risiken treffen ganz besonders »schwächere« Gruppen in der Belegschaft: behinderte, ältere und gesundheitsbeeinträchtigte Beschäftigte, Migrant(inn)en, Frauen.

Um einer rücksichtslosen und ruinösen Ausnutzung der Arbeitskraft Grenzen zu setzen, hat die Arbeiterbewegung historisch zum Schutz der Arbeitnehmer/innen risikobegrenzende Maßnahmen erkämpft. Die heutigen Arbeits- und Sozialgesetze umfassen hierzu verschiedene Schutzregelungen, z.B. für Zeiten der Erwerbslosigkeit, der Krankheit, nach Eintritt eines Schadens (Berufskrankheit, Unfall) oder in besonderen Notlagen (Sozialhilfe). Die arbeitsrechtliche Seite regelt vor allem das Arbeitsverhältnis (Arbeitsvertrag), den Gesundheitsschutz am Arbeitsplatz, die Tarifverträge und die Mitbestimmung. Diese arbeits- und sozialrechtlichen Vorschriften setzen aber nur Mindestbedingungen fest und regeln die Mindestverpflichtungen der Arbeitgeber.

Selbst um diese Mindeststandards sozialer Sicherheit finden aber fortwährend betriebliche Auseinandersetzungen statt. Trotz regulierender betrieblicher Arbeits- und Sozialordnung versucht das Management die Reichweite des Einflusses der Interessen der Arbeitnehmer/innen auf die Bedingungen der Arbeit so gering wie möglich zu halten. Ob aus gesetzlich verbrieften Mindestansprüchen auch tatsächliche Rechte für Beschäftigte werden, hängt deshalb sehr von der Durchsetzungskraft und vom Geschick der betrieblichen Interessenvertretung ab. Es geht in der Praxis darum, wie wirksam die betriebliche Interessenvertretung ihren Gestaltungsspielraum nutzen und ihre Einflussmöglichkeiten im betrieblichen und gesellschaftlichen Kräfteverhältnis zur Geltung bringen kann. Um im Einzelfall Druck aufzubauen, sollte sie die Durchsetzungskraft der gesetzlichen Regelungen einschätzen können und wissen, welche Sicherheiten für das Handeln der Schwerbehindertenvertretung, des Betriebs- oder Personalrats (bzw. der Mitarbeitervertretung in kirchlichen Einrichtungen) gegeben sind.

Sozialgesetzbuch IX (SGB IX)
Rehabilitation und Teilhabe behinderter Menschen
Grundlage des Rechts behinderter Menschen ist heute das Leitbild der gesellschaftlichen und beruflichen Gleichstellung und Teilhabe behinderter Menschen, mit anderen Worten, ihre umfassende Rehabilitation und Integration/Inklusion in Arbeit, Beruf und Gesellschaft, unabhängig von der Art oder Ursache der Behinde-

… rung. Mit dem SGB IX wurde das Recht der Rehabilitation ab 2001 weiterentwickelt und in einem Sozialgesetzbuch zusammengefasst. Es ist Ziel des Gesetzes, die Selbstbestimmung behinderter Menschen, ihre Teilhabe am gesellschaftlichen Leben und vor allem ihre Integration im Arbeitsleben zu fördern. Dabei wird auch das grundgesetzliche Verbot der Benachteiligung aufgrund einer Behinderung in konkrete Rechtsansprüche behinderter Menschen umgesetzt.

Die besonderen Regelungen zur Teilhabe schwerbehinderter Menschen im zweiten Teil des SGB IX sollen dazu beitragen, die Chancengleichheit schwerbehinderter Menschen im Arbeitsleben nachhaltig zu verbessern. Die wichtigsten Ziele des Schwerbehindertenrechts sind, bestehende Beschäftigungsverhältnisse zu sichern, behinderungsgerechte Arbeitsbedingungen zu schaffen, Benachteiligungen wegen der Behinderung zu verhindern und schwerbehinderte Arbeitslose beruflich einzugliedern.

Mit diesen wesentlichen Bestimmungen des Gesetzes wurde in der ersten Phase der rot-grünen Regierungskoalition ein Richtungswechsel (»Paradigmenwechsel«) in der Behindertenpolitik eingeleitet, der in erheblichem Maße auch die Lage und die zukünftigen Chancen behinderter Menschen in der Arbeitswelt berührt. Die Regelungen zielen darauf, das System der Rehabilitation durch Vernetzung von Rehabilitationsleistungen und -prozessen zu modernisieren und an die veränderten gesundheitlichen Problemlagen und Herausforderungen in der Arbeitswelt anzupassen. Dazu werden neue Steuerungsinstrumente für die Rehabilitation und berufliche Integration behinderter, von Behinderung bedrohter und langzeiterkrankter Menschen geschaffen. Im Bereich der betrieblichen Integration werden für Arbeitgeber und betriebliche Interessenvertretungen verbindliche Regelungen für den Aufbau einer inklusiven/integrativen Arbeits- und Personalpolitik festgelegt.

Für das Arbeitsleben bestimmt das SGB IX …

… den geschützten Personenkreis:
- als behindert gilt, wer gesundheitlich eingeschränkt ist und deshalb in seiner/ihrer gesellschaftlichen Teilhabe beeinträchtigt ist (§ 2 SGB IX).
- Besondere Regelungen gelten für schwerbehinderte Menschen und ihnen gleichgestellte behinderte Menschen (§ 68 SGB IX).
- Behinderte Frauen dürfen im Vergleich zu nicht behinderten Frauen sowie im Vergleich zu behinderten Männern nicht schlechter gestellt sein. Ihre besonderen Bedürfnisse und Probleme müssen bei der Erbringung von Reha-Leistungen und im Erwerbsleben berücksichtigt werden (§§ 1 und 33 SGB IX).
- Der Weg zur Anerkennung einer Behinderung wird in § 69 SGB IX beschrieben: Der Grad der Behinderung (GdB) wird von den Versorgungsämtern festgestellt.

4. Rechtliche Handlungsgrundlagen und Unterstützungsmöglichkeiten

Der Bescheid des Versorgungsamtes, mit dem der GdB festgestellt wird, beschreibt auch die Ursachen der Behinderung. Diese müssen aber gegenüber Dritten nicht offen gelegt werden.

... die Pflichten der Arbeitgeber:
- die Beschäftigungspflicht (§ 71 SGB IX): in Betrieben und Dienststellen ab 20 Arbeitsplätzen ist ein Anteil von 5 % (»Pflichtquote«) mit schwerbehinderten Menschen zu besetzen;
- die Pflicht zur Zahlung einer Ausgleichsabgabe (je nach Beschäftigungsquote zwischen 105 und 260 Euro monatlich je unbesetztem Pflichtplatz), wobei die Zahlung von der Beschäftigungspflicht nicht entbindet (§ 77 SGB IX);
- das Verbot der Diskriminierung wegen einer Behinderung (§ 81 Abs. 2 SGB IX), sowohl bei der Einstellung als auch bei den beruflichen Aufstiegsmöglichkeiten;
- eine besondere Fürsorge- und Förderungspflicht gegenüber schwerbehinderten Beschäftigten (§ 81 Abs. 3 SGB IX), damit sie ihre Fähigkeiten und Kenntnisse bestmöglich anwenden und weiterentwickeln können;
- die Verpflichtung des Arbeitgebers zum Abschluss einer Integrationsvereinbarung (§ 83 SGB IX) mit der Schwerbehindertenvertretung und dem Betriebs- oder Personalrat;
- die Präventionspflichten des Arbeitgebers (§ 84 SGB IX): Er muss bei Beschäftigungs- und Gesundheitsproblemen frühzeitig handeln, z.B. durch Änderung der Arbeitsaufgabe und des Arbeitsplatzes oder durch die Inanspruchnahme finanzieller Unterstützung des Integrationsamts für begleitende Hilfen am Arbeitsplatz.

... die Rechte behinderter Menschen im Betrieb:
- die Ansprüche schwerbehinderter Arbeitnehmer/innen gegenüber ihrem Arbeitgeber (§ 81 Abs. 4 und 5 SGB IX) auf einen behinderungsgerechten Arbeitsplatz, Arbeitshilfen, inner- und außerbetriebliche Weiterbildung und Teilzeitarbeitsmöglichkeiten;
- der besondere Kündigungsschutz nach §§ 85 bis 92 SGB IX, der über andere Regelungen im Kündigungsschutz hinausgeht. Dieser gilt für alle Arbeitnehmer/innen, die schwerbehindert und im Besitz eines Schwerbehindertenausweises bzw. gleichgestellt sind oder die zum Zeitpunkt der Kündigung bereits einen Antrag auf Anerkennung als schwerbehinderter Mensch beim Versorgungsamt oder einen Antrag auf Gleichstellung beim Arbeitsamt gestellt hatten (und später die Anerkennung bzw. Gleichstellung erhalten);
- der Rechtsanspruch schwerbehinderter Menschen auf Kostenübernahme notwendiger Arbeitsassistenz durch das Integrationsamt (§ 102 Abs. 4 SGB IX);
- das Recht auf Freistellung von Mehrarbeit (§ 124 SGB IX) zur Vermeidung übermäßiger Belastung und damit zum Schutz der Leistungsfähigkeit schwerbehinderter Menschen;

- ein Anspruch auf Gewährung von Zusatzurlaub (§ 125 SGB IX) von in der Regel fünf Arbeitstagen im Urlaubsjahr.

... die Einrichtung einer Interessenvertretung behinderter Menschen:
- Die Vertrauensperson der schwerbehinderten Menschen im Betrieb/in der Dienststelle (wählbar ab fünf schwerbehinderten Beschäftigten) hat als eigene Institution neben Betriebs-/Personalrat zahlreiche Aufgaben zur Interessenvertretung behinderter Menschen wahrzunehmen (§ 94 SGB IX).

... erweiterte Möglichkeiten der Unterstützung bei Krankheit und Behinderung:
- bei der stufenweisen Wiedereingliederung (§ 28 SGB IX) an den Arbeitsplatz, die für alle Bereiche der medizinischen Rehabilitation vorgesehen ist;
- durch die »Begleitende Hilfe« des Integrationsamts (§ 102 SGB IX), durch berufsfördernde Leistungen des Arbeitsamts (§ 104 SGB IX), durch beauftragte externe Fachdienste sowie durch die behinderungsgerechte Gestaltung von Arbeitsplätzen.

Betriebsverfassungsgesetz (BetrVG)
Der Betriebsrat ist in privatwirtschaftlichen Unternehmen die gesetzlich abgesicherte Form der Einflussnahme der Arbeitnehmer/innen auf betriebliche Belange. Der Handlungsrahmen, in dem der Betriebsrat tätig werden kann, wird durch das Betriebsverfassungsgesetz gesetzt. Das Betriebsverfassungsgesetz begründet seine Rechte, Pflichten und Handlungsmöglichkeiten – und deren Grenzen –, bestimmt aber auch Aufgaben und Pflichten für den Arbeitgeber. Das Gesetz ist insgesamt auf eine ausgleichende Zusammenarbeit von Arbeitgeber und Interessenvertretung ausgerichtet. Sie sollen unter Beachtung der Gesetze und Tarifverträge vertrauensvoll und mit den im Betrieb vertretenen Gewerkschaften zum Wohle der Arbeitnehmer/innen und des Betriebs zusammenarbeiten (§ 2 Abs. 1 BetrVG).

Die Schwerpunkte des Betriebsverfassungsgesetzes
- Das Betriebsverfassungsgesetz bildet den Rahmen für die Errichtung von Betriebsräten. In Betrieben der privaten Wirtschaft mit mindestens fünf ständigen wahlberechtigten Arbeitnehmern/Arbeitnehmerinnen sind Betriebsräte zu wählen (§ 1 BetrVG). Im Gesetz finden sich grundlegende Aussagen zur allgemeinen Stellung und zur Geschäftsführung des Betriebsrats (§§ 37–38 BetrVG): Betriebsräte führen ein Amt, für das sie, soweit das erforderlich ist, von ihrer beruflichen Tätigkeit zu befreien sind (§ 37 Abs. 2 BetrVG). Sie entscheiden selbstständig über die Bildung von Betriebsratsausschüssen, Vorbereitung und Abhalten der Betriebsratssitzungen. Sie dürfen in dieser Amtsführung nicht gestört oder behindert, nicht benachteiligt oder begünstigt werden (§ 78 BetrVG).

4. Rechtliche Handlungsgrundlagen und Unterstützungsmöglichkeiten

- Das Betriebsverfassungsgesetz regelt die Rechte und Pflichten des Arbeitgebers gegenüber Betriebsrat und Beschäftigten einerseits sowie die Rechte und Pflichten des Betriebsrats und der Betriebsversammlung als Organen der Belegschaft andererseits. Das Gesetz legt vor allem fest, in welchen Fragen und in welcher Form die Arbeitnehmer/innen und der Betriebsrat im Betrieb bzw. im Unternehmen mitbestimmen oder mitwirken sollen (vor allem §§ 87 ff. BetrVG). Auch die Rechte der einzelnen Arbeitnehmer/innen sind umschrieben (§§ 81 ff. BetrVG). So besitzt jede/r einzelne Arbeitnehmer/in ein Unterrichtungs-, Anhörungs- und Erörterungsrecht in Angelegenheiten, die ihn/sie und seinen/ihren Arbeitsplatz unmittelbar betreffen, einschließlich des Rechts auf Einsicht in seine/ihre Personalakte (§ 83 BetrVG).
- Das Betriebsverfassungsgesetz regelt auch die Zusammenarbeit zwischen Betriebsrat und Gewerkschaften. Die Gewerkschaften haben nach vorheriger Unterrichtung des Arbeitgebers ein Zugangsrecht zu Betrieben und Unternehmen (§ 2 Abs. 3 BetrVG). Das Betriebsverfassungsgesetz gibt den im Betrieb vertretenen Gewerkschaften bestimmte Einflussmöglichkeiten. So können Gewerkschaften z.B. ihre Vertreter/innen in Betriebsversammlungen entsenden, an Betriebsratssitzungen teilnehmen, gegen Rechtsverstöße im Betrieb vorgehen oder auch die Initiative zur Bildung von Betriebsräten ergreifen.
- Im Betriebsverfassungsgesetz wird zudem die Errichtung einer Jugend- und Auszubildendenvertretung (JAV) geregelt.

Die Einwirkungsmöglichkeiten des Betriebsrats auf den verschiedenen betrieblichen Feldern sind unterschiedlich stark. Das Betriebsverfassungsgesetz legt diese Einflussnahme in abgestufter Reichweite als Kontrolle (Informationsrechte), als Mitwirkung und als Mitbestimmung der Interessenvertretung fest (vgl. dazu auch Abschnitt 5.4.4).

Die gesetzlichen Aufgaben des Betriebsrats lassen sich damit folgendermaßen zusammenfassen:
- Überwachung und Kontrolle: Der Betriebsrat wacht über die Einhaltung von Gesetzen, Verordnungen, Vorschriften, Tarifverträgen und Betriebsvereinbarungen.
- Schutz und Förderung: Der Betriebsrat kann und muss Verschlechterungen der Situation von Beschäftigten abwehren. Es gehört vor allem zu seinen Aufgaben, die Belange besonders schutzbedürftiger Personen (behinderte Menschen, Jugendliche) zu vertreten und die Durchsetzung der Gleichberechtigung von Frauen und Männern zu gewährleisten.
- Mitbestimmung bei Arbeits- und Leistungsbedingungen: In allen Lohn- und Gehaltsfragen (wie der Zahlung von Zulagen, der Vergütung von Überstunden und Ein- und Umgruppierungen) hat der Betriebsrat ein Mitspracherecht. Das gilt auch für Regelungen der Arbeitszeit, der Urlaubsplanung und der Arbeitsorganisation.

- Initiativen: Der Betriebsrat soll Maßnahmen, die der Belegschaft dienen, beim Arbeitgeber beantragen.
- Betriebsvereinbarungen: Der Betriebsrat kann mit dem Arbeitgeber allgemein gültige Betriebsvereinbarungen aushandeln. In Betriebsvereinbarungen werden vor allem behandelt: Entgeltthemen (Zulagen, Prämien), Arbeitszeitfragen (Gleitzeitregelungen, Zeitkonten), die Arbeitsorganisation (Einführung von Gruppenarbeit, Heim-/Telearbeit), Fragen der beruflichen Bildung und der Arbeitssicherheit.

Die Reform des Betriebsverfassungsgesetzes von 2001 hat die Gestaltungsmöglichkeiten des Betriebsrats in einigen Punkten erweitert:
- Die Betriebsratsstrukturen können flexibler gestaltet werden. So können Sparten- und Filialbetriebsräte oder unternehmenseinheitliche Betriebsräte vereinbart werden.
- Durch das vereinfachte Wahlverfahren in kleineren Betrieben, durch einen Kündigungsschutz für die Wahlinitiator/innen und ein Initiativrecht eines Gesamtbetriebsrats zur Gründung von Betriebsräten in einzelnen Konzernbereichen wird die Bildung von Betriebsräten erleichtert.
- Leiharbeitnehmer/innen wählen ab einer Beschäftigungsdauer von drei Monaten den Betriebsrat mit.
- Die Anzahl der Betriebsräte und der von der Arbeit freigestellten Betriebsratsmitglieder erhöht sich.
- Der Betriebsrat erhält mehr Mitbestimmung zu Themen wie Qualifikation/Weiterbildung der Beschäftigten, Beschäftigungsförderung, Gruppenarbeit etc.
- Der Betriebsrat wird in alle Belange des betrieblichen Umweltschutzes mit eingebunden.
- Der Betriebsrat kann Frauenförderung nun mit entsprechenden Plänen besser thematisieren. Der Anteil der Betriebsrätinnen muss dem der weiblichen Beschäftigten entsprechen.
- Die Jugend- und Auszubildendenvertretung kann ebenfalls nach dem vereinfachten Wahlverfahren gewählt werden und sie kann Ausschüsse bilden.
- Auch die Bekämpfung von Rassismus und Ausländerfeindlichkeit wird Betriebsratsaufgabe.

Bundes- und Landespersonalvertretungsgesetze
Soweit Arbeitgeber juristische Personen des öffentlichen Rechts sind (»Öffentlicher Dienst«), ist für die Fragen der Interessenvertretung der Beschäftigten nicht das Betriebsverfassungsgesetz maßgebend, sondern die Personalvertretungsgesetze des Bundes und der Länder. Sie schaffen den Handlungsrahmen und die Grundlage für die Handlungsmöglichkeiten der Personalräte im Öffentlichen Dienst. Weitere Informationen hierzu finden sich in den Kapiteln 4.2.2 und 5.4.4.

4. Rechtliche Handlungsgrundlagen und Unterstützungsmöglichkeiten

Mitarbeitervertretungsrecht

Aufgrund des in Art. 140 GG garantierten Selbstbestimmungsrechtes der Kirchen (»Kirchenautonomie«) haben die Kirchen das Recht, die Mitbestimmung ihrer 1,4 Millionen Beschäftigten selbstständig zu regeln. Sie sind aus dem Geltungsbereich des Betriebsverfassungsgesetzes bzw. des Personalvertretungsgesetzes ausdrücklich ausgenommen. Stattdessen gilt für die katholische Kirche die Mitarbeitervertretungsordnung (MAVO) und für die evangelische Kirche das Mitarbeitervertretungsgesetz (MVG.EKD). Im Vergleich mit dem Betriebsverfassungsgesetz ist die Reichweite dieser Rechte deutlich geringer und setzt engere Grenzen für die Mitarbeitervertretungen und ihre Beteiligungsmöglichkeiten. Weitere Informationen hierzu finden sich in den »Tipps für neu- und wiedergewählte MAV-Mitglieder: Rechtliches Wissen und soziale Kompetenz (Evangelische Kirche und Diakonie)«.

Allgemeines Gleichbehandlungsgesetz (AGG)

Das »Allgemeine Gleichbehandlungsgesetz – AGG« ist am 18.8.2006 als Artikel 1 des »Gesetzes zur Umsetzung europäischer Richtlinien zur Verwirklichung des Grundsatzes der Gleichbehandlung« in Kraft getreten. Es dient der Umsetzung vierer, auf Grundlage von Art. 13 bzw. 141 EGV erlassenen Richtlinien der EU, nämlich

- der Richtlinie 2000/43/EG des Rats vom 29.6.2000 zur Anwendung des Gleichbehandlungsgrundsatzes ohne Unterschied der Rasse oder der ethnischen Herkunft,
- der Richtlinie 2000/78/EG des Rats vom 27.11.2000 zur Festlegung eines allgemeinen Rahmens für die Verwirklichung der Gleichbehandlung in Beschäftigung und Beruf,
- der Richtlinie 2002/73/EG des Europäischen Parlaments und des Rats vom 23.9.2002 zur Änderung der Richtlinie 76/207/EWG des Rats zur Verwirklichung des Grundsatzes der Gleichbehandlung von Männern und Frauen hinsichtlich des Zugangs zur Beschäftigung, zur Berufsbildung und zum beruflichen Aufstieg sowie in Bezug auf die Arbeitsbedingungen sowie
- der Richtlinie 2004/113/EG des Rats vom 13.12.2004 zur Verwirklichung des Grundsatzes der Gleichbehandlung von Männern und Frauen beim Zugang zu und bei der Versorgung mit Gütern und Dienstleistungen.

Das Allgemeine Gleichbehandlungsgesetz schützt dementsprechend nicht nur die Gruppe der behinderten Menschen, sondern auch die in den EU-Richtlinien entsprechend Art. 13 EGV genannten anderen vor Diskriminierung zu schützenden Gruppen.

Mit dem Allgemeine Gleichbehandlungsgesetz wurde der besondere arbeitsrechtliche Diskriminierungsschutz für schwerbehinderte Menschen des § 81 Abs. 2 SGB IX neu formuliert: Arbeitgeber dürfen schwerbehinderte Beschäftigte nicht wegen ihrer Behinderung benachteiligen. Im Einzelnen gelten hierzu die Regelungen des Allgemeinen Gleichbehandlungsgesetzes. Damit wird das Allgemeine Gleichbehandlungsgesetz in seinem auf behinderte Menschen bezogenen arbeitsrechtlichen Teilen mit dem SGB IX vernetzt.

Kernstück des Allgemeine Gleichbehandlungsgesetzes ist das Benachteiligungsverbot, das in § 7 AGG für das Arbeitsrecht und in § 19 AGG für den allgemeinen Zivilrechtsverkehr verankert ist. Definitionen des Begriffs der Benachteiligung finden sich in § 3 AGG. Das Benachteiligungsverbot gilt hinsichtlich der arbeitsrechtlichen Vorschriften für Arbeitgeber sowie hinsichtlich der zivilrechtlichen Vorschriften für Anbieter von Waren und Dienstleistungen des Massenverkehrs. Bei Verstößen gegen das Benachteiligungsverbot gewähren §§ 15 und 21 AGG dem Diskriminierten Entschädigungsansprüche, die allerdings im dort geregelten Verfahren (arbeits-) gerichtlich geltend gemacht werden müssen. Der Geltungsbereich des Allgemeine Gleichbehandlungsgesetzes umfasst auch den öffentlichen Dienst. Für Klagen eines Beamten und Richters – z.B. auf Schadensersatz oder Entschädigung nach § 15 Abs. 1, 2 AGG - ist der Verwaltungsgerichtsweg nach § 40 Abs. 2 VwGO eröffnet.

Der zusätzliche Diskriminierungsschutz durch das Allgemeine Gleichbehandlungsgesetz schützt in dieser spezifischen Form nicht nur schwerbehinderte, sondern auch behinderte Menschen (GdB < 50). Der Schutz wirkt bei entsprechender Einforderung per Klage auch in Betrieben, die nicht der Beschäftigungspflicht nach SGB IX oder dem allgemeinen Kündigungsschutzgesetz unterliegen. Bei Diskriminierungsklagen sind die besonderen Fristen des Allgemeine Gleichbehandlungsgesetzes zu beachten.

Die Verhinderung von Diskriminierung gehört zu den Aufgaben der Schwerbehindertenvertretung, die Regelungen des Allgemeine Gleichbehandlungsgesetzes sind dabei mit einzubeziehen.

Literaturtipps
Cramer/Fuchs/Hirsch/Ritz, SGB IX – Kommentar zum Recht schwerbehinderter Menschen und Erläuterungen zum AGG und BGG, 6. Aufl., Vahlen München 2010 ;

Feldes/Kohte/Stevens-Bartol (Hrsg.), SGB IX – Sozialgesetzbuch Neuntes Buch, Kommentar, Frankfurt a.M. 2009 – hier siehe vor allem Erl. § 81; Leitfaden für Arbeitgeber (auch für Schwerbehindertenvertretung von Interesse): Ein Leitfaden für Arbeitgeber und Arbeitgeberinnen mit Antworten zu den wichtigsten Fragen zum Allgemeine Gleichbehandlungsgesetz ist auf der Webseite der Antidiskriminierungsstelle des Bundes abrufbar unter
- http://www.antidiskriminierungsstelle.de/bmfsfj/generator/ADS/tipps-fuer-unternehmen.html

> Rechtsprechungsübersicht Eine Übersicht mit einer Auswahl an bundesdeutscher Rechtsprechung (nicht nur) zum Diskriminierungsmerkmal der Behinderung bietet die Antidiskriminierungsstelle des Landes Berlin auf ihrer Webseite unter
> **http://www.berlin.de/lb/ads/agg/urteile/index.html**
>
> Informationen zum Allgemeine Gleichbehandlungsgesetz, die für Menschen mit Behinderungen von Interesse sind, gibt es (auch in leichter Sprache) in einer Broschüre der Bundesbeauftragten der Bundesregierung für die Belange behinderter Menschen (**www.behindertenbeauftragte.de**)

4.4 Die Behindertenrechtskonvention der Vereinten Nationen

Das Übereinkommen über die Rechte von Menschen mit Behinderungen der Vereinten Nationen (UNBehRÜbK) – oder kurz auch die Behindertenrechtskonvention (BRK) – ist ein völkerrechtlicher Vertrag, der die allgemeinen Menschenrechte für die Lebenssituation behinderter Menschen konkretisiert. Daher finden sich grundlegende Menschenrechte im Vertragstext wieder, wie das Recht auf Leben oder das Recht auf Freizügigkeit. Die Behindertenrechtskonvention wurde am 13.12.2006 in New York beschlossen. Nachdem sie in Deutschland im Dezember 2008 von Bundesrat und Bundestag ratifiziert wurde, ist sie am 26.3.2009 in Kraft getreten.

Stärken: Die Konvention präzisiert den internationalen Menschenrechtsschutz erstmals für Menschen mit Behinderungen und deren besondere Gefährdungs- und Lebenslagen. Menschenrechte werden systematisch für alle Lebensbereiche beschrieben und ausgelegt. Soziale Inklusion ist der Leitgedanke, er wird eng mit der Verwirklichung individueller Freiheitsrechte verknüpft. Keine persönliche Freiheit ohne soziale Teilhabe!

Für die Arbeit des Betriebsrats/Personalrats/der Schwerbehindertenvertretung hat vor allem Art. 27 BRK Bedeutung. Dort lautet Absatz 1 wie folgt: »Die Vertragsstaaten anerkennen das gleiche Recht von Menschen mit Behinderungen auf Arbeit; dies beinhaltet das Recht auf die Möglichkeit, den Lebensunterhalt durch Arbeit zu verdienen, die in einem offenen, integrativen und für Menschen mit Behinderungen zugänglichen Arbeitsmarkt und Arbeitsumfeld frei gewählt und angenommen wird. Die Vertragsstaaten sichern und fördern die Verwirklichung des Rechts auf Arbeit

...«. In der BT-Drucks. 16/10808 vom 8.11.2008 [1] wird in der Denkschrift zu dem Übereinkommen vom 13.12.20006 über die Rechte von Menschen mit Behinderungen erläuternd ausgeführt: »Auch Menschen mit besonderem Unterstützungsbedarf soll ermöglicht werden, auf dem allgemeinen Arbeitsmarkt zu arbeiten. Dies ist möglich, wenn man ihre individuellen Bedürfnisse an Unterstützung konsequent in den Mittelpunkt stellt und ihnen Möglichkeiten für die Teilhabe am Arbeitsleben unter Beachtung ihres Wunsches und Wahlrechts schafft.«.[2] Man muss davon ausgehen, dass auch in Deutschland zu diesem Punkt der BRK noch praktischer und rechtsetzender Umsetzungsbedarf besteht.

Verbindlichkeit: Das Ratifikationsgesetz siedelt die Behindertenrechtskonvention etwa auf der Ebene eines Bundesgesetzes an. Grundsätzlich haben spezielle Gesetze (etwa das SGB IX) Vorrang gegenüber generellen Regelungen. Vorrangwirkung haben allerdings das Diskriminierungsverbot und das Gleichstellungsgebot – als verbindlich geltende Völkerrechtsnormen. Die Konvention ist verpflichtend für die Träger der Staatsgewalt: also Legislative, Judikative und Exekutive. Im Einzelnen sind dies Bundesregierung und Bundestag, Landesregierungen und -parlamente, Gerichte, Bundes- und Landesbehörden sowie Körperschaften des öffentlichen Rechts. Die deutsche Gesetzgebung ist – schrittweise – den Erfordernissen der Konvention anzupassen (siehe Art. 4 Abs. 1 BRK). Mit der Umsetzung in Recht und Praxis ist unmittelbar zu beginnen. Das Diskriminierungsverbot gilt ohne Zeitverzug, Verletzungen sind gerichtlich einklagbar. Die unmittelbare Wirksamkeit der BRK wird aber für viele Bereiche von vielen Juristen derzeit bestritten. Zur unmittelbaren Ableitung von Ansprüchen seien entsprechende Landes- oder Bundesgesetze nötig, für deren Erlass auch völkerrechtlich eine erhebliche Übergangszeit bleibe. Allerdings ist geltendes Recht im Sinne der BRK anzuwenden, was in einigen Bereichen schon zu veränderten Rechtslagen führen dürfte.

Neben der Rechtswirksamkeit der BRK steht die **politische Wirkung** des Fakultativprotokolls. Danach sind alle Vertragsstaaten, die dieser völkerrechtlichen Zusatzvereinbarung beigetreten sind – auch Deutschland-, zu einem regelmäßigen Monitoring der Umsetzung der Behindertenrechtskonvention verpflichtet. Diese an die Vereinten Nationen zu leitenden Berichte werden dort ausgewertet. Es wird sich von

---

[1] Mit der BT-Drucks. 16/10808 vom 11.8.2008 bzw. der BR-Drucks. 760/08 vom 17.10.2008 wurde der Entwurf eines Gesetzes zu dem Übereinkommen der Vereinten Nationen vom 13.12.2006 über die Rechte von Menschen mit Behinderungen sowie zu dem Fakultativprotokoll vom 13.12.2006 als Ratifizierungsgesetz eingebracht. Zum Ratifizierungsverfahren und den völkerrechtlichen Verpflichtungen aus der BRK siehe ausführlich: *Poscher/Rux/Langer*, Von der Integration zur Inklusion – Das Recht auf Bildung aus der Behindertenrechtskonvention der Vereinten Nationen und seine innerstaatliche Umsetzung, Baden-Baden (Nomos) 2008.

[2] BT-Drucks. 16/10808 S. 61.

4. Rechtliche Handlungsgrundlagen und Unterstützungsmöglichkeiten

dieser Art von Regelberichterstattung eine politische Wirkung zur Umsetzung der Rechte versprochen. Ein erster Bericht wird im Jahr 2011 fällig.

> **Literaturtipps**
> **Industriegewerkschaft Metall (Hrsg.),** UN-Behindertenrechtskonvention - Menschen mit Behinderungen in Recht und Praxis stärken, Frankfurt 2010;
> **Cramer/Fuchs/Hirsch/Ritz,** SGB IX – Kommentar zum Recht schwerbehinderter Menschen und Erläuterungen zum AGG und BGG, 6. Auflage, Vahlen München 2010;
> **Poscher/Rux/Langer,** Von der Integration zur Inklusion – Das Recht auf Bildung aus der Behindertenrechtskonvention der Vereinten Nationen und seine innerstaatliche Umsetzung, Baden-Baden (Nomos) 2008;
> http://www.alle-inklusive.behindertenbeauftragte.de;
> www.institut-fuer-menschenrechte.de
> sowie zur KMK (Kultusministerkonferenz) – Fachtagung zur Umsetzung der Behindertenrechtskonvention der Vereinten Nationen – pädagogische und rechtliche Aspekte vom 21. und 22.6.2010 in Bremen
> **www.bildung.bremen.de/ixcms/detail.php?gsid=bremen117.c.23820.de**

4.5 Behindertengleichstellungsgesetz (BGG) und Landesgleichstellungsgesetz (LGG)

Das Behindertengleichstellungsgesetz (BGG) des Bundes ist im Jahr 2002 in Kraft getreten, die entsprechenden Landesgesetze sind inzwischen auch alle erlassen. Schlüsselbegriffe des Behindertengleichstellungsgesetzes sind Barrierefreiheit und Benachteiligungsverbot. Wesentliche Instrumente, die das Gesetz festlegt, sind Zielvereinbarungen, Verbandsklagerecht und die gesetzliche Begründung des Amts des Beauftragten oder der Beauftragten der Bundesregierung für die Belange behinderter Menschen. Das Behindertengleichstellungsgesetz zeichnet sich aus durch eine sehr verständliche Definition des Begriffs der Barrierefreiheit, der als der wesentliche neue Schlüsselbegriff des Gesetzes anzusehen ist. Der Begriff wird in weiteren Gesetzen bedeutungsgleich aufgriffen. Zu verweisen ist auf verschiedene Wahlordnungen des Bundes, das Hochschulrecht, Gerichtsgesetze und Gerichtsordnungen, das Sozialgesetzbuch, das Bundesfernstraßengesetz, das Personenbeförderungsgesetz und das Luftverkehrsgesetz. Barrierefreiheit wird im Behindertengleichstellungsgesetz weit gefasst. Das Behindertengleichstellungsgesetz verzichtet erfreulicherweise auf einen eigenen Begriff des behinderten Menschen und lehnt sich sehr eng an den diesbezüglichen Begriff des SGB IX und den des ICF an, ohne dass die förmliche Anerkennung der Behinderung vorausgesetzt würde. Die Schwierigkeiten dieses Gesetzes liegen dagegen in der für den Bürger eher schwer zu durchschauenden Festlegung seines Anwendungs- und Geltungsbereiches, was letztlich zurück geht auf die Verteilung der Gesetzgebungszuständigkeit im föderalen System der Bundesrepublik Deutschland. Anzuwenden ist das Behindertengleichstellungsgesetz von den Dienststellen und sonstigen Einrichtungen der Bundesverwaltung, einschließlich der bundesunmittelbaren Körperschaften, Anstalten und Stiftungen des öffentlichen Rechts. Es gilt auch für Landesverwaltungen, einschließlich der landesunmittelbaren Körperschaften, Anstalten und Stiftungen des öffentlichen Rechts, soweit sie Bundesrecht ausführen. Landesrecht gilt jeweils für die übrigen Bereiche der Landesverwaltungen, teilweise auch für die Kommunen.

Im Bereich der Justiz gilt das Behindertengleichstellungsgesetz ebenso wenig wie die entsprechenden Behindertengleichstellungsgesetze der Länder. Hier ist barrierefreie Kommunikation seit dem 1.8.2002 bundesrechtlich geregelt (Gesetz zur Änderung des Rechts der Vertretung durch Rechtsanwälte vor den Oberlandesgerichten [OLG-Vertretungsänderungsgesetz – OLGVertrÄndG] vom 23.7.2002 [BGBl. I S. 2850], § 483 ZPO [Eidesleistung sprach- und hörbehinderter Personen], §§ 66 e und 259 StPO [Eidesleistung sprach- und hörbehinderter Personen, Regelung der Gerichtssprache für hör- und sprachbehinderte Menschen], §§ 186, 191a GVG [Gerichtssprache, Verständigung mit dem Gericht]).

Für bestimmte Bereiche hat der Bundesgesetzgeber weitgehend auf materielle, öffentlich-rechtliche Regelungen zur Barrierefreiheit verzichtet und deren Schaffung und weitergehende Ausgestaltung dem neu geschaffenen Instrument der Zielvereinbarung überlassen. In Zielvereinbarungen sollen Unternehmen und/oder deren Verbände mit den nach diesem Gesetz zugelassenen Verbänden behinderter Menschen über Gegenstände und Standards der Barrierefreiheit im Sinne des § 4 BGG verbindliche Vereinbarungen – auch im Sinne von Mindeststandards – treffen.

Die Behindertengleichstellungsgesetze der Länder regeln die öffentlich-rechtlichen Bereiche, die ausschließlich der Gesetzgebungskompetenz der Länder unterliegen. Es ist also eine komplexe Aufsplitterung der landes- und bundesgesetzlichen, öffentlich-rechtlichen Regelungen zur Verhinderung von Benachteiligung, Förderung der gesellschaftlichen Teilhabe und Selbstbestimmung behinderter Menschen in Deutschland entstanden.

In zahlreichen Lebensbereichen sind mit dem Behindertengleichstellungsgesetz und anderen Gesetzen klare Rechtsansprüche behinderter Menschen geschaffen worden. Es ist damit ein Wandel der gesellschaftlichen Wirklichkeit für viele behinderte Menschen erreicht oder zumindest eingeleitet worden. Die Umsetzung des

4. Rechtliche Handlungsgrundlagen und Unterstützungsmöglichkeiten

Gesetzes hat seit seinem Inkrafttreten im Jahr 2002 zwar langsame, aber durchaus spürbare Wirkung für die betroffenen behinderten Menschen. So sind bei der Barrierefreiheit der modernen Informationsmedien – vor allem bei den Angeboten der öffentlichen Hand – deutliche Fortschritte erzielt worden, behinderte Menschen werden also an einer wichtigen Entwicklung der modernen Gesellschaft teilhaben können. Zu verweisen ist im Bereich des öffentlichen Personennahverkehrs auf das Programm der Deutschen Bahn AG vom Juni 2005, aber auch auf einschlägige Nahverkehrspläne auf regionaler Ebene. Erhebliche Defizite sind allerdings für den Bereich **der öffentlichen Erziehung von Kindern** in Kindertagesstätten, in Schulen und Hochschulen festzustellen. Als wesentliche Ursachen für das Beharrungsvermögen des deutschen Förderschulsystems gegenüber inklusiver Bildung für alle Kinder wird die überkommene Gesetzgebung und das komplizierte Finanzierungssystem mit den verschiedenen Verantwortlichkeiten auf Kreis-, Landes- und Bundesebene angesehen (www.bertelsmann-stiftung.de Menüpunkt: Jakob-Muth-Preis 2009, Zugriff 6.9.2009).

> **Literaturtipps**
> **Cramer/Fuchs/Hirsch/Ritz,** SGB IX – Kommentar zum Recht schwerbehinderter Menschen und Erläuterungen zum AGG und BGG, 6. Aufl., Vahlen München 2010;
> **Kossens/von der Heide/Maaß (Hrsg.):** Praxiskommentar zum Behindertenrecht – SGB IX – mit Behindertengleichstellungsgesetz, München 2009 (3. Aufl.)

4.6 Handlungsaufträge Integrationsämter/Reha-Träger

Die Aufgaben der Integrationsämter sind im Schwerbehindertenrecht – SGB IX, Teil 2 Schwerbehindertenrecht – festgelegt. Die Integrationsämter sind nach § 102 Abs. 1 SGB IX vor allem zuständig für

- den besonderen Kündigungsschutz für schwerbehinderte Menschen
- die Erhebung und Verwendung der Ausgleichsabgabe
- die begleitende Hilfe im Arbeitsleben für schwerbehinderte Menschen und innerhalb dieser Aufgabe auch für
- Seminare für das betriebliche Integrationsteam und für Öffentlichkeitsarbeit

Es ist Aufgabe der Integrationsämter, die Arbeitgeber bei der Erfüllung der besonderen Beschäftigungspflicht zu unterstützen und sie für diese Aufgabe zu sensibilisieren

Weitere Einzelaufgaben ergeben sich aus anderen Regelungen des SGB IX Teil 2. Die Integrationsämter arbeiten eng zusammen mit Rehabilitationsträgern, Arbeitgeberverbänden, Gewerkschaften und Behindertenverbänden sowie mit dem betrieblichen Integrationsteam. Das Integrationsamt versteht sich als Ratgeber und Partner. Sie sind in den Bundesländern unterschiedlich – teils kommunal, teils staatlich – organisiert. In einigen Ländern wird ein Teil der Aufgaben auf örtliche Fürsorgestellen übertragen. Die Integrationsämter haben sich mit den Hauptfürsorgestellen in der Bundesarbeitsgemeinschaft der Integrationsämter und Hauptfürsorgestellen (BIH) zusammengeschlossen (www.integrationsaemter.de).

Rehabilitationsträger:
Durch das SGB IX wird der Begriff der Rehabilitation in einen umfassenden Zusammenhang gestellt: Die Praxis der Rehabilitation und die erforderlichen Leistungen sollen die Selbstbestimmung und gleichberechtigte Teilhabe behinderter und von Behinderung bedrohter Menschen am Leben in der Gesellschaft fördern, Benachteiligungen vermeiden oder ihnen entgegenwirken (vgl. § 1 SGB IX).

Etwas zugespitzt formuliert, kann man wohl behaupten, dass der Begriff Rehabilitation sich als primäre, richtungsweisende Zielkategorie verbraucht hat bzw. vom Konzept der Partizipation (also der **Teilhabe**) abgelöst worden ist. Die Weiterverwendung des Begriffs Rehabilitation im Sozialrecht geht einher mit einer gewissen Sinnverschiebung. Mit dem SGB IX wurde in der Rehabilitation auch ein Wechsel von der institutionellen und maßnahmeorientierten Rehabilitation hin zur individuellen, personenzentrierten und funktionellen Rehabilitation vollzogen.

Mit dem SGB IX erfolgen hinsichtlich der konzeptionellen Bedeutung des Begriffs Rehabilitation wichtige Änderungen im Bundesrecht: Der Begriff Rehabilitation wird auf weiten Strecken des SGB IX (Rehabilitation und Teilhabe behinderter Menschen) durch andere Begriffe ersetzt oder es werden der Begriff Rehabilitation und der neuere Oberbegriff **Teilhabe** nebeneinander verwendet. Hierfür nur zwei wichtige Beispiele:

In § 5 SGB IX werden Leistungsgruppen für Hilfen zur Teilhabe wie folgt definiert:
1. Leistungen zur medizinischen Rehabilitation,
2. Leistungen zur Teilhabe am Arbeitsleben,
3. unterhaltssichernde und andere ergänzende Leistungen,
4. Leistungen zur Teilhabe am Leben in der Gemeinschaft.

Es fällt auf, dass Begriffe wie berufliche Rehabilitation und soziale Rehabilitation nicht mehr als Oberkategorien verwendet werden. Lediglich für den Bereich der medizinischen Rehabilitation wird der Begriff direkt fortgeführt. Für diesen Bereich ist aber natürlich das Partizipations- oder Teilhabekonzept nicht in gleicher Weise anwendbar wie in den anderen Leistungsgruppen.

Auch dem verbreiteten und grundsätzlich auch weiterhin verwendeten Begriff Rehabilitationsträger wird ein neuer Begriff zur Seite gegeben. In § 6 SGB IX wird unter der Überschrift »Rehabilitationsträger« wie folgt formuliert:
»Träger der Leistungen zur Teilhabe (Rehabilitationsträger) können sein
1. die gesetzlichen Krankenkassen
2. die Bundesagentur für Arbeit,
3. die Träger der gesetzlichen Unfallversicherung,
4. die Träger der gesetzlichen Rentenversicherung,
5. die Träger der Kriegsopferversorgung und die Träger der Kriegsopferfürsorge,
6. die Träger der öffentlichen Jugendhilfe,
7. die Träger der Sozialhilfe für Leistungen.

> **Literaturtipps**
> **Feldes/Kohte/Stevens-Bartol (Hrsg.)**, SGB IX – Sozialgesetzbuch Neuntes Buch, Kommentar, Frankfurt a.M., 2009,
> **Cramer/Fuchs/Hirsch/Ritz**, SGB IX – Kommentar zum Recht schwerbehinderter Menschen und Erläuterungen zum AGG und BGG, 6. Aufl., Vahlen München 2010

4.7 Behindertenbeauftragte und Verbände behinderter Menschen

Behindertenbeauftragte sind beim Bund, bei fast allen Ländern und einem erheblichen Teil der Kommunen und Kreise eingerichtet und arbeiten auf Rechtsgrundlage des Behindertengleichstellungsgesetzes des Bundes bzw. der Landesbehindertengleichstellungsgesetze (siehe auch dort, Punkt 4.3).

Der bzw. die Beauftragte wirkt als Mittler zwischen den behinderten Menschen und Behörden, zwischen Rehabilitationsträgern und sonstigen Stellen. Sein ressortübergreifendes Wirken, das in erster Linie sensibilisierenden, beratenden und vorschlagenden Charakter hat, gibt ihm die Möglichkeit, die vielfältigen Belange behinderter Menschen in die verschiedenen Politik- und Aufgabenbereiche hineinzutragen. Daneben wirkt er z.B. auf Bundesebene dabei mit, die Behindertenpolitik der Bundesregierung transparent zu machen sowie die Akzeptanz für diese Politik bei den Betroffenen wie bei Nichtbehinderten zu erhöhen. Aufgabe und Anliegen des Beauftragten ist es nicht zuletzt, die Probleme behinderter Menschen allen in der Gesellschaft bewusst zu machen, um dadurch die Bereitschaft zu erzeugen, behinderungsbedingte Nachteile auf allen Ebenen – sowohl im Erwerbsleben als auch im gesellschaftlichen Bereich – ausgleichen zu helfen (www.behindertenbeauftragte.de).

Behindertenverbände sind Organisationen, die parteipolitisch und konfessionell neutral die sozialpolitischen Interessen ihrer Mitglieder vertreten, um die organisierte Selbsthilfe behinderter Menschen zu fördern. Sie nehmen Einfluss auf die Gesetzgebung und sind Gesprächspartner der verschiedenen, im Sozialbereich tätigen Behörden und Einrichtungen. Sie vertreten ihre Mitglieder in Fragen des Versorgungs-, Sozial- und Sozialversicherungsrechts sowie in allen Angelegenheiten, die mit beruflicher und gesellschaftlicher Teilhabe behinderter Menschen zu tun haben. Das gilt auch für Hilfestellungen bei einem Rechtsstreit vor Gericht.

Bestimmte Behindertenverbände haben ein besonderes **Verbandsklagerecht** (§ 63 SGB IX). Danach können sie in Form einer gesetzlichen Prozessstandschaft an Stelle und mit dem Einverständnis von behinderten Menschen deren Rechte geltend machen. Ein weitergehendes Verbandsklagerecht hat § 13 BGG ab Mai 2002 geschaffen. Danach kann ein vom Bundesministerium für Arbeit und Soziales (BMAS) anerkannter Verband ohne in seinen Rechten verletzt zu sein, Klage nach Maßgabe der Verwaltungsgerichtsordnung oder des Sozialgerichtsgesetzes erheben, einen Verstoß gegen in § 13 Abs. 1 BGG konkret genannte Normen festzustellen. Verbandsklagen waren in der Vergangenheit allerdings sehr selten.

Die großen Behindertenverbände – wie der Sozialverband VdK, der Sozialverband Deutschland (SoVD) und die Bundesarbeitsgemeinschaft Hilfe für Behinderte (BAGH) – bringen ihr Wissen und ihre Erfahrung in Beschluss- und Beratungsgremien auf Bundes-, Landes- und kommunaler Ebene ein. Sie sind vertreten im Beirat für die Teilhabe behinderter Menschen beim Bundesminister für Arbeit und Soziales sowie in den beratenden Ausschüssen für behinderte Menschen und in den Widerspruchsausschüssen bei den Integrationsämtern und der Bundesagentur für Arbeit. Ihre Vertreter sind auch als ehrenamtliche Sozialrichter tätig. Die meisten Behindertenverbände bieten neben Interessenvertretung und Beratung ihrer Mitglieder auch diverse Serviceleistungen. Sie befassen sich z.B. mit der Förderung des behindertengerechten Wohnungs- und Siedlungswesens (barrierefreies Bauen) sowie des Behindertensports und sie sind Träger von Rehabilitations- und Serviceeinrichtungen.

Der Deutsche Behindertenrat
Am 3.12.1999 wurde in der Berliner Kaiser-Wilhelm-Gedächtniskirche von zahlreichen deutschen Behindertenverbänden der Deutsche Behindertenrat (DBR) gegründet. Entsprechend der Unterscheidung der Verbände in traditionelle Sozialverbände, behinderungsspezifische Selbsthilfeorganisationen und unabhängige Behindertenbewegung ist der Deutsche Behindertenrat in drei Säulen eingeteilt: traditionelle Sozialverbände, die BAGH, ihre Mitgliedsverbände und andere behinderungsspezifische Verbände sowie die unabhängigen Behindertenverbände.

4. Rechtliche Handlungsgrundlagen und Unterstützungsmöglichkeiten

Der Deutsche Behindertenrat verfolgt als Ziele:
- die Gleichstellung mit nichtbehinderten Menschen in unserer Gesellschaft zu erreichen und eine Diskriminierung behinderter und chronisch kranker Menschen und ihrer Angehöriger abzubauen,
- die Selbstbestimmung behinderter und chronisch kranker Menschen und ihrer Angehöriger in allen Lebensbereichen zu verwirklichen und eine Fremdbestimmung zu verringern,
- die Selbstvertretung behinderter und chronisch kranker Menschen und ihrer Angehöriger in allen sie betreffenden Entscheidungsprozessen zu ermöglichen und eine Bevormundung abzubauen.

Der Deutsche Behindertenrat ist eine Dachorganisation von Behindertenverbänden. Er ist nicht legitimiert, in die Wahrnehmung der Einzelinteressen seiner Mitglieder einzugreifen. Der Deutsche Behindertenrat sucht die Kooperation mit wichtigen in der Behindertenpolitik tätigen Stellen und Organisationen. Dies gilt vor allem für
- die Behindertenbeauftragten der Länder,
- Verbände der freien Wohlfahrtspflege,
- Fachverbände und
- Rehabilitationsträger.

Adresshinweise
Deutscher Behindertenrat (DBR): http://www.deutscherbehindertenrat.de/, dort unter http://www.deutscher-behindertenrat.de/ID25209 finden sich die Adressen und Links aller Mitgliedsverbände

5. Durchsetzungsmöglichkeiten

Nicht generell freigestellte Vertrauenspersonen der schwerbehinderten Beschäftigten bekommen immer wieder Probleme, wenn sie ihren Arbeitsplatz verlassen müssen, um ihren Aufgaben der Interessenvertretung nachzugehen. Die Probleme gibt es meist mit den unmittelbaren Vorgesetzten, aber auch mit den Arbeitskolleg/innen, vor allem dann, wenn sie mit den anderen in einer Gruppe zusammenarbeiten müssen. Nicht selten ist die Arbeit so organisiert, dass die Kolleg/innen die Arbeit für die Vertrauensperson mit erledigen müssen. Das bringt für die Betroffenen Mehrarbeit und für die Schwerbehindertenvertretung Ärger.

Wenn Ersatzarbeitskräfte fehlen oder in der Arbeitsorganisation bzw. Auftragsabwicklung keine zeitlichen Spielräume vorhanden sind, dann ist das die Folge von »lean production« und »lean management«. Seit Beginn der 90er Jahren führen neue Produktions- und Steuerungskonzepte zu einer immer stärkeren Ausdünnung der Personalbesetzung und zur Eliminierung notwendiger Zeitreserven. Arbeitsteams in Produktion, Verwaltung und Entwicklung, die einer nahezu dauerhaften betrieblichen Reorganisation (»Kontinuierlicher Verbesserungsprozess – KVP«) ausgesetzt sind, können wegen der gesetzten Zeit-, Mengen- und Qualitätsvorgaben Störungen und Personalausfälle aus eigener Kraft kaum noch auffangen. Konsequenzen sind: Zunahme des Arbeits- und Zeitdrucks, erhöhter Stresspegel, physische und psychische Überlastungen von Beschäftigten.

Der Arbeitgeber hat allerdings dafür zu sorgen, dass die Kolleg/innen in der Arbeitsgruppe durch die Abwesenheit des Betriebsratsmitglieds oder der Schwerbehindertenvertretung nicht zusätzlich belastet werden. Es ist Aufgabe der Vorgesetzten und der Personalabteilung, hier vorausschauend für eine entsprechende Arbeitsorganisation und Personaleinsatzplanung zu sorgen. Für die Schwerbehindertenvertretung selbst ist es aber wichtig, nicht nur auf ihr Recht zu pochen. Sie kann entstandenen Unstimmigkeiten und Ärger die Schärfe nehmen, wenn sie den Kolleg/innen Einblicke in ihre Arbeit gibt. Nur so kann ein Verständnis für die immer wiederkehrende Abwesenheit vom Arbeitsplatz entstehen.

Nicht jede/r schafft es oder hat den Mut, sich in Fragen der Arbeitsbefreiung allein durchzusetzen. Damit keine Nachteile wegen der Ausübung des Amts entstehen, brauchen Schwerbehindertenvertreter/innen im Konfliktfall die Unterstützung des Betriebs-/Personalrats bei der Arbeitsbefreiung oder Freistellung gegenüber dem Arbeitgeber oder dem direkten Vorgesetzten.

5.1 Konflikte und Interessengegensätze

Betriebs- und Personalräte wie Vertrauenspersonen behinderter Menschen bewegen sich als Interessenvertreter/innen der Belegschaft prinzipiell in einem Konfliktfeld. Da es bei der Interessenvertretungsarbeit im Betrieb/in der Dienststelle immer auch um das Aufeinandertreffen unterschiedlicher Interessen geht, sind Konflikte nicht zu vermeiden. Sie sind zwangsläufig und sie sind integraler Bestandteil der Arbeit der Interessenvertretungen. Bleiben Konflikte mit dem Arbeitgeber gänzlich aus, drängt sich daher die Frage auf, ob kritische Themen nicht verdrängt oder »unter den Teppich gekehrt« werden. Nur unter besonders außergewöhnlichen Umständen wird es keine Konflikte mit dem Arbeitgeber geben.

Es ist wichtig zu erkennen, dass das Handeln der Personen, die im Betrieb/in der Dienststelle aufeinander treffen, von unterschiedlichen Grundorientierungen ausgeht. Kapitalgeber/innen (Aktionäre/Aktionärinnen, Eigentümer/innen) bringen Geld in Unternehmen ein mit der Erwartung, dass sich dieses Geld möglichst rasch vermehrt. Ihr grundlegendes Interesse ist die optimale Verwertung des eingesetzten Kapitals: das Gewinninteresse und die Profitmaximierung. Vor allem in börsennotierten Unternehmen besteht das Ziel des Managements darin, durch seine Planungen und Entscheidungen diese Profitmaximierungsstrategie mit dem Shareholder-Value-Ansatz umzusetzen. Eine auf Shareholder-Value angelegte Unternehmenspolitik versucht, den Kurswert der Aktien und damit den Marktwert des Gesamtunternehmens zu erhöhen. Im Sinne der Anteilseigner soll eine Maximierung des langfristigen Unternehmenswerts durch Gewinnmaximierung und Erhöhung der Eigenkapitalrendite erreicht werden. Die Auswirkungen dieser unternehmerischen Entscheidungen auf Mitarbeiter, Kunden, Öffentlichkeit und die Umwelt bleiben weitgehend unberücksichtigt. Die Unternehmen stellen sich nicht ihrer ethischen, sozialen und ökologischen Verantwortung.

Arbeitnehmer/innen stellen die notwendige Arbeitskraft zur Verfügung, um sich ein Erwerbseinkommen zu verdienen. Ihr grundlegendes Interesse bezieht sich auf sichere Arbeitsplätze und sichere Einkommen für sich und ihre Familien. Genauso wichtig sind aber in einer extrem beschleunigten Arbeitswelt die Sicherung von Gesundheit und Qualifikation, da diese langfristig ihre Zukunftschancen, Erwerbsmöglichkeiten sowie Lebensqualität entscheidend mitbestimmen. Dabei sind sie jedoch großen Risiken ausgesetzt. Der permanente Wettbewerbsdruck, durch Veränderung der Betriebs- und Arbeitsorganisation, durch Einsparung von Arbeitskräften und durch Erhöhung der Leistungs- und Qualifikationsanforderungen ein möglichst optimales Verhältnis von Aufwand und Ertrag zu erzielen, schlägt sich auf Seiten der Beschäftigten vor allem in einem erheblichen Beschäftigungsrisiko nieder.

Die allgemeine und die besondere Interessenvertretung der behinderten Beschäftigten sind betriebliches Konfliktpotential. Dafür sind sie mit Rechten ausgestattet, die ihnen Einfluss auf unternehmerische Entscheidungen und somit ein Stück betrieblicher Macht geben. Dadurch verfügt der Arbeitgeber nicht mehr uneingeschränkt über die (behinderten) Arbeitnehmer/innen und die organisatorischen Abläufe im Unternehmen. Er ist gezwungen, ein Stück seiner Macht abzugeben. Vor allem die Beteiligungs- und Mitbestimmungsrechte der Interessenvertretung bringen deutlich zum Ausdruck, dass dem Arbeitgeber etwas von seinen alleinigen Verfügungs- und Entscheidungsrechten im Betrieb/in der Dienststelle genommen ist.

Eine wichtige Erfahrung aus der Praxis von Interessenvertretern/Interessenvertreterinnen ist jedoch, dass »Recht haben« noch längst nicht bedeutet, auch Recht zu bekommen. Wie und ob die gesetzlichen Regelungen in der betrieblichen Praxis umgesetzt werden und inwieweit die Schwerbehindertenvertretung und der Betriebs- bzw. Personalrat ihren Einfluss auf die betriebliche Arbeitspolitik geltend machen können, hängt in erster Linie von den handelnden Personen ab – von ihrem Engagement, der Kenntnis der Handlungsmöglichkeiten, der persönlichen Durchsetzungskraft, von ihrer Konfliktbereitschaft und ihrer Kooperationsfähigkeit.

Die Art und Weise, wie die Schwerbehindertenvertretung ihre Vertretungsaufgabe erledigt, ist in diesen widersprüchlichen Handlungsrahmen aus Konfrontation und Kooperation eingebunden. Sie ist dabei aber weder Sprachrohr noch angepasster Erfüllungsgehilfe der Geschäftsleitung. Im Gegenteil: Um zu tragfähigen Lösungen mit den Vertretern/Vertreterinnen des Arbeitgebers zu kommen, muss die Schwerbehindertenvertretung immer wieder klar ihren Interessenstandpunkt und auch ihre Bereitschaft zum Konflikt verdeutlichen. Mit dem Wissen um die eigene Position und Handlungsmöglichkeiten kann die Schwerbehindertenvertretung beruhigt Konflikte eingehen und mit Forderungen an die Gegenseite herantreten. Sie sollte aber ebenso in der Lage sein, mit den Mitteln der Kooperation Politik für die behinderten Beschäftigten zu machen.

5.2. Konfliktfelder

»Als sozialer Konflikt lässt sich eine soziale Beziehung verstehen, in der zwei oder mehrere Parteien, die voneinander abhängig sind, mit Nachdruck versuchen, gegensätzliche Handlungspläne zu verwirklichen und sich dabei ihrer Gegnerschaft bewusst sind.« (Watzlawick, 1969). Diese Definition beschreibt präzise die Struktur und Dynamik der betrieblichen Auseinandersetzungen. Da die Beziehung zwischen Interessenvertretung und Arbeitgeber durch die verschiedenen Interessenlagen geprägt ist, sind Konflikte nicht nur unvermeidlich, sondern geradezu notwendig, um diese unterschiedlichen Interessen und Gegensätze deutlich erkennbar zu machen.

Solche Konflikte betreffen aber meist nicht nur die inhaltliche Auseinandersetzung um strittige Sachfragen. Konflikte lösen auch auf der Macht- und Beziehungsebene Auseinandersetzungen zwischen den Konfliktparteien aus. Dabei geht es etwa um unterschiedliche Wertvorstellungen, Standpunkte, Ziele und nicht zuletzt um die Grenzen des eigenen Einfluss- und Machtbereichs. Die betrieblichen Konfliktparteien lassen sich dabei durch ihre Erfahrung leiten, dass die gerade herrschenden »Spielregeln«, Führungsgrundsätze, Unternehmensleitbilder und der Stil des Umgangs im Betrieb/in der Dienststelle nicht von Dauer sind und sich mit der Entwicklung des Unternehmens/der Verwaltung und der gesetzlichen Rahmenbedingungen verändern können.

Diese »Spielregeln« wiederum bestimmen letztlich die Teilhabechancen für behinderte Menschen im Betrieb/in der Dienststelle. Für die Interessenvertretung ist es daher wichtig, auf ihre Entwicklung Einfluss zu nehmen. Dabei lassen sich bestimmte zentrale Konfliktbereiche identifizieren, die erfahrungsgemäß immer wieder zu Auseinandersetzungen mit dem Arbeitgeber führen:

Konflikte um neue Arbeits- und Betriebsstrukturen
Das zentrale Konfliktfeld entsteht aus dem marginal eingeschränkten Verfügungsrecht des Unternehmers über seine Produktionsmittel (Anlagen, Maschinen, Werkzeug, Gebäude, Patente, Markt- und Vertriebsstrukturen usw.) und Investitionsentscheidungen. Diesem stehen keine adäquaten Mitbestimmungsrechte der Beschäftigten in wirtschaftlichen Angelegenheiten gegenüber. Gleichwohl werden z.B. mit einem Wechsel der Eigentumsverhältnisse, einer wirtschaftlichen Neuausrichtung, der Schließung des Betriebs oder der grundlegenden Veränderung der Betriebsstrukturen fundamentale Entscheidungen getroffen, die die Interessenvertretung vor enorme Herausforderungen stellen. Aus Sicht der Schwerbehindertenvertretung stehen hierbei vor allem die Folgen für die Situation der behinderten

Beschäftigten und die Auswirkungen auf die Handlungsspielräume für die Beschäftigungssicherung im Vordergrund.

Konflikte um die betriebliche Inklusions- und Integrationspolitik
Betriebe verfolgen eine bestimmte Linie der Integration oder Ausgliederung ihrer behinderten und gesundheitsbeeinträchtigten Beschäftigten. Für die Interessenvertretung ist vor allem von Bedeutung, ob hinreichend Spielräume bestehen, Fragen der Integration und Rehabilitation nicht nach wirtschaftlichen, sondern nach sozialen Gesichtspunkten zu entscheiden. Hinsichtlich der Nutzung solcher Spielräume entstehen oft Konflikte, vor allem dann, wenn betriebliche Entscheidungsträger/innen Fragen der Integration grundsätzlich gleichgültig gegenüberstehen.

Konflikte um die Einhaltung von Normen und Regelungen
Normen und Regeln aus Gesetzen, Tarifverträgen oder Betriebs-/Dienstvereinbarungen regulieren die betrieblichen Kräfteverhältnisse sowie die Art der Zusammenarbeit zwischen Management und Interessenvertretung. Konflikte, die sich aus der Verletzung von gesetzlichen oder betrieblichen Normen und Regelungen ergeben, gehören zum Alltag der Schwerbehindertenvertretung und des Betriebs-/Personalrats. Oft nehmen es Geschäftsführungen beispielsweise mit der Erfüllung ihrer Informationspflichten gegenüber der Interessenvertretung »nicht so genau«. Informationen werden aus Unkenntnis über gesetzliche Pflichten oder auch bewusst zurückgehalten oder gefiltert. Die damit verbundenen Konflikte um die Ausübung von Beteiligungsrechten sind aufreibend. Nicht selten zeigt sich dahinter auch die strategische Absicht, die Mitwirkung und Mitbestimmung zu blockieren oder zu schwächen.

Konflikte um die Verfügung über Ressourcen
Sich für die Interessen behinderter Menschen im Betrieb/in der Dienststelle einzusetzen, erfordert in der Regel viel Zeit, welche die Schwerbehindertenvertretung oder das Betriebsratsmitglied von ihrem Stammarbeitsplatz abziehen muss. Das führt vor allem bei nicht freigestellten Interessenvertretern/Interessenvertreterinnen zu persönlichen Konflikten und Spannungen. Hinzu kommt die Auseinandersetzung um den Zugang zu und die Verwendung von Ressourcen, die vom Arbeitgeber bereitzustellen sind. Dazu gehören etwa die Regelung der Abwesenheitszeit vom angestammten Arbeitsplatz, die Frage der Räumlichkeiten und der Ausstattung des Arbeitsplatzes der Interessenvertretung, die Bereitstellung von Personal für Schreib- und Verwaltungsarbeiten sowie die allgemeinen Kosten der Amtsführung.

5.3 Handlungsstrategien

Gemeinsam mit dem Betriebs-/Personalrat spielt die Schwerbehindertenvertretung (SBV) eine entscheidende Rolle in der betrieblichen Auseinandersetzung um die Beschäftigungsbedingungen behinderter Menschen im Betrieb/in der Dienststelle. Als betriebliche Interessenvertretung ist es ihre Aufgabe, die Interessen vor allem der behinderten Beschäftigten zusammenzufassen und ihre rechtlichen Handlungs- und sonstigen Einflussmöglichkeiten zu nutzen, um deren Position zu stärken. Dazu gehört auch das offensive Eintreten für die Erhaltung und Ausweitung dieser Einflussmöglichkeiten.

Im Umgang mit den verschiedenen Konflikten kommt der/die Interessenvertreter/Interessenvertreterin nicht ohne eine gute Strategie aus. Es gilt, Positionen zu bestimmen, Handlungsmöglichkeiten auszuloten, betriebsinterne oder -externe Partnerschaften in die strategischen Überlegungen einzubeziehen. Die Grundfragen sind immer wieder aufs Neue zu stellen: Worum genau geht es bei diesem Konflikt? Was will ich selbst erreichen? Welche Mittel stehen mir zur Verfügung? Welche kann, welche will ich davon tatsächlich nutzen?

Bei der Prüfung der verschiedenen Optionen im Konfliktlösungsprozess sollte die Schwerbehindertenvertretung immer auch klären, ob sie sich in einer Position befindet, von der aus sie gegenüber dem Arbeitgeber Druck machen kann, oder ob es sich um eine Konfliktlage handelt, in der letztlich »nichts zu holen« ist oder in der sie sogar auf den Goodwill des Arbeitgebers angewiesen ist.

Als hilfreiche Methode zum Bearbeiten von Konflikten und zur Vorbereitung einer Verhandlungsführung hat sich das folgende Vorgehen zur Analyse der eigenen Konfliktposition erwiesen:

Vorgehen zur Analyse der eigenen Konfliktposition

Konfliktanalyse
- Was war Anlass des Konflikts?
- Mit welcher Art von Konflikt habe ich es zu tun?
- Wer ist an dem Konflikt beteiligt?

Klärung der Interessenlage
- Was sind die Interessen der (betroffenen) behinderten Beschäftigten und der Schwerbehindertenvertretung?
- Wo liegen die Interessen der Gegenseite?

- Welche Erwartungen gibt es?
- Was geschieht, wenn nichts unternommen wird?

Abschätzung der eigenen Möglichkeiten (Stärken-Schwächen-Analyse)
- Geben mir die rechtlichen Bedingungen eine robuste Verhandlungsposition?
- Bin ich in einer eher schwachen Position?
- Wo habe ich Spielräume?

Prüfung der Handlungsmöglichkeiten des Betriebs-/Personalrats
- Verfügt der Betriebs-/Personalrat über bessere Möglichkeiten?
- Kann ich ihn als Unterstützer gewinnen?

Zieldefinition
- Was ist die aus meiner Sicht ideale Lösung?
- Was kann ich zur Erreichung des Ziels beitragen?
- Verbessern sich die Erfolgschancen durch ein gemeinsames Vorgehen mit dem Betriebs-/Personalrat?

Verfahrensmöglichkeiten
- Welche Maßnahmen sind die wahrscheinlich erfolgreichsten?
- Was hat sich in vergleichbaren Situationen bewährt?

Maßnahme und konkretes Vorgehen planen
- Für welche Maßnahme entscheide ich mich?
- Was sind die nächsten Schritte?

5.4 Durchsetzungsmöglichkeiten im Einzelnen

Das SGB IX weist der Schwerbehindertenvertretung (SBV) im § 95 SGB IX ein breites Spektrum von Aufgaben zu, gibt ihr aber auch ein differenziertes Instrumentarium von Beteiligungsrechten. Diese Beteiligungsrechte sollen gewährleisten, dass in allen betrieblichen Angelegenheiten die Interessen der behinderten Beschäftigten des Betriebs/der Dienststelle berücksichtigt werden und nicht zu kurz kommen. Dabei hat die Schwerbehindertenvertretung anders als Betriebs- und Personalräte keine Mitbestimmungsrechte, sie muss sich mit Argumenten für die Belange der schwerbehinderten Menschen einsetzen. Teil dieser Argumente kann, muss aber auch die Darlegung von Rechtspositionen sein. Das SGB IX gibt die Verfahren vor,

5. Durchsetzungsmöglichkeiten

die die rechtzeitige Beteiligung der Schwerbehindertenvertretung zwingend vorschreibt. Zudem legt das SGB IX Pflichten der Arbeitgeber und Rechte der schwerbehinderten Menschen fest. Zusätzliche individuelle Rechtsansprüche der behinderten – nicht nur der schwerbehinderten – Menschen wurden in einigen Bereichen seit 2006 zudem durch den arbeitsrechtlichen Teil des Allgemeinen Gleichbehandlungsgesetzes (AGG) geschaffen. Die Nutzung dieser teilweise komplex verschachtelten Rechtslagen ist häufig nur durch aktive Inanspruchnahme der Rechte durch die betroffenen Menschen selbst möglich. Die Schwerbehindertenvertretung kann dazu beraten und ihre eigenen Aktivitäten mit denen der schwerbehinderten Menschen und dem Betriebsrat/Personalrat abstimmen.

In den vorhergehenden Abschnitten wurden die Hauptkonflikte um Beteiligung und Mitwirkung und die Entwicklung von Handlungsstrategien herausgearbeitet. Was geschieht nun aber, wenn der Arbeitgeber die Befugnisse der Schwerbehindertenvertretung missachtet und Entscheidungen trifft, als ob die gesetzlichen Vorschriften für ihn keine Gültigkeit hätten?

Die Schwerbehindertenvertretung kann nicht tatenlos hinnehmen, dass über ihren Kopf hinweg entschieden wird. Die Rechtsstellung der Schwerbehindertenvertretung – vergleichbar der des Betriebs-/Personalrats – versetzt sie in eine Position, gegenüber dem Arbeitgeber verlangen zu können, dass sie in ihrer Arbeits- und Handlungsfähigkeit nicht beeinträchtigt bzw. behindert wird. Sie sollte daher ihre Möglichkeiten nutzen und konsequente Schritte ergreifen, um den Arbeitgeber zu verpflichten, sein mitwirkungswidriges Verhalten wieder rückgängig zu machen und klarzustellen, dass solche Rechtsverstöße künftig unterbleiben.

Sie muss sicherstellen,
- dass sie ihrem Vertretungsauftrag weiter nachkommen kann und
- dass betriebliche Veränderungen sich nicht nur am Interesse des Arbeitgebers, sondern auch an den Belangen der behinderten Beschäftigten ausrichten.

Dazu verfügt die Schwerbehindertenvertretung über eine breite Palette juristischer und nicht juristischer Mittel. Ihre Durchsetzungsmöglichkeiten beziehen sich dabei hauptsächlich auf die Sicherstellung
- ihrer Initiativrechte hinsichtlich individueller und kollektiver Rechte,
- ihrer Rechtsansprüche auf Beteiligung und Mitwirkung,
- von Arbeitsbedingungen für die Schwerbehindertenvertretung, die den Anforderungen gerecht werden und ihr ermöglichen, ihren Auftrag wahrzunehmen, die Einhaltung des SGB IX in der betrieblichen Integrationspolitik zu überwachen.

Die nachfolgenden Abschnitte stellen diese Mittel sowie deren Reichweite vor.

5.4.1 Aussetzungsverfahren nach § 95 Abs. 2 SGB IX

Das SGB IX schreibt ein Unterrichtungs- und Anhörungsrecht der Schwerbehindertenvertretung in allen »Angelegenheiten, die einen einzelnen oder die schwerbehinderten Menschen als Gruppe« betreffen (§ 95 Abs. 2 SGB IX), vor. Um dieses Recht durchsetzen zu können, kann die Schwerbehindertenvertretung die »Aussetzung« der Durchführung oder Vollziehung einer Entscheidung veranlassen, die der Arbeitgeber ohne die erforderliche Beteiligung der Schwerbehindertenvertretung getroffen hat. Die vorgeschriebene Beteiligung der Schwerbehindertenvertretung ist dann innerhalb von sieben Tagen nachzuholen; erst danach darf die Maßnahme durchgeführt oder vollzogen werden.

> **Rechte der Schwerbehindertenvertretung gegenüber dem Arbeitgeber gem. § 95 Abs. 2 SGB IX:**
> (2) Der Arbeitgeber hat die Schwerbehindertenvertretung in allen Angelegenheiten, die einen einzelnen oder die schwerbehinderten Menschen als Gruppe berühren, unverzüglich und umfassend zu unterrichten und vor einer Entscheidung anzuhören; er hat ihr die getroffene Entscheidung unverzüglich mitzuteilen. Die Durchführung oder Vollziehung einer ohne Beteiligung nach Satz 1 getroffenen Entscheidung ist auszusetzen, die Beteiligung ist innerhalb von sieben Tagen nachzuholen; sodann ist endgültig zu entscheiden. Die Schwerbehindertenvertretung hat das Recht auf Beteiligung am Verfahren nach § 81 Abs. 1 und beim Vorliegen von Vermittlungsvorschlägen der Bundesagentur für Arbeit nach § 81 Abs. 1 oder von Bewerbungen schwerbehinderter Menschen das Recht auf Einsicht in die entscheidungsrelevanten Teile der Bewerbungsunterlagen und Teilnahme an Vorstellungsgesprächen.

Entscheidet sich der Arbeitgeber z.B., einen schwerbehinderten Arbeitnehmer bzw. eine schwerbehinderte Arbeitnehmerin zu versetzen und unterlässt er die Beteiligung der Schwerbehindertenvertretung, dann muss er die tatsächliche Durchführung der Versetzungsmaßnahme zurückstellen, solange die Beteiligung nicht erfolgt ist. Erst danach kann der Arbeitgeber eine abschließende und endgültige Entscheidung treffen. Die Schwerbehindertenvertretung nimmt im Verfahren Stellung zu der geplanten Maßnahme und verdeutlicht, dass sie nicht bereit ist, auf ihr Anhörungsrecht zu verzichten. Der Arbeitgeber muss nach Eingang der Stellungnahme unverzüglich seine Entscheidung begründen. Der/die betroffene Arbeitnehmer/in kann sich der Durchführung einer Maßnahme so lange verweigern, wie die Schwerbehindertenvertretung nicht ordentlich in dieser Angelegenheit gehört worden ist.

Für die Schwerbehindertenvertretung entsteht aus dieser Vorschrift ein einklagbarer Anspruch, der im Verfahren der einstweiligen Anordnung durchgesetzt wird (Großmann u.a. 2000, S. 1009). Wiederholt sich die Nichtanhörung, kann die Schwerbehindertenvertretung ein Ordnungswidrigkeitenverfahren einleiten und/oder vor dem Arbeits- bzw. Verwaltungsgericht beantragen, den Arbeitgeber zur Einhaltung der Unterrichtungs- und Anhörungspflicht zu veranlassen.

5.4.2 Ordnungswidrigkeitenverfahren

Das SGB IX hat dem Arbeitgeber gegenüber den schwerbehinderten Arbeitnehmern/Arbeitnehmerinnen und gegenüber der Schwerbehindertenvertretung bestimmte Pflichten auferlegt. Arbeitgeber, die vorsätzlich oder fahrlässig gegen diese Pflichten verstoßen, handeln ordnungswidrig.

Ordnungswidrig ist eine Handlung, wenn sie einerseits rechtswidrig ist, also gegen ein Gesetz verstößt, andererseits vorwerfbar ist, der/die Handelnde also die verletzte Rechtsvorschrift kannte oder hätte kennen müssen. In solchen Fällen kann von schuldhaftem Handeln gesprochen werden; dieses kann vorsätzlich oder fahrlässig erfolgen. Die Fahrlässigkeit oder die Vorsätzlichkeit muss im Ordnungswidrigkeitenverfahren nachgewiesen werden.

Die Schwerbehindertenvertretung sollte daher, sobald sie von einem gesetzeswidrigen Verstoß gegen ihre Beteiligungsrechte oder die Rechte behinderter Beschäftigter erfährt, dies dem Arbeitgeber schriftlich in Form einer Aktennotiz mitteilen und auf der Erfüllung ihrer Beteiligungsrechte bestehen. Die Mitteilung kann auch den Hinweis enthalten, dass im Wiederholungsfall die Einleitung eines Ordnungswidrigkeitenverfahrens beantragt wird. Solche Verfahren belasten natürlich erst einmal das innerbetriebliche Klima weiter, können aber durchaus zur Klärung der Verhältnisse beitragen. Es sollten schon wegen des hohen emotionalen Aufwands eines solchen Antrags nur wirklich aussichtsreiche und notwendige Anträge gestellt werden.

Der erste Schritt zur Einleitung eines Ordnungswidrigkeitenverfahrens ist eine Anzeige bei der Regionaldirektion der Bundesagentur für Arbeit. Sie kann von der Schwerbehindertenvertretung oder vom Betriebs-/Personalrat betrieben werden. Sie richtet sich gegen den Arbeitgeber und/oder gegen die für den Arbeitgeber handelnden Personen. Das Ordnungswidrigkeitenverfahren lässt sich also auch gegen Personen im Betrieb/in der Dienststelle anwenden, die dem Arbeitgeber gleichgestellt sind, z.B. Geschäftsführer/innen, Betriebsleiter/innen und andere leitende Angestellte, die Arbeitgeberfunktion wahrnehmen, in seinem Auftrag handeln oder die vom Arbeitgeber mit der Erledigung von gesetzlichen Aufgaben beauftragt wurden und selbstständig handeln können, wie etwa der/die Arbeitgeberbeauftragte gem. § 98 SGB IX.

Die Tatbestände, gegen die sich das Ordnungswidrigkeitenverfahren richten soll, dürfen nicht länger als zwei Jahre zurückliegen (Verjährungsfrist). Die Ordnungswidrigkeit kann mit einer Geldbuße bis zu 10.000 Euro geahndet werden.

In § 156 Abs. 1 SGB IX wird eine Reihe von Verpflichtungen aufgezählt, deren Nichtbeachtung als Ordnungswidrigkeit geahndet werden kann. Ordnungswidrig handelt demnach,
- wer der Beschäftigungspflicht nach § 71 Abs. 1 SGB IX nicht nachkommt,
- wer das vorgeschriebene Verzeichnis der beschäftigten schwerbehinderten und gleichgestellten Beschäftigten (§ 80 Abs. 1 SGB IX) nicht den Vorgaben entsprechend führt,
- wer seine Anzeigepflicht (Zahl der Arbeitsplätze und Zahl der schwerbehinderten und gleichgestellten Beschäftigten etc.) nicht in der geforderten Frist erledigt,
- wer Auskünfte und Informationen über den Betrieb/die Dienststelle nicht korrekt zur Verfügung stellt.

§ 156 SGB IX nennt auch Ordnungswidrigkeiten, die sich konkret auf Beteiligungsrechte der Schwerbehindertenvertretung beziehen. Der Arbeitgeber handelt danach ebenfalls ordnungswidrig, sofern er
- die gewählte Schwerbehindertenvertretung und den/die benannte/n Arbeitgeberbeauftragte/n nicht dem zuständigen Arbeitsamt und dem Integrationsamt meldet,
- bei vorhandenen Beschäftigungsmöglichkeiten für schwerbehinderte Menschen nicht frühzeitig Verbindung mit dem Arbeitsamt gem. 81 Abs. 1 SGB IX aufnimmt,
- die Schwerbehindertenvertretung bzw. den Betriebs-/Personalrat nicht über Bewerbungen schwerbehinderter Menschen und diesbezüglicher Entscheidungen unterrichtet,
- die Schwerbehindertenvertretung in Angelegenheiten, die gem. § 95 Abs. 2 SGB IX einzelne schwerbehinderte Beschäftigte oder die schwerbehinderten Beschäftigten als Gruppe betreffen, nicht, nicht richtig, nicht umfassend oder nicht rechtzeitig unterrichtet oder vor einer Entscheidung nicht rechtzeitig hört.

5.4.3 Gerichtliche Verfahren

Eine weitere Möglichkeit, Konflikte zu lösen, ist die Einschaltung des Arbeitsgerichts durch die Schwerbehindertenvertretung. Nur ein geringer Bruchteil aller

5. Durchsetzungsmöglichkeiten

betrieblichen Konflikte kommt allerdings vor Gericht. Das mag auch daran liegen, dass viele Interessenvertretungen dieser Vorgehensweise aus verschiedenen Gründen reserviert gegenüberstehen. In einigen Fällen wird vielleicht ein gerichtliches Verfahren auch für aussichtslos gehalten oder die Schwerbehindertenvertretung möchte keine Niederlage riskieren. Zweifellos spielt aber der betriebsöffentliche Druck eine nicht unbedeutende Rolle. Man möchte nicht dem Vorwurf des Arbeitgebers, ein »illoyaler Netzbeschmutzer« zu sein, in die Hände spielen (»Die Hand, die einen füttert, beißt man nicht«).

Neben diesen sozialen Kosten des Verfahrens, die als zu hoch eingeschätzt werden, dürfte allerdings der wichtigste Grund sein, dass eine Klageerhebung gegen den Arbeitgeber als Großkonflikt überbewertet wird. Man befürchtet eine endlose Auseinandersetzung, die die Vertretungsarbeit auf längere Sicht lähmt oder zumindest negativ beeinflusst. Dabei ist die Klageerhebung vor dem Arbeitsgericht aber in vielen – vor allem auch größeren Betrieben – eine normale, für die Interessenvertretungen übliche Form der Durchsetzung ihrer Rechte.

Im Betrieb kommt es immer wieder zu Streitigkeiten über die Tätigkeit der Schwerbehindertenvertretung, über die Pflichten des Arbeitgebers und deren Zusammenarbeit. Klärungsbedarf besteht häufig vor allem in Bezug auf folgende Fragen: Zuständigkeit für bestimmte Angelegenheiten, Freistellung zur Teilnahme an Schulungsveranstaltungen, Abhalten einer Schwerbehindertenvertretungswahl, Rechtzeitigkeit von Informationen, Zugang zu Informationen.

Die Arbeitsgerichte haben eine wichtige Schutzfunktion für die Schwerbehindertenvertretung. Sie sind dazu da, um derartige Rechtsfragen zu klären, Verstöße gegen das Gesetz und gegen die Missachtung eindeutiger Rechtslagen der Arbeitgeber zu unterbinden und die Mitwirkungsrechte zu sichern.

Vor einem Verfahren sollte die Schwerbehindertenvertretung klären, ob die Einleitung eines Gerichtsverfahrens in der gegebenen Situation die richtige Maßnahme ist (siehe Abschnitt 4.3 Handlungsstrategien). Dazu sollte sie gemeinsam mit dem/der gewerkschaftlichen Rechtssekretär/in (oder ggf. mit einem/einer Fachanwalt/-anwältin für Arbeitsrecht) sorgfältig die Erfolgsaussichten eines Gerichtsverfahrens prüfen und den möglichen Ausgang und die Konsequenzen aus einem gerichtlichen Verfahren erörtern, um Klarheit über das weitere Vorgehen zu gewinnen.

Für gerichtliche Verfahren ist das Arbeitsgericht am Sitz des Betriebs zuständig. Die durch das Gerichtsverfahren verursachten Kosten gehen gem. § 96 Abs. 8 SGB IX zu Lasten des Arbeitgebers. Selbst wenn ein Beschlussverfahren für die Schwerbehindertenvertretung verloren geht, trägt der Arbeitgeber die anfallenden Kosten, z.B. für eine/n beauftragte/n Rechtsanwalt/-anwältin. Auch für den Fall einer zu Unrecht erwirkten einstweiligen Verfügung trägt das Kostenrisiko der Arbeitgeber. Gemäß § 85 Abs. 2 ArbGG sind hiernach Schadenersatzansprüche des Arbeitgebers gegen die betriebliche Interessenvertretung ausgeschlossen.

Entscheidung arbeitsrechtlicher Streitigkeiten

Für die Entscheidung arbeitsrechtlicher Streitigkeiten vor allem zwischen Arbeitnehmern/Arbeitnehmerinnen und Arbeitgeber, Betriebsrat und Arbeitgeber und den Tarifvertragsparteien Gewerkschaft und Arbeitgeber/Arbeitgeberverband sind die Arbeitsgerichte zuständig (vgl. §§ 2, 2a ArbGG).

Die wichtigsten Verfahrensarten sind:
- Urteilsverfahren: klärt Streitigkeiten über privatrechtliche Ansprüche zwischen Arbeitnehmer/innen und Arbeitgeber;
- Beschlussverfahren: erledigt Streitigkeiten zwischen Schwerbehindertenvertretung oder Betriebsrat und Arbeitgeber;
- einstweiliges Verfügungsverfahren: ein zügig ablaufendes Verfahren, um dem Arbeitgeber z.B. mitbestimmungswidriges Handeln zu untersagen;
- Verfahren zur Bestellung einer Einigungsstelle: dient der Einrichtung einer Einigungsstelle und der Fortführung von Verhandlungen.

Das Urteilsverfahren
Ist eine Klage (z.B. eine Kündigungsschutzklage) eingereicht, sieht das arbeitsgerichtliche Urteilsverfahren zunächst immer eine Güteverhandlung vor, in der die/der vorsitzende Richter/in eine einvernehmliche Lösung für den Streit sucht. Bleibt dieser Gütetermin erfolglos, findet einige Zeit später eine »streitige« Verhandlung statt. Ein/e gewerkschaftliche/r Rechtsvertreter/in sollte diesen Termin vorbereiten, den Sachverhalt vortragen, Erklärungen abgeben und die notwendigen Beweismittel (Zeug(inn)en, Unterlagen etc.) angeben. Im Anschluss an die letzte mündliche Verhandlung fällt die zuständige Kammer des Arbeitsgerichts ein Urteil. Gegen das Urteil des Arbeitsgerichts kann die unterlegene Partei innerhalb eines Monats seit Zustellung des erstinstanzlichen Urteils Berufung beim Landesarbeitsgericht (LAG) einlegen. Gegen das Urteil des Landesarbeitsgerichts kann innerhalb eines Monats Revision zum Bundesarbeitsgericht (BAG) eingelegt werden.

Das Beschlussverfahren
Vor allem bei betriebsverfassungsrechtlichen Streitigkeiten oder bei Streitigkeiten aus dem SGB IX zwischen der Schwerbehindertenvertretung und dem Arbeitgeber wird die zu entscheidende Frage in einem »Beschlussverfahren« geklärt.

5. Durchsetzungsmöglichkeiten

Beispiel:
Es ist strittig, ob die schwerbehinderten Beschäftigten in zwei Betrieben, die 60 Kilometer voneinander entfernt sind, eine gemeinsame Wahl der Schwerbehindertenvertretung vornehmen können.

Anders als das Urteilsverfahren kennt das Beschlussverfahren keine »Parteien«, sondern nur »Beteiligte«. Das Verfahren wird auch nicht durch »Klage«, sondern durch einen »Antrag« eingeleitet, in dem die entsprechenden Tatsachen vorzutragen und zu begründen sind. Im Beschlussverfahren gilt der sog. Untersuchungs- oder auch Amtsermittlungsgrundsatz: Im Unterschied zum Urteilsverfahren hat das Arbeitsgericht aus eigener Initiative heraus den Sachverhalt umfassend zu erforschen, indem z.B. zur Ermittlung und Klärung der Tatsachen Zeug(inn)en und Sachverständige in das Verfahren einbezogen werden können. Vor der Entscheidung findet ein Anhörungstermin – eine mündliche Verhandlung – statt.

Das Arbeitsgericht entscheidet über den Antrag durch schriftlich begründeten Beschluss, nicht durch ein Urteil. Gegen den Beschluss des Arbeitsgerichts kann die unterlegene Partei innerhalb eines Monats Beschwerde beim Landesarbeitsgericht einlegen. Gegen den Beschluss des Landesarbeitsgerichts kann innerhalb eines Monats Beschwerde beim Bundesarbeitsgericht eingelegt werden. Auch im Beschlussverfahren ist der Erlass einer einstweiligen Verfügung möglich.

Einstweiliges Verfügungsverfahren
Das einstweilige Verfügungsverfahren zeichnet sich durch einen raschen Verfahrensablauf aus (vgl. §§ 62 Abs. 2, 85 Abs. 2 ArbGG). Eine einstweilige Verfügung kann ggf. innerhalb weniger Stunden ergehen. Die einstweilige Verfügung zielt darauf ab, dem Arbeitgeber zu untersagen, bestimmte Entscheidungen und Maßnahmen zu treffen, über die er die Schwerbehindertenvertretung nicht ordnungsgemäß informiert und die er mit ihr nicht erörtert hat.

Beispiel:
Der Arbeitgeber will einige Abteilungen des Betriebs an einen anderen nahe gelegenen Standort verlagern. Von dieser Maßnahme sind auch einige schwerbehinderte Beschäftigte und die bisherige Schwerbehindertenvertretung betroffen. Im Altbetrieb bleiben jedoch noch eine ganze Reihe schwerbehinderter Menschen beschäftigt. Die Geschäftsleitung erklärt nun die Zuständigkeit der Schwerbehindertenvertretung für den »alten« Betrieb für erloschen.

Der Erlass einer einstweiligen Verfügung setzt voraus, dass ein Verfügungsanspruch sowie ein Verfügungsgrund vorliegen. Ein Verfügungsanspruch ist gegeben, wenn es sich um eine klare Rechtslage zu Gunsten der Schwerbehindertenvertretung handelt; die beanstandete Maßnahme muss offensichtlich unwirksam oder rechtswidrig sein. Ein Verfügungsgrund liegt vor, wenn das Vorliegen einer besonderen Gefahr nachgewiesen werden kann, etwa wenn ohne den Erlass der einstweiligen Verfügung eine Maßnahme in Missachtung eines Mitwirkungs- bzw. Mitbestimmungsrechts faktisch umgesetzt wird oder die Ausübung der Rechte der Schwerbehindertenvertretung erheblich erschwert wird. Das Arbeitsgericht kann mit, aber auch ohne mündliche Verhandlung entscheiden.

Verfahren zur Bestellung einer Einigungsstelle
Im Rahmen des Abschlusses von Integrationsvereinbarungen verabreden Schwerbehindertenvertretungen, Betriebsräte und Geschäftsleitungen zum Teil auch, zur Beilegung von Streitigkeiten, die sich aus Auslegung und Anwendung der Integrationsvereinbarung ergeben, als Konfliktregelungsverfahren eine sog. Einigungsstelle einzurichten.

Die Einigungsstelle ist ein Organ des Betriebsverfassungsgesetzes. Sie ist ein paritätisch besetztes Gremium und besteht aus einer gleichen Anzahl von Vertretern/Vertreterinnen des Arbeitgebers und des Betriebsrats (jeweils 2–4 Personen). Neben den Verfahrensmöglichkeiten vor dem Arbeitsgericht ist die Einigungsstelle das zweite wichtige Konfliktregelungsinstrument für den Fall, dass Verhandlungen mit dem Arbeitgeber gescheitert sind.

Gemäß § 76 Abs. 1 BetrVG hat die Einigungsstelle die Aufgabe, Meinungsverschiedenheiten zwischen Arbeitgeber und Betriebsrat beizulegen und Streitigkeiten zu schlichten, indem eine Regelung gefunden wird, die für beide Seiten tragbar ist (vgl. § 76 Abs. 5 Satz 3 BetrVG). Sie wird auf Antrag einer Seite überall dort tätig, wo der Betriebsrat ein Mitbestimmungsrecht besitzt und »ein Spruch der Einigungsstelle die Einigung zwischen Arbeitgeber und Betriebsrat ersetzt« (vgl. § 76 Abs. 5 Satz 1 BetrVG). In nicht mitbestimmungspflichtigen Angelegenheiten kommt ein Einigungsstellenverfahren nur in Gang, wenn Arbeitgeber und Betriebsrat sich über das Tätigwerden der Einigungsstelle einig sind (vgl. § 76 Abs. 6 BetrVG).

Das Bestellungsverfahren stellt die Einrichtung einer Einigungsstelle sicher,
- wenn der Arbeitgeber die Mitbestimmung und einen Verhandlungsbedarf bestreitet,
- die Verhandlungen gescheitert sind und/oder
- wenn sich Arbeitgeber und Betriebsrat nicht auf eine/n Vorsitzende/n oder die Zahl der Beisitzer/innen einigen können (vgl. § 76 Abs. 2 BetrVG, § 98 ArbGG).

5.4.4 Mitbestimmungsrechte des Betriebs- bzw. Personalrats

Die Schwerbehindertenvertretung vertritt gemeinsam mit dem Betriebs-/Personalrat die Interessen schwerbehinderter Menschen gegenüber der Arbeitgeberseite. Sie kann sich dabei nicht immer einfach darauf verlassen, dass die Bestimmungen des SGB IX vom Unternehmen als »Spielregeln« akzeptiert und ausgeführt werden. So wie die Arbeitnehmerschutzrechte nur durch sozialen und politischen Druck zustande kommen, so bedarf es oft auch des Drucks, sie im konkreten Fall praktisch durchzusetzen. Die Mitwirkungsrechte der Schwerbehindertenvertretung gehen allerdings nicht weit genug, um wirklich Einfluss auf soziale, personelle oder wirtschaftliche Entscheidungen des Arbeitgebers nehmen zu können. Besonders im Konfliktfall braucht sie die betriebs-/personalrätlichen Möglichkeiten der betrieblichen Mitbestimmung, um ihre Forderungen gegenüber der Geschäftsleitung geltend zu machen.

Mitbestimmung ist die Beteiligung der Arbeitnehmer/innen an den sie berührenden Entscheidungen der Betriebs- und Unternehmensleitung bzw. der Verwaltungsleitung. Sie ist die stärkste Form von Beteiligungsrechten der Interessenvertretung. Dabei wird unterschieden zwischen der »aktiven« Mitbestimmung, die auch ein Initiativrecht beinhaltet, und der »einfachen« oder »passiven« Mitbestimmung, bei der der Betriebs-/Personalrat »nur« ein Zustimmungsverweigerungsrecht besitzt.

5. Durchsetzungsmöglichkeiten

Die Mitbestimmungspyramide

> **Erzwingbare Mitbestimmung**
> Der Arbeitgeber ist auf die Zustimmung des Betriebsrats zu einer geplanten Maßnahme angewiesen. Das gilt z. B. bei Arbeitszeit- und Arbeitsschutzfragen sowie der Lohngestaltung. Die Zustimmung wird durch Abschluss einer Betriebsvereinbarung erteilt.

> **Zustimmungsverweigerungsrecht**
> Der Arbeitgeber braucht die Zustimmung des Betriebsrats bei Einstellungen und Versetzungen. Bekommt er sie nicht, muss er zum Arbeitsgericht gehen und sie sich ersetzen lassen. Der Betriebsrat muss innerhalb einer Woche die Gründe schriftlich nennen. Sonst gilt die Zustimmung als erteilt.

> **Anhörungsrecht**
> Der Betriebsrat ist bei der Kündigung einzelner Beschäftigter anzuhören. Das Gesetz regelt in § 102 Abs. 1 BetrVG: „Eine ohne Anhörung des Betriebsrats ausgesprochene Kündigung ist unwirksam." Der Betriebsrat kann widersprechen und Bedenken äußern. Der Arbeitgeber wird dadurch nicht an der Kündigung gehindert.

> **Informations- und Beratungsrechte**
> Der Arbeitgeber muss den Betriebsrat in allen Fragen seiner Aufgabenstellung informieren. Diese Information muss umfassend und rechtzeitig sein. Der Betriebsrat muss also die Möglichkeit haben, noch auf die Entscheidungen Einfluss nehmen zu können. Der Arbeitgeber ist verpflichtet, sich mit den Argumenten des Betriebsrats auseinanderzusetzen. Der Arbeitgeber hat die Verpflichtung zur umfassenden Beratung. Kommt er dieser Verpflichtung nicht nach, drohen ihm nur Bußgeld und Zwangsgeld vor Gericht. Das geplante Vorhaben braucht er aber nicht rückgängig zu machen.

5. Durchsetzungsmöglichkeiten

Erzwingbare Mitbestimmungsrechte
Die erzwingbaren Mitbestimmungsrechte sind dadurch gekennzeichnet, dass die Wirksamkeit einer Maßnahme des Arbeitgebers von der vorherigen Zustimmung des Betriebs-/Personalrats abhängt. Der Arbeitgeber darf eine solche Maßnahme nicht einseitig anordnen, sondern muss sich erst mit dem Betriebs-/Personalrat darüber einigen.

Eine einseitige vom Arbeitgeber praktizierte mitbestimmungspflichtige Maßnahme ist allerdings nur dann rechtswidrig und damit unwirksam, wenn der Betriebsrat dagegen interveniert.

Anweisungen unter Missachtung des Mitbestimmungsrechts brauchen die Arbeitnehmer/innen nicht zu befolgen. Der Betriebsrat kann in solchen Fällen gegen den Arbeitgeber gerichtlich vorgehen, bei Eilbedürftigkeit auch per einstweiliger Verfügung.

Mit dem Recht zur Mitbestimmung erhält der Betriebs-/Personalrat auch das Initiativrecht in diesen Themenbereichen, d.h., er kann dem Arbeitgeber Maßnahmen vorschlagen und Verhandlungen über ihre Durchführung verlangen. Das betrifft alle Bereiche, die dem Katalog der Mitbestimmung des § 87 BetrVG unterliegen (z.B. Urlaubsregelung, Durchführung von Gruppenarbeit, Leistungslohnfragen, Lage und Verteilung der Arbeitszeit).

Beispiele für erzwingbare Mitbestimmung im BetrVG
- **§ 87 Abs. 1:** Z.B. Fragen der Ordnung im Betrieb und des Verhaltens der Arbeitnehmer im Betrieb, Regelungen über Beginn und Ende der täglichen Arbeitszeit und die Lage der Pausen, Auszahlung der Arbeitsentgelte, Aufstellung allgemeiner Urlaubsgrundsätze und des Urlaubsplans, Überwachung von Beschäftigten, Arbeitsschutz, Verwaltung der Sozialeinrichtungen, Entlohnungsgrundsätze, Festlegung der Akkord- und Prämiensätze, betriebliches Vorschlagswesen, Grundsätze zur Gruppenarbeit,
- **§ 97 und 98** Durchführung betrieblicher Bildungsmaßnahmen
- **§ 39** Einrichtung und Festlegung der Sprechstunden für den Betriebsrat
- **§ 85** Abs. 2 Behandlung von Beschwerden eines Arbeitnehmers
- **§ 94** Personalfragebögen, Beurteilungsgrundsätze
- **§ 95** Richtlinien über die personelle Auswahl bei Einstellungen, Versetzungen, Umgruppierungen und Kündigungen
- **§ 112** Abs. 4 Aufstellung von Sozialplänen.

5. Durchsetzungsmöglichkeiten

Beteiligungsrechte des Betriebsrats und ihre Sicherung/Durchsetzung

Informationsrechte	Mitwirkungsrechte	Mitbestimmungsrechte
Beispiele: § 80 Abs. 2 BetrVG § 90 Abs. 1 BetrVG § 92 Abs. 1 BetrVG § 99 Abs. I BetrVG § 106 Abs. 2etrVG § 111 BetrVG »rechtzeitig« »umfassend« »Vorlage von Unterlagen«	Beispiele: § 90 Abs. 2 BetrVG § 92 Abs. 1 BetrVG § 92 Abs. 2 BetrVG § 92 a BetrVG § 102 BetrVG § 111 BetrVG »beraten« »verhandeln« »Vorschläge unterbreiten« »anhören« »Bedenken«	Beispiele: § 87 BetrVG § 91 BetrVG § 94 BetrVG § 97 Abs. 2 BetrVG § 99 BetrVG § 104 BetrVG § 112 Abs. 4 BetrVG »mitbestimmen« »verlangen« »Zustimmung verweigern«
»..wenn der Arbeitgeber die Informationsrechte missachtet ..« Anrufung des Arbeitsgerichts § 121 BetrVG: Ordnungswidrigkeitenanzeige bei der Verwaltungsbehörde § 109 BetrVG: Anrufung der Einigungsstelle (nur in wirtschaftlichen Angelegenheiten)	»..wenn der Arbeitgeber die Mitwirkungsrechte missachtet..« Anrufung des Arbeitsgerichts: Das Gericht verpflichtet den Arbeitgeber zur Beachtung der Mitwirkungsrechte und untersagt ihm, in der Angelegenheit zu handeln, ohne mit dem Betriebsrat zu beraten/verhandelt zu haben; ggf. einstweilige Verfügung beantragen	»..wenn der Arbeitgeber die Mitbestimmungsrechte missachtet ..« Anrufung des Arbeitsgerichts: Das Gericht verpflichtet den Arbeitgeber zur Beachtung der Mitbestimmungsrechte und untersagt ihm, in der Angelegenheit einseitig ohne Zustimmung des Betriebsrats zu handeln; ggf. einstweilige Verfügung beantragen.
	»..wenn Arbeitgeber und Betriebsrat sich nicht einigen ..« Das »Letztentscheidungsrecht« liegt beim Arbeitgeber.	»..wenn Arbeitgeber und Betriebsrat sich nicht einigen ..« Die Einigungsstelle (z. B. § 87 Abs. 2 BetrVG) bzw. das Arbeitsgericht entscheidet (auf Antrag).
Bei »Behinderung der Betriebsratsarbeit« können die Strafverfolgungsorgane (Staatsanwaltschaft) eingeschaltet werden (§ 119 BetrVG).		

5. Durchsetzungsmöglichkeiten

Mitwirkung
Die Mitwirkung ist eine weniger starke Form der Beteiligung. Sie fordert die Beratung von Vorschlägen des Betriebs-/Personalrats und die Mitsprache bei Entscheidungen des Arbeitgebers. Der Arbeitgeber ist nur dazu verpflichtet, sich mit dem Betriebs-/Personalrat zu beraten und ernsthaft mit ihm zu verhandeln. Das letztendliche Entscheidungsrecht liegt bei ihm.

Die rechtliche Gültigkeit bzw. Wirksamkeit der mitwirkungspflichtigen Angelegenheit ist zwar nicht an die Zustimmung des Betriebs-/Personalrats gebunden, hängt aber zum Teil von seiner vorherigen Unterrichtung und Beteiligung ab (z.B. von seiner Anhörung vor einer Kündigung). Missachtet der Arbeitgeber ein Mitwirkungsrecht, steht der Interessenvertretung der Weg offen, durch Arbeits- oder Verwaltungsgerichtsverfahren ihren Beratungs- und Verhandlungsanspruch durchzusetzen.

Mit den Informationsrechten wird eine Grundvoraussetzung für eine Beteiligung geschaffen. Die Informationsrechte betreffen alle Angelegenheiten, die in den Aufgaben- und Zuständigkeitsbereich des Betriebs-/Personalrats fallen. Durch rechtzeitige und umfassende Unterrichtung soll die betriebliche Interessenvertretung in die Lage versetzt werden, die Tragweite und die Folgen von betrieblichen Maßnahmen mit dem Arbeitgeber rechtzeitig und fundiert erörtern zu können. Der Betriebs-/Personalrat kann sich dazu sachkundige Unterstützung organisieren und auf Kosten des Arbeitgebers Sachverständige und Berater/innen mit in diesen Meinungsbildungsprozess einbeziehen (§ 80 Abs. 3 BetrVG). Auch ein Verstoß gegen die Informationspflichten kann ggf. durch die Einigungsstelle oder das Arbeits-/Verwaltungsgericht geahndet werden.

Beispiel:
Der Arbeitgeber hat seine MeisterInnen und AbteilungsleiterInnen angewiesen, bei wiederholten Kurzzeiterkrankungen und nach längeren Krankheitszeiten von Beschäftigten Krankenrückkehrgespräche durchzuführen und die Gesprächsergebnisse der Personalabteilung zur Verfügung zu stellen.

Der Betriebsrat wird vom Arbeitgeber zunächst einen vollständigen und differenzierten Überblick über die näheren Umstände (Zeit, Häufigkeit, Beteiligte, Gesprächsprotokolle, betroffene schwerbehinderte und andere schutzbedürftige Beschäftigte, Gründe usw.) der Angelegenheit einfordern. Er nutzt seine Informationsrechte. Aufgrund der Mitwirkungsrechte des Betriebsrats muss der Arbeitgeber mit ihm Vorschläge über grundsätzliche Alternativen zu den Krankenrückkehrgesprächen beraten. Der Arbeitgeber hat sich auf entsprechende Vorschläge zur Beschäftigungsförderung einzulassen.

Darüber hinaus geht der Betriebsrat jedoch in erster Linie gegen das einseitige und damit mitbestimmungs- und rechtswidrige Handeln des Arbeitgebers vor. Bereits die Aufforderung an behinderte oder nicht behinderte ArbeitnehmerInnen, sich für Krankenrückkehrgespräche bereitzuhalten, berührt das von den Mitbestimmungsrechten des Betriebsrats geschützte »Verhalten der ArbeitnehmerInnen im Betrieb« (§ 87 Abs. 1 Nr. 1 BetrVG). Ohne die erforderliche Mitbestimmung des Betriebsrats ist jede Maßnahme in diesem Zusammenhang unwirksam. Der Betriebsrat verlangt vom Arbeitgeber die Rücknahme getroffener (benachteiligender) Entscheidungen und die Unterlassung der Krankenrückkehrgespräche. Dieses Ergebnis ist per Einigungsstelle bzw. per Arbeitsgerichtsbeschluss erzwingbar.

5.4.5 AGG – Instrumente für Betroffene und Interessenvertretung

Das Allgemeine Gleichbehandlungsgesetz (AGG) ist am 18.8.2006 in Kraft getreten. In der Arbeitswelt wurden bis dahin schwerbehinderte Beschäftigte allein durch die Regelungen im SGB IX vor Diskriminierung wegen der Behinderung geschützt. Das Allgemeine Gleichbehandlungsgesetz stellt rechtstechnisch diesen Diskriminierungsschutz um und weitet ihn auf alle behinderten Menschen aus – d.h. eine Schwerbehinderung oder Gleichstellung nach § 2 SGB IX ist für diesen Diskriminierungsschutz nicht mehr Voraussetzung. Behinderte (einschließlich der schwerbehinderten) Menschen dürfen weder
- bei der Bewerberauswahl
- noch bei der Berufsausübung
- noch bei der Weiterbildung
- oder bei Beförderungen

wegen ihrer Behinderung benachteiligt werden. Verstöße gegen dieses Verbot lösen allerdings lediglich einen Anspruch auf Schadensersatz in Geld aus, es kann über das Diskriminierungsverbot nicht das materielle Ziel – z.B. die Einstellung eines Bewerbers – erzwungen werden. Der Schadensersatz bzw. die Entschädigung muss allerdings auch vom Diskriminierten im Rahmen der diesbezüglichen gerichtlichen Verfahrensregelungen des Allgemeinen Gleichbehandlungsgesetzes geltend gemacht werden. Hierbei sind spezielle Fristen zu beachten.

Die Arbeitgeber und Arbeitgeberinnen sind verpflichtet, das Allgemeine Gleichbehandlungsgesetz und seine Bestimmungen in allgemeiner Form bekannt zu geben, Diskriminierungen vorzubeugen und aktiv und effektiv gegen Benachteiligungen vorzugehen.

Das Allgemeine Gleichbehandlungsgesetz gibt dem deutschen (Schwer-)Behindertenrecht eine zusätzliche europarechtliche Prägung. Deutschland hat mit dem Allgemeinen Gleichbehandlungsgesetz nach allgemeiner Auffassung durchaus einen wichtigen Schritt getan, Diskriminierungen behinderter Menschen verstärkt rechtlich entgegen zu treten. Das Gesetz schützt und stärkt aber nicht nur die Rechte von behinderten Menschen, sondern auch von Menschen, die wegen ihrer Rasse oder ethnischen Herkunft, ihrer Religion oder Weltanschauung, wegen ihres Geschlechts, ihrer sexuellen Orientierung oder wegen ihres Alters diskriminiert werden. Erfasst sind Benachteiligungen in der Arbeitswelt und im Alltagsleben. Alle im Allgemeinen Gleichbehandlungsgesetz geschaffenen Institutionen und Gremien beziehen sich auf alle vor Diskriminierung geschützten Gruppen. Das Allgemeine Gleichbehandlungsgesetz hat keinen eigenen speziellen Bezug zu den gesetzlichen Aufgaben der Schwerbehindertenvertretung. Trotzdem können Betriebsrat/Personalrat und Schwerbehindertenvertretung in ihrer betrieblichen Beratung und Unterstützung schwerbehinderter Menschen die individuellen Klagemöglichkeiten des Allgemeinen Gleichbehandlungsgesetzes systematisch einbeziehen. Teilweise hat die Rechtsprechung inzwischen auch spezielle Verletzungen bzw. Missachtungen der Rechte von Schwerbehindertenvertretungen durch den Arbeitgeber als rechtlich relevante Hinweise auf diskriminierendes Verhalten von Arbeitgebern gewertet und Entschädigungen bzw. Schadensersatz behinderten bzw. schwerbehinderten Menschen zuerkannt.

Die Schwerbehindertenvertretung selbst hat keine eigene Klagemöglichkeit für diskriminierte behinderte Menschen. In Zukunft wird vermutlich aber die Antidiskriminierungsklage auch in Deutschland zur Durchsetzung von Arbeitnehmerrechten entsprechend dem internationalen Trend – vor allem in den USA – an Bedeutung gewinnen. Vor allem auch für behinderte, aber nicht schwerbehinderte Menschen könnte dies zutreffen. Bereits heute erschließt das Allgemeine Gleichbehandlungsgesetz für diesen Personenkreis in speziellen Lagen individuelle Klagemöglichkeiten, die andere Gesetze so nicht begründen.

5.4.6 Vernetzung auf der Unternehmens- und Konzernebene

Die Interessen der behinderten Beschäftigten im Betrieb/in der Dienststelle können auch von Vorgängen und Entscheidungen auf der Ebene des Unternehmens oder des Konzerns bzw. auf höheren Ebenen der Verwaltung betroffen sein. Um darauf angemessen reagieren zu können, sieht das SGB IX die Einrichtung einer Gesamt- bzw. Konzernschwerbehindertenvertretung bzw. einer gestuften Vertretung in Behörden vor.

Die zunehmende Unternehmenskonzentration und Konzernbildung i.V.m. einer Dezentralisierung der Betriebsstrukturen (zum Teil auch durch Auslagerung) führen dazu,
- dass immer mehr kleine Betriebseinheiten entstehen, in denen die Voraussetzungen für die Wahl einer Schwerbehindertenvertretung nicht gegeben sind,
- dass die Spielräume für die Arbeit der örtlichen Interessenvertreter/innen enger werden und
- dass maßgebliche wirtschaftliche und personelle Entscheidungen auf die übergeordnete Ebene verlagert werden.

Ein Resultat dieser Entwicklung ist die wachsende Bedeutung und Zuständigkeit der Gesamt- bzw. Konzernschwerbehindertenvertretung. Das SGB IX schafft für ihre überbetrieblichen Aufgaben einen klaren Handlungsrahmen (§ 97 SGB IX). In der überbetrieblichen Zusammenarbeit sind die Gesamt-, Konzern-, Bezirks- oder Hauptschwerbehindertenvertretungen (§ 97 SGB IX) zuständig, wenn
- bestimmte Angelegenheiten mehrere Betriebe/Dienststellen betreffen und von den örtlichen Schwerbehindertenvertretungen nicht geregelt werden können, oder
- wenn es um Interessen schwerbehinderter Menschen geht, die in einem Betrieb/ einer Dienststelle tätig sind, für die eine Schwerbehindertenvertretung nicht gewählt werden kann (keine fünf schwerbehinderte Beschäftigte).

Beispiel:
Über die Frage der Freistellung ist zwischen Schwerbehindertenvertretung, Vorgesetzten und Personalabteilung ein Konflikt entstanden. Der Betrieb wurde vor kurzem aus der XY GmbH ausgegliedert und einer Tochtergesellschaft des Konzerns »zugeschlagen«. Die Fronten beginnen sich zu verhärten, darunter leiden auch die Qualität der Betreuungsarbeit und die berufliche Position als Gruppensprecher. Der Schwerbehindertenvertreter bittet die Konzernschwerbehindertenvertretung um vermittelnde Unterstützung. Sie sondiert zunächst telefonisch vor. Im persönlichen Gespräch erläutert sie der Vorgesetztenseite den Sinn der in der XY GmbH praktizierten Freistellungsregelung. Am Ende ihrer Bemühungen steht ein Kompromiss, eine leicht angepasste Regelung wird – zunächst zur Probe – vereinbart.

Für die örtliche und die überörtliche Schwerbehindertenvertretung liegen vor allem in der Koordinierung ihrer Arbeit wechselseitige Chancen. Damit sie von den Handlungs- und Durchsetzungsmöglichkeiten des jeweils anderen profitieren, sollten die Beteiligten zunächst ihre Zusammenarbeit aufbauen und auf eine verlässliche Grundlage stellen. Beiden Gremien sollte die Wichtigkeit regelmäßiger und gegenseitiger Informationen klar sein.

Gerade die Kommunikation unternehmensübergreifender Informationen und Einschätzungen aus der Zusammenarbeit mit dem Gesamtbetriebsrat trägt dazu bei, dass Schwerbehindertenvertretungen über den »Tellerrand« des Standorts hinausblicken können. Die Gesamtschwerbehindertenvertretung kann und muss in gegenseitigem Einvernehmen an den örtlichen Versammlungen der Schwerbehindertenvertretung teilnehmen. Auch lässt es ihr eigenes Versammlungsrecht zu, dass sich alle Schwerbehindertenvertretungen mindestens einmal jährlich zu einer Versammlung treffen. Von diesem Instrument sollte sie Gebrauch machen.

5.4.7 Betriebliche Öffentlichkeit

Die Wahrnehmung ihrer Tätigkeit in der Öffentlichkeit des Betriebs/der Dienststelle ist ebenfalls ein wichtiger Faktor für den Erfolg der Schwerbehindertenvertretung. Es geht darum, bei wichtigen, vor allem bei konfliktträchtigen Themen, die Aufmerksamkeit der Belegschaft zu gewinnen, die Öffentlichkeit als Forum der Auseinandersetzung mit dem Arbeitgeber zu nutzen und die eigene Interessenvertretungspolitik zu gestalten.

Eine gute Informationspolitik der Interessenvertretung kann Diskussionen im Betrieb/in der Dienststelle in Gang setzen und Unterstützung mobilisieren. Die Betriebs-/Personalversammlung und die Versammlung der schwerbehinderten Menschen im Betrieb/in der Dienststelle haben dabei eine besondere Bedeutung.

Diese Versammlungen sind die beste Möglichkeit, die Belegschaft über die Tätigkeit der Schwerbehindertenvertretung und über aktuelle Auseinandersetzungen mit der Geschäftsleitung zu informieren. Zugleich stellen sie ein wichtiges Mittel dar, die eigene Verhandlungsposition zu stärken, wenn sie dem Arbeitgeber ein Bild über die Stimmung im Betrieb/in der Dienststelle und über die Bereitschaft der Belegschaft zur Auseinandersetzung vermitteln. In den Versammlungen ist es auch möglich, gewerkschaftliche Positionen und Strategien zur Bewältigung betrieblicher Krisen und gesellschaftlicher Probleme zu verdeutlichen und das solidarische Zusammenwirken von Belegschaft, betrieblicher Interessenvertretung und Gewerkschaft zu stärken.

Die Betriebs-/Personalversammlung ist aber nicht die einzige Verbindung zwischen der Schwerbehindertenvertretung, ihrer Klientel und der übrigen Belegschaft. Information und Kommunikation finden auch im Gespräch am Arbeitsplatz, innerhalb und außerhalb der Sprechstunden, durch Aushänge an den »Schwarzen Brettern«, in Form von Rundschreiben, Flugblättern, in der Betriebs-/Dienststellenzeitung oder über einen Auftritt der Schwerbehindertenvertretung im Intranet des Betriebs/ der Dienststelle statt (vgl. auch ab S. 184).

Mit betrieblicher Öffentlichkeitsarbeit wird die Schwerbehindertenvertretung also einen größeren Kreis von Beschäftigten informieren können, nicht nur die behinderten Arbeitnehmer/innen. Wer als Interessenvertreter/in im Betrieb/in der Dienststelle über seine/ihre Tätigkeit, über bestehende Probleme und Missstände und auch über eigene Erfolge informieren will, sollte aber einige Kommunikationsgrundsätze beachten. Damit Informationen wirklich an ihre/n Adressat(inn)en gelangen, reicht es oft nicht aus, dass sie öffentlich gemacht werden. Es kommt auch auf das »Wann«, »Wo« und »Wie« der Darstellung an, wenn man Beachtung finden will.

5.5 Was tun bei Konflikten mit dem Betriebs-/Personalrat?

Das Zusammenwirken der besonderen rechtlichen und betrieblichen Möglichkeiten der Schwerbehindertenvertretung mit der zentrale Stellung des Betriebs-/Personalrats sorgt für ein nicht immer komplikationsfreies Verhältnis. Das Eigentümliche und Konflikträchtige dieser Konstellation von Sonderrechten einerseits und einheitlicher Interessenvertretung andererseits liegt darin, dass die Schwerbehindertenvertretung

- als eigenständiges Organ in einem eigenen Aufgabenfeld auftritt,
- eine mit dem Betriebs-/Personalrat vergleichbare Rechtsstellung besitzt,
- über ihre Handlungsmöglichkeiten (auch über die direkten Kontakte zur Geschäftsleitung) weitgehend selbst bestimmen kann,
- nicht an die Beschlüsse des Betriebs-/Personalrats gebunden ist und der Betriebs- bzw. Personalrat keinen direkten Einfluss auf sie hat.

Besonders wenn die Themen Integration und Rehabilitation als Randaufgaben des Betriebs- bzw. Personalrats angesehen werden, entstehen oft Unsicherheiten und Abwehrreaktionen. Eine strikte Trennung der beiden Aufgabengebiete kaschiert oft ein geringes Interesse an Zusammenarbeit. Beide Seiten richten sich in ihrer Praxis ein. Sie vermeiden damit aber bloß eine sachliche Auseinandersetzung um diesen

5. Durchsetzungsmöglichkeiten

Aspekt einer gemeinsamen Betriebspolitik. Wiederholt entstehen in diesem labilen Verhältnis Stellvertreterkonflikte um die Rechte der Schwerbehindertenvertretung, z.B. an den Sitzungen des Betriebs-/Personalrats teilnehmen zu können.

Konkurrenz zwischen Schwerbehindertenvertretung und Betriebs-/Personalrat führt aber lediglich dazu, dass die Position der Arbeitnehmer/innen im Betrieb/in der Dienststelle geschwächt wird. Ohne Bindung an den Betriebs-/Personalrat bleibt die Schwerbehindertenvertretung eine Einzelkämpfer(n)innen-Institution, die im Betrieb/in der Dienststelle wenig oder gar nichts bewirken kann. Umgekehrt verschenkt die allgemeine Interessenvertretung sinnvolle Unterstützung. Konflikte sollten deshalb so früh wie möglich angegangen werden. Die Suche nach Unterstützern/Unterstützerinnen für die Konfliktlösung ist dabei sinnvoller als die Drohung mit dem Gesetz.

Soweit wie möglich sollten die Beteiligten versuchen, Streitpunkte im Gespräch miteinander zu klären. Je früher dieser Schritt getan wird, umso geringer ist die Gefahr, dass sich die Auseinandersetzungen verfestigen. Um Auswege aus Konflikten aufzuzeigen, ist manchmal die Unterstützung durch einen Dritten sinnvoll. In ein vermittelndes Gespräch sollte dann etwa die/der Vorsitzende des Vertrauensleutekörpers oder ein Vertreter der gemeinsamen Gewerkschaft einbezogen werden.

Die Schwerbehindertenvertretung muss auch ein Verständnis für die Daueraufgabe des Betriebs-/Personalrats entwickeln, eine einheitliche Interessenvertretung zu organisieren. Das heißt, es liegt auch an ihrer eigenen Politik, am eigenen Fingerspitzengefühl, wann und in welcher Form die Ansprüche und Interessen verbunden werden können. Außerdem muss dem Betriebs-/Personalrat eine Lernzeit zugebilligt werden, um Erfahrungen mit dem Potenzial der Schwerbehindertenvertretung zu machen.

Einige Orientierungen für »neue« Schwerbehindertenvertretungen
Sich das Amt erarbeiten: Erste Schritte der neuen Schwerbehindertenvertretung sollten berücksichtigen, dass nicht sofort nach der Amtsübernahme die Grundlagen für eine gute Zusammenarbeit gelegt sind. Wenn sie aktiv wird und sich in der neuen Rolle bewegt, sollte sie auch darauf achten, wie die Kolleg(inn)en aus Betriebs-/Personalrat sie wahrnehmen. Dabei muss es sich nicht ausschließen, das eigene Amt als Aufgabe und Herausforderung anzusehen, die man konsequent verfolgt, und zugleich Rücksicht auf die Befindlichkeiten der anderen Interessenvertreter/innen zu nehmen.

Den anderen Zeit lassen: Außer wenn man einander schon lange kennt und eine Einschätzung der Arbeitsweise, der Belastbarkeit, der Konfliktbereitschaft und Loyalität des oder der »Neuen« schon besteht, wird es immer eine Phase der Unsicherheit und des Abtastens geben. Das bedeutet zunächst keine Ablehnung der Schwerbehindertenvertretung, sondern eine pragmatische Haltung, die zunächst einmal abwartet, was der oder die »Neue« in die gemeinsame Arbeit einbringt.

Erfolge »richtig« nutzen: Die Arbeit für die behinderten Beschäftigten sollte sich soweit wie nur möglich in die Arbeit der gesamten Interessenvertretung integrieren. Sich nach eigenen Erfolgen von der Arbeit des Betriebs-/Personalrats zu distanzieren, hilft der Schwerbehindertenvertretung meist wenig. Kritikpunkte, etwa an der Behandlung bestimmter Themen durch die übrigen Interessenvertreter/innen, sollte sie in interne Diskussionen einbringen, statt sich gegen das Gremium zu stellen. Langfristig – dafür sprechen alle Berichte erfahrener Vertrauenspersonen – ist eine erfolgreiche Arbeit für die behinderten Beschäftigten ohne oder gar gegen die allgemeine Interessenvertretung kaum vorstellbar.

Zwei Teile der Interessenvertretung: Die Schwerbehindertenvertretung ist Teil der Interessenvertretung mit einem eigenen Aufgabengebiet. Allein die zahlreichen Aufgaben der Beratung und Unterstützung behinderter Beschäftigter und der Zusammenarbeit mit außerbetrieblichen Stellen machen es sinnvoll, diese einem eigenen Teil der Interessenvertretung zuzuordnen. Betriebs-/Personalrat haben natürlich trotzdem Verantwortung auch für die behinderten Beschäftigten.

Zusammenarbeit ermöglichen: Die Schwerbehindertenvertretung muss dabei allerdings regelmäßig in die Arbeit des Betriebs-/Personalrats einbezogen werden. Um ihre Aufgaben zu erfüllen, darf sich die Schwerbehindertenvertretung nicht von den weiteren Aktivitäten der Interessenvertretung isolieren lassen; in vielen Fällen sind gegenseitige Information, Gedankenaustausch und gemeinsames Vorgehen notwendig.

Sinnvolle Arbeitsteilung: Die beiden Organe der Interessenvertretung müssen eine sinnvolle, sich ergänzende Arbeitsteilung anstreben. Beachtet man, dass die Situation schwerbehinderter Menschen ein Teil und oftmals die Folge des gesamten betrieblichen Gesundheitsgeschehens ist, liegen Ansatzpunkte für eine Arbeitsteilung nahe: die Vertretung schwerbehinderter Menschen im Betrieb/in der Dienststelle ist Teil der Politik der Interessenvertretung zum Schutz der Gesundheit aller Beschäftigten.

6. Arbeitsorganisation und Zeitmanagement

Jede neu gewählte Interessenvertretung steht bei Amtsübernahme vor einem Berg von Aufgaben. Ein Aufbruch mit »Hand und Fuß«, die möglichst effiziente, strukturierte Organisation der Arbeit, ist deshalb gleich zu Beginn eine wichtige Aufgabe und Herausforderung.
- Ein erster Schritt gilt dem Beschaffen der erforderlichen Arbeitsmittel als grundlegende Basis.
- Das nächste sind Regelungen für die alltäglichen Arbeitsbedingungen und die Amtsführung.

Diese Aufgaben stellen sich am Anfang jeder Amtsperiode, wenn die Schwerbehindertenvertretung (SBV) neu ins Amt gekommen ist. Geeignete und solide Rahmenbedingungen sind eine unverzichtbare Voraussetzung für die Handlungs- und Belastungsfähigkeit in der Interessenvertretungsarbeit.

Wie die Arbeit der Schwerbehindertenvertretung im Detail organisiert wird, ist von den jeweiligen betrieblichen, zeitlichen und räumlichen Bedingungen abhängig, unter denen die Tätigkeit stattfindet. Zunächst gibt die Größe und Struktur des Betriebs/der Dienststelle Bedingungen vor, wie durchorganisiert die Arbeit sein sollte. Viele Schwerbehindertenvertretungen sind in kleinen, gut überschaubaren Betrieben/Dienststellen mit rund zehn bis 20 schwerbehinderten Beschäftigten aktiv. Der direkte Kontakt mit der Klientel der Schwerbehindertenvertretung und regelmäßige Begegnungen am Arbeitsplatz stellen dann kein großes Problem dar.

Ein räumlich weit verzweigter Großbetrieb mit Hunderten von schwerbehinderten Menschen stellt demgegenüber ganz andere Anforderungen an die tägliche Praxis. Gute Arbeitsorganisation ist jedoch in beiden Fällen ein Gewinn für die Aufgaben- und Zeitplanung und wirkt als Stressbremse.

Zu einer guten Arbeitsorganisation, dem Aufbau fachlicher und sozialer Kompetenzen sowie einem wirksamen Zeitmanagement der Schwerbehindertenvertretung gehört auch ein bewusster Umgang mit dem Thema Qualifizierung. Es steht außer Frage, dass die Schwerbehindertenvertretung gleich am Anfang Basiswissen in Grundlagenseminaren aufbauen muss, um in ihrer Funktion professionell aufgestellt zu sein. Im Laufe der Zeit müssen in weiteren Fortbildungen die Grundlagen vertieft und weitergehende Kenntnisse erworben werden. Qualifizierung ist als kontinuierlicher Prozess zu verstehen, der die Amtsperiode/n begleitet. Deshalb ist der

Arbeitgeber gehalten, für die Bildung jährlich Zeit (Freistellung) und Kosten einzuplanen.

Die Effizienz und Qualität der Arbeit ist außerdem von der Zusammenarbeit mit der Stellvertretung geprägt. Die Verteilung der Arbeit auf mehrere Mitstreiter/innen und ein Teamverständnis der Schwerbehindertenvertretung bringen Entlastung und schaffen Freiräume. Die Vereinbarung von Arbeitsteilungen gleich am Anfang der Amtszeit erleichtert von vornherein die Bewältigung der Aufgaben.

Hinzu kommt heutzutage – durch neue Aufgaben in Prävention und im Arbeits- und Gesundheitsschutz – die Zusammenarbeit mit dem Betriebs-/Personalrat, von der beide etwas haben. Ideale Kooperationsbereiche sind z.B. das betriebliche Eingliederungsmanagement (s. Kapitel 3.3.3) und die Prävention (s. Kapitel 3.3). Arbeitsteilung oder gemeinsames Vorgehen können auch hier Entlastung bringen.

Der Faktor Zeit ist eine weitere Größe der Arbeitsorganisation. Das Maß an frei verfügbarer Zeit für die Interessenvertretungsarbeit hat Einfluss darauf, wie intensiv sich die Schwerbehindertenvertretung mit den anfallenden Aufgaben auseinandersetzen kann. Zeitmanagement sollte deshalb als Instrument des Selbstmanagements nicht ausgeklammert werden.

Wachsende Anforderungen müssen nicht in Stress und Überlastung münden. Wer konsequent mit seiner Zeit haushalten lernt, Arbeit auf mehrere Schultern verteilt und die Aufgabenbewältigung systematisch plant, kann mit dem neuen Amt wachsen. Es profitiert nicht nur die Interessenvertretungsarbeit, sondern auch die Entwicklung einer Persönlichkeit.

6.1 Büroorganisation und Büroausstattung

6.1.1 Büroräume und Sachmittel

Im Alltag der Schwerbehindertenvertretung spielen die Arbeitsbedingungen eine wichtige Rolle. Der Arbeitsplatz sollte es ermöglichen,

- sich ungestört auf wichtige Gespräche und auf Versammlungen vorzubereiten oder Schreib- und Verwaltungsarbeiten in Ruhe zu erledigen;
- vertrauliche Gespräche ungestört führen zu können;
- vertrauliche und datenschutzrelevante Unterlagen sicher zu verwahren.

6. Arbeitsorganisation und Zeitmanagement

Im SGB IX heißt es dazu (§ 96 Abs. 9 SGB IX): »Die Räume und der Geschäftsbedarf, die der Arbeitgeber dem Betriebs-, Personal-, Richter-, Staatsanwalts- oder Präsidialrat für dessen Sitzungen, Sprechstunden und laufende Geschäftsführung zur Verfügung stellt, stehen für die gleichen Zwecke auch der Schwerbehindertenvertretung zur Verfügung, soweit ihr hierfür nicht eigene Räume und sächliche Mittel zur Verfügung gestellt werden.«

Mindestanforderungen für die Arbeit

- Büroraum und -ausstattung: Abschließbarer Schreibtisch, Abstellplatz, abschließbarer Aktenschrank, Sitzecke, Metaplanwand, Flipchart.
- Arbeitsmittel: PC mit CD-ROM-Laufwerk, Internetanschluss/betrieblicher Intranetanschluss, Telefon mit Amtsleitung, Anrufbeantworter (Mailbox), ggf. eigener Nebenanschluss, Zugang zu Kopiergerät, Faxgerät, Schreibmaterial, Ordner, Ablagesystem etc.
- Information: Fachliteratur und Fachzeitschriften.
- Wenigstens stundenweise Schreibkraft zur Erledigung anfallender Schreibarbeiten.

In der jahrelangen Praxis der Vertrauenspersonen schwerbehinderter Menschen hat sich die zitierte Raumregelung allerdings als wenig praktikabel erwiesen. Schwierigkeiten gibt es vor allem dann, wenn die Schwerbehindertenvertretung mit den zu vertretenden Kolleginnen und Kollegen vertrauliche Gespräche führen muss. Die Räume des Betriebs-/Personalrats »zur Verfügung stellen« heißt, dass die Schwerbehindertenvertretung Zugriff auf die Räumlichkeiten haben muss, wenn es nötig ist und Gesprächstermine (auch kurzfristig in akuten Notfällen) anstehen.

Im Alltag kommt es in diesen Fällen immer wieder zu Reibereien, da beim Betriebs-/Personalrat gerade in größeren Einheiten in der Regel Trubel herrscht und die Besprechungsräume sehr oft besetzt sind. Es zeigt sich dann, dass das gemeinsame Nutzen der Örtlichkeiten, die dem Betriebs-/Personalrat zur Verfügung stehen, für die gleichzeitige Amtsführung der Schwerbehindertenvertretung eher ungeeignet sind und Konflikte vorprogrammiert werden.

Daher gilt: Benötigt der Betriebs-/Personalrat die Räume für seine Arbeit, ist der Zutritt in der Regel erschwert, muss der Arbeitgeber für Abhilfe sorgen und der Schwerbehindertenvertretung eigene Räumlichkeiten zur Verfügung stellen. Selbstverständlich sind diese Räume dann entsprechend der o.g. Standards auszustatten. Neben den Büromöbeln sind die Sachmittel (Büromaterial, Büro- sowie Kommunikationstechnik) zur Verfügung zu stellen. Zu den Sachmitteln gehört auch die für das Amt der Schwerbehindertenvertretung erforderliche Fachliteratur: Mindestens je ein Kommentar des SGB IX und des Betriebsverfassungsgesetzes/der Personalvertretungsgesetze sowie die Textausgaben der einschlägigen Sozialgesetze und Fachzeitschriften gehören zur Grundausstattung.

Wichtig

Alle Kosten, die durch die Tätigkeit der Schwerbehindertenvertretung entstehen, trägt laut § 96 Abs. 8 SGB IX der Arbeitgeber. Zu diesen Sachkosten gehören vor allem: Organisationskosten der Wahl, Kosten für Schreibmaterialien, Büroausstattung, Gesetzesausgaben, sonstige Fachliteratur, Telefonkosten, Aufwendungen für Fahrtkosten zu Arbeitsamt oder Integrationsamt etc.

Allerdings gilt besonders bei Seminaren, Fachliteratur und Fachzeitschriften: Die Schwerbehindertenvertretung sollte nicht in Vorkasse treten und unbewilligte Anschaffungen tätigen, sondern erst Antrag auf Erwerb stellen.

6.1.2 Anforderungen an ein Ablagesystem

Später, wenn ich Zeit habe, lege ich alles ab! Trotz guter Vorsätze wird allzu oft aus der chaotischen Zwischenablage eine Dauerlösung. Doch an der Organisation des Papierbergs kommt das Büro der Schwerbehindertenvertretung auch aus Datenschutzgründen nicht vorbei.

Alle Unterlagen müssen strukturiert, rasch und für weitere Beteiligte nachvollziehbar abgelegt und auffindbar sein. Die sinnvolle Organisation eines Informations- und Ablagesystems erleichtert die Arbeit der Schwerbehindertenvertretung und aller Stellvertreter/innen. Unverzichtbar sind ein Aktenplan, ein überschaubares Ablagesystem und ein PC, in dem Ordner und Dateien mit Vordrucken, Formularen, Textbausteinen und Serienbriefen übersichtlich angelegt sind. Sich ohne großen Zeitaufwand zurechtzufinden, das spart Nerven und Zeit.

- Alle Arten von Unterlagen müssen schnell und eindeutig abgelegt werden können.
- Das System muss dem praktischen Arbeitsablauf der Schwerbehindertenvertretung angemessen sein.
- Trennung zwischen häufig oder laufend benutzten Akten und Unterlagen, die aus Archivierungsgründen aufgehoben werden müssen;
- Unterlagen, die im Normalfall zusammen benutzt werden, sollten möglichst auch zusammen abgelegt sein (Ablage nach Fällen und Problemen).

Das System muss einfach beginnen und dann schrittweise problemlos ausgebaut werden können.

6. Arbeitsorganisation und Zeitmanagement

Beispiel: Auszug eines Aktenplans
Das Beispiel ist ein Muster zur Orientierung – ohne Anspruch auf Vollständigkeit. Die Struktur eines Aktenplans muss sich jeweils an den betrieblichen Erfordernissen orientieren und an die Gegebenheiten sowie an andere/zusätzliche Arbeitsschwerpunkte angepasst werden.

A.	**Schwerbehindertenrecht, Teilhabepolitik, Betriebsarbeit**
1.	**Gesetze**
1.1.	SGB IX
1.2.	Versorgungsmedizinische Grundsätze
1.3.	Behindertengleichstellungsgesetz
1.4.	Allgemeines Gleichbehandlungsgesetz
1.5.	Betriebsverfassungsgesetz
1.6.	UN-Behindertenrechtskonvention
1.7.	EU-Recht
2.	**Berichte**
3.	**Netzwerke/externe Kontakte**
B.	**Betreuung schwerbehinderter/gleichgestellter Menschen (intern)**
1.	**Integrationsvereinbarung**
1.1.	Stand der Integration intern/Berichte von ... bis ...
1.2.	Aktueller Stand der Integration
1.2.1.	Statistik
1.2.2.	Behindertenkartei
1.2.3.	Aktuelle Vertretungsfälle
1.2.4.	Allgemeine Maßnahmen, entlastende Arbeitsplätze
1.2.5.	Arbeitsplatzbegehungen
1.2.6.	Sprechstunden/Besucherzahl
1.3.	Versammlung schwerbehinderter Menschen
1.3.1.	Checklisten
1.3.2.	Alte Protokolle
1.3.3.	Nächste Versammlung/Planungsstand
1.3.4.	Einladungen
1.4.	Rechenschaftsbericht
1.4.1	Arbeitsbuch/alle Arbeitseinsätze der Schwerbehindertenvertretung
1.5.	Sonstige Angebote: Stammtisch, Gesprächskreise
2.	**Interne Organisation**
2.1.	Personalmaßnahmen
2.1.1.	Ausschreibungen

2.1.2. Bewerbungsverfahren
2.1.3. Einstellungen
2.1.4. Anträge auf Zustimmung zur Kündigung
2.1.5. Ausstattung Arbeitsplatz/Maßnahmen
2.1.6. Kontakte Arbeitsagentur und Förderschulen
2.1.7. Girls Day für behinderte Mädchen
2.2. Arbeitgeberbeauftragter
2.3. Stufenvertretung
2.4. Betriebs-/Personalrat
2.5. Gremienarbeit
2.6. Ausschüsse
2.7. Initiativen der Schwerbehindertenvertretung
3. Prävention, Arbeits- und Gesundheitsschutz
3.1. Prävention
3.1.1. Gefährdungsbeurteilungen
3.1.2. Gesundheitsmanagement
3.1.3. Reha-Beratung
3.1.4. Betriebsmedizin
3.2. Betriebliches Eingliederungsmanagement (BEM)
3.2.1. Schwerbehinderte Beschäftigte
3.2.2. BEM-Team
3.2.3. BEM-Betriebsvereinbarung
3.3. Ergonomie-Maßnahmen
3.4. Mitarbeit in internen Gremien
3.4.1. Ausschuss für Arbeitssicherheit
3.4.2. Gesundheits- und Arbeitsschutzausschuss
4. Material/Beispiele Integration anderer Betriebe/ Dienststellen
5. Inklusionspolitik, inklusive Personalpolitik (Beispiele)
6. Alternsgerechte Arbeit/Demografischer Wandel
7. Gremienarbeit extern

E. Einzelfälle/Ereignisse
(Zeitlich oder alphabetisch)

Je größer die Kompetenzen und der Zuständigkeitsbereich einer Schwerbehindertenvertretung, umso größer sind die Anforderungen an eine sorgfältige Aktenführung. Wer ständig an Personalmaßnahmen, Beratungen und Gremiensitzungen teilnimmt, braucht Überblick. Beteiligung, Mitsprache, Mitarbeit in betrieblichen Ausschüssen und das Verfolgen der laufenden Vorgänge machen es erforderlich, die Wiedervorlage von Akten zu organisieren und Fristen für Widersprüche und Stellungnahmen zu wahren.

6. Arbeitsorganisation und Zeitmanagement

Zudem muss die Schwerbehindertenvertretung auf Unterlagen zu Themengebieten zugreifen können, die regelmäßig ergänzt und aktualisiert werden. Nicht zuletzt sind die Stellvertreter/innen nur handlungsfähig, wenn die Ablage systematisch und nachvollziehbar ist.

Ein Minimum an Ordnung im Büro muss sein, unsystematische Arbeit stößt irgendwann an ihre Grenzen. Da auch gesetzliche Aufbewahrungspflichten zu beachten sind, ist dies mehr als eine Fleißaufgabe: Akten, die buchhalterisch oder steuerrechtlich relevant sind (Abrechnungen von Veranstaltungen, Broschüren, Anschaffungen, Seminaren, Fachliteratur etc.), müssen zehn Jahre, andere Geschäftsakten in der Regel sechs Jahre lang archiviert werden.

Der erste Schritt zum Aktenplan führt zur zentralen Beschaffungsstelle: Sie vermittelt einen Überblick über verfügbare und gebräuchliche Ablage-Systeme. Wer kaum Verwaltungserfahrung mitbringt, kann Rat bei den Vorgängern/Vorgängerinnen, in der zentralen Registratur/in der Personalstelle oder bei erfahrenen Kollegen etwa im Betriebs-/Personalratsbüro einholen.

Die Grundprinzipien der Ablage lauten: Die Gliederung eines Aktenplans muss übersichtlich sein und soll nicht mehr als zehn Hauptgruppen umfassen (siehe Beispiel Aktenplan S. 282 ff.); Papiere werden zu Vorgängen mit passenden Oberbegriffen geordnet und erhalten ein Geschäftszeichen; es gibt drei Aktenarten, die farblich sortiert aufbewahrt werden können:

- A-Akten: Allgemeine Akten wie Gesetze, Verwaltungsvorschriften, Verordnungen und Material-Fundus zu verschiedenen Themen.
- B-Akten: Besondere Akten mit Schriftstücken, die bei der Vertretungsarbeit anfallen: Schriftverkehr, Fallbegleitung, Stellungnahmen, Initiativen, Protokolle der Gremiensitzungen und dergleichen mehr.
- E-Akten: Einzelakten zu Personen oder Ereignissen.

Der Aktenbestand und die relevanten eingehenden Schriftstücke werden einzeln (PC) erfasst und zugeordnet. Beispiel: Ein Papier zur internen Integrationsstatistik gehört zu einem aktuellen Projekt, also zu den B-Akten, Oberbegriff 1.2. »Aktueller Stand der Integration«, Zuordnung zu Unterpunkt 1.2.1. »Statistik«.

Das Geschäftszeichen lautet dann: »B 1.2.1. - ergänzt durch eine fortlaufende Nummer und den Titel »Integrationsstatistik vom (Datum)«. Sind alle Akten im PC erfasst, sind sie auch nach Suchbegriffen aufzufinden. Für Einzelakten von Personen lassen sich problemlos Ordner mit alphabetischem Register anlegen, das minimiert den Aufwand.

Der Datenschutz verlangt, dass alle Personenakten, erst recht mit sensiblen Gesundheitsdaten, sicher aufbewahrt werden, d.h.: einbruchsicher verschlossen! Sind Personenakten mit sensiblen Daten in der EDV gespeichert, ist der PC oder das Netzwerk der Schwerbehindertenvertretung vor externen Zugriffen wirksam zu schützen oder die PCs sind vom Netz zu isolieren! Jede Schwerbehindertenvertretung sollte sich darüber im Klaren sein: Der Datenschutz erlaubt keine Nachlässigkeiten, das genaue Prozedere der Sicherung und der Aufbewahrung ist am besten mit dem zuständigen Datenschutzbeauftragten abzustimmen.

Datenschutz und Interessenvertretung

Der Datenschutz und das Bundesdatenschutzgesetz (BDSG) betreffen die Interessenvertretung
- im Rahmen des Überwachungsauftrages (§ 80 BetrVG, § 95 SGB IX)
- bei ihrer eigenen Datenverarbeitung
- an der Schnittstelle zu ihren Beteiligungsrechten.

Überwachungsauftrag

Beim Schutz von Daten von Abeitnehmer und Arbeitnehmerinnen, über die die Interessenvertretung zu wachen hat, geht es im Grundsatz um das Recht jedes einzelnen auf informationelle Selbstbestimmung. Jeder Bürger soll selbst entscheiden, wer was über ihn weiß. Der Datenschutz insbesondere der zum Zwecke des Beschäftigungsverhältnisses basiert dabei auf vier wichtigen Prinzipien:

Verbot mit Erlaubnisvorbehalt: Es ist grundsätzlich verboten, personenbezogene Daten zu speichern und zu nutzen (Volkszählungsurteil 1983). Ausnahmen (§ 4 Abs. 1 BDSG): wenn ein Gesetz die Verwendung von Daten erlaubt, wenn das BDSG selbst die Verwendung von Daten erlaubt (v.a. § 28 BDSG), wenn der Betroffenen der Verwendung von Daten zustimmt. Die Zustimmung muss freiwillig erfolgen und der Betroffenen muss umfassend informiert sein (34a BDSG).

Zweckbindung der Daten: Jede Verwendung von Daten ist an den Zweck gebunden, für den sie erhoben wurde (§ 28 Abs. 1 BDSG).

Datenvermeidung und Datensparsamkeit: Das Ziel ist, so wenig Daten wie möglich zu erheben (§ 3a BDSG). Zugriffsberechtigungen sollen sich eng auf den Aufgabenbereich beschränken.

Transparenz: Die Datenerhebung soll möglichst beim Betroffenen selbst erfolgen (§ 4 Abs. 2 BDSG). Die Betroffenen haben ein Recht, von der verantwortlichen Stelle Auskunft über alle zu ihrer Person gespeicherten Daten zu erhalten (§ 34 BDSG).

Datenverarbeitung durch die Interessenvertretung

Die Mitteilung persönlicher Daten und von Sozialdaten ist Voraussetzung, dass Betriebsrat und Schwerbehindertenvertretung ihren gesetzlichen Aufgaben nachkommen können. Diese Mitteilung verstößt nicht gegen den Datenschutz. Der Datenschutz steht nicht im Gegensatz zur Mitbestimmung des Betriebsrats gem. §§ 99 ff., 102 BetrVG oder § 95 SGB IX. Hier gelten Betriebsrat und Schwerbehindertenvertretung als unselbständiger Teil der speichernden Stelle (= Arbeitgeber) gem. § 3 Abs. 8 BDSG. Bei der Verarbeitung von Daten ist die Interessenvertretung Teil der verantwortlichen Stelle (§ 3 Abs. 7 BDSG) und unterliegt genauso wie der Arbeitgeber den Bestimmungen des BDSG.

6. Arbeitsorganisation und Zeitmanagement

Datenschutz und Beteiligungsrechte
An den Berührungspunkten des BDSG mit dem Betriebsverfassungsgesetz und dem SGB IX hat eine gesetzeskonforme Interessenvertretung gleichzeitig den Datenschutz bei ihrer Mitbestimmungspraxis zu beachten. Nach § 32 Abs. 3 BDSG bleiben die Beteiligungsrechte der Interessenvertretung unberührt. § 1 Abs. 3 BDSG stellt fest, dass die Informationspflicht des Arbeitge-bers gegenüber dem Betriebsrat und der Schwerbehindertenvertretung nicht durch die Vorschrift des BDSG eingeschränkt wird.

6.1.3 Behindertenkartei und Schwerbehindertenausweis

Die Schwerbehindertenvertretung beschäftigt sich in ihrem Arbeitsfeld überwiegend mit personenbezogenen Entscheidungen und Maßnahmen. Der Tätigkeitsanteil, bei dem sie spezifisches Wissen über einzelne Personen, ihre persönlichen Voraussetzungen und aktuellen Beschäftigungsbedingungen abrufen und präsentieren muss, ist hoch. Um immer gut präpariert zu sein, sollte die Schwerbehindertenvertretung deshalb ein eigenes Informationssystem – eine Behindertenkartei – verfügbar und auf dem Laufenden halten.

Zum Aufbau und zur Pflege einer Behindertenkartei kann man auf folgende Informationsquellen zurückgreifen:
- Personen- und Behinderungsdaten: Verzeichnis der beschäftigten schwerbehinderten und gleichgestellten Menschen und sonstigen anrechnungsfähigen Personen, Bescheide des Versorgungsamts und des Arbeitsamts, betriebsärztliche Atteste, Gespräche mit den behinderten Beschäftigten.
- Beruf und Arbeit: Gespräche mit den behinderten Beschäftigten, eventuell vorhandene Arbeitsplatzkartei des Betriebs-/Personalrats, Befunde von Arbeitsplatzbegehungen, Leistungsbescheide des Integrationsamts, von Rehabilitationsträgern etc.

Behindertenkartei			
Personendaten			
Name, Vorname:			
Geburtsdatum:		Familienstand:	
Anschrift:			
			.
Bevollmächtigter/Pfleger/in/Vormund:			
Behinderung			

Schwerbehindertenausweis

ausgestellt durch das Versorgungsamt:					
AZ:		Am:		GdB:	
Merkzeichen:				gültig bis:	

Gleichstellung:

AZ:		Bescheid vom:	

Mehrfachanrechnung durch Arbeitsamt:

Bescheid vom:		auf:		Pflichtplätze:	

Bergmannsversorgungsschein:

AZ:		vom:	

Art der Behinderung (lt. Feststellungsbescheid des Versorgungsamts):

Sonstige Behinderungen (noch nicht durch das Versorgungsamt anerkannt):

Einschränkungen/Auflagen bei Arbeitseinsatz:

lt. betriebs-/werksärztlicher Untersuchung vom (Kopie des Attestes beifügen):

Beruf und Arbeit

eingestellt am:		Personalnummer:	
erlernter Beruf:			
Zusatzausbildung/bes. Fachkenntnisse:			

andere Fähigkeiten/Fertigkeiten:

bisherige Arbeitsplätze:

Umsetzungen/Versetzungen:

Beschreibung der gegenwärtigen Tätigkeit:

Arbeitsplatzprobleme/Belastungen:

Maßnahmen am Arbeitsplatz:

6. Arbeitsorganisation und Zeitmanagement

> Wie man ein übersichtliches und nach sinnvollen Kriterien strukturiertes Ordnungs- und Ablagesystem aufbaut, wird in den folgenden Broschüren ausführlich erläutert:
> - Wolfgang Fricke, Herbert Grimberg, Wolfgang Wolter (Hrsg.), Betriebsratsarbeit – Aber mit System!, Bund-Verlag (ISBN 978-3-7663-3969-0), Frankfurt a. M. 2010.
> - Wolfgang Fricke, Herbert Grimberg, Wolfgang Wolter (Hrsg.), Das Betriebsratsbüro: Ausstattung, Organisation und PC-Einsatz, Bund-Verlag (ISBN 978-3-7663-3971-3), Frankfurt a. M. 2010.

6.1.4 Literatur

Zur Fachliteratur zählen die wichtigsten Gesetzestexte, Kommentare, Zeitschriften und sonstige einschlägige Literatur. Aufgrund ihrer weiten Überwachungspflicht nach § 95 Abs. 1 SGB IX braucht sich die Schwerbehindertenvertretung dabei nicht auf den Bereich des Behindertenrechts zu beschränken. Welche Fachzeitschriften regelmäßig bezogen werden, entscheidet die Schwerbehindertenvertretung selbst. Sie muss sich aktuell über Entscheidungen und Entwicklungen in den arbeits- und sozialrechtlichen Rechtsgebieten informieren können. Auch die Aufwendungen für Fachliteratur sind Kosten, für die der Arbeitgeber nach § 96 Abs. 8 SGB IX aufzukommen hat.

> **Literatur für die Interessenvertretung behinderter Menschen**
>
> Gesetzessammlungen:
> - **Kittner,** Arbeits- und Sozialordnung, Bund-Verlag
> - **Böttcher/Kannengießer,** Arbeitsschutz – Gesundheitsschutz, Ausgewählte Vorschriften zu Sicherheitstechnik, Gefahrstoffe, Umweltschutz, Strahlenschutz, Arbeitsstätten, Schutz besonderer Personengruppen, Organisation des Arbeitsschutzes im Betrieb, Berufskrankheiten und Arbeitsunfälle, Bund-Verlag
> - **Betriebsverfassungsgesetz,** Textausgabe mit Wahlordnung und andere wichtige Arbeitsgesetze, Bund-Verlag
> - **Kittner/Krasney,** Sozialgesetzbuch, Bund-Verlag
>
> Kommentare und Handbücher zum Schwerbehindertengesetz:
> - **Feldes u.a.,** Schwerbehindertenrecht, Basiskommentar, Bund-Verlag
> - **Feldes, Kohte, Stevens-Bartol (Hrsg.),** SGB IX – Kommentar für die Praxis, Bund-Verlag

- **Cramer,** Handkommentar, Verlag Vahlen
- **Großmann u.a.,** Gemeinschaftskommentar, Luchterhand Verlag
- **Feldes u.a.,** Die Praxis der Schwerbehindertenvertretung von A bis Z. Das Handwörterbuch für behinderte Menschen und ihre Interessenvertretung, Bund-Verlag

Kommentare zum Betriebsverfassungsgesetz:
- **Däubler/Kittner/Klebe/Wedde,** Kommentar für die Praxis, Bund-Verlag
- **Gnade u.a.,** Basiskommentar, Bund-Verlag
- **Fitting u.a.,** Handkommentar, Verlag Vahlen

Kommentare zum Kündigungsschutzrecht:
- **Kittner/Zwanziger,** Kommentar für die Praxis, Bund-Verlag

Kommentare und Handbücher zu anderen Rechtsgebieten:
- **Lohre/Mayer/Stevens-Bartol,** Arbeitsförderungsgesetz, Basiskommentar mit Anordnungen, Bund-Verlag
- **Schoof,** Betriebsratspraxis von A bis Z, Das Lexikon für die betriebliche Interessenvertretung, Bund-Verlag
- **Lohre/Schaller/Siller,** Leistungen bei Krankheit und Pflege, Der Ratgeber zum Krankenversicherungsrecht und zur neuen Pflegeversicherung, Bund-Verlag
- Anhaltspunkte für die ärztliche Gutachtertätigkeit nach dem sozialen Entschädigungsrecht und nach dem Schwerbehindertengesetz, Köllen Druck & Verlag GmbH.
- **Pieper/Voprath,** Handbuch Arbeitsschutz, Bund-Verlag
- **Schröder/Urban,** Gute Arbeit, Bund-Verlag
- **Gäbert/Maschmann-Schulz,** Mitbestimmung im Gesundheitsschutz, Bund-Verlag
- Sozialpolitische Informationen, ver.di

Fachzeitschriften:
- Gute Arbeit (mit Rubrik für die Schwerbehindertenvertretung), Bund-Verlag
- Arbeitsrecht im Betrieb, Bund-Verlag
- Soziale Sicherheit, Bund-Verlag
- Behindertenrecht, Boorberg Verlag
- Der Personalrat, Bund-Verlag
- Computer und Arbeit, Bund-Verlag

6.2 Schulung und Bildung

Die Vertrauenspersonen der schwerbehinderten Menschen wachsen selten ganz allmählich in ihr Aufgabengebiet hinein. Oft wartet schon ein aktueller Fall auf sie, der »Sprung ins kalte Wasser« steht bevor. Deshalb gehört der Besuch eines Grundlagenseminars zu einer der ersten Amtshandlungen, denn die Schwerbehindertenvertretung benötigt von Beginn an Grundqualifikationen, um ihr Amt ordnungsgemäß wahrnehmen zu können. – Daran führt kein Weg vorbei.

Fortbildungen sind die beste Gelegenheit zum Erfahrungsaustausch und zum Knüpfen von Kontakten zu anderen Vertrauenspersonen, die im Zweifelsfall angerufen werden können. Ergänzend zur Einarbeitung in die Funktion und den Erwerb von Basiskenntnissen entwickelt sich zusätzlicher Qualifikationsbedarf auf unterschiedlichen Gebieten des präventiven Gesundheitsschutzes, in rechtlichen Fragen, zur Praxis der Arbeitsplatzgestaltung und der Einzelfallbegleitung (Vertretung und Rehabilitationsplanung, Wiedereingliederung nach langer Krankheit, Betriebliches Eingliederungsmanagement, Disability Management, Gesundheitsmanagement etc.). Kontinuierliche Weiterbildung ist also Pflicht.

Neben der IG Metall und ver.di (ver.di b+b, Bildung und Beratung) bieten die DGB-Gewerkschaften und das DGB-Bildungswerk, Arbeit und Leben, die Integrationsämter, Behindertenverbände und andere Organisationen passende Schulungsveranstaltungen an. Wer ein solides Angebot mit hohem Gebrauchswert für die Praxis sucht, kann bei seiner Gewerkschaft Rat einholen und sich über einzelne Anbieter erkundigen. Von den Angeboten windiger »No-Name«-Träger sollten Vertrauenspersonen lieber die Finger lassen.

Das betriebliche Klima hat sich in der Krise weiter verschlechtert, der Druck auf engagierte Interessenvertretungsarbeit nahm in den letzten Jahren stetig zu, auch wenn es löbliche Ausnahmen gibt. Heutzutage ist es beliebte Arbeitgeberstrategie, jegliche Beteiligung an betrieblichen Entscheidungsprozessen als unliebsamen Eingriff in ihre Rechte zu bewerten und diese möglichst zu verhindern. Gerade deshalb ist Rechtssicherheit im Amt für die Schwerbehindertenvertretung so wichtig: Sie muss ihre Rechte, Pflichten und den Handlungsrahmen ihrer Tätigkeit kennen, den das Gesetz absteckt, dazu gehören auch die rechtlichen (Handlungs-)Spielräume, die das Gesetz zulässt.

Um im Interesse der Menschen mit Behinderungen durchsetzungsfähig zu sein, brauchen Vertrauenspersonen die Gelegenheit, sich die Rechtsbasis ihres Amts systematisch anzueignen, Wissen regelmäßig aufzufrischen und Neues aus Urteilen und Reformen kennen zu lernen.

Im SGB IX trägt der Gesetzgeber den besonderen Interessen der behinderten Menschen in Betrieben und Verwaltungen Rechnung, indem er die Vertrauenspersonen in ihrem Ehrenamt schützt und ihnen ausdrücklich das Recht und die

Notwendigkeit von Schulungen zuerkennt (§ 96 Abs. 4 SGB IX). Voraussetzung: Schulungsmaßnahmen vermitteln Kenntnisse, die für die Arbeit der Schwerbehindertenvertretung erforderlich sind. Der Arbeitgeber ist rechtzeitig vor der Teilnahme (auch aus Gründen der Zeitplanung) über die Bildungsmaßnahme zu informieren. Er trägt nach § 96 Abs. 8 SGB IX die anfallenden Kosten für das Seminar, die Übernachtung, die Reisekosten und die Verpflegung und ist zur Entgeltfortzahlung mit beruflicher Freistellung verpflichtet. Die Ansprüche gegenüber dem Arbeitgeber gelten auch für Teilzeitbeschäftigte.

Die Stellvertreter/innen haben nur im Falle der Vertretung der Schwerbehindertenvertretung oder wenn sie zur Arbeit herangezogen werden ein eigenes Recht auf Teilnahme an Schulungen. Die Vertrauensperson sollte im Einzelfall ausloten, wie entgegenkommend der Arbeitgeber ist und Schulungen auch für Stellvertreter/innen mit guten Argumenten beantragen.

Tipp:
Stellvertreter/innen können an Schulungen teilnehmen, wenn sie in Betrieben oder Dienststellen ab 200 schwerbehinderten Beschäftigten schon ständig mitarbeiten oder wenn sie die Vertrauensperson häufig länger vertreten bzw. voraussichtlich demnächst nachrücken.

Da die Schwerbehindertenvertretung kein Gremium mit gleichberechtigten Mitgliedern ist, entscheidet die Vertrauensperson im Rahmen des § 96 Abs. 4 SGB IX frei über die Teilnahme an Schulungen. Sie unterliegt nicht der Entscheidung des Betriebs-/Personalrats. Zwar muss die Schwerbehindertenvertretung vor allem bei der Zeitplanung auf betriebliche Notwendigkeiten Rücksicht nehmen, wie das auch für Betriebsräte gilt (nach § 37 Abs. 6 BetrVG). Doch dürfen Einwände des Arbeitgebers die Schwerbehindertenvertretung nicht in ihrem Anspruch auf notwendige Schulungen behindern.

Im Streitfall sollte der Betriebs-/Personalrat eingeschaltet werden. Ist der Konflikt nicht im Vorfeld lösbar, muss das Arbeits-/Verwaltungsgericht im Beschlussverfahren klären, ob die Teilnahme an einer Schulung grundsätzlich erforderlich ist.

Die aktuelle Rechtsprechung schlägt neue Wege ein:
Themen wie der betriebliche Arbeits- und Gesundheitsschutz werden dem Aufgabenportfolio der Schwerbehindertenvertretung zugerechnet und deshalb als Seminarthemen von Gerichten immer wieder anerkannt. Die Rechtsprechung legt inzwischen ein ganzheitliches Verständnis der Arbeit der Schwerbehindertenvertretung zugrunde. Sie wird als ein Komplex des betrieblichen Gesundheitsmanagements aufgefasst, der in verzweigten Kooperationsstrukturen organisiert ist und entsprechende

6. Arbeitsorganisation und Zeitmanagement

Kompetenzen erfordert. Bei der Erforderlichkeit hat die Schwerbehindertenvertretung überdies einen eigenen Beurteilungsspielraum! Sie ist vor Gericht einerseits als Einheit der betrieblichen Gesundheitsvorsorge anerkannt, andererseits als ein Akteur der betrieblichen Interessenvertretungsarbeit. Entsprechend breit ist das Spektrum möglicher Schulungsthemen, an denen die Schwerbehindertenvertretung teilnehmen kann.

Da die Schwerbehindertenvertretung u.a. an den Sitzungen des Betriebs-/Personalrats und des Arbeitsschutzausschusses teilnimmt, benötigt sie z.B. auch Kenntnisse der Organisation und Arbeitsweise dieser Gremien. Arbeitsmedizinische, technische und betriebswirtschaftliche Themen, die bei der Eingliederung von Menschen mit Behinderungen gefragt sein können, sind heutzutage ebenfalls anerkannt Der Umgang mit psychischen Erkrankungen gewinnt als akutes Anliegen der Schwerbehindertenvertretung zunehmend an Bedeutung. Und: Die Teilnahme an Schulungen ist nicht erst dann erforderlich, wenn konkrete betriebliche Anlässe bestehen.

Dennoch kommt es in der Praxis immer wieder vor, dass Arbeitgeber die Teilnahme der Schwerbehindertenvertretung auf Seminare beschränken wollen, die sich unmittelbar auf das SGB IX und das Schwerbehindertenrecht beziehen. Außerdem gibt es die Tendenz, den Schulungsumfang und damit die Freistellung der Schwerbehindertenvertretung einzugrenzen.

Arbeitgeber zogen in der Vergangenheit dazu eine Vereinbarung der Arbeitsgemeinschaft der Deutschen Hauptfürsorgestellen mit der Bundesvereinigung der Deutschen Arbeitgeberverbände heran. Die darin formulierten restriktiven Grundsätze zur Schulungsteilnahme stellen eine nicht zulässige Einschränkung dar. Gemäß § 96 Abs. 4 SGB IX ist eine zeitliche Begrenzung oder eine Festschreibung, wie oft während einer Amtszeit Schulungs- und Bildungsveranstaltungen besucht werden können, nicht vorgesehen.

Bildungsplan aufstellen

Zu Beginn der Amtsperiode – und dann im jährlichen Turnus – empfiehlt es sich, einen Bildungsplan für die Schwerbehindertenvertretung aufzustellen.
- Den Informationsbedarf – Grundkenntnisse und Spezialwissen – abklären.
- Das regionale und überregionale Schulungsangebot der DGB-Gewerkschaften, des DGB-Bildungswerks, von Arbeit und Leben, der Integrationsämter, Behindertenverbände und anderer Organisationen durchforsten.
- Einen Jahresplan aufstellen (mindestens ein Wochenseminar, mehrere Tagesschulungen).
- Schulungsteilnahme dem Arbeitgeber mitteilen.
- Teilnahme beim Veranstalter melden.

6.3 Aufgaben teilen und kooperieren

Die Stellvertreter/innen der Schwerbehindertenvertretung werden tätig, wenn die Vertrauensperson verhindert ist. Dies ist der Fall,
- wenn die Schwerbehindertenvertretung z.B. wegen Urlaub, Krankheit, Reha oder Dienstreise nicht im Betrieb/in der Dienststelle anwesend ist;
- wenn die Schwerbehindertenvertretung andere Aufgaben qua Amt wahrzunehmen hat, z.B. wenn sie gleichzeitig an mehreren Stellen des Betriebs/der Dienststelle als Interessenvertretung tätig werden muss oder außerhalb des Betriebs/der Dienststelle Aufgaben nachgeht;
- in Ausnahmefällen kann das Tätigwerden der Stellvertretung auch bei berufsbedingter Verhinderung der Schwerbehindertenvertretung erforderlich sein.

Die/der Stellvertreter/in wird dann von der Schwerbehindertenvertretung zum Tätigwerden aufgefordert. Die Schwerbehindertenvertretung sollte rechtzeitig vor dem Verhinderungsfall Aufgaben auf die Stellvertretung übertragen. Die Vertretung sollte so unkompliziert und reibungslos wie möglich vonstatten gehen. Am besten wird die Vertretung regelmäßig über die wichtigsten Aufgaben und Probleme informiert und frühzeitig über die Terminplanung sowie mögliche Engpässe mit Vertretungsbedarf in Kenntnis gesetzt. Im Sinne einer partnerschaftlichen, fairen Arbeitsgestaltung und Arbeitsteilung muss sich die Stellvertretung mit den Aufgaben vertraut machen können.

In Betrieben/Dienststellen mit wenigstens 200 schwerbehinderten Beschäftigten hat die Schwerbehindertenvertretung zusätzlich das Recht, die/den mit der höchsten Stimmzahl gewählte/n Stellvertreter/in zur Erledigung von Aufgaben heranzuziehen. Damit werden beide gleichzeitig als Interessenvertretung tätig (§ 95 Abs. 1 letzter Satz SGB IX).

Zweck dieser Regelung ist nicht die ausnahmsweise Übertragung von Aufgaben, sondern die Sicherstellung der dauerhaften und ständigen Unterstützung der Schwerbehindertenvertretung durch eine/n oder mehrere Stellvertreter/innen. Art und Umfang der Aufgaben, die die Stellvertretung erledigen soll, entscheidet allein die Schwerbehindertenvertretung. Sie besitzt das Übertragungsrecht, kann die übertragenen Aufgaben ausweiten, einschränken oder ganz zurücknehmen.

Um diesen Rechtsanspruch sinnvoll in eine abgestimmte Teamarbeit der Schwerbehindertenvertretung zu überführen, ist es in der Praxis zweckmäßig, dass sich die Schwerbehindertenvertretung mit der Stellvertretung auf die Themen und Zuständigkeitsbereiche der Stellvertretung verständigt, z.B.

6. Arbeitsorganisation und Zeitmanagement

- Betreuung behinderter Beschäftigter in bestimmten Betriebsteilen oder Abteilungen,
- Betreuung bestimmter Gruppen behinderter Beschäftigter,
- direkte Betreuung eines Teils der Beschäftigten mit Behinderungen (z.B. alphabetische Aufteilung),
- Bearbeitung von Sachaufgaben, z.B. Antragstellung,
- Aufteilung der Sprechstundenzeiten,
- Beteiligung an der Vorbereitung der Schwerbehindertenversammlung,
- Teilnahme an Sitzungen von Ausschüssen des Betriebs-/Personalrats.

Es gibt klare Vorteile, wenn nicht alle alles machen.
- Die einzelnen Vertrauenspersonen können sich in bestimmte Themengebiete vertieft einarbeiten. Durch das so erworbene Spezialwissen kann sich ihre Verhandlungsposition gegenüber dem Arbeitgeber entscheidend verbessern.
- Die Verteilung organisatorischer Arbeit (zum Beispiel Sitzungs- und Versammlungsvorbereitung) und der Büropräsenz (Sprechstunden) schafft Entlastung in der Schwerbehindertenvertretung.
- Die Strukturierung der Vertretungsarbeit nach Betreuungsräumen verbessert den Kontakt zur Belegschaft.

Es gibt aber auch Grenzen der Spezialisierung und Arbeitsteilung. Nicht mehrere Einzelkämpfer, sondern Teamgeist sind gefragt. Fairplay und gegenseitige Information über die Aktivitäten, die Koordinierung der Arbeit in regelmäßigen Besprechungen, sind die wichtigsten Voraussetzungen für das Gelingen und den Erfolg (vgl. Kap. 2, »Zuständigkeiten«, »Neue Rollen«, »Neue Aufgaben«).

6.4 Arbeitsbefreiung und Freistellung

Der Anspruch der Schwerbehindertenvertretung auf Befreiung von der beruflichen Tätigkeit ist ähnlich wie beim Betriebs-/Personalratsmitglied geregelt. Um ihre Aufgaben als Interessenvertretung erfüllen zu können, ist genügend Zeit zur Verfügung zu stellen. Der Rechtsanspruch auf Befreiung von der beruflichen Tätigkeit ist in § 96 Abs. 4 SGB IX geregelt.

Die Aufgaben der Schwerbehindertenvertretung sind zum größten Teil im Betrieb/in der Dienststelle selbst erfüllen, von Zeit zu Zeit sind aber auch Termine außerhalb des Betriebs/der Dienststelle wahrzunehmen. Grundsätzlich geschieht dies während der regulären Arbeitszeit. Nur wenn aus betrieblichen Gründen die Amtsaufgaben außerhalb der Arbeitszeit (Mehrarbeit) zu erfüllen sind, hat die Vertrauensperson Anspruch auf Arbeitsbefreiung (Freizeitausgleich) unter Fortzahlung des Arbeitsentgelts (§ 96 Abs. 6 SGB IX).

Die Freistellung von der beruflichen Tätigkeit gilt auch für die Teilnahme an Schulungs- und Bildungsveranstaltungen, wie sie u.a. von den DGB-Gewerkschaften und den Integrationsämtern für die Schwerbehindertenvertretungen angeboten werden.

Das Gesetz überlässt es der Schwerbehindertenvertretung, den Umfang der Aufgabenerledigung zu bestimmen. Sie wird dabei nicht eingeschränkt, etwa durch die Betriebs-/Dienststellengröße oder die Zahl der zu vertretenden schwerbehinderten Menschen!

Dass dem Arbeitgeber dadurch Arbeitsleistung verloren geht, die er in der Regel durch Umorganisation kompensieren muss, kann nicht als Einwand gegen das Recht der Schwerbehindertenvertretung auf Arbeitsbefreiung gelten. Bei jeder Interessenvertretungsarbeit im Betrieb/in der Dienststelle basiert die ordnungsgemäße Erledigung gesetzlicher Pflichten zwangsläufig auf Arbeitsbefreiung für das Amt und damit auf einer geringeren Arbeitsleistung. Der Arbeitgeber muss bei der Erteilung von Arbeitsaufträgen auf die Pflichten der Amtsführung der Schwerbehindertenvertretung Rücksicht nehmen, damit sie ihre Funktion ordnungsgemäß ausüben kann.

Die Tätigkeit als Schwerbehindertenvertretung hat Vorrang vor der beruflichen Tätigkeit. Der zeitliche Aufwand der Vertretungsarbeit lässt sich oftmals nicht vorab bei Amtsübernahme planen und abschätzen; der Zeitbedarf wird letztlich auch von der Amtsführung und dem Amtsverständnis einer Vertrauensperson beeinflusst. Die Schwerbehindertenvertretung kann nicht immer selbst darüber bestimmen, wann sie ihre berufliche Arbeit unterbricht, weil sie immer wieder in akuten Fällen tätig werden muss.

Wie viel Zeit letztlich zur Ausübung der beruflichen Aufgaben verbleibt, hängt vom Betreuungs- und Beratungsbedarf der (schwer-)behinderten Beschäftigten im Unternehmen ab. Dazu zählen alle Aufgaben, die im Betrieb/in der Dienststelle, aber auch außerhalb des Betriebs/der Dienststelle zu erfüllen sind.

Die Schwerbehindertenvertretung entscheidet alleinverantwortlich, wann, wozu und in welchem Umfang sie ihrer Vertretungsarbeit nachgeht. Die Vertrauenspersonen sind dabei an keine Weisung oder Genehmigung des Arbeitgebers gebunden. Sie brauchen auch keine Zustimmung, wenn sie tätig werden wollen. Allerdings melden Sie sich bei ihrer/ihrem direkten Vorgesetzten rechtzeitig und ohne nähere Begründung für die Arbeit der Schwerbehindertenvertretung ab. Es reicht aus, der/dem Vorgesetzten die voraussichtliche Dauer und den Ort der Amtsgeschäfte mitzuteilen, wenn die Schwerbehindertenvertretung in Angelegenheiten behinderter Beschäftigter im Betrieb/in der Dienststelle unterwegs ist.

6. Arbeitsorganisation und Zeitmanagement

> **Arbeitsbuch anlegen:** Arbeitgeber oder Vorgesetzte/r können der Schwerbehindertenvertretung zwar nicht verbieten, für die Schwerbehinderten tätig zu werden. Da die Schwerbehindertenvertretung aber auskunftspflichtig darüber ist, ob die Notwendigkeit für eine Freistellung gegeben ist, hilft das Führen eines Arbeitsbuches dabei, die nötigen Nachweise zu erbringen. Darin wird die erledigte Arbeit der Schwerbehindertenvertretung mit Datum und Uhrzeit festgehalten, ergänzt z.B. um die Auflistung der bearbeiteten Fälle in einem gegebenen Zeitraum oder der anfallenden Betriebs-/Personalrats- und Ausschusssitzungen. Macht die Schwerbehindertenvertretung Zeitansprüche darüber hinaus geltend, etwa wenn sie eine völlige Freistellung anstrebt, sollte sie auch festhalten, welche Aufgaben sie bisher überhaupt nicht oder nur eingeschränkt wahrnehmen konnte.
>
> Das Arbeitsbuch stellt übrigens die ideale Basis zum Verfassen eines Rechenschaftsberichts dar, wie er jährlich für die Versammlung der schwerbehinderten Menschen nötig ist.

Konflikte

Nicht generell freigestellte Vertrauenspersonen der schwerbehinderten Beschäftigten bekommen immer wieder Probleme, wenn sie ihren Arbeitsplatz verlassen, um ihrer Vertretungsarbeit nachzugehen. Die Probleme entstehen besonders häufig mit den unmittelbaren Vorgesetzten, aber auch im Team mit den Arbeitskolleginnen und –kollegen. Konflikträchtig sind die Bandarbeit in der Produktion oder Arbeitsaufgaben in festen Teams: Immer dann, wenn bestimmte Vorgaben und Projekte in eng umrissenen Zeitkorridoren zu erledigen sind, reißen ausfallende Arbeitskräfte besonders große Lücken. Nicht selten ist die Arbeit so organisiert, dass die verbleibenden Kolleg(inn)en die (Mehr-)Arbeit für die Vertrauensperson erledigen müssen. Das bringt der Schwerbehindertenvertretung ungerechtfertigten Ärger ein und schwächt die Akzeptanz der betrieblichen Interessenvertretungsarbeit.

Der Arbeitgeber hat deshalb durch Maßnahmen der Arbeitsorganisation dafür Sorge zu tragen, dass eine geringere Arbeitsleistung durch die Amtsführung der Schwerbehindertenvertretung nicht zu Mehrbelastungen anderer Arbeitnehmer/innen führt. Es ist Aufgabe der Vorgesetzten und der Personalabteilung, vorausschauend für entsprechende Vertretungspuffer und eine solide Personaleinsatzplanung zu sorgen.

Die Schwerbehindertenvertretung ist im Interesse der Menschen mit Behinderungen und mit Hinweis auf die Rechtslage gehalten, auf ihr Recht zu pochen. Sie nimmt den Konflikten an Schärfe, wenn sie Vorgesetzten und dem Team Einblick in ihre Arbeit gibt. Nur so kann sich ein Verständnis für die (wiederholte) Abwesenheit vom Arbeitsplatz entwickeln.

Nicht jede Vertrauensperson bringt den Mut auf, den Anspruch auf Arbeitsbefreiung offensiv und allein durchzukämpfen, wenn es zu Konflikten kommt. Der Schwerbehindertenvertretung dürfen keine Nachteile wegen Ausübung ihres Amts entstehen! Drohen dennoch derartige Nachteile, gilt einmal mehr: Die Vertrauensperson holt sich bei Bedarf Unterstützung und Rat beim Betriebs-/Personalrat oder schaltet das Integrationsamt zur Vermittlung im Konfliktfall ein.

Die Teilfreistellung
In Betrieben/Dienststellen mittlerer Größe hat inzwischen die Regelung der Teilfreistellung Verbreitung gefunden. Sie ist sinnvoll, wenn sie auf einem überschaubaren Arbeits- und Aufgabenfeld eine bessere Organisation der Amtsausübung ermöglicht. Die Teilfreistellung ist allerdings Verhandlungssache; sie muss bedarfsgerecht sein, das heißt, die Schwerbehindertenvertretung benötigt ein ausreichendes Zeitbudget für ihr Amt und den Arbeitsplatz.

Die Teilfreistellung schließt zusätzlichen Zeitbedarf im Einzelfall nicht aus! Vertretungsarbeit kann trotz Freistellungsvereinbarung auch weiterhin und zusätzlich außerhalb der vereinbarten Freistellungszeit anfallen.

Die vollständige Freistellung
Obwohl die Schwerbehindertenvertretung ihren Arbeitsumfang selbst festlegen kann, ist eine formelle Freistellung in vielen Fällen sinnvoll. Nimmt die Vertretungsarbeit einen Umfang an, der für die berufliche Tätigkeit nur noch wenig oder keinen Raum lässt, ist die vollständige Freistellung eine sinnvolle Regelung.

§ 95 Abs. 4 Satz 2 SGB IX gibt Vertrauenspersonen in Betrieben und Verwaltungen, in denen wenigstens 200 schwerbehinderte oder gleichgestellte Menschen beschäftigt sind, einen Rechtsanspruch auf völlige Freistellung von der beruflichen Tätigkeit. Auf entsprechenden Wunsch der Schwerbehindertenvertretung hat der Arbeitgeber die Freistellung zu gewähren. Die freigestellte Schwerbehindertenvertretung ist dann vollständig von allen arbeitsvertraglichen bzw. dienstvertraglichen Verpflichtungen befreit.

Allerdings sollte weniger die Zahl der beschäftigten schwerbehinderten Menschen der primäre Freistellungsmaßstab sein. Vielmehr sollte der tatsächliche Umfang der Aufgaben und die Intensität der Betreuungsarbeit zugrunde gelegt werden.

Das Ausmaß der Beanspruchung im Amt der Schwerbehindertenvertretung hängt z.B. von den Rahmenbedingungen und den organisatorischen Voraussetzungen eines Betriebs/einer Dienststelle ab. Von Bedeutung sind etwa: Art und Schwere der Behinderungen, besondere Arbeitsschwerpunkte, die Quote schwerbehinderter Menschen, die Entfernung zu den Betriebsstätten/Dienststellen, die Arbeitsorganisation (z.B. Schichtarbeit).

Bereits deutlich unter der genannten Grenze von 200 schwerbehinderten oder gleichgestellten Menschen kann eine Vollfreistellung oder in bestimmten betrieblichen Situationen (Umstrukturierung, Insolvenz, Betriebsübergang) eine zeitlich befristete Vollfreistellung begründet werden. Das SGB IX lässt dafür ausdrücklich weitergehende Vereinbarungen zu.

Aber: Eine Vollfreistellung darf nicht an den Befürchtungen der Vertrauensperson scheitern, dass sie berufliche Nachteile erfährt oder den beruflichen und finanziellen Anschluss verliert! Die Schwerbehindertenvertretung hat einen gesetzlichen Anspruch, eine versäumte berufliche Entwicklung im Amt nachzuholen (§ 96 Abs. 5 SGB IX).

6.5 Zeitmanagement

Zum erfolgreichen betrieblichen Handeln der Schwerbehindertenvertretung und des Betriebs-/Personalrats gehören die systematische Arbeitsplanung und die zielgerichtete Umsetzung von Projekten und Aufgaben. Bis heute ist die Schwerbehindertenvertretung zuweilen gezwungen, als Einzelkämpfer aufzutreten, denn auch in Großbetrieben stehen ihr nur wenige Stellvertreter/innen unterstützend zur Seite. Die rechtliche und personelle Ausstattung des Amts hält mit den Praxisanforderungen an die Schwerbehindertenvertretung vielfach nicht Schritt. Deshalb wird die Arbeitsbelastung in der neuen Tätigkeit von vielen Vertrauenspersonen als markanter Einschnitt empfunden. Und natürlich ist jede Einarbeitungsphase besonders stressig.

Stress stellt sich in Überforderungssituationen ein, in denen auf den ersten Blick »alles zu viel« wird. Man kommt mit der Arbeit nicht mehr nach, verliert den Überblick, fühlt sich angespannt und reagiert gereizt.

Gerade in der Einarbeitungsphase ist die Doppelbelastung groß, denn die Vertrauensperson ist hin- und hergerissen zwischen Job und Amt. Hinzu kommt der Druck, mit der Arbeitgeberseite und Vorgesetzten verhandeln zu müssen. Das ist ungewohnt und neu. Auch die Herausforderung, in dem Betrieb öffentlich aufzutreten und zu reden, ist gewöhnungsbedürftig.

In besonders ungünstigen Fällen entstehen Zweifel und Furcht, der Vielfalt und Fülle der Anforderungen nicht gerecht zu werden oder für die anstehenden Aufgaben nicht qualifiziert genug zu sein (vgl. auch Kap. 2 mit vielen Praxistipps für Neulinge).

Wichtig ist, mit Krisen in der Anfangszeit zu rechnen. Mit einer guten Vorbereitung sind viele Hürden zu nehmen. Am besten baut die Schwerbehindertenvertretung schon zu Beginn ihres Amts ein gesundes Bewusstsein darüber auf, wie sie Amt, Beruf und alle anfallenden Tätigkeiten ins Gleichgewicht bringen kann: Die Balance zwischen den Anforderungen einerseits und den persönlichen Bedürfnissen und Ressourcen andererseits, verdient höchste Beachtung. Deshalb gilt:

- Arbeit strukturiert angehen
- maßvolle Ziele setzen
- Schwerpunkte bilden
- die Zeit realistisch ohne Überforderung planen.

Hier setzt Zeitmanagement an. Ziel ist nicht, Zeit zu sparen, um gewonnene Zeit mit neuen, zusätzlichen Aufgaben zu füllen. Es geht vielmehr darum, Ziele mit möglichst geringem Zeitaufwand zu erreichen. Außerdem sind Prioritäten zu setzen, damit die verfügbare Zeit für die wichtigsten Aufgaben verwendet wird.

Grundsätze für ein gutes Zeitmanagement

- Nur 60 % der Zeit fest verplanen, 40 % als Puffer frei lassen, damit Unvorhersehbares und Aktuelles nicht den kompletten Zeitplan ins Rutschen bringt.
- Prioritäten setzen, die wichtigsten Aufgaben zuerst erledigen.
- Unangenehme Aufgaben, die nicht aus dem Kopf gehen, möglichst nicht tagelang aufschieben, sondern zügig angehen.
- Störungsfreie Zeit für schwierige Aufgaben einplanen.
- Bei störenden Telefongesprächen einen Rückruf vereinbaren.
- Gleiche oder ähnliche Tätigkeiten zusammenfassen.
- Aufgaben, die hohe Konzentration erfordern, in den leistungsstarken Tageszeiten einplanen.
- Delegation und Arbeitsteilung angehen.
- Private Termine berücksichtigen und fest einplanen.
- Das Wichtigste: ein ordentliches Terminplanungssystem!

Für die Zeit- und Arbeitsplanung gibt es eine Fülle unterschiedlicher Methoden und Instrumente (Checklisten, PC-Programme, Notizbücher, Timer, Ideenkarteien, Tagebuch etc.), die sinnvoll im persönlichen Zeitmanagement eingesetzt werden können. Man kann in der einschlägigen Ratgeberliteratur weiterlesen und sich informieren.

Wichtig ist: Kein Zeitmanagement der Welt hilft gegen zu viel Arbeit und ständige Überforderung. Da sind Delegation, Teamarbeit und Kooperationen mit anderen Partnern in Betrieb gefragt, etwa mit dem Betriebs-/Personalrat. Und Zeitmanagement muss praxisnah sein. Es muss zu den persönlichen Bedürfnissen und den individuellen Arbeitsbedingungen passen. Deshalb soll an dieser Stelle auf weitergehende Erläuterungen und erst recht auf Belehrungen verzichtet werden.

6. Arbeitsorganisation und Zeitmanagement

Anti-Stress-Tipps für alle Lebenslagen

- Zu hohe Ansprüche ans Amt auf ein gesundes Maß stutzen, Ideale reduzieren: Wer von sich und anderen zu viel erwartet, läuft Gefahr, frustriert zu werden.
- Nein sagen: Nicht Arbeit zuschanzen und sich überlasten lassen. Sagen Sie nein, bevor die Belastungsgrenze erreicht ist. Gesunder Egoismus hilft: An sich selbst statt nur an die anderen denken!
- Gut geplant ist halb gearbeitet: Rationell mit Zeit umgehen, Arbeit gleichmäßig und sinnvoll verteilen, erreichbare Etappen planen.
- Energie tanken: Der Beruf ist nicht der Mittelpunkt der Erde. Berufliche Belastungen verlangen nach Ausgleich. Balance im Leben – mit Freizeitaktivitäten und privaten Kontakten – steigert das Wohlbefinden. Wir arbeiten, um zu leben, nicht umgekehrt!
- Gefühle müssen raus: Wer gekränkt wird, sollte das nicht in sich hineinfressen, sondern das Gegenüber klar in die Schranken weisen, mit anderen reden.
- Unterstützung organisieren: Niemand kann alle Fragen allein beantworten und Probleme allein lösen. Am besten Kolleg(inn)en ansprechen und um Rat bitten.
- Pausen machen: Immer die eigenen Energiereserven im Blick behalten, nicht ohne Pause durch den Arbeitstag hetzen. Auch entspannende Übergänge müssen sein.
- Emotionale Unterstützung: Geteiltes Leid ist halbes Leid. Jeder braucht Gesprächspartner, bei denen man hin und wieder Ärger abladen und die Seele freisprechen kann.
- Gesund leben: Auf die Körpersignale achten, kürzer treten, wenn der Bogen überspannt ist. Urlaub, ausreichend Schlaf und gesunde Ernährung tun gut.
- Schwerpunkte setzen: Nicht als Hansdampf in allen Gassen unterwegs sein, sondern auf die Prioritäten und das Wesentliche konzentrieren.
- Besonnen sein: Auf vorhersehbare Konflikte kann man sich mental einstellen. Nicht beim ersten negativen Gefühl impulsiv reagieren, sondern abwarten. Kritik am besten konstruktiv zum Ausdruck bringen, auf überzogene Positionen mit Humor reagieren.
- Handlungsfähig sein: Neue Erfahrungen zulassen, lernen und sich qualifizieren – das erweitert Horizonte und nimmt Stress weg.
- Kein Helfer-Syndrom: Keine Überidentifikation mit dem Amt und den zu betreuenden Personen. Die Balance einhalten zwischen Mitgefühl und emotionalem Abstand.
- Keine negativen Gedanken: Nicht zu lange grübeln und in Selbstmitleid zerfließen. Lieber die Frage angehen: Was tut mir gut? – und danach handeln.

Zur Weiterbeschäftigung mit dem Thema empfehlen wir:

- **Briese-Neumann,** Zeitmanagement im Beruf, Niederhausen/Ts. 1997.
- **Seiwert,** Wenn du es eilig hast, gehe langsam, Frankfurt a. M. 1999.
- **Seiwert,** 30 Minuten für optimales Zeitmanagement, Offenbach 1999.
- **Walter/Schneider,** Optimales Zeitmanagement, Stuttgart 1998.
- **Koenig,** Der persönliche Organisationsberater, Bonn 1998.
- **Mayrshofer/Kröger,** Prozesskompetenz in der Projektarbeit, Hamburg 1999.

Stichwortverzeichnis

§ 84 SGB IX　　　　　　　　　　113
§ 95 SGB IX　　　　　　　101, 254
§ 102 SGB IX　　　　　　　　　118

A

Agentur für Arbeit　　　27, 34, 35, 79
aG-Merkzeichen　　　　　　　　102
Allgemeines Gleichbehandlungsgesetz
　(AGG)　　　45, 75, 201, 237, 238, 268
Altersrente　　　　　21, 123, 124, 125
Altersteilzeit　　　　　　　　　　21
Älterwerden　　　　　　　21, 28, 38
Anerkennungsverfahren　　　　79, 97
Anhörungsrechte　　　　　　　　224
Antidiskriminierungsrecht　　　　200
Arbeitgeberbeauftragter　　　　　 27
Arbeitsassistenz　　　　　　118, 119
Arbeitsbedingungen　　　　　　　131
Arbeitsbefreiung　　　　　　　　 70
Arbeitsgemeinschaften der
　Rehabilitationsträger　　　　　 38
Arbeitsgericht　　　　　　　　　259
Arbeitsgestaltung　　　　　　　　129
Arbeitsgrundlagen　　　　　　　　94
Arbeitslosenhilfe　　　　　　　　123
Arbeitslosigkeit = Wieder-
　eingliederung　　　　　　　　196
Arbeitsmediziner　　　　　　　27, 32
Arbeitsplatzgefährdung
　– Gleichstellung　　　　　　　　115
Arbeitsschutzgesetz (ArbSchG)　　 146
Arbeitsstruktur　　　　　　　　　 94
Arbeitsunfähigkeit　　　　　　　　 28

Aufbau der SBV, § 95 SGB IX　　　 101
Aufgaben der SBV, § 95 SGB IX　　 254
Aussetzungsverfahren
　nach § 95 Abs. 2 SGB IX　　　　256
Aussetzung von Beschlüssen　　　 227
Ausstattung　　　　　　　　　　 69

B

Barrieren　　　　　　　　　　　 27
Beamte, Gleichstellung　　　　　 116
Beauftragter für die Angelegenheiten
　schwerbehinderter Menschen　 68
Begleitende Hilfe　　　　　　　　118
Behindertenbeauftragte　　　　　245
Behindertenbeauftragte der
　Bundesregierung　　　　　　　 25
Behindertenrechtskonvention　　 66
Behindertenverbände　　　　　　246
Belegschaftszeitung　　　　　　　188
Beratung und Betreuung
　behinderter Beschäftigter　　　 96
Berufliche Rehabilitation　　　　　177
Berufsgenossenschaft　　　　　26, 27
Beschäftigungsalternativen　　　　31
Beschäftigungsfähigkeit　19, 27, 28, 129
Beschäftigungspflicht　　　　　　206
Beschäftigungsrichtlinie　　　　　200
Beschäftigungsrisiko　　　　　　　 22
Beschäftigungssicherung　　　　　 27
Beschlussverfahren　　　　　　　260
Besonderer Kündigungsschutz　79, 106
Beteiligung　　　　　　　　　　166
Beteiligungsrechte　　　　　165, 210

Stichwortverzeichnis

Betriebliche Öffentlichkeit 271
Betriebliches Eingliederungsmanagement 27, 38, 48, 52, 56, 72, 113, 162
Betriebsärzte 34
Betriebsrat 208
– Beziehung zum SBV 248
– Konflikte mit 272
– Mitbestimmungsrechte 263
Betriebsvereinbarung 171
Betriebsverfassungsgesetz (BetrVG) 234
Bezirks- und Hauptschwerbehindertenvertretung 61
Blind (Merkzeichen) 121
BRK 201, 204
Büro der Schwerbehindertenvertretung 90

C
Chronische Erkrankungen 32, 34

D
Demografie 39
Demografische Entwicklung 20, 21
Demografischer Wandel 28
Deutscher Behindertenrat 246
DGB 78
Diskriminierung 237
Diskriminierung nach dem AGG 268
Diskriminierungsschutz 238

E
Einhaltung von Gesetzen und Regelungen 252
Einigungsstelle 262
Einkommensteuer 120
Einstweiliges Verfügungsverfahren 261
Einstweilige Verfügung 261
Ergonomie 40
Ergonomische Gestaltung 39
Ergonomische Verbesserung 26

Erörterungsrechte 225
Erwerbsminderungsrente 34, 124
EU-Antidiskriminierungsrichtlinie 201
Europäische Behindertenvertretung 204
Europäische Rahmenvereinbarung 204

F
Finanz-, Wirtschafts- und Beschäftigungskrise 23
Förderpflichten 207
Frei reden 86
Freistellung 62, 69, 95
Fremdvergabe 22, 26

G
Gefährdungsbeurteilung 146, 149, 151, 153, 157
Gehbehindert 102
Gehbehindert, außergewöhnlich 102
Gehörlos 103
Gemeinsame Servicestellen 36, 52
Gender Mainstreaming 45
Gerichtliche Verfahren 258
Gesamt- und Konzernschwerbehindertenvertretung 61
Gesetzliche Krankenkassen 35
Gesetzliche Unfallversicherung 35
Gestaltungsaufgaben 209
Gesundheitssystem 31
Gleichstellung 110, 113
– Ablehnungsgrund 115
– Antrag 111
– Arbeitsplatzgefährdung 115
– Beamte 116
– Stellungnahme der Interessenvertretung 115
Gleichstellungsverfahren 111
Globale Finanz- und Wirtschaftskrise 24
G-Merkzeichen 102

Stichwortverzeichnis

H
Hilflos 103
Hundert-Tage-Programm 93

I
Informationsrechte 210, 223
Initiativrechte 222
Inklusion 24, 25, 54, 57, 195, 199, 201, 202
Inklusive Arbeitswelt 25, 28, 57
Inklusive Ausbildung 26, 199
Inklusives Schulsystem 55
Inklusives Bildungssystem 25
Integration 24
Integrationsamt 68, 79, 105, 108, 112, 118
– Handlungsauftrag 243
Integrationsfachdienst 42, 47, 79
Integrationspolitik 95
Integrationsteam 170
Integrationsvereinbarung 27, 40, 70, 139, 140
Interne Kommunikation 185

K
Konflikte 251
Konfliktfelder 251
Kraftfahrzeugsteuer 121
Krankenkassen 26, 27, 34
Kündigungsschutz 105, 118

L
Langzeiterkrankte 56
Langzeiterkrankungen 163
Leiharbeiter 42
Leih- und Zeitarbeitnehmer/innen 53
Leistungssteigerung 21
Low Performer 23

M
Mädchen und Frauen
  mit Behinderung 44
Medizinische Rehabilitation 176
Menschenrechte 24, 25
Merkzeichen 102
Mietrecht 121, 123
Mitbestimmungspyramide 264
Mitbestimmungsrechte 165, 211
Mitwirkungsrechte 211
Moderation 90

N
Nachteilsausgleiche 120
Newsletter der Schwerbehinderten-
  vertretung 188

O
Öffentliche Verkehrsmittel 122
Öffentlichkeit, betriebliche 271
Öffentlichkeitsarbeit 82, 89, 183
ÖPNV 122
Ordnungswidrigkeiten 257
Ordnungswidrigkeitenverfahren 257

P
Parken 121
Personalrat 215
– Konflikte mit 272
– Mitbestimmungsrecht 263
Personalvertretungsgesetze 216
Pflichten des Arbeitgebers 206
Prävention 32, 52, 56, 70, 142, 145
Präventionsgesetz 31
Produktivität 21, 22, 29
Programm 94
Projektmanagement 91
Prüfungserleichterungen 122
Prüfungspflicht 206
Psychische Belastung 41, 48, 146
Psychische Erkrankungen 40

Psychologie 89
Psychomentale Belastungen 31

Q
Qualifizierung 27, 28, 136

R
Rechte behinderter Menschen 233
Rechte der Schwerbehinderten-
 vertretung gegenüber
 dem Arbeitgeber 256
Rehabilitationsbedarf 32
Rehabilitationsträger,
 Handlungsauftrag 243
Rente 124, 125
Rentenabschläge 126
Rentenrechtlicher
 Nachteilsausgleich 123
Rentenversicherer 34
Rentenversicherung 35
Rundfunk- und Fernsehgebühren 122

S
SBV, Durchsetzungsmöglichkeiten 248
SBV, Konfliktfelder 251
SBV, Orientierung 273
Schulungen 95
Schutzaufgaben 209
Schwerbehindertenversammlung 84
Schwerbehinderten-
 vertretung 23, 25, 26, 219
Schwerpunkte der
 Interessenvertretungsarbeit 96
Seminare 95
Soziale Inklusion 239
Soziale Mitbestimmung 278, 288
Sozialer Wohnungsbau 121
Sozialgesetzbuch IX
 (SGB IX) 60, 75, 77, 93 231
Sprechstunde 75, 82

Stellungnahme der Interessen-
 vertretung, Gleichstellung 115
Stellvertreter/in 64
Stellvertretung 229
Strategie und Taktik 88
Stress 30, 31
Stufenvertretung 64, 217, 218

T
Tätigkeitswechsel 137
Teilhabe 199
Teilhaberisiko 19
Teilnahmerechte 225
Teilrente 123, 125, 126
Teilzeitanspruch 126
Telefonkosten 122

U
Übergang Schule/Beruf 196
Überwachungsaufgaben 209
Überwachungsauftrag 220
Überwachungs- und Initiativrechte 165
UN-Behindertenrechts-
 konvention 24, 239, 240
UNBehRÜbK 239
Unternehmens- und Konzernebene 269
Unterstützte Beschäftigung 196
Urteilsverfahren 260

V
Verbände behinderter Menschen 245
Verbandsklage 246
Vernetzung auf der Unternehmens-
 und Konzernebene 269
Versammlung der schwerbehin-
 derten Menschen 83, 85, 95, 193
Versorgungsämter 99, 100
Versorgungsamt und
 kommunale Behörden 79

Stichwortverzeichnis

W
Wehrdienst	122
Weiterbeschäftigung	23
Weiterbildung	27
Weiterbildungsmaßnahmen	137
Werkstätten für behinderte Menschen	196
WfbM	196
Wohngeld	121